새 아침을 여는

기도와 묵상

| 박앤드류 지음 |

쿰란출판사

새 아침을 여는
기도와 묵상

새 아침을 여는
기도와 묵상

머리말

21년 여름, 설레는 마음으로 선교지 모스크바로 향하는 비행기에 올랐다. 짧은 시간 안에 결정된 러시아 선교 사역이라 별로 준비되어 있지 않은 내 마음속에는 기쁨과 두려움이 함께 몰려오고 있었다. 나의 삶 속에서 한 번도 경험하지 못한 야릇한 느낌이었다. 전임 선교사님이 병환으로 은퇴하시면서 충고하시기를, 미국 시민권자 선교사는 정치인들과 야합하여 개신교를 심하게 핍박하고 있는 러시아 정교회 지도자들의 음해와 고학력인 미국 선교사들을 체포하여 정치적으로 이용하려는 러시아 비밀 경찰들의 눈에 띄지 않도록 각별히 조심해야 한다고 귀띔하여 주셨다.

미국과 러시아의 외교 관계가 최악으로 치닫는 시점에 러시아의 최대 적국인 미국의 선교사 신분으로 처음 들어가는, 독재와 미지의 땅 러시아에 대한 막연한 두려움이 나의 마음을 짓누르고 있었다. 끊임없이 스며드는 두려움을 달래며 마음속으로 외치고 있었다. "그까짓 것, 죽으면 죽으리라, 죽으면 죽으리라." 그동안 계속하여 주님께 올린 기도의 응답으로 전임 선교사님이 소개하여 주신 영어 대화가 가능한 고려인 통역 집사님이 모스크바 공항에서 나를 기다리고 있음에도 막연한 두려움은 내 마음속에서 떠나질 않았다.

기도를 드리려고 눈을 감았다. 그러자 그동안 살아왔던 나의 삶의 여정이 파노라마처럼 나의 머릿속에서 펼쳐지기 시작하였다. 유년기 한국에서의 아름다운 추억들, 어린 시절 함께 뛰어놀고 함께 공부하였던 고향의 친구들, 그리고 사랑하는 형제자매들의 얼굴이 하나씩 하나씩 떠올랐다. 젊은 날 중동의 뙤약볕 아래서 땀 흘리며 일하였던 추억들, 그리고 미국에서 녹록하지 않았던 아내와의 유학 생활과 아이들과 즐거웠던 이민생활의 추억들. 눈에서 갑자기 뜨거운 눈물이 흘러내리기 시작하였다. 그리고 모든 것이 고맙고 감사하다는 생각이 들었다. 그동안 나의 삶 속에서 주님께서 베풀어 주신 한없는 사랑과 놀라우신 은혜로 여기 이 자리까지 올 수 있었다는 마음이 들면서 감사의 기도가 내 입술에서 흘러나오기 시작하였다.

이 기도 묵상집은 심화되는 러시아-우크라이나 전쟁으로 인한 미 대사관의 행정 명령으로 부득이하게 러시아 선교지에서 일시 귀국하여 캘리포니아에 머물면서 제 자신과 자녀들 그리고 교회의 성도님들을 위하여 기도하였던 아침 기도문 60편을 선정하여 재구성한 것입니다. 여기에 오래전 풀러신학교에서 훌륭한 교수님들을 모시고 신학을 공부하던 전도사 시절 제가 아침마다 주제별로 묵상하였던 글들을 모아 일부 보강하였습니다. 그리고 싱그러운 아침에 성도님들 자신과 성도님들의 가족을 위하여 3분간 기도하고 10분간 성경 말씀을 묵상하며 보람된 새 하루를 준비하는 중에, 잠깐이나마 향기로운 모닝커피 한 잔을 마시며 성경 속 훌륭한 인물들을 하루에 한 분씩 만나볼 수 있도록 바이블 스토리를 첨가해서 구성하였습니다.

  작고 부족한 이 기도 묵상집이 여러분의 신앙 성장에 도움이 되고 여러분의 삶을 영적으로 좀더 윤택하게 하기를 소망합니다. 이 저서를 집필하는 동안 항상 저와 함께하여 주시고 인도하여 주신 성령님께 감사드리며, 기도와 이메일로 저의 집필을 계속하여 응원하여 주었던 모스크바 고려인 교회의 유안드레이 동역 목사님과 교회 성도님들께 고마운 마음을 전하고 싶습니다.

2025년 4월 캘리포니아에서
MTS Missionary, 박앤드류 선교사

차례

머리말 • 5

Part1 새 아침을 여는 3분 기도

- 기도1 입술을 열어 기도하게 하소서 _ 16
- 기도2 새롭게 변화시켜 주소서 _ 18
- 기도3 새 하루를 주심에 감사합니다 _ 20
- 기도4 자녀들에게 영의 눈을 주소서 _ 22
- 기도5 생수로 가득 채워 주소서 _ 24
- 기도6 가정을 성결하게 하소서 _ 26
- 기도7 자녀들의 성품을 아름답게 하소서 _ 28
- 기도8 주님 앞으로 나아가게 하소서 _ 30
- 기도9 선한 목자가 되어 주소서 _ 32
- 기도10 세상의 죄로부터 보호하소서 _ 34
- 기도11 자녀들을 믿음으로 양육하게 하소서 _ 36
- 기도12 주님만 바라보게 하소서 _ 38
- 기도13 말씀만 따르게 하소서 _ 40
- 기도14 기쁨의 하루를 주소서 _ 42
- 기도15 주님의 장막에 거하게 하소서 _ 44
- 기도16 두려움이 없게 하소서 _ 46
- 기도17 자녀들에게 삶의 목표를 주소서 _ 48

기도18 주님의 뜻 가운데 거하게 하소서 _ 50
기도19 성령으로 가득 채우소서 _ 52
기도20 주님을 피난처로 삼게 하소서 _ 54
기도21 항상 주님께 도움을 구하게 하소서 _ 56
기도22 선교사님들과 함께하소서 _ 58
기도23 자녀들이 말씀을 사모하게 하소서 _ 60
기도24 진실한 벗을 만나게 하소서 _ 62
기도25 병으로부터 보호하소서 _ 64
기도26 이웃을 사랑하게 하소서 _ 66
기도27 자녀들이 주님을 따르게 하소서 _ 68
기도28 아름다운 입술을 주소서 _ 70
기도29 담대하게 하소서 _ 72
기도30 엎드려 자복하고 회개합니다 _ 74
기도31 이 어둠 속에 동행하소서 _ 76
기도32 자녀들을 축복하소서 _ 78
기도33 영원한 피난처가 되어 주소서 _ 80
기도34 진리의 길을 따르게 하소서 _ 82
기도35 삶의 파수꾼이 되어 주소서 _ 84
기도36 자녀들이 주님을 사랑하게 하소서 _ 86
기도37 가정을 보살펴 주소서 _ 88
기도38 평강에 거하게 하소서 _ 90
기도39 천성을 향하여 나아가게 하소서 _ 92

기도40 깨끗이 치유하소서 _ 94
기도41 자녀들을 겸손하게 하소서 _ 96
기도42 즐거워하며 살게 하소서 _ 98
기도43 사랑과 기쁨이 넘치게 하소서 _ 100
기도44 성령의 기름을 부어 주소서 _ 102
기도45 긍휼과 자비를 입게 하소서 _ 104
기도46 자녀들이 교회를 사랑하게 하소서 _ 106
기도47 이 땅을 회복하여 주소서 _ 108
기도48 영광의 삶으로 인도하소서 _ 110
기도49 더욱 순종하게 하소서 _ 112
기도50 주님을 더욱 사랑하게 하소서 _ 114
기도51 가족과 교회 성도들을 축복하소서 _ 116
기도52 향기로운 제물이 되게 하소서 _ 118
기도53 신앙의 열매를 맺게 하소서 _ 120
기도54 담대하게 복음을 전하게 하소서 _ 122
기도55 자녀들이 늘 찬송하게 하소서 _ 124
기도56 구원의 기쁨을 느끼게 하소서 _ 126
기도57 온전한 하루를 주소서 _ 128
기도58 자녀들이 리더가 되게 하소서 _ 130
기도59 오늘도 승리하게 하소서 _ 132
기도60 영광을 드높이게 하소서 _ 134

Part2 기도와 함께하는 10분 묵상

- 묵상1 하나님의 자녀 됨 _ 138
- 묵상2 행복한 사람들 _ 144
- 묵상3 성부·성자·성령 하나님 _ 149
- 묵상4 가나의 포도주 기적 _ 155
- 묵상5 현대판 바리새인 _ 163
- 묵상6 은혜와 새사람 _ 168
- 묵상7 사랑받는 여인 _ 174
- 묵상8 성막과 성전 _ 180
- 묵상9 우리 자녀의 꿈 _ 186
- 묵상10 그 인자로 오신 예수님 _ 191
- 묵상11 장엄한 패배 _ 198
- 묵상12 성공으로 인도하는 삶 _ 204
- 묵상13 삭개오의 구원 _ 210
- 묵상14 믿음과 선행 _ 216
- 묵상15 주님의 침묵 _ 222
- 묵상16 하나님은 사랑이시라 _ 228
- 묵상17 미래로 나아가는 삶 _ 234
- 묵상18 우리 앞의 골리앗들 _ 240
- 묵상19 그리스도인의 믿음과 소망 _ 245
- 묵상20 아가페적 사랑 _ 250

묵상21 　살구나무 가지에서 본 하나님 _ 255
묵상22 　주님의 형상 _ 260
묵상23 　우리의 신앙과 삶의 변화 _ 266
묵상24 　빚진 자의 삶 _ 272
묵상25 　그리스도의 몸 _ 277
묵상26 　사탄아, 물러가라 _ 283
묵상27 　세상을 살리는 아름다운 말 _ 288
묵상28 　성령 충만한 삶 _ 294
묵상29 　영광스러운 주님의 선택 _ 300
묵상30 　늘 감사하며 사는 삶 _ 307

Part3 모닝커피 한 잔과 바이블 스토리

스토리1 　우직한 의인 노아 _ 314
스토리2 　믿음의 조상 아브라함 _ 320
스토리3 　순종과 인내의 사람 이삭 _ 326
스토리4 　파란만장한 삶을 산 야곱 _ 332
스토리5 　그리스도의 모형인 요셉 _ 338
스토리6 　위대한 지도자 모세 _ 344
스토리7 　모세의 동역자 아론 _ 350
스토리8 　가나안을 정복한 여호수아 _ 356

스토리 9	여분네의 아들 갈렙 _ 362
스토리 10	마음이 따뜻한 여인 룻 _ 368
스토리 11	배려의 여인 나오미 _ 374
스토리 12	선택받은 사람 다윗 _ 380
스토리 13	신실한 친구 요나단 _ 386
스토리 14	지혜를 얻은 솔로몬 _ 392
스토리 15	신앙을 개혁한 요시야 _ 398
스토리 16	눈물의 선지자 예레미야 _ 404
스토리 17	소망의 선지자 에스겔 _ 410
스토리 18	마지막 왕세손 스룹바벨 _ 416
스토리 19	예수님의 수제자 베드로 _ 422
스토리 20	우레의 아들 야고보 _ 428
스토리 21	사랑의 사도 요한 _ 434
스토리 22	전도의 사도 안드레 _ 440
스토리 23	지식의 사도 빌립 _ 446
스토리 24	결단의 사도 마태 _ 452
스토리 25	의심 많은 사도 도마 _ 458
스토리 26	첫 순교자 스데반 집사 _ 464
스토리 27	이방인의 사도 바울 _ 470
스토리 28	바울의 수제자 디모데 _ 476
스토리 29	온유한 사도 바나바 _ 482
스토리 30	사랑받은 의사 누가 _ 488

Part1

새 아침을 여는
3분 기도

기도 1

입술을 열어 기도하게 하소서

사랑과 자비가 충만하신 주 하나님 아버지, 이 싱그러운 아침에 아버지 앞에 마음의 무릎을 꿇고 간구의 기도를 올립니다. 오래 닫혀 있었던 저의 입술을 오늘 아침 활짝 열어 주셔서 주님께 기도와 찬송을 올려 드릴 수 있도록 역사하여 주시옵소서. 또한 저의 마음의 문도 이 시간 활짝 열어 주셔서 주님을 가슴속으로부터 찬양하게 하시고, 저의 삶 속에서 닫혀 있었던 주님의 축복과 은총의 통로를 넓게 열어 주셔서 주님의 풍성한 은혜와 축복이 저의 삶에 넘치게 하시옵소서.

특별히 제가 기도를 술술 쉽게 드릴 수 있는 입술의 능력을 허락하여 주시고, 저의 기도가 이전보다 더욱 깊고 성숙하게 하시며, 저의 기도에 대한 응답의 은혜를 허락하여 주시고, 저의 삶 속에서 성령님의 역사하심을 체험하며 살아갈 수 있도록 인도하여 주시옵소서. 매일 아침 주님께 드리는 이 기도의 시간이 세상의 그 어떤 것보다 값지고 은혜로운 시간이 되게 하시고, 항상 주님께서 저의 기도에 귀 기울여 주시며, 주님과의 귀한 교통의 시간이 될 수 있도록 허락하여 주시옵소서.

그동안 아침 기도에 소홀했던 것을 이 시간 주님 앞에서 자복하며 회개합니다. 용서하여 주시옵소서. 이제 저의 심령의 눈을 활짝 열고 주님 앞으로 나아가오니 받아 주시옵시고, 오늘 하루도 저의 아침 기도 속에서 주님께 순종하는 마음의 문을 활짝 열어 주시며 사랑과 소망과 기쁨으로 주님과 동행하는 삶으로 이끌어 주시옵소서. 저의 마음을 늘 누르는 불안과 근심과 두려움이 사라지게 하시고, 사랑의 주 하나님께서 주시는 평안 속에서 기쁨을 안고 살아가는 하루가 되게 하시옵소서.

오늘 하루도 예수 그리스도의 은혜와 주 하나님의 사랑과 성령님의 능력이 저를 죄와 사망에서 해방하여 주었음을 체험하는 귀한 하루가 되게 하시고, 성령의 열매와 사랑의 열매가 풍성하게 맺히는 하루가 될 수 있도록 은혜 베풀어 주시고 역사하여 주시옵소서.

죄와 사망에서 우리를 구원하여 주신 주 예수 그리스도 이름으로 감사하오며 기도드리옵나이다.

아멘.

기도 2
새롭게 변화시켜 주소서

항상 저희 가족에게 은혜를 베풀어 주시고 저희들의 삶 속에서 좋은 것으로 넉넉하게 채워 주시는 주 하나님 아버지, 오늘 아침 주님 앞에서 저의 삶을 되돌아보며 그동안 신실하지 못하고 정직하지 못하였던 것을 회개합니다. 주님께서는 저와 저희 가족들에게 항상 은혜를 베풀어 주시고 보호하여 주셨습니다. 그러나 제 자신은 심령이 연약하여 신실하게도, 또 정직하게도 살아오지 못하였습니다. 저의 지난 삶을 돌아보면 얼마나 부족하고 부끄러운 일들이 많은지 모릅니다. 저의 삶 속에서 고쳐야 할 것들 그리고 없애야 할 것들이 너무 많이 남아 있음을 이 시간 고백합니다. 이제 그 길을 떠나 자비의 주 하나님 앞에 나아가오니 저의 부족한 점을 용서하여 주시고, 예수님의 보혈로 저의 영육을 정결하게 씻어 주시며 새롭게 변화시켜 주시옵소서.

은혜와 자비가 풍성하신 주 하나님 아버지, 이 아침에 주님의 은혜를 구하고자 보좌 앞으로 나아갑니다. 저의 삶 속에서 기도와 찬송이 끊어지지 않게 하여 주시고, 날마다 주님의 고귀한 은혜를 체험하며 신실하게 살아갈 수 있도록 성령으로 저의 가슴을 충만하게 채워 주시옵소서. 주님을 더 사랑하고 주님의 말씀을 늘 묵상하며 매시간 찬양하는 삶을 살기 원합니다. 지금처럼 현실과 적당히 타협하며 사는 것이 아니라 주님의 말씀에 따라 충성되게 살게 하여 주시고, 항상 주님의 뜻이 저의 삶의 기준이 되게 깨우쳐 주시며, 범사에 감사하고 모든 영광을 주님께 돌리는 귀한 삶으로 인도하여 주시옵소서.

제가 매일매일 힘겨운 삶 속에서도 주님께 기도하고 주님이 주시는 능력으로 세상과 싸워서 승리하는 삶을 살고자 합니다. 저의 삶속에서 힘들 때나 어려울 때나 즐거울 때나 기쁠 때나 항상 저와 함께하여 주시고, 성령님의 능력으로 모든 것을 견디고 이겨내며 최후의 면류관을 받을 수 있도록 은혜 베풀어 주시옵소서.

새로운 삶의 근원이신 주 예수 그리스도 이름으로 기도드리옵나이다.

아멘.

기도 3

새 하루를 주심에 감사합니다

    저희 가정에 새로운 하루를 허락하여 주신 주 하나님 아버지, 지난밤에도 저희 가족이 주님의 안전한 품속에서 평안한 쉼을 누리게 하여 주시고 따스한 햇살 속에서 새 아침을 맞이하게 하여 주시니 감사드립니다. 오늘 하루도 이웃에게 겸손하고 오직 주님만 바라보며 천성을 향하여 묵묵히 나아가는 귀한 삶으로 저희 가족 모두를 인도하여 주시옵소서.
    오늘 하루도 매 순간 성령님께서 인도하시는 삶을 살게 하시고, 행여 저희들 눈앞의 작은 이익 때문에 이웃들에게 상처를 주지 않도록 저희들의 마음을 잡아 주시옵소서. 주님을 사랑하고 주님께 순종하는 저희들 하루하루의 삶을 통해서 이 사회가 좀더 아름다워지고 하나님의 나라가 이 땅에 조금씩 조금씩 더 가까이 임할 수 있도록 은혜 베풀어 주시옵소서.
    자비와 사랑의 하나님 아버지, 오늘도 힘든 세상의 삶 속에서 고통받고 아파하는 이웃들을 그냥 지나치지 않고 그들을 위해서 함께 기도할 수 있는 따뜻한 마음을 허락해 주시옵소서. 그리고 세상의 풍파 속에서 절규하고 낙심하는 이웃들에게 포근한 위로의 말을 건넬 수 있는 용기와 지혜를 주시며, 좋은 소식에 기뻐하는 이웃들을 진심으로 축하하고 같이 즐거워하며 주님께 함께 찬양을 드릴 수 있도록 저희 마음을 넉넉하고도 부드럽게 변화시켜 주시옵소서.

오늘 하루 만나는 모든 이웃들에게 예수님의 사랑을 저희들의 삶과 몸으로 전하게 하시고, 살아서 역사하시는 주 하나님을 진실된 말과 행동으로 전하며 성령님께서 저희들과 동행하심을 성실과 정직함으로 입증할 수 있도록 능력 부어 주시고 또 인도하여 주시옵소서.

저희들에게 주어진 하루 분량의 시간을 귀하고 지혜롭게 쓸 수 있도록 매시간 성령으로 깨우쳐 주시고, 오직 주님 안에서 기쁨과 감사와 사랑을 누리는 귀한 하루가 될 수 있도록 은혜 베풀어 주시옵소서.

오늘 하루도 저희들의 삶을 주님께 온전히 의탁하오며, 주 예수 그리스도 이름으로 기도드리옵나이다.

아멘.

기도 4
자녀들에게 영의 눈을 주소서

    빛과 아름다움의 근원이 되시는 주 하나님 아버지, 오늘 아침 따스한 햇살 속에서 저희 자녀들을 위하여 기도하기 원합니다. 저희 자녀들은 아주 어둡고 암울한 시대 속에서 성장하며 살아가고 있습니다. 이 어둡고 혼탁한 세상 속에서 저희 자녀들이 참 진리를 볼 수 있도록 영의 눈을 주셔서 그들이 주님께서 보여 주시고자 하는 밝고 아름다운 것들을 환히 볼 수 있도록 은혜 베풀어 주시옵소서.

    저희 자녀들이 항상 주님의 말씀에 순종하고 의지하는 신실한 믿음을 주시며, 이 세상의 왜곡된 문화들에 취해서 넘어지지 않도록 단단히 붙들어 주시옵소서. 그리고 저희 자녀들에게 지혜와 명철을 주셔서 소통의 능력과 창조의 능력이 뛰어나게 하시며, 항상 주님을 찬양하며 모든 영광을 주님께 돌리는 주님의 귀한 자녀가 될 수 있도록 축복하여 주시고, 주 하나님께서 주시는 건강의 복과 성공의 복 그리고 재물의 복을 누리며 살 수 있도록 허락하여 주시옵소서.

저희 자녀들의 하루의 삶 속에서 귀한 만남의 복도 허락하여 주셔서 좋은 선생님, 좋은 선배들 그리고 좋은 친구들을 만나게 하시고 그 귀한 만남 속에서 주님께서 주시는 사랑의 교제가 이루어지게 하시옵소서. 또한 저희 부모에게도 자녀들의 삶을 하나님께로 온전히 이끌 수 있는 흔들리지 않는 견실한 믿음을 허락하여 주셔서 항상 자녀들의 본이 되게 하시고, 주님께서 친히 저희 자녀들을 이 세상에서 귀히 쓰일 수 있는 커다란 그릇들로 나날이 빚어 가시옵소서. 그리고 항상 자녀들이 건강한 신체와 바른 정신을 가지고 하루하루를 주님 안에서 살아갈 수 있도록 영육 간의 조화와 강건함을 허락하여 주시고, 이 세상의 밝은 등불이 되어 이 세상을 비추는 빛과 소금의 역할을 넉넉히 감당할 수 있도록 성장시켜 주시옵소서.

이 세상의 빛으로 오신 주 예수 그리스도 이름으로 기도드리옵나이다.

아멘.

기도 5

생수로 가득 채워 주소서

　의에 주리고 말씀에 목마른 자들을 기뻐하시는 하나님 아버지, 오늘 아침도 주님의 사랑에 목마르고 말씀에 갈급한 심령으로 주님께 기도를 올립니다. 저와 저희 가족들의 갈급하고 목마른 영혼을 주님의 영원한 생수로 가득 채워 주시옵소서. 저희들이 세상의 만악 속에 섞여 살면서 주 하나님의 말씀에 갈급해 하지 못하고 의로우신 주 예수 그리스도를 바라보지 못할 때 저희들의 영혼은 메마르고 황폐하여질 수밖에 없음을 이 시간 고백합니다. 항상 저희들의 영혼이 주님의 말씀에 갈급하게 하시고 의에 주리게 하시며 생수에 목마르게 하시옵소서.

　그리고 저의 이 간절한 기도가 하늘 끝까지 상달되게 하여 주시고 그 기도에 응답하여 주셔서 저희 가족들의 가슴속을 늘 하나님의 의로운 말씀으로 가득 채워 주시옵소서. 또한 저희들에게 주신 신실한 믿음으로 매일매일 새롭게 변화시켜 주시고, 주님께서 부어 주시는 신령한 하늘의 복을 누리며 하루하루를 살아갈 수 있도록 은총과 은혜를 베풀어 주시옵소서.

　진실하시고 신실하신 주 하나님 아버지, 의인은 믿음으로 사는 줄 믿습니다. 아둔한 저희들이 하나님의 말씀 속에서 주님의 지혜롭고 신령한 메시지를 받게 하시고, 주 예수만 바라보는 진실된 믿음으로 의롭게 살아갈 수 있도록 끊임없이 인도하여 주시옵소서. 그리고 그 신실한 믿음으로 항상 주 예수 안에 거하며 하나님과 화목하고 주님이 주시는 평강 속에서 늘 지낼 수 있도록 도와주시옵소서. 오늘 하루 사는 동안도 주 하나님의 성령이 저희 가슴속에 충만하게 거하셔서 시시각각 저희들의 영혼을 감동 감화시켜 주시고 인도하여 주시며, 저희들이 살거나 죽거나 항상 주님과 동행하는 영원한 구원을 얻게 하시옵소서.

　우리의 영원한 생수이신 주 예수 그리스도 이름으로 감사하며 기도드리옵나이다.

　아멘.

기도 6

가정을 성결하게 하소서

저희 가정에 늘 사랑과 은혜를 베푸시는 주 하나님 아버지, 오늘 하루도 저희 가족이 주님의 은혜 안에서 생활하게 하시고 매시간 주님께 경배와 찬양을 드릴 수 있도록 이끌어 주시옵소서. 이 험하고 어두운 시대를 살아가면서 세상에 만연한 악과 죄에 찌들어 더러워진 저희들을 긍휼히 여기시고 용서하여 주시며 주 예수의 거룩한 보혈로 저희들의 영혼을 이 아침에 깨끗이 씻어 주셔서 새로운 하루를 거룩하게 시작할 수 있도록 허락하여 주시옵소서. 항상 저희 가정을 정결한 가정으로 이끌어 주시고, 저희 가정으로 인하여 어둡고 더러워진 이 사회가 깨끗이 정화될 수 있도록 빛과 소금의 역할을 감당하는 저희들이 될 수 있도록 성령으로 가르쳐 주시고 인도하여 주시옵소서.

우리에게 그 누구도 끊을 수 없는 사랑을 베푸시는 헤세드의 하나님 아버지, 마음이 청결한 자는 청결한 것만을 보고 마음이 진실한 자는 진솔한 것만을 보는 줄 믿습니다. 사랑하는 저희 가족들의 마음을 청결하고 진실하게 하시어 영원하고 진실하신 하나님만을 바라볼 수 있도록 변화시켜 주시고, 오직 은혜로우시고 선하신 주 예수 그리스도만 바라보며 나아갈 수 있도록 저희 가정을 인도하여 주시고 축복하여 주시옵소서.

오늘도 저희 가족들이 살아 계신 주 하나님의 음성을 청종하게 하시고, 주님의 지혜로 모든 것을 판단하며 오직 주님만을 의지함으로 세상의 모든 유혹과 시험으로부터 승리하는 귀한 하루가 되게 하시옵소서. 우리의 모든 삶을 감찰하시며 우리의 연약한 심령을 하늘의 새로운 은혜로 매일매일 채워 주시는 주 하나님께 감사와 영광과 존귀를 올려 드리오며, 우리를 속량하신 주 예수 그리스도 이름으로 기도드리옵나이다.

아멘.

기도 7

자녀들의 성품을 아름답게 하소서

　사랑과 은혜가 풍성하신 주 하나님 아버지, 많이 부족한 저에게 행복한 가정과 사랑하는 자녀들을 맡겨 주신 주님의 사랑과 은혜에 무한한 감사를 올립니다. 저의 가정과 자녀들은 온전히 주님의 것이니 주님께서 맡겨 주신 저희 자녀들이 예수님의 성품을 닮은 아름다운 성품을 가진 자녀들로 성장하게 하시옵소서.

　자녀들이 늘 주 하나님에 대한 사랑으로 충만하게 하시고 예수님의 본을 받아 정직하고 진실되게 하시옵소서. 항상 주 하나님을 경외하며 늘 기도하는 자녀가 되게 하시고, 좋은 인성과 성품으로 가족들과 잘 소통하며 이웃들과 좋은 관계를 가지고 살 수 있도록 인도하여 주시고, 주님을 향한 믿음을 굳게 지키며 좌로나 우로나 치우치지 않게 하시옵소서. 주님의 뜻에 따라 부모를 공경하는 자녀가 되게 하시며, 행여 그들이 육체의 정욕에 이끌리어 세상 속에서 넘어지지 않도록 그들을 지켜 주시고 늘 깨달음을 주시옵소서. 항상 주님께 충성되고 이웃들을 존중하는 자녀가 되게 하시고, 주님의 자녀답게 온유함과 겸손함과 오래 참음을 잃지 않게 하시옵소서.

생명의 근원이신 주 하나님, 저희 자녀들이 복된 길을 걸어갈 수 있도록 올바른 신앙을 심어 주시고 세상을 이길 수 있는 강한 믿음을 주시옵소서. 저희 자녀들이 이 땅에 살면서 악한 꾀를 따르지 않게 하시며 죄인들의 길에 서지 않게 하시고 오만한 자들의 자리에 앉지 않게 하시며, 성령과 항상 동행하는 자녀들로 변화되게 하여 주시옵소서. 저희 자녀들의 마음속에 숨어 있는 모든 세상적인 우상을 떨쳐 버리게 하시고 자녀들이 자신의 뜻과 본능을 따르기보다 주님의 선한 뜻에 따라 살아가게 하시옵소서. 자녀들의 강퍅한 마음과 고집 센 마음을 부드럽고 온유한 성품으로 계속하여 바꾸어 주시고, 그들에게 이 세상의 모든 불의와 탐욕을 멀리할 수 있는 담대한 용기를 주시며 매일매일의 삶 속에서 주님을 인격적으로 만날 수 있는 복을 허락하여 주시옵소서.

이 아침에 저희 자녀들이 그동안 갖고 살아왔던 나쁜 성품들을 성령의 불로 활활 태워 버려 주시고 그들의 죄를 깨끗이 씻어 주시며 자녀들을 영육 간에 정결케 하시고 평생토록 그들의 영과 육을 보호하여 주시옵소서.

사랑의 목자이신 우리 주 예수 그리스도 이름으로 감사하며 기도드리옵나이다.

아멘.

기도 8

주님 앞으로 나아가게 하소서

생명의 근원이 되시고 저희들의 영혼을 지켜 주시는 주 하나님, 오늘 아침 믿음으로 주님 앞으로 나아갑니다. 불안한 마음과 근심, 걱정 그리고 모든 두려움과 삶의 번민을 주님의 발 아래 모두 내려놓으려고 주님 앞으로 나아갑니다. 겸손한 마음으로 주님 앞에 마음의 무릎을 꿇고 이 모든 짐들을 내려놓기 원합니다. 저의 이 갈급한 심정을 받아 주시옵소서.

오늘 하루도 저희 온 가족이 세상을 향하는 마음을 버리고 주 하나님께 의지하고 순종하는 마음만을 부여잡고 주님을 향하여 나아가는 값진 하루가 되게 하시옵소서. 저희는 이 세상의 고달프고 힘든 삶에 지쳐서 슬픔과 걱정과 원망에 사로잡히기 쉽습니다. 저희들을 늘 기도와 찬양과 감사의 자리로 이끌어 주시옵소서. 저희들의 흔들리는 마음, 두려운 마음, 불안과 걱정의 모든 마음을 붙잡아 주셔서 주님이 이끄시는 길로 한 걸음 한 걸음 우직하게 따라가는 귀한 하루가 될 수 있도록 저희들을 인도하여 주시옵소서.

　오늘도 아침 햇살처럼 찬란하게 빛나는 주님의 얼굴만을 바라보며 말씀으로 무장하고 담대하게 나아가는 하루가 되기 원합니다. 저희들의 심령 위에 주님의 은혜와 사랑의 빛을 넘치도록 부어 주시어 오늘 하루도 주님의 능력으로 살아가게 하시며, 저희들의 가슴속에서 성령의 불길이 뜨겁게 타오르게 하시고 온종일 성령님의 은혜를 느끼며 살아가게 하시옵소서.

　사랑과 자비의 주 하나님 아버지, 저희들의 삶 속에 주님께서 항상 함께하여 주심을 믿습니다. **그럼에도 불구하고** 때로는 저희들의 삶이 흔들리고 저희들의 마음이 불안과 걱정 속에서 흔들리는 것을 느낍니다. 부족하고 연약한 믿음으로 저희들의 심령이 무너질 때도 많이 있습니다. 이 험하고 악한 세상 한가운데 저희들이 홀로 서 있다고 느끼지 않도록 매시간 저희들을 성령으로 일깨워 주시고 저희들의 연약한 심령을 붙잡아 주시며 늘 주님 안에서 평안함을 느끼며 살 수 있도록 허락하여 주시옵소서.

　오늘 아침도 말씀 묵상을 통하여 주님의 주옥같은 말씀들을 저희들의 심령 위에 흠뻑 부어 주셔서 그 말씀들을 붙잡고 담대하게 승리하는 하루가 되도록 인도하여 주시고 또 은혜 베풀어 주시옵소서.

　우리의 소망이신 주 예수 그리스도 이름으로 기도드리옵나이다.

　아멘.

기도 9
선한 목자가 되어 주소서

    자비와 은혜가 풍성하신 주 하나님 아버지, 오늘 하루도 저희 가정의 선한 목자가 되어 주심에 감사드립니다. 저희들이 험한 세상 속에서 힘들고 외로울 때 그리고 몸이 너무 지쳐서 아무것도 할 수 없어서 주저앉을 때조차도 항상 저희들 곁에서 감싸안아 주시고 위로하여 주시며 다시 일어날 수 있는 힘과 기력을 주시니 그 은혜에 감사를 올립니다. 오늘도 저희들의 영혼을 푸른 초장에 누이시고 쉴 만한 물가로 인도하여 주시옵소서. 이 세상이 주지 못하는 평강과 평안을 저희 가족 모두에게 시시각각으로 부어 주시고 늘 저희들을 눈동자처럼 보호하여 주시는 주 하나님 아버지께 저희 가족을 대표해서 찬양과 감사와 영광을 올려드립니다. 오늘도 주님께서 주시는 평안 속에서 세상의 천만 악을 두려워하지 않고 주님만을 신뢰하며 감사함으로 나아가는 하루가 될 수 있도록 인도하여 주시옵소서.

만복의 근원이신 주 하나님, 오늘 하루의 삶 속에서도 저희 가족이 부족함이 없도록 늘 필요한 것으로 채워 주시옵소서. 저희들의 인생 여정 속에서 필요한 모든 재물이 항상 저희 주위에 넘쳐나게 하시고, 그 풍성한 재물의 복에 신앙의 복과 건강의 복을 더하여 주시며, 늘 저희 가정과 동행하시며 살펴 주시옵소서.

저희가 이 세상을 살아가며 때로는 사망의 음침한 골짜기를 걸어가야만 할 때가 있습니다. 그러나 그러한 경우라도 주님이 항상 저희 곁에 계신다는 것을 굳게 믿고 두려움에 떨지 않도록 붙잡아 주시며, 주 하나님의 전능하신 지팡이와 막대기가 저희들을 항상 보호하여 주심을 굳게 믿고 담대하게 앞으로 나아갈 수 있도록 견실한 믿음과 용기를 허락하여 주시옵소서.

오늘 하루도 저희들의 참목자이신 주 하나님의 인도하심을 따라가는 순종의 삶을 살기를 소원하오며, 영원한 저희들의 동반자이신 주 예수 그리스도 이름으로 기도드리옵나이다.

아멘.

기도10
세상의 죄로부터 보호하소서

거룩하고 전능하신 주 하나님 아버지, 오늘 하루도 저희 가정에 일용할 양식을 예비하여 주셔서 입을 것과 먹을 것을 걱정치 않게 하여 주시니 여호와 이레의 하나님께 이 시간 감사와 찬양을 올려 드립니다. 오늘도 우리 가족 모두가 성령님의 인도하심을 따라 세상의 모든 죄에서 승리하는 하루를 살기를 원합니다. 이 혼돈한 세상 속에서 하루를 살아갈 때에 저희들의 연약함으로 인해서 알면서도 어쩔 수 없이 짓는 죄를 범하지 않도록 저희 마음을 강건하게 붙잡아 주시고, 또한 저희들도 모르는 사이에 무의식적으로 범하는 여러 가지의 잘못된 죄를 범하지 않도록 주님의 명철한 지혜를 내려 주시옵소서.

오늘 이 아침에 저희 마음의 연약함과 지혜의 부족함으로 지은 과거의 모든 죄들을 자복하며 아버지의 발 아래 모두 내려놓사오니 용서하여 주시고, 우리 주 예수 그리스도의 보혈로 저희들의 몸과 영혼을 다시 한번 흰 눈같이 깨끗하게 씻어 주시옵소서. 행여 저희들이 지금까지 지어온 과거의 죄에 눌려서 무거운 마음의 가책 속에서 살아가지 않도록 과거의 죄에서 자유하게 하여 주시고, 새로운 마음과 영혼으로 다시 태어나게 하시며, 우리 주 그리스도 안에서 그러한 새 창조와 새사람 됨을 느끼게 하시옵소서.

주님, 앞으로는 절대로 죄의 근처에도 가지 않는 삶을 살기를 소원합니다. 주님께서 저희들을 눈동자처럼 지켜 주시고 성령으로 붙들어 주시며 저희들의 온몸을 주님께서 주장하셔서 오직 한 길, 주 하나님께로만 나아갈 수 있도록 성령으로 인도하여 주시옵소서. 죄악이 범람하는 이 세상 속에서 범죄하는 이웃들에게 휩쓸려서 그들과 함께 죄를 짓지 않도록 세상의 죄로부터 저희들을 보호하여 주시고, 부족하고 연약한 저희들이지만 저희 이웃들의 어두운 마음에 밝은 빛을 비출 수 있는 거룩한 삶의 모델이 될 수 있도록 저희들의 연약한 마음에 용기와 능력을 불어넣어 주시옵소서.

오늘 하루도 저희 온 가족이 주 하나님의 말씀으로 무장하고 주님께서 주시는 강한 마음으로 세상에 만연한 모든 죄를 이기고 승리하는 하루 되기를 소망하오며, 모든 악을 이기고 승리하신 주 예수 그리스도 이름으로 기도드리옵나이다.

아멘.

기도 11
자녀들을 믿음으로 양육하게 하소서

　항상 저의 가정에 은혜와 은총을 베푸시는 주 하나님 아버지, 저에게 귀한 가정과 자녀들을 허락하여 주셔서 오늘 하루도 자녀들과 함께 기쁨을 나누며 살게 하여 주시니 그 은혜에 감사를 드립니다. 또한 저에게 맡겨 주신 귀한 자녀들을 주님 안에서 잘 양육할 수 있도록 저에게 늘 지혜와 사랑을 허락하여 주시고, 자녀들의 양육을 통해서 아버지 하나님께서 저 자신에게 베푸시는 사랑과 인내 그리고 용서와 희생을 직접 경험하게 하여 주시니 감사를 올려드립니다.

　오늘 하루도 자녀들 앞에서 좋은 믿음의 본을 보일 수 있도록 저를 깨우쳐 주시고 인도하여 주시며, 저희 자녀들이 제 믿음의 본을 따라 주님을 신실하게 섬기게 하시며 항상 주님께 순종하는 삶을 살 수 있도록 이끌어 주시옵소서. 그리고 저희 자녀들이 그러한 순종의 삶의 열매로 열리는 형통의 복을 누릴 수 있도록 허락하여 주시며, 늘 건강하여 질병의 고통이 없게 하시고, 주님께서 주시는 지혜로 항상 자기 그룹에서 인정받는 이 사회의 커다란 기둥들이 될 수 있도록 성령으로 인도하여 주시옵소서.

자비로우시고 온유하신 주 하나님, 저희 자녀들이 항상 이웃에게 겸손하게 대할 수 있도록 그들의 마음을 다스려 주시고 어른을 공경할 줄 알게 하시며 친구들과 화목하고 그들에게 사랑을 베풀 수 있도록 온유한 마음을 부어 주시옵소서. 행여 제가 터져 나오는 울분을 다스리지 못하고 자녀들에게 그 분을 풀어 저희 자녀들이 실망하거나 슬퍼하지 않도록 제 감정을 늘 붙들어 주시옵소서. 어떠한 경우라도 저희 자녀들을 부드러운 언어로 그리고 인격적으로 대할 수 있도록 저의 마음을 부드럽고 온유하게 변화시켜 주시며, 항상 주님의 말씀으로 자녀들을 양육하는 믿음의 부모가 될 수 있도록 이끌어 주시옵소서.

주님, 저는 많이 우둔하고 부족합니다. 시시때때로 저의 우둔함을 성령으로 깨우쳐 주시고, 저희 자녀들을 주님의 가르침으로 인도할 수 있는 신실한 믿음과 능력을 더하여 주시며, 자녀들에게 커다란 물질적 재산을 남겨 주기보다는 고귀한 믿음의 영적 재산을 남겨 주는 참된 신앙의 부모가 되게 하시옵소서.

항상 저희들을 지혜로 인도하시는 우리 주 예수 그리스도 이름으로 기도드리옵나이다.

아멘.

기도 12
주님만 바라보게 하소서

　모든 만물의 창조주이시며 주인이 되시는 주 하나님 아버지, 오늘 아침 주 하나님의 발 아래 엎드려 영광과 찬양과 존귀를 올려 드립니다. 그동안 저희 가족이 이 험한 세상을 살아오는 동안 주 하나님께서 주무시지도 않으시고 쉬지도 않으시며 저희들을 하루 24시간 동안 눈동자처럼 지키셔서 오늘 이 시간까지 왔음을 고백하오며 그 크신 주님의 사랑과 은혜에 감사를 드립니다.
　앞으로 저희 가족들이 인생을 살아가는 동안 저희들 앞에 수많은 고난이 기다리고 있다는 것을 잘 알고 있습니다. 그러나 저희들에게는 주님이 함께 계시기에 조금도 두렵지 않습니다. 앞으로 저희들의 삶 속에서 힘들고 어려운 일을 만날 때마다 오직 주 하나님만 바라보며 주님을 의지하고 주님께 능력과 지혜를 구할 수 있도록 일깨워 주시옵소서.
　이 시간 저희 이웃들을 위하여 기도하길 원합니다. 사업에 실패하고 힘들게 다시 시작하는 저희 이웃들, 학업에 실패하고 다시 도전하는 이웃의 젊은 자녀들 그리고 사랑에 실패하고 힘들어하는 젊은 형제자매들이 낙심하지 않고 다시 일어나 주님을 바라보며 주님께 온전히 모든 것을 의존하며 담대하게 다시 앞으로 나아갈 수 있도록 그들에게 힘과 용기를 주시옵소서. "네가 내게 간구하면 네 소유가 땅끝까지 이르리라"고 말씀하신 주님의 말씀을 굳게 믿을 수 있도록 저희 이웃들의 믿음을 견실하게 하여 주시고, 사랑이 충만하신 하나님께 드리는 이 간구의 기도 속에서 저희 가족과 이웃들이 하고 있는 모든 일들이 형통하게 풀릴 수 있도록 커다란 은혜를 허락하여 주시옵소서.

또한 매일 아침 드리는 저의 기도가 나날이 성숙하게 도와주시고, 주 하나님의 뜻에 합당한 기도를 올려 드릴 수 있도록 성령님께서 저의 입술을 주장하여 주시며, 제가 올려 드린 이 기도의 응답 속에서 오늘 하루도 저와 저희 가족들이 하나님이 심히 기뻐하시는 삶을 살아갈 수 있도록 이끌어 주시옵소서.

항상 저희들을 인도하시고 보호하여 주시는 우리 주 예수 그리스도 이름으로 감사하오며 기도드리옵나이다.

아멘.

기도13
말씀만 따르게 하소서

　항상 참된 즐거움과 평강을 주시는 주 하나님 아버지, 오늘도 주님 안에서 즐겁고 평안한 하루를 보낼 수 있도록 허락하여 주시고 저희 가족 모두가 안전하고 건강한 하루가 되게 하시옵소서. 하늘로부터 내려오는 신령한 기쁨과 이 땅에서 누리는 풍족의 기쁨이 함께 어울리는 축복의 하루가 되게 하시고, 온 이웃과 서로 사랑하며 즐거움 속에서 함께 지내는 평화로운 하루가 되게 하시옵소서.
　저희들의 인생 속에서 저희들의 삶을 경영하시는 주 하나님, 저희 가정에 새롭고 거룩한 미래를 준비하여 주시고, 이 세상에 범람하는 순간적인 쾌락에 더는 유혹되지 않도록 저희들을 지혜와 인내로 인도하시옵소서. 어둡고 부패한 세상적인 쾌락들이 저희들의 아름답고 영적인 삶을 빼앗지 못하도록 단단히 지켜 주시고, 오직 영원하신 주 하나님만 바라보며 항상 찬송하고 경배하며 주님의 말씀에 순종하는 삶 속에서 참 기쁨을 누리며 살게 하시옵소서. 시시각각으로 다가오는 결정의 순간 속에서 저희들이 주님 말씀과 뜻에 따라 선택할 수 있도록 명철한 지혜를 내려 주시고, 주 예수 그리스도를 인생의 가장 큰 기업으로 받는 저희 모두가 되게 하시옵소서.

복의 근원이 되시는 주님, 영원하신 하나님께서 저희들에게 주시는 평강의 삶을 끝날까지 이어갈 수 있는 은혜와 축복을 베풀어 주시고, 주님의 사랑이 항상 저희 가족과 저희 주위에 넘치도록 허락하여 주시옵소서. 오늘 하루의 삶 속에서도 늘 저희와 함께하셔서 영원한 영의 양식인 하나님의 말씀으로 저희들의 영혼을 가득 채워 주시고, 주님의 말씀으로 무장하여 예수 그리스도의 이름으로 승리하는 귀한 하루가 될 수 있도록 인도하여 주시옵소서.

특별히 저희들이 감당하는 사역에 성령의 기름을 충만히 부어 주시고, 오늘 하루도 사람을 살리는 생명의 언어로 하나님 나라의 복음을 담대하게 선포할 수 있도록 저희들의 마음을 시종일관 주장하여 주시옵소서.

항상 저희들에게 영의 양식을 채워 주시는 주 예수 그리스도 이름으로 기도드리옵나이다.

아멘.

기도14
기쁨의 하루를 주소서

저희 기쁨의 근원이 되시는 주 하나님 아버지, 오늘 이 싱그러운 아침에 아버지께 감사와 찬양과 영광을 올려 드립니다. 오늘도 저희 가정에 하루 분량의 즐거움과 기쁨을 허락하여 주셔서 온 가족이 오늘 하루를 기쁨과 즐거움 속에서 지낼 수 있도록 은혜 베풀어 주시옵소서. 또한 저희 가족들에게 오늘도 건강과 안전을 허락하여 주시고, 건강한 몸으로 저희들에게 맡겨진 직분을 잘 감당할 수 있도록 인도하여 주시옵소서.

오늘도 온전히 주님 말씀에 의지하고 순종하는 하루가 되게 하여 주시고, 어느 곳에 있든지 하나님의 자녀로서 행동하게 하시며 그리스도의 향기가 저희들의 몸에서 떠나지 않게 하시옵소서. 저희 가족과 이웃들이 서로 사랑으로 교제하는 하루 되게 하시고, 혹시 분이 나는 경우를 만나더라도 그 울분을 인내로 오래 참게 하시며 오늘 하루 해가 지기 전에 모든 가슴속의 울분을 해소할 수 있도록 저희들의 감정을 이끌어 주시며 더욱 성숙한 삶으로 나아갈 수 있도록 도와주시옵소서.

오늘도 저희 가정에 구원의 기쁨이 넘쳐나게 하시고, 그 구원을 주시는 주 하나님을 온종일 찬양하게 하시옵소서. 저희의 마음속에 자리 잡고 있는 그 구원의 기쁨은 일시적인 것이 아니요 영원불멸하신 주 하나님께서 사랑으로 저희에게 주시는 영원한 기쁨임을 깨닫게 하시고, 이 세상 모든 죄와 속박에서 저희들을 자유롭게 하여 주신 주님께 매시간 감사와 찬송을 드리게 하여 주시옵소서.

오늘 하루를 마치며 하루 분량의 기쁨과 건강과 일용할 양식을 주신 주 하나님께 감사드릴 수 있도록 허락하여 주시고, 오늘 밤도 기쁨의 안식 속에서 하루를 마무리할 수 있도록 은혜 베풀어 주시옵소서.

항상 저희와 함께하시며 인도하여 주시는 예수 그리스도 이름으로 기도드리옵나이다.

아멘.

기도15
주님의 장막에 거하게 하소서

    만유의 주재이시며 세상 만물의 창조주이신 주 하나님을 사랑합니다.
    이 세상을 아름답게 창조해 주시고 저희들이 그 자연을 즐기며 주님의 세계에서 오늘 하루도 평안하게 머물게 하여 주시는 주님께 감사와 찬양을 올려 드립니다. 오늘 하루의 삶 속에서도 저희 가족들이 이 아름다운 주님의 장막 안에서 평안히 거하게 허락하여 주시고, 그 평안의 기쁨을 저희 이웃과 함께 나누며 온종일 주님의 평강 속에 머무르게 하시옵소서. 항상 저희가 머무는 곳이 주님의 장막이 되게 하시고, 저희가 그 성산의 장막에 거하는 즐거움과 기쁨으로 늘 화목하게 하시며, 주님의 평안이 저희 가정에 차고도 넘치도록 은혜 베풀어 주시옵소서.
    오늘 하루의 삶 속에서도 저희들의 마음의 연약함으로 인해서 이 세상의 유혹에 흔들리지 않도록 저희 마음을 견실하게 붙잡아 주시고, 항상 주님의 장막 안에 거하며 바른길로만 나아갈 수 있도록 인도하여 주시옵소서. 오늘도 주님과 함께하는 삶의 즐거움 속에서 주님과 동행하며 함께 호흡하고 매시간 성령 하나님의 임재를 저희들의 가슴으로 느끼며 사는 귀한 하루가 되도록 도와주시옵소서.

변치 않는 사랑과 은혜를 늘 베풀어 주시는 고마우신 하나님 아버지, 오늘 하루도 저희 모두가 주님의 장막 안에서 정직하고 공의로운 삶을 살 수 있도록 성령으로 인도하여 주시고, 괜히 목적도 없이 분주하게 움직이며 헛된 세상의 염려 속에 지내지 않도록 매시간 저희들을 일깨워 주시옵소서. 오늘 하루의 삶 속에서 이웃들을 못마땅하게 여기고 비방하기보다는 그들을 더욱 이해하려 노력하고 더욱 사랑하려 노력하며 주 하나님의 진리의 말씀을 이웃들과 나누며 서로 어울려 살 수 있도록 인도하여 주시옵소서.

이 각박하고도 메마른 세상 속에서 저희 가족과 이웃들이 오늘 하루를 살아갈 때에 살아 계신 주님의 말씀만을 청종하며 따르게 하시고, 주님의 지혜로 세상에 만연한 악과 싸워 승리하는 삶이 되도록 이끌어 주시옵소서. 주님께서 준비하여 주신 이 성산의 장막 안에서 매시간 주님의 사랑을 풍성하게 느끼며 사는 포근한 하루가 될 수 있도록 자비로운 주님께서 저희들의 삶 속에 사랑과 축복을 차고 넘치도록 부어 주시며, 주님께서 주시는 소망과 행복, 평안과 위로 그리고 즐거움과 기쁨이 저희 주위에 가득하도록 은혜 베풀어 주시옵소서.

인애와 사랑이 충만하신 우리 주 예수 그리스도 이름으로 감사하며 기도드리옵나이다.

아멘.

기도 16

두려움이 없게 하소서

　전능하신 만유의 주재 하나님 아버지, 주님께서 주시는 능력과 용기로 제가 이 시간까지 거센 세파 속에서도 넘어지지 않고 믿음 안에서 굳건하게 살아올 수 있었음을 이 시간 고백합니다. 그리고 제 삶을 이 시간까지 인도하여 주신 감당할 수 없는 주님의 은혜와 사랑에 깊은 감사를 올려 드립니다. 긴 인생의 여정을 살아가면서 너무 힘들고 지쳐서 아무것도 할 수 없을 때, 그리고 홀로 깊은 바닷속에 남겨진 듯 외롭고 두려울 때조차도 항상 주님께서 저와 함께하여 주셔서 주님께 의지하고 능력을 구하며 다시 일어나 이 자리까지 올 수 있었습니다.
　여호와 닛시, 승리의 주 하나님, 오늘 하루의 삶 속에서도 이 세상이 주는 두려움을 떨쳐 버리고, 히브리서 저자처럼 "주는 나를 돕는 이시니 내가 무서워하지 아니하겠노라 사람이 내게 어찌하리요"라고 외치며 담대하게 세상 앞으로 나아가는 하루 되게 하시옵소서. 그리고 이 세상의 천만 악이 나를 둘러싸고 우는 사자처럼 으르렁거릴지라도 과감하게 세상 악을 물리치고 승리할 수 있도록 저에게 성령의 갑옷을 입혀 주시고 주님의 말씀으로 무장시켜 주시옵소서.

저희 가족이 항상 주님과 동행하는 삶을 통해서 주님의 뜻에 맞는 삶을 살 수 있도록 인도하여 주시고, 다윗이 하나님의 뜻에 순종하여 그의 삶이 형통하였던 것처럼 저희들도 주님의 말씀에 순종하는 삶으로 말미암아 저희들의 영혼이 잘 되게 하여 주시고 저희들의 삶 속에서 모든 일이 술술 풀리는 형통의 복을 내려 주시옵소서. 오늘 하루도 저희들의 삶 속에서 하늘의 신령한 지혜와 능력을 허락하여 주시고, 저희들의 삶을 주관하시는 하나님 아버지께 모든 것을 맡기고 의지하며 예수 그리스도의 이름으로 세상과 싸워서 승리하는 삶이 될 수 있도록 저희들을 담대하게 하여 주시고 성령으로 인도하여 주시옵소서.

모든 대적을 이기고 승리하신 우리 주 예수 그리스도 이름으로 기도드리옵나이다.

아멘.

기도 17
자녀들에게 삶의 목표를 주소서

사랑과 은혜가 풍성하신 주 하나님 아버지, 오늘 이 아침에 저희 자녀들을 위하여 기도드립니다. 그동안 저희 자녀들을 세상의 죄악과 위험에서 보호하여 주시고 주님 안에서 평안하고 안전하게 이 시간까지 지켜 주셨으니 그 크신 은혜에 감사를 올립니다.

저희 자녀들이 하루하루 이 세상을 살아갈 때에 아무 목표도 없이 뭇사람들과 어울려 무의미하고 어설픈 삶을 살아가지 않도록 늘 생명의 말씀으로 깨우쳐 주시고, 주님 안에서 뚜렷한 목표를 설정하고 그 목표를 이루기 위해 최선을 다하는 삶을 살아갈 수 있도록 성령으로 인도하여 주시옵소서. 그리고 저희 자녀들의 목표가 주 하나님 안에서 선한 계획이 되게 하시고, 그들의 영육 간의 연약함을 강하게 바꾸어 주시며, 그들의 부족함을 주님의 능력으로 채워 주시옵소서.

자비의 하나님 아버지, 저희 자녀들에게도 솔로몬에게 주셨던 명철한 지혜를 허락하여 주셔서 그들이 나날이 명석하여지고 총명하여지게 하시며 집중력과 인내력을 더하여서 그들이 품은 뜻을 주님 안에서 잘 이루어 낼 수 있도록 그들의 삶 속에 축복하여 주시고 은혜 베풀어 주시옵소서.

또한 저희 자녀들이 이 어두운 세상을 살아가면서 어쩔 수 없이 만나게 되는 주위의 여러 범죄와 악행들을 두려워하거나 염려하지 않게 하여 주시고, 주님께서 주시는 용기와 평안함을 가지고 하루하루를 밝고 명랑하게 살아갈 수 있도록 그들의 가슴속에 담대함과 여유로운 마음을 허락하여 주시옵소서.

오늘도 자녀들의 삶 속에 좋은 친구들을 많이 만날 수 있는 만남의 복을 허락하여 주셔서 그 친구들과 함께 사랑과 우정을 나누며 그 친구들을 주님께 인도하고, 또 그 친구들을 위해서 늘 기도할 수 있는 신실한 믿음의 자녀들이 될 수 있도록 저희 자녀들의 마음을 다스려 주시고 성령으로 역사하여 주시옵소서.

우리의 영원한 친구이시며 목자 되시는 예수 그리스도의 이름으로 기도드리옵나이다.

아멘.

기도18

주님의 뜻 가운데 거하게 하소서

    저희 삶의 진정한 왕이 되시는 주 하나님 아버지, 저희 가족에 대한 주님의 한량없는 은혜와 넘치는 사랑에 진심으로 감사를 드립니다. 저희 삶의 진정한 힘이 되시는 여호와 하나님을 저희 모두가 맘과 뜻과 정성을 다하여 사랑합니다. 찬양합니다. 그리고 경배합니다.
    지난밤에도 저희 가족을 눈동자같이 지켜 주시고 보호하여 주신 주님의 은혜에 감사를 드립니다. 하루의 시작인 이 싱그러운 아침을 맞이하면서 성령님이 인도하시는 아침 말씀 묵상을 통해서 저희들의 신앙이 더욱 성숙하게 하여 주시고, 주님의 말씀 속의 진리로 저희들의 영혼을 가득 채워 주시옵소서. 이 시간 예수 그리스도의 보배로운 피로 저희들의 몸과 영혼을 다시 한번 정결케 하여 주시고 오직 성령의 충만함을 받아서 주님의 선하시고 기뻐하시고 온전하신 뜻 가운데 오늘 하루를 보낼 수 있도록 은혜 베풀어 주시옵소서.

무엇보다도 저희 자신이 하나님 아버지의 자녀요 백성임을 늘 기억하면서 살기를 원합니다. 저희 가족을 넘치는 사랑으로 사랑하셔서 죄와 사망의 권세 아래에서 죽을 수밖에 없었던 저희들을 구원하여 주시고 자녀 삼아 주시며 십자가의 죽음을 이겨낸 부활의 능력으로 완전히 변화된 새로운 피조물로 살게 하여 주시니 다시 한번 감사를 올립니다. 오늘도 저희들의 모든 삶의 발걸음이 선하신 주님의 계획 가운데 동참하면서 주님과 함께 걸어 나가는 귀한 삶의 여정이 되도록 성령으로 인도하여 주시옵소서.

전능하신 주 하나님, 오늘 하루도 겸손한 마음으로 주님께서 저희들에게 맡겨 주신 소명을 잘 감당하기를 소망합니다. 저희들의 작은 힘과 지혜에 의지하지 않게 하시고 오직 전능하신 하나님의 능력만을 바라보고 주님께 전적으로 의지하며 나아가는 견실한 믿음을 허락하여 주시옵소서. 무슨 일을 계획하거나 진행할 때에도 먼저 주님 앞에 가장 낮은 자세로 기도하게 하시고 온 마음으로 주님께 도움을 구하게 하시옵소서. 오늘 하루의 삶 속에서도 귀한 만남의 복을 허락하셔서 많은 좋은 사람들을 보내 주시고 그들과의 아름다운 교제와 사귐이 일어날 수 있도록 주님께서 모든 상황을 주관하여 주시옵소서.

저희들의 삶 속에서 항상 동행하여 주시는 주 예수 그리스도 이름으로 감사하며 기도드리옵나이다.

아멘.

기도19
성령으로 가득 채우소서

　성부, 성자, 성령 삼위일체의 주 하나님 아버지, 매일매일의 이어지는 삶 속에서 저희 가족의 삶을 주관하여 주시고 주님의 자녀 된 저희들을 성령으로 인도하여 주시며 또 보호하여 주시는 주님의 은혜에 깊은 감사를 드립니다. 오늘 하루도 저희 가정에 일용할 양식과 더불어 필요한 모든 것을 미리 준비하여 주시는 여호와 이레의 하나님께 찬양과 존귀와 영광을 경건히 올려 드립니다.

　오늘 하루 살아가는 동안도 아버지께서 때에 따라 채워 주실 물질과 재물들에 저희들의 온 마음을 빼앗기지 않도록 붙잡아 주시고, 그러한 세상의 재물보다는 저희들의 마음의 참된 양식인 하나님 말씀에 목마르고 갈급하게 하시며 그 말씀 양식으로 저희들의 가슴 속을 가득하게 채워 주시옵소서. 그리고 그 말씀의 능력과 더불어 성령의 은혜를 체험하는 복된 하루가 되게 하여 주시옵소서. 이 시간 성령의 바람과 성령의 뜨거운 불길이 저희들 심령 속에 활활 타

오르게 하시고, 주님의 임재가 오늘도 저희들의 삶 속에 나타나는 은혜를 베풀어 주시옵소서.

　오늘 하루도 저희들 모두가 주님께 의지하고 순종하는 삶을 살아가는 값진 하루가 되게 하시고, 불순종하는 자들과 어울려 쾌락을 즐기며 저희가 받은 귀한 성령을 소멸치 않도록 감찰하여 주시며, 언제나 은혜 충만, 성령 충만 그리고 축복이 충만한 삶이 될 수 있도록 이끌어 주시옵소서. 매일매일 저희가 말씀의 능력 안에 거하며 주님께서 주시는 여러 은혜와 은사들을 받게 하시고, 그 각자의 은사들을 귀히 여기고 적재적소에 잘 사용할 수 있는 지혜를 내려 주시옵소서. 무슨 일을 하든지 항상 저희 자신은 뒤로 감출 수 있는 겸손함을 허락하여 주시고, 오직 주님의 영광만을 드러내며 그리스도의 몸 된 교회 공동체에 덕을 세울 수 있도록 저희들의 마음과 입술을 온전히 주관하여 주시옵소서.

　항상 저희들과 함께하여 주시는 성령 하나님께 감사드리오며, 우리의 영원한 대제사장이신 예수 그리스도 이름으로 기도드리옵나이다.

　아멘.

기도 20
주님을 피난처로 삼게 하소서

　우리의 방패요 산성이신 하나님 아버지, 오늘 이 시간까지 세상의 모든 위험과 질병으로부터 저희 가족을 보호하여 주시고 든든한 보호의 산성이 되어 주신 주 하나님 아버지께 감사와 찬양과 영광을 올려 드립니다.
　여호와 하나님께 의지하고 피하는 자는 복이 있다고 하셨사오니 오늘 하루도 저희 가족들이 주님을 의지하며 피난처로 삼을 수 있도록 허락하여 주시고, 세상의 온갖 지혜와 재물은 물론이요 저희가 그토록 의지하는 현대의학조차도 저희들의 영원한 피난처가 되지 못함을 깨닫게 하여 주시옵소서. 특별히 저희의 우둔함으로 인해 그러한 세상 것들에 온전히 빠져서 매달리지 않도록 저희들의 심령을 시시각각으로 견실하게 잡아 주시며, 생사 화복을 주관하시는 주님만이 저희가 의지할 수 있는 영원한 피난처요 방패임을 올바로 깨달을 수 있도록 신령한 지혜를 내려 주시옵소서.

신실하시고 미쁘신 주 하나님, 저희들의 삶 속에서 힘들고 두려울 때 항상 주님께 먼저 눈을 돌리고 기도로 지혜와 용기를 구하며 주님을 영원한 저희들의 피난처로 삼고 의지할 수 있도록 늘 인도하여 주시고, 신실하신 주님께서 주시는 보호의 약속과 능력을 체험하며 사는 하루하루가 될 수 있도록 복 내려 주시옵소서. 그리고 주님께서 매일매일 저희에게 내려 주시는 지혜와 은혜와 믿음으로 이 세상에 범람하는 모든 병마와 어려움들을 능력의 주님 안에서 치료하고 또 해결할 수 있도록 성령으로 역사하여 주시옵소서.

오늘 이 아침에 새로운 날을 시작하며 간밤에 일어난 여러 암울한 소식들에 의해서 의기소침한 감정들을 모두 떨쳐 버리게 하여 주시고, 오늘 하루도 능력의 주님과 동행하며 주 하나님이 주시는 평강 속에서 새 봄에 봄꽃들이 활짝 피어나듯이 저희 가족들의 얼굴에도 환한 웃음꽃이 피어나며 경쾌하고 즐거운 하루를 시작할 수 있도록 도와주시옵소서.

오늘도 주님께서 맡겨 주신 귀한 사명의 자리로 믿음의 담대한 발걸음을 내딛게 하시고 온종일 주님께서 저희들을 눈동자처럼 지켜 주시고 인도하셔서 주 하나님의 평강이 저희들에게서 떠나지 않게 하여 주시옵소서.

모든 병마와 악을 이기시는 우리의 선한 목자 주 예수 그리스도 이름으로 기도드리옵나이다.

아멘.

기도 21

항상 주님께 도움을 구하게 하소서

만유의 주재 여호와 하나님 아버지, 이 싱그러운 아침에 주님의 거룩한 이름을 찬양합니다. 그리고 주님을 사랑합니다. 오늘 하루도 저희 가정과 사업의 주인이 되어 주시고 저희들이 주님 앞에 세상의 모든 짐을 내려놓고 평안한 하루를 보낼 수 있도록 은혜 베풀어 주시옵소서. 오늘 하루 삶의 여정 속에서도 저희들의 선한 목자가 되어 주셔서 저희들을 인도하여 주시고, 저희가 나아가는 길의 등불이 되어 주셔서 저희들을 옳은 길로 이끌어 주시옵소서.

언제 어느 곳에서나 저희들을 보살펴 주시는 주 하나님, 저희 가족들이 항상 주님께 도움을 구하고 의지하며 살아갈 수 있도록 은혜와 자비를 베풀어 주시옵소서. 특별히 저희들이 생각지 못한 고난을 당하여 고통과 절망 속에서 주님을 애타게 찾으며 부르짖을 때 주님께서 즉각 응답하여 주시고 지혜를 주시며 저희들의 영혼이 주님의 품 안에서 평강을 되찾을 수 있도록 도와주시옵소서. 행여나 저희들이 조급한 마음에 주님께 간구하기보다 어려운 상황을 저희들의 작은 힘과 부족한 지혜로 홀로 해결하려다가 넘어지지 않도록 항상 감찰하여 주시며 언제, 어디서나 주님을 기억하고 주님께 제일 먼저 기도로 도움을 구하며 모든 어려움을 주님 안에서 헤쳐 나가는 삶의 지혜를 주시옵소서.

이 험난한 세상의 파도 속에서 오늘 이 시간까지 저희 가족의 안전한 피난처가 되어 주시고 굳건한 산성이 되어 주셔서 감사합니다. 오늘 하루도 저희가 시시각각 주 하나님께 피하고 주님께 도움을 구하며 주님의 따뜻한 품속에서 평화로운 시간을 보낼 수 있도록 은혜 베풀어 주시옵소서.

항상 저희 가족을 눈동자처럼 지켜 주시는 선한 목자 주 예수 그리스도의 이름으로 기도드리옵나이다.

아멘.

기도22

선교사님들과 함께하소서

저희들과 항상 함께하여 주시며 저희들을 끝날까지 지켜 주시는 능력의 하나님 아버지, 오늘 이 아침에 위험한 오지에 나가 주님께 받은 선교의 소명을 이루기 위해서 고전분투하시는 선교사님들을 위하여 기도하기 원합니다.

지금 이 시간에도 많은 주님의 종들이 말씀 선포의 소명을 받고 낯설고 물선 오지의 이국땅에 나가서 난치의 풍토병과 생명까지도 위협받는 정치적 그리고 종교적인 탄압에 시달리고 있습니다. 전능하신 아버지께서 이 선교사님들과 항상 함께하여 주시고 그들을 더욱 강건하게 하셔서 그들이 마주하고 있는 이 환경적 어려움들과 재정적 어려움 그리고 정치적 억압의 모든 어려움을 극복할 수 있도록 도와주시옵소서.

그리고 이 아침에 선교사님들과 그들의 가정을 위해 드리는 저의 신실한 기도가 하늘 끝까지 상달되어 모든 선교사님께 저의 이 작은 기도가 큰 힘이 되게 하시며 일당백의 능력이 되게 하셔서, 그들이 귀한 복음을 땅끝까지 전하게 하시옵소서. 또한 모든 선교사님들이 성령님께서 주시는 강한 영적 감화력으로 각자가 오지에 뿌린 복음의 씨앗을 풍성하게 거둬들일 수 있도록 주님께서 각지의 선교사님들과 동행하시며 지혜와 능력을 부어 주시옵소서.

자비와 은혜가 풍성하신 주 하나님, 이제 선교사님들의 가족을 위해 기도합니다. 선교사님들과 함께 오지에서 함께 고생하시는 그분들의 배우자들과 자녀들에게도 큰 은혜를 베푸셔서 그들의 장래를 주님께서 주관하여 주시고 또 인도하여 주시옵소서. 항상 선교사님들의 가족의 안위와 건강을 지켜 주시고, 그들이 깊은 두려움과 고통 중에 있을 때 위로하여 주시며, 혹 그들이 병을 얻었을 때 아버지의 권능의 오른팔을 펴시어 그들을 깨끗이 치료하여 주시옵소서. 선교사님들의 가족 한 분 한 분과 항상 함께하여 주시고, 선교사님들의 소명이 끝나는 그날까지 그들을 주님의 날개 밑에 두셔서 안전하게 지켜 주시옵소서.

항상 우리와 함께하시며 우리를 지켜 주시는 우리의 영원한 목자 주 예수 그리스도 이름으로 기도드리옵나이다.

아멘.

기도23
자녀들이 말씀을 사모하게 하소서

　한없는 사랑과 자비를 늘 베풀어 주시는 하나님 아버지, 오늘 아침 저희에게 맡겨 주신 자녀들과 그들의 믿음을 위해서 기도를 올립니다. 저의 이 절실한 간구의 기도에 응답하여 주셔서 저희 자녀들의 마음 문을 활짝 열어 주시고 성령의 능력으로 그들의 마음을 감동 감화시켜 주셔서 그들이 늘 하나님의 말씀을 사모하게 하여 주시고, 기도로 무장하며 주님의 말씀과 뜻을 따라 살아가게 하여 주시옵소서.
　특별히 저희 자녀들에게 좋은 교회와 좋은 영적 선생님을 만날 수 있도록 은혜 베풀어 주시고, 하나님의 말씀을 통하여 자녀들이 영적 양식을 채워 가게 하시며, 나날이 자녀들의 신앙 인격이 성숙하여질 수 있도록 인도하여 주시옵소서. 저희 자녀들이 늘 성경 말씀을 가까이하고 묵상하며 주님 안에서 커다란 지식과 지혜를 깨우치는 가운데 그들의 학업이나 일에 전념할 수 있도록 이끌어 주시옵소서.

언제나 교회가 자녀들의 삶의 중심이 되게 하시고, 항상 자녀들이 교회를 사랑하고 섬기며 신실한 믿음을 통해서 그들의 앞날이 주님 안에서 형통할 수 있도록 이끌어 주시옵소서. 저희 자녀들이 성경공부와 제자훈련에 게으르지 않게 하여 주시고, 주님의 말씀을 통해 주님의 뜻을 잘 헤아리게 하시며, 말씀 안에서 그들의 꿈과 비전을 세우고 그들의 목표를 향하여 쉼없이 달려갈 수 있도록 저희 자녀들에게 강한 믿음과 추진력과 인내를 허락하여 주시옵소서.

저희 자녀들이 항상 성경 말씀을 겸손한 마음으로 대할 수 있도록 그들의 마음을 다스려 주시고, 경건한 마음으로 말씀을 경청하며 말씀에 순종하는 삶을 살아갈 수 있도록 인도하여 주시옵소서. 하루하루 자녀들의 삶 속에서 그들이 주님께 드리는 기도의 응답과 능력을 그들의 삶으로 체험하는 복을 허락하여 주시고, 주님을 의지하며 살 때 이 세상이 줄 수 없는 주님의 평강이 그들에게 찾아온다는 귀한 지혜를 깨우치게 하시옵소서.

특별히 자녀들이 힘들고 어려운 시간 속에 있을 때에 그들이 제일 먼저 주님을 찾고 간구의 기도를 올릴 수 있도록 성령으로 인도하여 주시고, 항상 주님을 의지하고 기도로 교통하며 살아갈 수 있도록 저희 자녀들의 삶을 신실한 신앙으로 축복하여 주시옵소서.

복의 근원이신 주 예수 그리스도 이름으로 기도드리옵나이다.

아멘.

기도 24

진실한 벗을 만나게 하소서

    사랑과 자비가 풍성하셔서 상한 갈대조차도 꺾지 않으시는 주 하나님 아버지, 오늘 아침도 주님의 은혜와 사랑 가운데 귀한 하루를 저희 가족들에게 열어 주시니 그 은혜에 감사를 드립니다. 오늘 하루도 저희들의 진실한 벗이 되어 주셔서 늘 동행하여 주시며 저희들의 삶의 중심이 되어 주시옵소서. 오늘 하루를 살아가며 만나야 하는 많은 사람들 중에 오직 주님께서 기뻐하시는 사람들과 함께 어울릴 수 있도록 인도하여 주시고, 주님과 동행하는 귀한 삶 속에서 그들과 벗하고 배려하며 사는 하루가 될 수 있도록 축복하여 주시옵소서.

    오늘도 사회생활 속에서 어쩔 수 없이 함께해야 하는 세상 속의 악한 자들과 간교한 자들 그리고 신뢰할 수 없는 자들과 함께 어울리어 죄를 짓지 않도록 저희 마음을 다잡아 주시고, 그들의 이중적이고 간교한 혀의 농간에 속지 않도록 보호하여 주시며, 오직 진실한 벗들과 교제하고 정을 나누며 지내는 귀한 하루가 될 수 있도록 아름다운 만남의 복을 허락하여 주시옵소서.

저희는 아둔하고 우매하여 사람들의 속마음을 잘 알지 못하오니 주 하나님께서 그들의 마음을 샅샅이 꿰뚫어 보시고, 행여 주님 앞에서 저희들을 죄로 인도하려는 불순한 이웃들이 있으면 저희들의 곁을 떠나게 하시고, 오직 저희들의 삶을 거룩하고 윤택하게 하며 열매 맺게 하는 진솔한 벗들만 저희 곁에 두시옵소서.

그리고 좋은 친구들이 저희들에게 다가오길 기다리기보다는 저희들 자신이 먼저 그들에게 다가가고 그들의 좋은 벗이 되도록 노력하며, 그들의 작은 필요와 바람조차도 흘려 버리지 않고 그때그때 알아서 채워 주는 섬세한 마음을 허락하여 주시옵소서. 행여 저희 자신이 눈앞의 작은 이익 때문에 부지불식간에 벗들의 이기적인 친구가 되지 않도록 시시각각으로 저희들의 마음을 감찰하여 주시고, 그들에게 먼저 사랑을 베풀고 그들을 위해 양보하고 희생하며 그들의 삶에 커다란 힘이 되는 좋은 벗으로 남을 수 있도록 저희들을 성령으로 인도하여 주시옵소서.

저희들의 좋은 친구이신 주 예수 그리스도의 이름으로 감사하며 기도드리옵나이다.

아멘.

기도 25
병으로부터 보호하소서

저희들의 삶 속에서 피난처가 되시며 방패가 되시는 주 하나님 아버지, 오늘 하루도 저희 가족의 선한 목자가 되어 주셔서 저희들을 푸른 초장으로 인도하여 주시고 생명의 강가로 이끌어 주시옵소서. 오늘 하루를 살아가며 저희들이 힘들고 지칠 때 저희들의 간구의 기도에 응답하여 주시고 두렵고 외로울 때 저희 곁에서 위로하여 주시옵소서.

사랑과 자비가 충만하신 하나님 아버지, 지금은 온 세상 사람들이 창궐하는 여러 암들과 난치병으로 인하여 항상 걱정하고 두려워하며 먹고 싶은 음식조차도 제대로 못 먹으며 살고 있습니다. 이러한 난치병들이 들끓는 음침한 어두운 골짜기 속에서도 주 하나님께서 항상 저희와 함께하심을 굳게 믿게 하시고, 저희 가족 한 사람 한 사람을 더욱더 강건하게 하여 주시며, 주님의 평안 속에서 아무 두려움 없이 하루하루를 건강하게 살아갈 수 있도록 도와주시옵소서. "내가 역병으로 내 백성 가운데 유행케 할 때에도 내 백성이 돌이켜 악한 길에서 떠나 내게 기도하면 그 땅을 깨끗이 고쳐 주겠노라"고 하신 주님의 약속을 굳게 믿고 오늘도 주님을 향한 기도 속에서 평안한 마음을 가지고 지낼 수 있도록 은혜 베풀어 주시옵소서.

이 암울하고 어두운 세상 속에서도 저희가 좌절하지 않고 회개와 간구의 기도에 더욱 충실하게 하시고, 하나님의 길에서 벗어나지 않는 삶을 살아갈 수 있도록 성령으로 인도하여 주시옵소서. 이 세상의 누구도 주 하나님과 같은 사랑과 자비를 저희에게 베풀어 줄 수 없음을 이 시간 고백합니다.

엘 샤다이, 전능하신 하나님 아버지, 저희에게 언제 어디서나 선한 목자이신 예수님과 동행하는 삶을 허락하여 주셔서 다시 한번 감사드립니다. 이제 주 하나님의 전능하신 능력의 팔을 벌리시어 저와 저희 가솔들을 주 하나님의 보호의 날개 밑으로 모아 주시며, 저희들을 이 세상에 만연하고 있는 여러 가지 난치병으로부터 온전히 보호하여 주시고 평화로운 삶을 허락하여 주시옵소서. 그리고 항상 저희들을 사랑하시는 주님의 큰 은혜와 축복에 감사드리며 저희 이웃들에게도 하나님의 생명의 말씀을 전하고 그들과 함께 주님의 은혜와 사랑을 나눌 수 있도록 인도하여 주시옵소서.

우리를 마지막 날까지 지켜 주시는 주 예수 그리스도의 이름으로 감사하며 기도드리옵나이다.

아멘.

기도26
이웃을 사랑하게 하소서

　사랑과 자비가 충만하신 하나님 아버지, 오늘 하루도 하나님과 동행하는 삶을 살 수 있도록 허락하여 주시고, 저희 가족 한 사람 한 사람을 눈동자처럼 지켜 주시며, 오늘 하루 지내기에 필요한 모든 물품을 저희들에게 채워 주시옵소서. 오늘 이 아침에 마음의 무릎을 꿇고 경외함과 경건함으로 주님께 올리는 저의 절실한 간구의 기도에 귀 기울여 주시고, 오늘 하루 사는 동안 매시간 저희 가족들이 주 예수 그리스도 안에서 하나님의 형상을 닮아가는 삶을 피부로 느끼며 살 수 있도록 인도하여 주시옵소서.

　은혜와 자비가 풍성하신 주 하나님 아버지, 항상 이웃을 사랑한다고 입술로는 말하면서도 정작 이웃을 보살피고 삶을 함께 나누기보다는 어느새 우리 가족만 잘되면 그만이라는 이기심 속에서 살아왔음을 이 시간 자복하고 회개합니다. 용서하여 주시옵소서. 저의 이 강퍅한 마음을 부드럽게 변화시켜 주셔서 오늘 하루 만나는 모든 이웃들에게 주님의 따뜻한 사랑을 전하는 사랑의 전도사가 되게 하여 주시옵소서. 저의 혀가 항상 경건한 말을 할 수 있도록 주관하여 주시고, 저의 입이 열릴 때 주님의 사랑이 저의 입에서 강처럼 흘러나올 수 있도록 역사하여 주시며, 온종일 저의 몸에서 그리스도의 향기가 진동하도록 성령으로 인도하여 주시옵소서.

저와 저희 가족들의 이웃 사랑이 단지 어려운 사람을 측은히 여기고 약간의 금전으로 도와주는 어설픈 자선 행위를 넘어서서 이웃들을 진정으로 내 몸같이 사랑하는 것이 되게 하시옵소서. 그들의 영혼까지 사랑하라는 예수님의 사랑의 계명을 저희들의 마음판에 새기고 주님의 본을 따라 사는 진실된 하루가 되게 하시옵소서.

오늘 하루를 사는 동안 혹시 저희 이웃들이 저희들에게 섭섭한 일을 행할지라도 그 섭섭함을 악으로 되갚지 않게 하시고 그들을 사랑과 이해와 용서로 대할 수 있는 주님의 온유한 마음이 저희들의 가슴속에 풍성하게 채워질 수 있도록 허락하여 주시옵소서. 저희들의 삶 속에서 일어나는 모든 불의한 일들을 감정적으로 대적하지 않고 오직 공의의 하나님께 맡기며 주 하나님께서 모든 것을 바로 돌려주시기를 간구하는 기도를 올려 드릴 수 있도록 이끌어 주시옵소서. 그리고 그러한 저희들의 이웃 사랑을 통해서 저희 가정이 더욱더 사랑과 은혜가 넘치는 가정으로 세워지는 복과 은혜를 허락하여 주시옵소서.

항상 저희 가정과 함께하시고 진실함과 선함이 충만하신 예수 그리스도의 이름으로 기도드리옵나이다.

아멘.

기도 27
자녀들이 주님을 따르게 하소서

온 우주의 창조자이시고 주인이 되시는 주 하나님 아버지, 저희 가정에 보화와 같은 귀한 자녀들을 주셔서 감사드립니다. 이 귀한 생명들이 주 하나님 안에서 건강하고 주님께서 주시는 여러 축복을 누리며 성장할 수 있도록 자비와 은총을 베풀어 주시옵소서. 저희 자녀들이 주야로 주님의 말씀 곁에서 살 수 있도록 인도하여 주시고, 주님의 말씀 안에서 주님의 뜻과 법도를 깨우칠 수 있도록 도와주시옵소서. 그리고 저희 자녀들을 주님의 뜻에 따라 주님의 법도를 행하며 사는 삶으로 인도하여 주시고, 의무로 어쩔 수 없이 하기보다는 주님의 법 따르기를 자랑스러워하며 기쁜 마음으로 행할 수 있도록 성령으로 그들의 마음을 감화시켜 주시옵소서.

주님께서는 헌물이나 예식보다도 주 하나님을 알고 주님의 뜻에 순종하며 그 뜻을 행하는 자를 더 기뻐하신다고 하셨사오니, 저희 자녀들이 성경 말씀을 통해서 주님과 더 친밀해지고 주님을 더 사랑하며 주님의 뜻에 따라 행함으로써 주님의 이름을 높이는 참된 자녀들이 되도록 인도해 주시옵소서.

온유한 자를 사랑하시고 온유한 자에게 지혜를 주시는 주 하나님, 저희 자녀들이 온유한 마음을 가지고 주님의 말씀 속에서 주님의 길과 도를 배울 수 있도록 은혜 베풀어 주시고, 주님의 말씀이 자녀들의 인생 여정에서 영원한 등불이 되어 그들을 진리의 길로 인도하게 하시옵소서. 또한 주님의 진리의 길만이 가장 의로운 길이고 만사형통하는 길이라는 것을 저희 자녀들이 스스로 잘 깨우칠 수 있도록 그들에게 하늘의 지혜를 허락하여 주시옵소서.

평화와 치유의 주 하나님, 저희 자녀들이 삶을 살아가며 어쩔 수 없이 만나야 하는 여러 어려움과 시련 속에서도 주님의 말씀만을 믿고 의지하며 담대하게 헤쳐 나가게 하시고, 그러한 고난 속에서도 자녀들을 향한 주님의 크나큰 사랑을 늘 느끼며 살게 하시옵소서. 행여 그들의 삶 속에서 상처나 고통을 받는 일이 있더라도 주님 안에서 오래 참게 하여 주시고 그들의 상처를 조속히 치유하여 주시며 몸과 마음을 올바로 회복시켜 주셔서 강건하게 하시옵소서.

길이요 진리요 생명이신 주 예수 그리스도 이름으로 감사하오며 기도드리옵나이다.

아멘.

기도 28
아름다운 입술을 주소서

    아름다움의 근본이시며 원천이 되시는 주 하나님 아버지, 저희 가족에게 아름다운 언어를 주셔서 주 하나님과 기도로 교제하며 주님께 저희들의 온전한 사랑의 고백을 드릴 수 있도록 하여 주셔서 감사드립니다. 또한 그 아름다운 언어로 주님께 매시간 찬송을 드릴 수 있게 하여 주시니 그 은혜에 깊은 감사를 올려 드립니다.
    항상 저희들과 함께하여 주시며 저희들을 인도하여 주시는 성령 하나님을 의지합니다. 오늘 하루도 저희들의 삶 속에서 뜨거운 성령님의 역사하심을 체험하게 하시고, 저희들의 삶을 변화시켜 주시며, 거룩하신 주 하나님의 말씀만을 따라 사는 아름다운 하루가 될 수 있도록 허락하여 주시고 인도하여 주시옵소서.
    오늘 하루도 이웃들에게 아름다운 언어만을 사용할 수 있도록 저희들의 혀와 입술을 온전히 주관하여 주시고, 행여 주님께서 주신 그 아름다운 언어로 다른 이웃을 비난하거나 마음 아프게 하지 않도록 지켜 주시옵소서. 오직 겸손한 언어로 이웃들을 대할 수 있도록 시시각각으로 저희들의 입술을 지켜 주시고 저희들의 언어를 순화시켜 주시옵소서.

그러나 결코 말만 번지르르하고 행동은 하지 않는 위선자의 길에 서지 않게 하시고, 항상 아름다운 말과 겸손한 행동이 일치하는 신실한 하나님의 자녀들로 살아갈 수 있도록 인도하여 주시옵소서. 오늘 하루의 삶 속에서도 이웃에게 보이려고 말로만 주여 주여 하는 외식적인 신앙인이 되지 않도록 저희들을 감찰하여 주시고, 행함이 있는 믿음으로 주님을 부르는 그 입술의 열매가 아름답게 맺히는 하루가 될 수 있도록 축복하여 주시옵소서.

오늘 하루도 귀한 삶 속에서 아름다운 언어로 말하고 삶으로 그 본을 보이며 하나님께 순종하는 삶을 살아갈 수 있도록 인도하여 주시고, 그러한 성화의 삶을 통해서 한 걸음 한 걸음 천성을 향하여 더 가까이 다가가는 저와 저희 가족들이 될 수 있도록 인도하여 주시옵소서.

항상 우리와 동행하시며 우리를 인도하시고 감찰하여 주시는 예수님의 거룩한 이름 받들어 기도드리옵나이다.

아멘.

기도29
담대하게 하소서

　전능하신 엘샤다이 하나님 아버지, 저희 가족에게 생명을 주시고 항상 저희들의 건강을 지켜 주시는 주님의 은혜에 감사를 드립니다. 오늘도 주님께서 주시는 용기로 승리하는 하루가 되게 하시옵소서. 저희가 언제, 어디서, 무슨 상황에 있든지 늘 주님과 동행하는 삶을 살게 하시고, 시시각각으로 기도로 교통하며 하늘로부터 내려오는 신령한 지혜로 저희들이 하고 있는 모든 일이 형통하게 풀릴 수 있도록 인도하여 주시옵소서.
　저희 마음속에 남아서 항상 저희를 괴롭히는 미래에 대한 막연한 염려와 현재의 근심거리들을 오늘 이 아침에 모두 주님의 발 아래 내려놓게 하시고 주 하나님의 보호하심과 변함없는 사랑을 굳게 믿게 하시며, 다윗처럼 "내가 누워 자고 깨었으니 여호와께서 나를 붙드시도다, 주여 일어나소서, 주여 보호하소서"라고 외치며 주님과 함께 담대하게 앞으로 나아갈 수 있는 용기를 부어 주시옵소서.

저희들의 영원한 피난처시요 산성이신 주 하나님 아버지, 저희가 행여 세상이 주는 커다란 두려움 때문에 당황하여 주님께 먼저 지혜를 구하지 못하고 조급하게 저희들의 작은 지혜와 지식으로 앞에 닥친 문제들을 홀로 해결하려다가 실족지 않도록 저희들을 항상 감찰하여 주시고 저희 마음을 성령의 능력으로 감화시켜 주시옵소서. 언제, 어디서, 무슨 일을 당하든지 항상 주님을 제일 먼저 생각하게 하시고 기도로 도움을 구하게 하시며 주님을 우리의 방패와 피난처로 삼아서 주님께서 주시는 평안 속에서 모든 문제를 슬기롭게 하나하나 풀어갈 수 있는 지혜를 허락하여 주시옵소서.

오늘 하루도 저희 온 가족이 주님과 함께하는 하루, 모든 일에 감사하는 하루, 또 주님만을 찬양하는 하루가 되게 하시고, 주님 안에서 모든 두려움을 떨쳐내고 여호와 닛시의 깃발 아래서 세상의 만악을 물리치고 승리를 향해 담대하게 나아가는 저희들이 되게 하시옵소서.

모든 대적을 물리치고 승리하신 예수님의 능력의 이름으로 기도드리옵나이다.

아멘.

기도 30

엎드려 자복하고 회개합니다

늘 넘치는 은혜로 저희 삶을 인도하시는 주 하나님 아버지, 자격도 없는 저와 저희 가족들이 매일매일 하나님께 무한한 은혜를 받고 살고 있음에도 아직도 저희 믿음이 어린아이와 같고 영혼이 성숙하지 못하여 주님의 은혜에 진심으로 감사하지 못하고 이웃의 형제자매들도 올바로 섬기지 못하며 오히려 그들에게 툭하면 화를 내고 그들의 잘못은 따지고 정죄하면서도 정작 저희들의 잘못은 보지 못하고 살고 있음을 이 시간 고백합니다. 또한 저희 이웃의 형제자매들을 높이기보다는 저희 자신을 그들보다 더 높이려 노력하고, 힘없고 돈 없는 자들은 줄곧 무시하면서도 권력 있고 부유한 자들 앞에서는 좀더 잘 보이려고 하며, 남에게 베풀기보다는 항상 남에게 대우받기를 원하며 살아왔음을 이 시간 자복합니다.

매일매일의 삶 속에서 입으로는 거룩한 삶을 살려고 노력한다고 하면서도 정작 심령이 약해져서 마음속에 있는 선은 행하지 못하고 원하지도 않는 악을 행하며 살았을 때가 너무 많았음을 이 시간 통회합니다. 참담한 심정으로 오늘 이 아침에 아버지 앞에 엎드려 자복하고 회개하오니, 저희 죄가 진홍같이 붉을지라도 골고다 언덕에서 흘리신 예수 그리스도의 보혈로 다시 한번 흰 눈같이 씻어 주시고, 지성소의 휘장을 찢으신 주님의 공로로 이 시간 저희들의 모든 죄를 도말하여 주시옵소서.

그리스도 안에서 진정으로 회개하는 자녀들을 어여삐 여기시는 주 하나님, "누구든지 그리스도 안에 있으면 새로운 피조물이라 보라 옛 것은 지나갔고 새것이 되었도다"라는 바울 사도의 고백처럼 저희들을 이 새 아침에 주 예수 그리스도 안에서 새로이 변화시켜 주시고 온전한 새 사람으로 회복시켜 주시옵소서. 그리고 저희 앞의 작은 이익에 눈이 어두워져 이웃들의 마음을 상하게 하지 않도록 매일매일의 삶 속에서 저희들의 일거수일투족을 늘 감찰하여 주시고 항상 이웃들을 돌보며 살 수 있는 마음의 여유와 능력을 허락하여 주시옵소서.

오늘 하루도 주님께서 창조하여 주신 이 아름다운 땅 위에서 이웃들과 평강과 화평의 삶을 나누며 하나님이 보시기에 심히 좋은 하루가 될 수 있기를 소망하오며, 믿음과 사랑의 삶으로 우리를 인도하시는 선한 목자 예수 그리스도의 이름으로 기도하옵나이다.

아멘.

기도 31
이 어둠 속에 동행하소서

　존귀하시고 은혜가 풍성하신 여호와 하나님 아버지, 저희들의 지은 죄악으로 인하여 죽을 수밖에 없는 저와 저희 가족들의 영혼에 새 생명을 불어넣어 주시고 영생을 얻게 하여 주시니 존귀하신 여호와 하나님의 이름에 영광과 찬양과 경배를 올려 드립니다. 오늘 하루도 저희들에게 사랑과 은총을 베풀어 주시고 주님의 뜻을 따라 살아가는 삶이 될 수 있도록 인도하여 주시옵소서.
　모든 만물을 창조하시고 경영하시며 저희들의 삶을 주관하시는 주님, 날이 갈수록 이 세상은 점점 더 사악해지고 우리 그리스도인에 대한 세상의 핍박은 점점 더 거세지고 있습니다. 세상의 많은 위정자들이 개인의 권리를 보호한다는 미명 아래 이제 공공장소에서의 예배와 찬양은 물론 옥외에서의 기도까지 금하는 법들을 만들어 저희 믿음의 백성들을 옥죄고 있습니다.
　거기에 더하여 이제 온 세상에 각종 암과 전염병 그리고 불치의 박테리아들이 나타나서 우리 사회에 퍼져가고 있습니다. 언제 또 코로나와 같은 바이러스 재앙이 덮칠지 한 치 앞도 보이지 않는 어둡고 암울한 시대를 저희들은 살아가고 있습니다. 이제 저희들은 주하나님의 보호 없이는 하루도 마음 편하게 살 수 없습니다.

인애하신 헤세드의 하나님 아버지, 이 암울하고 어두운 세상 속에서 살고 있는 저희들을 보호하여 주시옵소서. 어리석고 아둔한 저희들에게 이러한 역병과 재앙을 피할 수 있는 지혜와 분별력을 주시고, 그리스도인을 향한 이 세상의 거센 핍박에도 굴하지 않고 주님만 바라보고 나아갈 수 있는 인내와 용기를 허락하여 주시며, 저희들의 마음속에 평강을 되찾을 수 있도록 도와주시옵소서. 또한 이 어두운 세상에서 저희와 동행하여 주시며 저희들을 항상 주님의 날개 밑으로 모아 주시옵소서. 주님의 품 안에 있는 한 저희는 평안과 평화를 누릴 수 있으며 이 막막한 두려움을 떨쳐 버리고 한마음 한뜻으로 주님을 섬기며 기쁨으로 경배드릴 수 있사오니 저희들을 긍휼히 여기시고 도와주시옵소서.

항상 우리에게 평안을 주시고 기쁨으로 인도하시는 주 하나님의 거룩한 아들, 우리 주 예수 그리스도 이름으로 기도드리옵나이다.

아멘.

기도 32

자녀들을 축복하소서

저희 가정을 선택하여 주시고 인도하여 주시는 은혜로운 하나님 아버지, 오늘 새 하루를 시작하는 이 아침에 저희 자녀들의 믿음과 그들의 장래를 위해서 기도드립니다. 저의 이 간절한 간구의 기도에 귀 기울여 주시고 응답하여 주셔서 주님께서 저희 자녀들을 위해 예비하신 풍성한 은혜와 축복을 그들이 풍성하게 받으며 살 수 있도록 저희 자녀들을 준비시켜 주시옵소서.

특별히 저희 자녀들이 이 혼란한 세상에 미혹되어 흔들리지 않도록 견고하게 잡아 주시고, 오직 주 예수를 그들의 구주로 영접하여 주님의 말씀 속에서 주님의 뜻을 찾아 우직하게 살아가는 자녀들이 될 수 있도록 인도하여 주시옵소서. 그리고 자녀들이 주님을 믿고 의지하며 살 때 그들의 신앙과 인격이 나날이 성숙하게 하여 주시고, 이 사회에서 그들에게 맡겨진 일들을 성실하고 책임감 있게 이뤄 나갈 수 있도록 준비시켜 주시고 또 이끌어 주시옵소서.

사랑의 하나님 아버지, 자녀들이 항상 이웃 어른들을 공경할 줄 알고 가족의 소중함을 알아 가족을 사랑하고 형제자매 간에 좋은 우애를 가지고 서로 아끼며 살아갈 수 있도록 인도하여 주시고, 자녀들의 삶의 여정 속에서 주님께서 항상 동행하여 주셔서 많이 부족한 저희 자녀들을 붙들어 주시고 이끌어 주시옵소서. 그리고 저희 자녀들에게 귀한 만남의 복도 허락하여 주셔서 좋은 친구와 진솔한 동료들을 많이 보내 주셔서 그들이 외로운 삶을 살지 않도록 도와주시며 그들의 친구들과 서로 이끌어 주고 함께 어울려서 의로운 길을 걸어갈 수 있도록 은혜 베풀어 주시옵소서.

저희 자녀들이 어려운 시간을 만날 때마다 항상 성령님을 의지하며 기도를 드리는 습관을 갖게 하여 주시고, 성령님의 인도하심으로 그들이 기도드릴 때 그 기도에 응답받아 기도의 능력을 체험하는 커다란 은총을 허락하여 주시옵소서. 저희 자녀들의 입술에 늘 하나님을 찬양하는 곡조가 흘러넘치게 하시고, 그 찬양을 통해 그들의 영혼이 잘되고 범사가 형통하며 끊이지 않는 감사의 기도로 모든 영광을 주 하나님께 돌리며 살아갈 수 있도록 인도하여 주시고 또 축복하여 주시옵소서.

복의 근원이신 주 예수 그리스도의 이름으로 기도드리옵나이다.

아멘.

기도 33
영원한 피난처가 되어 주소서

전능하시고 거룩하시며 우리의 영원한 산성이신 주 하나님 아버지, 주 하나님께서 저희 가정을 긍휼히 여기셔서 지금까지 세상의 모든 위험과 온갖 질병으로부터 보호하여 주시고 오늘 이 아침에 온 가족이 건강한 몸으로 다시 일어날 수 있게 하여 주시니 그 은혜에 감사를 올립니다. 오늘 하루의 삶 속에서도 저희들을 세상의 위험과 질병으로부터 지켜 주시고 저희들을 눈동자처럼 보호하여 주시며 저희들의 모든 삶을 살펴 주시옵소서.

특별히 세계 곳곳에서 여러 대형사고들이 일어나고 특종 바이러스와 난치의 암들이 창궐하는 암울한 시대에, 어머니가 어린 아기를 감싸 보호하듯이 주님께서 저희 가족을 양팔로 감싸안아 주셔서, 오늘도 주님의 품 안에서 안전하고 건강하며 평안한 하루를 보낼 수 있도록 은혜 베풀어 주시옵소서.

사랑과 자비가 충만하신 헤세드의 하나님 아버지, 저희들의 믿음은 연약하고 깨지기 쉬운 질그릇 같으니 주 하나님께서 저희 믿음을 견실하게 붙잡아 주시고, 항상 주님을 믿는 그 굳건한 믿음 속에서 내일의 소망을 갖고 하루하루를 살아갈 수 있도록 이끌어 주시옵소서.

지금 이 시간에도 많은 이웃들이 여러 불치병과 암으로 인해 고통받고 또 죽어가고 있습니다. 이러한 병마들을 통해서 저희 인간들이 얼마나 연약한 존재인지를 깨닫습니다. 그러나 주 여호와께 피하는 자는 복이 있다고 하셨사오니 저희들이 주 여호와 하나님께 피할 수 있는 복을 허락하여 주시고 저희들의 영원한 피난처가 되어 주시옵소서. 그리고 믿지 않는 많은 이웃들이 그들이 겪고 있는 고난과 고통 속에서 스스로 그들의 연약함을 깨닫게 하여 주시고, 결국 그들이 주님께 돌아와 자복하고 회개하는 회복의 역사가 일어날 수 있도록 은혜 내려 주시옵소서.

이 시간에도 여러 병원에서 고통받는 환자들을 치료하기 위해 불철주야로 수고하시는 의사 선생님 그리고 간호사님들의 따뜻한 손길들을 기억하여 주시고, 그들이 치료 중에 행여 여러 병균에 감염되지 않도록 보호하여 지켜 주시며, 그 수고하는 손길 손길 위에 풍성한 하나님의 축복과 은혜를 베풀어 주시옵소서.

오늘도 우리를 안전하고 평화로운 삶으로 인도하시는 평강의 하나님께 감사드리오며, 거룩하신 주 예수 그리스도 이름으로 기도드리옵나이다.

아멘.

기도 34

진리의 길을 따르게 하소서

온유하시고 인자하시며 만고의 진리이신 주 하나님 아버지, 오늘 이 아침에 주님의 영원하신 진리의 길을 저희 가족에게 밝히 보여 주시고, 이 세상의 모든 교육을 능가하는 주 하나님의 진리의 길만을 따라가는 하루가 될 수 있도록 인도하여 주시옵소서. 항상 주 하나님의 말씀이 저희들의 삶의 길을 비춰 주는 등불임을 깨닫게 하시고, 오직 주님의 공의와 진리만을 따라 걷게 하시며, 주님께서 주시는 지혜로 이 세상의 천만 악을 물리치고 승리하는 하루가 되도록 이끌어 주시옵소서.

늘 주님의 말씀에 순종하고 주님의 뜻에 따라 살아갈 때에 만사가 형통하게 됨을 저희는 다윗의 이야기를 통해 잘 알고 있습니다. 또한 다윗과 같이 주님을 절대적으로 의지하는 믿음을 가지고 주님과 동행하는 삶을 살 때에 저희들의 삶도 영원하고 승리하는 삶이 될 것이라는 사실도 알고 있습니다. 오늘 하루도 저희들이 다윗과 같은 믿음으로 주 하나님의 영원한 진리의 말씀 위에 믿음의 든든한 집을 지어 가게 하시고, 그 반석 같은 집에서 영원히 주님과 함께 거할 수 있도록 은혜와 은총을 베풀어 주시옵소서.

항상 저희들에게 용기와 인내를 주시는 주 하나님, 저희가 주님의 진리를 따르며 사는 삶이 결코 쉽지 않으며 마치 좁고도 험난한 계곡 길을 오래 걸어가는 것같이 힘들고 어려운 과정이라는 것을 잘 알고 있습니다. 그러나 이 시간 저희들에게 각오하며 결단하는 용기를 주시옵소서. 그러한 십자가를 지는 고난의 삶을 피하지 않고 오늘도 주님께서 주시는 용기와 인내로 한 발짝 한 발짝 진리이신 주 하나님 앞으로 우직하게 다가갈 수 있도록 인도하여 주시옵소서.

오늘 하루의 삶 속에서도 저희 가족들의 입술에서 주님을 향한 찬양의 곡조가 흘러넘치게 하시고, 그 찬양을 통해 저희들의 영혼의 잘됨과 범사의 형통함과 육신의 강건함의 축복을 마음껏 누리는 복된 하루가 되게 하시옵소서.

온유하시고 인자하신 우리의 선한 목자, 주 예수 그리스도의 이름으로 기도드리옵나이다.

아멘.

기도 35

삶의 파수꾼이 되어 주소서

만왕의 왕이신 주 하나님 아버지, 오늘도 주님께서 저희 가족의 삶을 온전히 감찰하여 주시고 다스려 주시며 하루의 모든 삶의 여정에서 인도자가 되어 주시옵소서. 오늘 하루도 저희들의 선한 목자 되시는 주님의 선하고 진실된 지팡이만 바라보며 세상 풍파에 흔들리지 않고 우직하게 한 걸음 한 걸음 주님만 따라가는 인생의 여정이 되게 하시옵소서.

매일매일의 삶 속에서 주님께서 저희들에게 베풀어 주시는 무한한 사랑과 은혜를 매시간 느끼게 하여 주시고, 이 어두운 세상 속에서 주님께서 친히 저희들의 일거수일투족을 눈동자처럼 지켜 주시는 삶의 파수꾼이 되어 주시옵소서. 오늘 하루도 주님으로부터 임하는 따뜻한 사랑으로 저희 마음을 부드럽게 하여 주시고, 주님께서 저희들에게 맡겨 주신 이웃들을 진정으로 보살피고 섬길 수 있도록 저희들의 가슴속에 따뜻하고 온유한 마음을 부어 주시옵소서.

오늘도 삶 속에서 여러 어려운 일들과 저희들의 소견으로는 도저히 이해가 되지 않는 일들이 저희 앞에 닥칠지라도 낙심하지 않고 모든 것이 합력하여 선을 이루게 하시는 주 하나님만 바라보며 오래 참고 기다릴 수 있는 인내를 허락하여 주시옵소서. 저희들이 오래 견디고 기다리면 주님께서 반드시 좋은 것을 주실 것이라는 흔들리지 않는 견실한 믿음을 가질 수 있도록 도와주시고, 저희들의 삶 속에서 저희들을 보호하시고 인도하시는 주 하나님의 역사하심에 매 시간 감사드릴 수 있도록 성령으로 저희들의 심령을 감동, 감화시켜 주시옵소서.

평화와 평강의 주 하나님, 그동안 제 자신의 어리석음과 두려움으로 인해서 짧은 시간이나마 살아 계신 주님이 저희들을 위해 역사하고 계심을 의심하고 방황했던 것을 자복하고 회개합니다. 이 모든 두려움들과 의심들을 이 시간 주 예수 그리스도의 십자가에 함께 못 박아 버리고 영원히 주 안에서 주님만 의지하고 동행하며 평강을 누리는 삶으로 인도하여 주시옵소서.

오늘 하루도 힘든 영적 싸움에서 승리할 수 있도록 도와주시는 참목자이시며 능력의 주이신 예수 그리스도의 이름으로 기도드리옵나이다.

아멘.

기도 36

자녀들이 주님을 사랑하게 하소서

　사랑과 자비가 풍성하신 주 하나님 아버지, 저희들을 위해서 세상 만물을 창조하여 주시고 그것들을 다스리는 권세를 주신 하나님 아버지께 오늘 이 아침에 무궁한 감사를 올려 드립니다.
　지금 이 세상 만물은 하나님의 사랑으로 가득 차 있습니다. 어느 것 하나 하나님의 손길이 닿지 않은 곳이 없음을 저희들은 늘 느끼며 살고 있습니다. 주 하나님께서 저희들에게 베푸시는 그 깊으신 사랑에 감사를 드리며 온 마음을 바쳐 찬양합니다. 그리고 저희들의 모든 죄를 사하여 주시려고 독생자 예수를 아낌없이 저희들에게 보내 주시고 십자가의 고통의 멍에를 감당시키시며 저희들에게 사랑의 본을 보여 주신 주 하나님께 마음속 깊이 경배드립니다.
　주 하나님 아버지, 아직 철없이 사는 저희 자녀들에게도 사랑의 눈길을 돌려주시고 은혜를 베풀어 주셔서 저희 자녀들의 입술에서 주님을 사랑한다는 고백이 흘러나올 수 있도록 그들의 메마르고 강팍한 마음을 성령으로 감동, 감화시켜 주시옵소서. 저희 자녀들이 이 세상의 어떠한 것보다도 먼저 여호와 하나님을 가장 사랑한다고 고백할 수 있도록 깨우쳐 주시고 인도하여 주시옵소서. 그리고 그들의 주님을 향한 이러한 사랑의 고백이 그들의 삶 속에서 살아 역사하여서 영육 간의 평안과 주님의 축복이 풍성히 임할 수 있도록 은혜 베풀어 주시옵소서.

저희 자녀들이 하루의 삶 속에서 즐겁고 기쁜 일을 만날 때마다 주님을 제일 먼저 생각하게 하시고 주님의 은혜에 감사하게 하시며, 힘들고 슬픈 일을 만날 때조차도 낙심치 않고 주 하나님께 먼저 기도로 도움을 구하게 하시고 하늘로부터 내려오는 지혜와 따뜻한 위로로 모든 어려움을 극복할 수 있도록 인도하여 주시옵소서.

매일매일 자녀들의 삶 속에서 주님을 사랑한다는 사랑의 고백이 시시각각으로 그들의 입술에서 흘러나오고 주님을 온종일 찬양하며 하나님께서 베푸시는 축복과 사랑 속에서 그들이 영육 간에 강건한 삶을 이어 갈 수 있도록 은혜 베풀어 주시옵소서.

은혜와 사랑으로 이 땅에 오신 주 예수 그리스도의 이름으로 감사하오며 기도드리옵나이다.

아멘.

기도37

가정을 보살펴 주소서

저희들의 삶의 알파와 오메가가 되시는 주 하나님 아버지, 오늘 이 새롭고 신선한 아침에 주님께서 그동안 저 자신과 저희 가족에게 베풀어 주신 무궁한 은혜와 사랑에 감사드리며 주님의 거룩한 이름에 찬양과 영광을 올려 드립니다.

오늘도 이렇게 주님의 이름을 부르며 새로운 하루의 삶을 시작할 수 있도록 허락하여 주시니 감사드립니다. 오늘 하루도 온전히 주 하나님만 믿고 의지하며 주님께 순종하는 삶을 살아갈 수 있도록 성령으로 인도하여 주시옵소서.

저희 가족이 오늘 하루 사는 동안도 아버지의 보살핌과 사랑 속에서 기쁜 하루를 보내게 하시고, 매시간 아버지께서 저희들의 생각을 주관하여 주셔서 늘 저희들의 생각을 정결케 하시며, 오늘 하루 만나는 모든 이웃들에게 친절한 말과 진실된 행동을 보이게 하시고 항상 그들 앞에서 저희들 자신을 낮추어 겸손하게 하시옵소서.

오늘 하루 저희들에게 맡겨진 모든 일들을 성실하게 잘 마칠 수 있도록 도와주시고, 저희들의 도움이 필요한 이웃에게 사랑의 마음으로 다가가 그들을 돕게 하시며, 행여 저희들에게 힘든 시간이 다가올지라도 저희들에게 용기와 능력을 부어 주셔서 담대하게 그 어려움을 헤쳐 나갈 수 있도록 붙잡아 주시옵소서. 오늘 하루의 삶 속에서도 늘 주님의 사랑과 평강이 저희들 주위에 차고도 넘치게 하시고, 세상의 모든 걱정과 두려움으로부터 자유롭게 하셔서 항상 주님께서 주시는 기쁨과 소망 속에서 살아가게 하시옵소서.

오늘도 저희들이 평화와 평강 속에 거할 수 있도록 도와주시는 주님의 은혜와 사랑에 감사를 드리오며, 선한 목자이신 예수 그리스도의 이름으로 기도드리옵나이다.

아멘.

기도 38
평강에 거하게 하소서

　　여호와 샬롬, 평강의 주 하나님 아버지, 참소망 가운데 새로운 하루를 시작하게 하여 주신 여호와 하나님께 존귀와 영광을 올려 드립니다. 오늘 하루도 저희 가족의 몸과 마음이 주님의 평강 안에 거할 수 있도록 허락하여 주시고, 주 여호와 하나님 안에서 편안하고 안전한 하루를 보낼 수 있도록 인도하여 주시옵소서. 오늘 하루를 살아가며 어쩔 수 없이 만나야 하는 삶의 모든 역경과 힘든 시간 속에서도 흔들리지 않고 오직 주님만 의지하게 하시고, 주님께 도움을 구하는 저희들의 영혼의 소리를 인자하신 귀로 들으시고 응답하여 주시옵소서.
　　저희들의 삶 속에서 늘 마음속에서 지우지 못하는 이 끈질긴 불안과 두려움을 이 시간 모두 깨뜨려 주시고, 주 하나님 안에서 저희들의 심령을 강건하게 붙잡아 주시며, 저희들의 마음이 편안한 안식을 누릴 수 있도록 은혜 베풀어 주시옵소서. 오늘도 주님의 푸른 초장으로 저희 가족 모두를 인도하여 주시고 이 세상의 풍파 속에서 지친 저희 몸과 영혼이 편히 쉬게 하시옵소서.

우리의 삶 속에서 얻을 수 있는 최고의 복이 주님 안에서 누리는 평강임을 이 시간 다시 한번 깨닫습니다. 오늘 하루를 살아가며 헛된 세상의 재물의 노예가 되어 저희들의 귀한 삶을 헛되게 보내지 않도록 깨우쳐 주시고 또 인도하여 주시옵소서. 언제나 주 하나님이 저희를 인도하시고 도와주시며 주님의 사랑의 눈길이 항상 저희들을 지켜보고 계심을 잊지 않게 하시고 저희의 모든 삶을 하나님께 모두 맡길 수 있는 신실한 믿음을 허락하여 주시옵소서.

의인은 믿음으로 사는 줄 믿습니다. 오늘 하루도 저희 가족이 견실한 믿음 속에서 은혜롭고 자비로우신 주님과 동행하게 하시고, 주님 안에서 온종일 기쁨과 평강을 누리며 살아갈 수 있도록 은혜 베풀어 주시며, 주님께서 주시는 귀한 축복이 저희 가정에 가득히 넘쳐나게 하시옵소서.

평화의 왕으로 이 땅에 강림하신 주 예수 그리스도의 이름으로 감사하며 기도드리옵나이다.

아멘.

기도 39

천성을 향하여 나아가게 하소서

　찬송을 받으시기에 합당하신 주 하나님 아버지, 오늘 이 아침에 제 영혼이 주님을 송축합니다. 새 하루를 시작하며 주님께 저의 마음과 생각을 온전히 맞추고 겸손하고도 낮은 자세로 주님께 나아갑니다. 오늘 하루도 저와 저희 가족의 삶을 통해 주 하나님의 영광이 찬란하게 나타나며 그리스도의 향기가 저희들의 몸에서 진동하게 하시옵소서.

　오늘도 저희들에게 건강한 몸을 허락하여 주셔서 주님께서 저희에게 맡겨 주신 하루 분량의 일들을 기쁨과 즐거움으로 이루게 하시고 이웃들에게 항상 친절하게 대하며 그들을 주님 모시듯 섬기게 하시고, 무슨 일을 하든지 즐거움으로 최선을 다하는 하루가 되게 하시옵소서. 오늘 하루 사는 동안 저희들이 거리를 걷거나 운전을 하거나 직장이나 학교에서 맡은 일을 수행하여 나아갈 때에 저희들을 안전하게 보호하셔서 상함을 입지 않게 하시고, 행여 저희들의 의도치 않은 실수로 인해서 다른 사람들이 상하는 일이 없도록 저희들의 모든 행동을 감찰하여 주시고 눈동자처럼 지켜 주시옵소서.

분주하고 정신없이 지내는 바쁜 하루의 삶 속에서도 너무 서두르지 않게 하시고, 잠시나마 저희들의 마음 중심에 함께하시는 주 하나님께 감사와 찬양을 올릴 수 있도록 일깨워 주시며, 매시간 주님께 의지하고 동행하는 삶을 통해서 한 걸음 한 걸음 천성을 향하여 나아가는 복된 하루가 되기를 원합니다.

매 순간 주님께서 주시는 기쁨과 평안 속에서 주 하나님과 함께함을 피부로 느끼며 살게 하시고, 중간중간 저희들의 일손을 멈추고 주 하나님의 말씀을 묵상하며 기도로 주님과 대화하게 하시고, 주님 안에서 편안하고 안락한 쉼을 느끼는 하루가 될 수 있도록 허락하여 주시옵소서.

오늘 하루도 저희들의 삶의 주인 되시고 저희와 동행하여 주시며 기쁨과 평화 속에서 지낼 수 있도록 은혜 베풀어 주시는 주 하나님께 감사와 찬양을 올려 드리오며, 평화의 왕이신 우리 주 예수 그리스도의 이름으로 기도드리옵나이다.

아멘.

기도40
깨끗이 치유하소서

전능하시고 자비로우신 주 하나님 아버지, 오늘 이 신선한 이른 아침에 주 하나님의 거룩한 이름에 찬양과 존귀와 영광을 올려 드립니다.

항상 목마른 자녀들에게 새 생명의 생수를 주시고 고통 속에 있는 자녀들을 치유하여 주시며 악한 영혼에 매여 있는 자들에게 자유를 허락해 주시는 헤세드의 하나님 아버지, 이 아침에 주님의 무한한 사랑과 자비에 의지해서 질병의 고통 속에서 괴로워하고 있는 우리 믿음의 형제자매들을 위하여 기도하길 원합니다.

지금 이 시각에도 질병의 아픔과 육신의 고통 속에서 주님께 절규하는 우리 형제자매들의 음성을 외면치 말아 주시고 그들의 간구의 기도에 응답하여 주시옵소서. 속히 주님의 오른팔을 펴시어서 그들의 고통을 덜어 주시고 말끔히 치유하여 주시옵소서. 그들이 주님의 치유를 통해서 주 하나님의 무한한 사랑과 전능하신 능력을 체험하게 하시고 그들이 영적으로 더욱더 성숙하게 하시며, 그들의 남은 생애를 오직 주 하나님만 의지하고 찬양하며 감사드리는 삶을 살 수 있도록 은혜 베풀어 주시옵소서.

  사랑이 풍성하셔서 상한 갈대조차도 꺾지 않으시는 자비로우신 우리 주 하나님 아버지, 이제 우리 형제자매 환자들의 곁을 지키는 그들의 가족들을 위하여 기도하기 원합니다.

  지금 이 시각에도 고통받는 환자들 옆에서 애통해하는 환자 가족들의 애절한 간구의 기도 소리와 간호의 손길들을 가엾게 여기시고 긍휼을 베풀어 주셔서 질병으로 아파하는 그들의 환자들을 조속히 치유하여 주시고 그 가족들의 아픈 마음을 어루만져 주시며 위로하여 주시옵소서. 그리하여 그들의 온 가족이 하나님의 치료의 능력과 무한한 은총과 자비를 체험하고 하나님께 돌아오며 자복하고 회개하게 하시고, 온 가족이 우리 주 하나님의 사랑을 늘 찬양하며 주님께서 주시는 평안 속에서 살아갈 수 있도록 은혜를 베풀어 주시옵소서.

  항상 새 생명으로 우리를 인도하여 주시고 보호하여 주시며 하나님 우편에서 우리를 위해 중보기도하여 주시는 주 예수 그리스도의 이름으로 감사하오며 기도드리옵나이다.

  아멘.

기도 41
자녀들을 겸손하게 하소서

영광과 찬양을 받으시기에 합당하신 주 하나님 아버지, 오늘도 저희 가족에게 즐거운 하루를 허락하여 주시고 건강 주심에 감사드립니다. 오늘 하루도 저희 자녀들이 주님의 은혜 안에서 생활하며 시시각각으로 주님께 감사의 기도와 찬양을 올려 드릴 수 있도록 성령으로 인도하여 주시옵소서.

오늘 하루 사는 동안도 저희 자녀들이 겸손한 생각과 겸손한 행동을 할 수 있도록 그들의 마음을 부드럽게 하여 주시고, 행여 이웃의 작은 실수를 비판하거나 흉보지 않도록 저희 자녀들의 입술을 지켜 주시며 항상 아름다운 말, 칭찬하는 말, 또 이웃을 기쁘게 할 수 있는 말만 할 수 있도록 이끌어 주시옵소서.

저희 자녀들이 다른 사람들을 부정적인 시각으로 보기보다는 긍정적인 시각으로 보게 하시고, 남의 잘못을 들추어 내기보다는 덮어 주며 자기 자신을 드러내기보다는 겸손하게 자신을 낮추려고 노력할 수 있는 진정한 용기를 허락하여 주시옵소서. 우리가 남을 비판하지 않으면 우리도 비판을 받지 않을 것이라고 가르쳐 주신 주님의 가르침을 따르는 하루 되게 하시고, 저희 자녀들이 낮아짐으로 인해서 더욱 높아지게 하시며, 겸손한 삶 속에서 겸손하신 주님을 인격적으로 닮아가는 귀한 하루가 되게 하시옵소서.

매일매일 덕을 세우는 말, 진솔하고 아름다운 말 그리고 남을 칭찬하고 높이는 말만 하는 꿀 같은 입술을 저희 자녀들에게 허락해 주시고, 그 아름다운 입술로 그들의 친구들과 이웃들에게 많은 복음의 메시지를 뿌려서 마지막 날에 풍성한 열매를 거둬들이는 주님의 충성된 자녀들이 될 수 있도록 인도하여 주시옵소서.

저희들을 구원하고자 겸손하게 자신을 낮추시고 낮은 이 땅에 임하신 우리 주 예수 그리스도 이름으로 기도하옵나이다.

아멘.

기도42

즐거워하며 살게 하소서

    참된 즐거움의 근원이 되시는 주 하나님 아버지, 오늘 하루도 저와 저희 가족이 아버지 앞에 모든 짐을 내려놓고 아버지가 주시는 참소망 가운데 하루를 시작할 수 있게 하여 주시니 감사드립니다. 오늘도 주님 안에서 즐거움과 기쁨의 하루를 보낼 수 있도록 은혜 베풀어 주시옵소서.
    항상 사랑의 눈으로 저희들을 굽어보시며 인자하신 귀로 저희들의 기도에 귀 기울여 주시는 자비의 하나님 아버지, 저희들이 인생을 살아가며 육신의 연약함으로 인해 범한 과거의 죄악 때문에 주님의 사랑과 즐거움으로부터 멀어지지 않도록 저희들의 마음을 붙잡아 주시옵소서. 주 하나님께서 저희들로부터 얼굴을 돌리실 때 저희는 절망과 슬픔 속에서 살 수밖에 없음을 이 시간 고백합니다. 항상 주님의 인자하신 귀로 저희들의 회개와 간구의 기도를 들어주시고, 저희가 육신의 연약함으로 인하여 죄 속에서 다시 방황치 않도록 저희들을 감찰하여 주시며 견실하게 붙잡아 주시고 저희들의 삶을 온전히 주관하여 주시옵소서.

그리하여 저희들의 무겁고 우울했던 삶이 희망과 기쁨으로 가득 찬 삶이 되게 하시고 저희 가족뿐 아니라 저희의 모든 이웃이 주님께서 주시는 즐거움과 기쁨 속에 함께 거할 수 있도록 은혜 베풀어 주시옵소서. 오늘 이 시간 세상의 악의 세력이 저희에게 주었던 고난과 슬픔의 옷을 모두 주님 앞에 던져 버리고 주 하나님께서 주시는 위로와 기쁨의 옷으로 갈아입게 하시며, 여호와의 궤를 다시 찾은 날의 다윗처럼 춤추고 소고 치며 기쁨 속에서 하루를 보내게 하시옵소서.

하늘로부터 내려오는 신령한 기쁨과 즐거움 속에서 몸과 영혼이 평안을 누리는 복된 하루가 되기를 소망하오며, 항상 우리의 즐거움이요 기쁨이 되시는 주 예수 그리스도 이름으로 감사하며 기도 올리옵나이다.

아멘.

기도 43
사랑과 기쁨이 넘치게 하소서

    만유의 주재이시며 평강의 왕이신 주 하나님 아버지, 지난밤에도 저희 가족 모두를 눈동자처럼 보호하여 주시고 건강한 몸으로 오늘 아침을 맞게 하여 주시니 그 은혜에 감사를 드립니다. 특별히 매일 매일 새 아침을 기도로 시작하게 하여 주신 성령 하나님의 인도하심과 은혜에 감사를 올립니다. 오늘 하루 사는 동안도 저희 가족에게 필요한 것들을 넉넉하게 내려 주시고, 영적 양식인 주님의 말씀으로 저희 가슴속을 가득 채워 주시며, 매시간 성령의 단비가 저희들의 심령을 촉촉하게 적실 수 있도록 은혜 베풀어 주시옵소서.
    오늘도 주 하나님과 온전히 동행하는 삶을 살 수 있도록 도와주시고, 이 세상의 험한 풍파로 인해서 저희들이 좌로나 우로나 흔들리지 않도록 붙잡아 주시며, 이 사회의 빛과 소금의 역할을 감당할 수 있는 하루가 될 수 있도록 능력과 지혜와 용기를 주시옵소서. 항상 저희들의 연약함 속에서 주님과 함께하는 강인함이 나타나게 도와주시고, 저희들의 부족함이 성령님의 신령한 지혜로 가득 채워질 수 있도록 도와주시며, 오늘도 꿋꿋하게 성결한 삶을 살아갈 수 있도록 인도하여 주시옵소서.

사랑의 하나님 아버지,

오늘 하루도 사랑하는 이웃들의 해맑은 웃음 속에서 주님의 아름다운 모습을 볼 수 있도록 저희들의 마음을 순결하게 하여 주시고, 친구들과의 진솔한 대화 속에서 주님의 말씀을 전하게 하시며, 하루의 삶 속에서 순간순간 저희들에게 다가오는 주님의 여러 축복을 느끼며 매시간 주 하나님을 찬양하게 하시옵소서.

오늘도 저희 가정에 평강과 안녕을 주시고, 저희 교회에 부흥과 사랑을 주시며, 저희 사회에 정의와 평화를 내려 주시옵소서. 그리하여 주님이 지으신 온 세상이 사랑과 평화와 기쁨이 넘치는 아름다운 땅으로 회복될 수 있도록 은혜 베풀어 주시옵소서.

화평의 어린 양 되시는 우리 주 예수 그리스도 이름으로 기도드리옵나이다.

아멘.

기도 44
성령의 기름을 부어 주소서

온 우주의 통치자 되시는 주 하나님 아버지, 주님께서 창조하신 이 아름다운 세계 속에서 저희들의 육신에 불어넣어 주신 생기를 만끽하면서 싱그러운 새 아침을 맞이하게 하시니 감사를 드립니다. 주님께서 그동안 저희 가족들에게 베풀어 주신 끝없는 사랑과 놀라우신 은혜에 이 시간 주님 앞에 감사와 사랑의 고백을 올려 드립니다.

주님, 저희들이 주님을 사랑합니다. 경배합니다. 그리고 찬양합니다.

지난밤에도 신실하신 주님의 보호 안에서 저희 온 가족이 참 평안을 누리게 하시고, 새날이 시작되는 이 아침에 생명의 영이신 성령님의 임재 속에서 저희들의 몸과 영혼이 재충전을 할 수 있도록 도와주시니 감사를 드립니다. 오늘도 저희들의 모든 삶이 예수님의 십자가와 부활로 얻은 새 생명 아래에 놓여 있음을 늘 기억하게 하시고, 저희 자신의 욕망을 매 순간 골고다의 십자가에 못 박으며 오직 부활하신 예수님의 영광을 저희들의 삶 속에서 드러내는 복된 하루가 될 수 있도록 인도하여 주시옵소서.

오늘 이 시간 예수님의 십자가의 보혈로 저희 가족들의 몸과 영혼을 다시 한번 정결하게 하여 주시고, 오늘 하루의 삶 속에서도 주님께서 허락하시는 참 자유를 누리며 만왕의 왕이신 예수 그리스도의 이름으로 이 세상의 죄악과 싸워서 승리하게 도와 주시옵소서.

전능하신 주 하나님 아버지, 힘든 세상의 삶 속에서 저희들에게 주어진 일들이 때로는 버겁게 느껴질 때도 있고, 끊임없이 밀려오는 일들로 인하여 많이 지칠 때도 있으며, 저희들의 실수로 인해 실망하고 낙망할 때도 있습니다. 그러나 저희들의 모든 삶의 주인은 하나님이시고, 온 세상의 모든 역사를 주관하시는 분도 하나님이시며, 하루하루 저희들의 걸음을 인도하시는 분도 여호와 하나님이심을 믿고 주님께 의지하며 나아가길 원합니다.

오늘 이 시간 저희들의 텅 빈 가슴속에 성령의 불길이 뜨겁게 타오르게 하시고, 그 뜨거운 성령으로 저희들을 정금같이 순화시켜 주시옵소서. 특별히 저희들이 감당하는 사역 위에 성령의 기름을 충만히 부어 주시고, 저희들이 일을 계획하고 추진해 나갈 때에 성령님께서 끊임없이 주시는 신령한 지혜로 모든 일에 임할 수 있도록 인도하여 주시옵소서.

만왕의 왕이신 우리 주 예수 그리스도의 이름으로 기도드리옵나이다.

아멘.

기도 45

긍휼과 자비를 입게 하소서

긍휼과 자비를 베푸시기를 기뻐하시는 하나님 아버지, 오늘 하루도 주 하나님의 자비와 긍휼 속에서 저희 가족이 평안한 하루를 보내게 하여 주시고 삶의 순간순간마다 저희들과 동행하여 주시옵소서. 그 옛날 맹인 바디매오에게 주님의 긍휼이 임하였던 것처럼, 그리고 베데스다 연못의 병자에게 주님의 자비가 임하여 깨끗이 치유된 것처럼 오늘 하루 저희들의 삶 속에도 주님의 긍휼과 자비가 풍성하게 임할 수 있도록 은혜 베풀어 주시옵소서.

주님의 긍휼과 자비가 넘치는 곳에서는 언제나 영육 간의 치유가 일어나고 모든 공포와 두려움이 물러가며 승리하는 삶을 살 수 있음을 이 시간 고백합니다. 주님의 긍휼과 자비가 저희들에게 임할 때에 저희들에게 새로운 소망이 생기고 저희의 삶이 생기로 가득 차게 되며 주 하나님 안에서 하루하루 거룩한 성도의 삶을 살아갈 수 있음을 믿습니다.

은혜가 풍성하신 헤세드의 하나님 아버지, 오늘도, 내일도 그리고 영원히 저희들에게 긍휼과 사랑의 주님으로 함께하여 주시고, 저희 가족이 그리스도 예수 안에서 항상 주 하나님 아버지의 긍휼과 사랑이 풍성하게 넘쳐흐르는 삶을 살아갈 수 있도록 저희 가족 한 명 한 명을 축복하여 주시옵소서. 그리하여 주님의 귀한 축복이 저희 가정에 늘 넘쳐나게 하시며 저희들이 소망하는 것들이 모두 채워지는 은혜가 임하게 하옵소서.

항상 긍휼과 자비가 풍성하신 하나님 아버지를 사랑합니다. 그리고 경배합니다. 오늘도 풍성한 자비와 사랑 안에서 하루를 평안히 보낼 수 있도록 허락하여 주시는 주 하나님께 감사드리며, 우리의 영원한 사랑의 목자 되시는 주 예수 그리스도 이름으로 감사하오며 기도드리옵나이다.

아멘.

기도 46
자녀들이 교회를 사랑하게 하소서

　세상 만물의 창조주이시며 시작과 끝이신 주 하나님 아버지, 저희 가족에게 복된 가정과 교회를 준비하여 주심에 깊은 감사를 드립니다. 저희 자녀들이 하나님께서 세우신 거룩한 믿음의 공동체인 교회를 일평생 사랑하고 섬기며 살게 하시옵소서. 저희 자녀들이 어떠한 고난과 상황 속에서도 결코 그들의 교회나 믿음을 포기하지 않게 하시고, 기쁠 때나 힘들 때나 늘 그들의 교회를 위해 기도하는 믿음의 자녀들로 준비시켜 주시옵소서.

　때로는 세상의 유혹과 학교에서 가르치는 반기독교적인 학문에 미혹되어 교회와 그리스도 신앙에 대하여 의심하고 흔들릴 수도 있습니다. 그러나 그들이 교회에서 배우는 말씀의 지혜를 통해서 교회를 떠난 인간의 삶은 마치 나무에서 떨어진 나뭇가지처럼 더는 영적 생명이 없이 메말라 갈 수밖에 없다는 것을 깨우치게 하시옵소서. 그리하여 항상 자녀들의 삶의 중심에 교회가 있게 하시며, 하나님의 진리의 말씀으로 세상의 유혹을 이기고 늘 교회를 섬기며 살아가게 하시옵소서.

진리요 길이요 생명이신 주 하나님, 주 예수 그리스도는 교회의 머리이시고 교회는 거룩한 그리스도의 몸이며 저희는 교회의 가지임을 저희 자녀들이 잊지 않게 하시고, 그들이 교회에서 드리는 예배와 하나님의 진리의 말씀 속에서 그들 안에 거하시는 성령님을 매시간 느끼며 살아가게 하시옵소서. 시시각각 그들을 인도하시는 성령님께 순종하며 성령님을 따라 사는 삶 속에서 자녀들이 항상 평안과 평강을 맛보게 하시고, 그들이 교회에서 찬송과 예배를 드릴 때 모든 삶의 문제가 형통하게 풀리게 하시며, 그들이 주님께 간구의 기도를 올릴 때 기도의 커다란 능력과 기적을 체험하게 하시옵소서.

저희 자녀들이 세상 것에 눈이 팔려서 성경공부와 주님에 대한 찬양을 게을리하지 않도록 견실하게 붙잡아 주시고, 그들이 교회 안에서 모범이 되는 젊은 성도들이 되게 하시며, 교회 공동체를 화합하게 하고 교회를 부흥케 하는 주님의 귀한 자녀들로 들어 사용하여 주시옵소서. 저희 자녀들이 그들의 교회의 자랑이 되게 하시고, 자녀들의 주님을 향한 기도의 무릎 흔적과 회개의 눈물 자국이 그들의 예배당 곳곳에 남겨지게 하시며, 교회와 신앙을 목숨보다 더 귀하게 여기며 살아가게 하시옵소서.

교회의 머리가 되시는 우리 주 예수 그리스도의 이름으로 기도드리옵나이다.

아멘.

기도 47
이 땅을 회복하여 주소서

할렐루야, 전능하시고 사랑이 풍성하신 주 하나님 아버지, 이 아침에 전지하시고 전능하신 주 하나님을 찬양합니다. 오늘 아침도 여러 가지 어둡고 걱정스러운 세상 뉴스에 저희 맘은 천근만근 무겁습니다. 그러나 저희 가족을 늘 지켜 주시고 도와주시는 주님의 발 아래 이 모든 걱정과 근심을 내려놓기 원합니다. 오늘 하루도 저희 가족들과 동행하여 주시며 저희의 영혼을 평화로운 초장과 평안한 물가로 인도하여 주시옵소서.

저희들의 연약함과 불안한 마음을 잘 아시는 주 하나님, "수고하고 무거운 짐 진 자들아 다 내게로 오라 내가 너희를 쉬게 하리라"고 말씀하신 예수님의 사랑에 무한한 감사를 드립니다. 이 세상이 주는 여러 가지 염려나 두려움이 저희 가족들의 마음을 흔들어 놓지 못하도록 막아 주시고 오직 주님께서 주시는 평강으로 저희들의 영혼을 다스려 주시옵소서.

오늘 하루도 주님의 선한 뜻에 모든 것을 맡기며 마지막 시간까지 저희들의 입술에서 감사의 고백이 끊이지 않게 하시옵소서. 오늘을 살아가는 모든 순간순간이 주님께 영광을 돌리는 시간이 되게 하시고, 주님의 포근한 사랑 안에서 하루를 잘 마무리할 수 있도록 인도하여 주시옵소서.

찬양과 존귀를 받으시기에 합당하신 주 하나님 아버지, 저희 가족 모두가 매시간 주님의 이름을 존귀히 여기게 하시고 주님을 높이 찬양하게 하시며, 이 세상에 끊이지 않는 전쟁들과 범죄들 그리고 창궐하는 난치의 질병들과 어두운 사탄 마귀의 세력들이 모두 주님 앞에 무릎을 꿇고 속히 사라지게 하시옵소서. 그리하여 이 땅이 조속히 회복되며 평강과 평화의 시간이 다시 되돌아올 수 있도록 은혜 베풀어 주시고, 저희 믿음의 백성 모두가 한 입으로 하나님의 미쁘심과 거룩하심을 찬양하며 예배드릴 수 있도록 허락하여 주시옵소서.

우리의 영원한 보호자이시며 선한 목자이신 주 예수 그리스도의 이름으로 기도드리옵나이다.

아멘.

기도 48

영광의 삶으로 인도하소서

    영광과 존귀의 하나님 아버지, 오늘 하루도 저희 가족 모두가 하나님의 영광 속에 거하는 삶을 살기를 원합니다. 오늘도 저희들의 삶의 목표가 주님의 영광 안에서 주님의 이름을 존귀하게 하며 오직 주님의 영광만을 드러내는 것에 초점이 맞춰질 수 있도록 인도하여 주시옵소서. 행여 이 세상의 쾌락과 황금만능주의에 젖어서 아침 안개처럼 곧 사라질 이 세상의 성공과 출세가 저희들의 삶의 목표가 되지 않도록 깨우쳐 주시고, 허망한 이 세상의 가치관과 성공제일주의에 눈이 흐려지지 않도록 성령의 밝은 빛을 저희들 마음에 비추어 주시옵소서. 언제 어디서나 저희들의 삶의 초점을 늘 주님께 맞추고 주님의 뜻에 따라 하루하루를 값지게 살아가게 하시며, 주님과 항상 동행하는 삶의 기쁨을 누리며 살 수 있도록 은혜 베풀어 주시옵소서.

    저희 삶의 주인이 되시는 주 하나님 아버지, 먹든지 마시든지 무엇을 하든지 다 하나님의 영광을 위해서 하라는 성경 말씀을 오늘 아침 다시 한번 저희들의 가슴판에 새기게 하시고, 그 말씀을 우리 삶 속에서 성실하게 실천할 수 있는 신실한 믿음과 용기와 지혜를 허락하여 주시옵소서. 행여 세상적인 성공이 곧 하나님께 영광이라는 우둔한 자기도취에 빠지지 않도록 늘 깨우쳐 주시고, 무엇이든지 우리가 원하는 것을 얻었을 때 항상 하나님께 제일 먼저 감사와 영광을 올려 드릴 수 있는 마음을 허락하여 주시옵소서.

저희는 인생을 살아가며 때로는 실패와 좌절의 어려움 속에 빠지기도 합니다. 그러한 어려운 시간 속에서도 흔들리지 않고 전능하신 하나님께 도움을 청하는 지혜와 용기를 부어 주시고, 주님이 저희들과 항상 함께하심을 믿고 담대하게 다시 일어서서 저희들의 믿음의 삶을 이어 가게 하시옵소서. 저희 자녀들을 통해서 제가 이루지 못하였던 꿈들을 크게 이루는 것이 하나님께 영광을 돌리는 삶이 아니라, 저희 온 가족이 하나님을 경외하고 순종하며 사는 삶 그리고 기도와 말씀을 통해 저희들의 심령이 계속하여 자라가는 삶이 바로 하나님이 기뻐하시는 삶이고 주님께 영광이 되는 줄 알고 있습니다. 저희들을 그러한 주님이 기뻐하는 삶으로 이끌어 주시옵소서. 마치 자녀가 자기 부모를 존경하고 사랑한다는 고백이 부모들에게는 가장 큰 보람이요 기쁨이 되듯이, 저희 가족들의 입술에서 항상 하나님을 경외하고 사랑한다는 고백이 떠나지 않게 하시고 주님께서 그 모든 영광과 기쁨을 받으시옵소서.

영광의 하나님의 아들 되시는 예수 그리스도의 이름으로 감사하며 기도드리옵나이다.

아멘.

기도 49
더욱 순종하게 하소서

　제사와 번제보다 순종을 원하시는 주 하나님 아버지, 오늘 하루도 주 하나님과 동행하면서 주님의 사랑과 위로를 느끼게 하시고, 주님께서 기뻐하시는 하루를 살 수 있도록 인도하여 주시옵소서. 주 예수께서 하나님 아버지께 순종하였던 것처럼 저희 가족 모두가 예수님을 본받아 주님께 순종하는 하루가 되게 하여 주시고, 저희 믿음의 이웃들 또한 주님께 더욱더 순종하는 삶을 살아가는 귀한 하루가 될 수 있도록 이끌어 주시옵소서. 그리고 그 순종의 삶 속에서 저희 모두가 하나님 아버지를 인격적으로 만나는 귀한 시간 시간이 될 수 있도록 은혜 베풀어 주시옵소서.
　특별히 저희 자녀들이 부모와 이웃의 웃어른들에게 순종하고 하나님의 법도와 국가의 법률에 잘 순응하며 선한 삶을 살아갈 수 있도록 인도하여 주시옵소서. 그리고 그러한 순종의 삶을 통해서 저희 자녀들이 더욱더 영적으로 성장하고 이 어둡고 썩어져 가는 세상에서 빛과 소금의 역할을 넉넉히 감당하며 이 사회의 커다란 기둥들이 될 수 있도록 양육하여 주시옵소서.

항상 저희들의 삶을 감찰하여 주시고 이끄시는 하나님 아버지, 주 예수 그리스도께서 하나님 아버지께 순종하여 최후의 승리를 얻은 것처럼 저희도 신실한 순종의 삶을 통해서 이 세상의 모든 죄악을 이기고 하나님께 더 가까이 다가갈 수 있도록 인도하여 주시고, 그 순종의 삶 속에서 항상 기뻐하고 범사에 감사하는 삶을 살 수 있도록 은혜 내려 주시옵소서.

지금 이 시간에도 주님께 불순종하는 자들을 이끌고 있는 세상의 악한 영들은 저희들을 넘어뜨려 보려고 시시각각으로 하나님의 살아 계심을 부정하는 초등학문과 쾌락과 재물로 저희들을 미혹합니다. 저희가 행여 그 유혹에 넘어가지 않도록 성령의 능력으로 뜨겁게 역사하셔서 저희들을 매시간 강건하게 붙잡아 지켜 주시고 세상의 모든 유혹과 싸워서 승리하는 하루가 되게 하시옵소서. 오늘 하루도 여호와 닛시의 아름다운 승리의 깃발 아래서 순종의 삶을 이어 감으로 주 하나님의 귀한 축복이 저의 가정과 이웃에 가득히 넘쳐나기를 간구하오며, 저희들에게 아름다운 순종의 본을 보여 주신 예수 그리스도 이름으로 기도드리옵나이다.

아멘.

기도 50
주님을 더욱 사랑하게 하소서

넘치는 사랑으로 늘 저희들의 삶을 감싸주시는 하나님 아버지, 오늘 하루도 저희 온 가족이 주님을 사랑하고 또 주님께 사랑을 받기를 소망합니다. 저희들의 입술에서 주님을 사랑한다는 고백이 온 종일 흘러나올 수 있도록 저희들의 입술을 온전히 주관하여 주시옵소서. 그리고 하나님을 향한 그 사랑의 고백이 저희들의 삶으로 이어져 모든 일이 형통하는 감격과 범사에 감사하는 하루를 맛보게 하여 주시옵소서.

하나님을 사랑한다는 그 입술의 고백으로 더 많은 이웃을 사랑하도록 이끌어 주시고, 그로 인하여 더 큰 사랑을 이웃들에게 받으며 평안 속에서 그 이웃들과 더불어 사는 귀한 하루가 될 수 있도록 인도하여 주시옵소서.

사랑과 은혜가 풍성하신 하나님 아버지, 저희들의 삶 속에서 커다란 성공을 이루었거나 즐겁고 기쁜 일이 생겼을 때 주님께서 그

일 속에서 저희들에게 베풀어 주신 커다란 은혜와 감사를 잊지 않게 하시고, 주위 사람들에게도 그러한 주님의 은혜를 전하게 하시며, 주님께 받은 그 큰 사랑을 저희들도 이웃에게 베풀며 살 수 있도록 저희 마음을 넉넉하고 부드럽게 만들어 주시옵소서. 저희들이 하루하루의 삶을 살아가며 만나는 어려움과 고난 속에서도 주님께서 항상 저희들과 함께하여 주시고 사랑하여 주시며 저희 또한 주님을 사랑하고 있으니 전혀 걱정하지 않는다는 성숙한 믿음의 고백으로 그 어려운 상황들을 극복하게 하시옵소서. 오늘 하루도 주님의 사랑이 저희들의 삶의 자리 곳곳에 임할 수 있도록 은혜 베풀어 주시고, 저희들의 삶의 여정 속에 하나님 사랑의 흔적이 이정표처럼 세워지게 하시옵소서.

주님께서 매일매일 내려 주시는 그 사랑과 은혜만으로도 저희들은 영육 간에 넉넉하고도 풍요로운 삶을 누릴 수 있습니다. 항상 모든 사람들 앞에서 입을 열어 주 하나님의 사랑을 선포하는 사랑의 전도사가 되게 하여 주시고, 주님께 드리는 저희들의 사랑의 고백으로 더욱더 은혜와 성령이 충만한 기도의 사람들로 성장시켜 주시옵소서.

사랑으로 낮은 이 땅에 임하신 주 예수 그리스도 이름으로 기도 드리옵나이다.

아멘.

기도 51

가족과 교회 성도들을 축복하소서

항상 저희의 힘이 되시고 소망이신 주 하나님 아버지, 주님을 경배합니다. 주님을 찬양합니다. 그리고 주님을 사랑합니다. 오늘 하루의 시작인 이 아침을 맞이하면서 살아 계신 하나님의 말씀을 묵상케 하여 주시니 감사드립니다. 지금 이 시간 텅 빈 저의 가슴속을 영의 양식인 하나님의 말씀으로 가득 채워 주시옵소서. 그리고 오늘 하루도 그 말씀을 양식 삼아 하나님 뜻에 합당한 삶을 살아갈 수 있도록 성령으로 인도하여 주시옵소서.

사랑의 하나님 아버지, 오늘 하루도 겸손한 자세로 주님께서 맡겨 주신 일에 최선을 다하기를 원합니다. 오늘 하루를 살아갈 때에 저의 미약한 힘과 지혜를 의지하지 않게 하시고, 오직 전능하신 하나님의 능력만을 바라보며 주님께 모든 것을 맡길 수 있는 신실한 믿음을 허락하여 주시옵소서. 오늘 하루를 지내는 동안 어느 곳에서 무슨 일을 하게 되든지 가장 먼저 주님께 기도로 지혜를 구하게 하시고 겸손하고 낮은 자세로 주님께 능력을 간구하게 하시옵소서.

특별히 이 아침에 저희 가족과 교회 성도님들을 위하여 기도하기 원합니다. 주 하나님께서 능력의 오른손을 펴시어 그들의 머리 위에 안수하여 주시고 그들의 삶을 축복하여 주시옵소서. 오늘 하루도 그들의 삶 속에 들어가 좌정하여 주시고 그들의 삶 속에 넘치는 은혜를 허락하여 주시며, 그들의 하루의 삶 속에서 주님의 역사하심과 끝없는 사랑을 경험할 수 있도록 성령으로 매시간 깨우쳐 주시옵소서.

오늘 하루도 저희 가족과 저희 교회의 온 성도들이 하나님의 이름을 드높이는 삶을 살기를 원합니다. 먼저 하나님의 나라와 하나님의 의를 구하는 삶이 될 수 있도록 그들을 인도하여 주시고, 세상의 헛된 것에 유혹되지 않도록 붙잡아 주시옵소서. 세상의 그 어떤 악한 영도 그들의 삶을 흔들지 못하도록 나사렛 예수의 보혈의 능력으로 물리쳐 주시옵소서.

오늘 하루도 저희 모두가 하나님의 전신 갑주를 입고 말씀과 기도로 무장하여 나사렛 예수 그리스도의 이름으로 세상을 이기고 승리하는 하루가 되기를 소망하오며, 골고다 언덕에서 승리하신 우리 주 예수 그리스도의 이름으로 기도드리옵나이다.

아멘.

기도 52

향기로운 제물이 되게 하소서

항상 저희 가족에게 끝없는 사랑을 베푸시는 주 하나님 아버지, 매일 아침 저희 가족들이 드리는 이 작고 미약한 기도들을 귀 기울여 들으시고 응답하여 주시는 주님의 사랑에 감사와 영광을 올려 드립니다. 오늘도 저희들이 드리는 이 간구의 기도가 주님의 뜻에 맞고 주님의 말씀에 합당한 기도가 될 수 있도록 성령께서 친히 저희들의 입술을 주장하여 주시옵소서.

오늘 이 아침에 드리는 저희들의 간절한 기도가 행여 흩어져 사라지지 않도록 기억하여 주시고 주님의 생명책에 기록될 수 있도록 긍휼을 베풀어 주시옵소서. 저희들은 미쁘신 주님께서 때에 맞춰 저희들의 기도에 응답하여 주실 것을 확신하며 그때를 기다리는 인내와 끈기를 갖기 원합니다. 혹시 주님의 응답이 더디더라도 포기하지 않고 저희 가족 모두가 주님을 온전히 의지하고 신뢰하는 견실한 믿음을 가지고 간구의 기도를 계속 드릴 수 있도록 저희들의 심령을 붙잡아 주시옵소서.

　작고 보잘것없는 저희들의 아침 기도이지만 저희들이 온 맘과 정성을 다하여 주님 앞에 마음의 무릎을 꿇고 드리는 기도이오니 저희들이 드리는 이 아침 기도들이 주님께 드리는 향기로운 제물이 되게 하여 주시고, 아름다운 찬양이 되게 하시옵소서. 저희들이 드리는 이 기도들을 통하여 매일매일 저희들이 새로이 태어나는 경험을 하게 하여 주시고, 주님께 더욱더 가까이 다가가며 온전히 주님께 순종하는 삶을 살아갈 수 있도록 성령으로 역사하여 주시옵소서.

　항상 저희 마음을 믿음과 소망으로 충만케 하시는 하나님 아버지, 연약한 저희들의 마음속에 더 많은 용기와 인내와 도전을 허락하여 주시고 끊임없는 소망과 확신을 심어 주시며, 아침 햇살처럼 찬란하게 빛나는 주님의 얼굴만을 바라보며 오늘도 세상이 주는 유혹들에 흔들리지 않고 믿음의 담대한 발걸음을 내디뎌 승리하는 하루가 되게 하시옵소서.

　저희들과 늘 동행하여 주시는 예수 그리스도의 이름으로 기도드리옵나이다.

　아멘.

기도 53
신앙의 열매를 맺게 하소서

사랑과 자비가 충만하신 주 하나님 아버지, 오늘 아침도 저희 가족 모두에게 건강한 몸을 주시고 기쁨으로 하루를 시작할 수 있게 하여 주시니 감사를 드립니다. 오늘 하루도 아버지께서 저희들과 항상 함께하여 주시고, 세상의 모든 무거운 짐을 십자가 앞에 내려놓고 주님의 음성만을 청종하며 믿음의 담대한 발걸음을 내딛게 하시옵소서. 매시간 저희들을 의의 길로 인도하여 주시고 저희들의 영혼을 새로이 소생시켜 주시어 시냇가에 심은 나무가 시절을 따라 열매를 맺듯이 저희들의 삶 속에서도 귀한 신앙의 열매가 맺히는 하루가 되기를 원합니다.

항상 저희들의 인생이 메마르지 않도록 도와주시고 풍성한 열매로 가득하게 하시며 인격의 열매, 신앙의 열매 그리고 풍성한 성령의 열매가 저희 가정에 차고도 넘치도록 은혜 베풀어 주시옵소서. 주님은 포도나무요 저희들은 그 열매이니, 오늘 하루도 저희들이 그리스도 안에서 좋은 포도 열매가 되게 하시고, 귀한 오늘 하루의 삶을 주님께서 기뻐하시는 제물로 바칠 수 있도록 인도하여 주시옵소서.

모든 세상사를 경영하시는 만유의 주재 하나님 아버지, 매 순간 저희들이 주님 안에서 순종하는 삶을 살 수 있도록 허락하여 주시고, 그러한 순종의 삶을 통하여 저희 가족 모두의 일들이 술술 잘 풀려 가는 형통의 복을 내려 주시옵소서. 그러나 그 형통이 세상적이고 일시적인 형통이 아니라 주님 안에서 누리는 영원한 형통이 되게 하시며, 저희들을 든든한 믿음의 반석 위에 세워 주셔서 신실한 믿음의 생활 속에서 누리는 믿음의 형통이 되게 하시옵소서.

오늘 하루도 저희들의 삶 속에 성령으로 임재하여 주셔서 저희들의 모든 삶의 발걸음이 주님의 계획 가운데 동참하며 주님과 함께 걸어 나가는 귀한 삶의 여정이 될 수 있도록 저희들의 하루를 인도하여 주시고 축복하여 주시옵소서.

믿음의 반석이 되시는 우리 주 예수 그리스도의 이름으로 기도드리옵나이다.

아멘.

기도 54

담대하게 복음을 전하게 하소서

　복과 은혜의 주 하나님 아버지, 이 아침에 주님의 높고 위대하심을 찬양합니다. 오늘도 저희 가족이 아름다운 새날을 맞이하게 하여 주시니 감사드립니다. 오늘 하루도 저희 가족이 주님께서 내려주시는 풍성한 복과 사랑을 누리며 살 수 있도록 은혜 베풀어 주시옵소서. 특별히 저희들이 하나님의 은혜의 복음에 사로잡히게 하시고 그 아름다운 복음을 저희 입술로 이 세상에 담대하게 전하는 하루가 되게 하시옵소서. 성도로서 책임감 때문에 어쩔 수 없이 말씀을 전하는 것이 아니라, 저희들의 삶 속에서 말씀의 능력을 체험하고 즐거움과 기쁨 속에서 이웃에게도 이 놀라운 하나님 말씀을 전하며 함께 그 기쁨을 나누는 진실된 복음의 전도사들이 되도록 인도하여 주시옵소서.

　오늘 하루의 삶 속에서 저희들의 말과 행동이 항상 일치하도록 감찰하여 주시고, 저희들의 미약하고 부족한 입술을 담대하게 하셔서 오늘 하루 만나는 모든 사람들에게 주님께서 주시는 생명의 복음을 전할 수 있도록 성령께서 친히 역사하여 주시옵소서. 연약하고 부끄러운 저희들의 모습은 항상 뒤로 감추어 주시고 오직 은혜로운 하나님의 말씀의 능력이 나타나서 복된 하나님의 소식이 만천하에 편만하게 전해지게 하시옵소서. 또한 저희들의 전도의 노력이 항상 생명력으로 가득 차서 활기 있게 하시고, 때를 얻든지 못 얻든지 구원의 복음을 전하라는 예수님의 명을 따라 멈춤 없이 복된 구원의 말씀을 전하는 하루하루가 될 수 있도록 인도하여 주시옵소서. 때로는 하나님의 말씀을 전하는 중에 좋지 않은 말을 듣고 상처를 받아 주저앉을 때도 있습니다. 그럼에도 실망치 않게 하시고 성령님이 주시는 능력으로 다시 일어나 담대하게 복음을 전파하게 하시며, 그들이 저희들이 흘리는 땀과 주님의 은혜로 회개하고 주님의 품 안으로 돌아오는 회복의 역사가 일어나게 하시옵소서.

저희들이 복음의 씨를 뿌리면 성령님께서 그들의 심령을 변화시켜서 그 믿음의 나무가 그들의 마음속에서 무럭무럭 자라게 하실 줄 믿습니다. 그러한 성령님의 역사하심과 능력을 믿고 늘 기쁨과 소망 속에서 긍정적인 마음으로 주 하나님의 복된 소식을 권위 있게 선포하며 나아가게 하시옵소서. 그리하여 저희들이 주님을 뵙는 그날에 "잘하였도다. 착하고 충성된 종아"라고 칭찬을 받을 수 있도록 저희들을 강건하게 붙잡아 주시고 저희들이 뿌리는 복음의 씨로 인하여 이 사회가 더욱 아름다워지고 이 세상에 평화가 넘치며 우리 모든 이웃이 평강의 삶을 누릴 수 있도록 은혜와 은총을 베풀어 주시옵소서.

우리의 참평화가 되시는 주 예수님의 이름으로 기도하옵나이다. 아멘.

기도 55

자녀들이 늘 찬송하게 하소서

　찬양을 받으시기에 합당하신 하나님 아버지, 오늘 하루를 시작하면서 주님께 찬양을 올려 드릴 수 있는 귀한 시간을 주심에 감사드립니다. 좋으신 하나님, 주님을 경배합니다. 찬양합니다. 그리고 모든 영광을 올려 드립니다.
　오늘 이 상쾌한 아침에 주님께서 맡겨 주신 귀한 저희 자녀들을 위하여 기도하기 원합니다. 아직 철없는 저희 자녀들이 늘 주님을 찬송하며 살 수 있도록 성령으로 인도하여 주시옵소서. 저희 자녀들이 그들의 입술로 주 하나님을 찬송하고, 그들의 삶으로 주님을 찬양하며, 그들의 찬양 속에서 기도가 흘러나오고 그들의 기도 속에서 하나님의 은혜가 나타나는 축복이 임하도록 허락하여 주시옵소서. 자녀들이 주님께 드리는 쉼 없는 찬송이 늘 그들의 삶을 인도하게 하시며, 찬송 속에서 자녀들의 영혼과 육신이 깨끗함을 받도록 은혜 내려 주시옵소서. 그리고 자녀들이 주님께 드리는 찬송 속에서 그들의 삶이 새롭게 변화되며 세상의 모든 옳지 못한 행위들에 묶이지 않고 자유롭게 해방될 수 있도록 역사하여 주시옵소서.

존귀하신 하나님 아버지, 오늘 하루를 사는 동안 저희 자녀들의 삶 속에서 힘들고 어려운 일을 만날지라도 실망하지 않고 기도로 하나님께 도움을 구하게 하시고, 찬송 속에서 그 기도의 응답을 받으며 빌립보 감옥을 열었던 바울과 실라의 찬송처럼 그들의 찬송으로 모든 어려움이 물러가고 그들의 앞길이 활짝 열릴 수 있도록 은혜 베풀어 주시옵소서.

저희 자녀들이 저의 본을 받아 늘 찬송하며 살 수 있도록 저 자신이 솔선수범하여 항상 주님을 찬송하도록 시간 시간 일깨워 주시고, 저희 가정에 찬양의 아름다운 노랫소리가 끊이지 않게 하시옵소서. 저희 자녀들의 입술에서 흘러나오는 찬송의 곡조 속에서 그들의 심령이 아름답게 변화되고 영혼이 잘되며 범사에 형통하는 복을 누리게 하시옵소서.

찬양과 존귀와 영광을 주 하나님께 올려 드리오며, 찬양의 주인이 되시는 예수 그리스도의 이름으로 기도드리옵나이다.

아멘.

기도 56

구원의 기쁨을 느끼게 하소서

　참된 기쁨과 즐거움의 근원이 되시는 주 하나님 아버지, 언제나 저희 가족을 주님의 포근한 품에 안아 주시고 그 품 안에서 하루하루를 기쁨과 평강 속에서 살게 하여 주시는 주 하나님 아버지께 이 아침에 감사와 영광과 존귀를 올려 드립니다. 오늘 하루도 모든 참된 기쁨과 즐거움은 평강의 하나님으로부터 온다는 것을 깨닫는 귀한 하루 되게 하시고, 저희들에게 항상 기쁨을 주시는 주님의 사랑을 온종일 피부로 느끼며 주님만을 찬양하게 하시옵소서.
　저희가 아무리 어려운 상황 속에 처할지라도 항상 저희에게 위로와 소망을 주시는 주님, 오늘도 주님의 은혜로 저희가 주님의 평강 속에서 기쁨을 누리며 살 수 있도록 허락하여 주시고, 주님과의 인격적인 만남 속에서 주 하나님의 형상을 닮아가는 거룩한 하루가 될 수 있도록 인도하여 주시옵소서. 소망의 하나님이 모든 기쁨과 평강을 믿음 안에서 저희들에게 충만하게 하시어 성령의 능력으로 소망이 넘치기를 원합니다. 세상적인 근심과 걱정을 모두 성령의 불로 소멸시켜 버리고 소망의 하나님이 주시는 기쁨과 평안을 누리며 사는 저희 가족이 되게 하시며, 저희 안의 성령의 능력으로 오늘 하루도 주님 안에서 감당할 수 없는 은혜와 넘치는 축복을 누리며 살게 하여 주시옵소서.

사랑과 자비의 하나님 아버지, 오늘도 주 하나님의 무궁한 사랑을 저희 이웃들에게 전하며 그 이웃들과 함께 그 기쁨을 나누게 하시고, 특별히 주 안에서 형제자매 된 사랑하는 저희 교회의 형제자매들이 시시각각으로 참 구원의 기쁨을 누릴 수 있도록 허락하여 주시며, 그 구원의 기쁨과 즐거움 속에서 그들의 몸과 영혼이 더욱 성결하여지고 강건하여질 수 있도록 은혜 베풀어 주시옵소서. 그리하여 많은 주님의 자녀들이 주님의 평강 안에서 감사하고 기뻐하며 오직 주님께 찬양드리는 귀한 삶의 나날이 될 수 있도록 저희 모두를 성령으로 인도하여 주시옵소서. 오늘도 사랑의 주 하나님의 품 안에서 즐거움과 구원의 기쁨을 누리며 오직 주님만 찬양하는 하루가 되기를 소망하오며, 우리의 기쁨이요 선한 목자이신 주 예수 그리스도의 이름으로 기도드리옵나이다.

아멘.

기도 57

온전한 하루를 주소서

항상 저희 가족과 함께하시며 저희들을 눈동자처럼 지켜 주시는 주 하나님 아버지, 오늘 하루도 주 하나님을 섬기며 주님의 뜻에 따라 살아가게 하여 주시옵소서. 오늘 하루 지내는 동안 저희 가족과 저희 교회의 모든 성도들의 삶이 주님을 향하게 하시고, 저희들의 모든 삶이 주님의 뜻이 되게 하시며, 저희들의 모든 삶이 주님께 영광이 되게 하시옵소서. 특별히 저희 믿는 부모들이 신실한 믿음의 삶 속에서 이웃들의 본이 되게 하시고 저희들의 어린 자녀들의 깨끗한 거울이 될 수 있도록 인도하여 주시옵소서.

사랑과 자비의 하나님 아버지, 오늘 아침 저희들의 이 암울하고 어두운 영혼에 성령의 밝은 빛을 비춰 주시고 오늘 하루도 주 하나님이 인도하시는 길을 따라 걷게 하여 주시며, 저희가 정하고 계획하는 모든 일들이 주님을 영화롭게 하여 드리고, 주 하나님을 섬기는 일들이 되게 하여 주시옵소서. 행여 저희들의 어리석음으로 인해서 주님을 근심하시게 하거나 주님이 원치 않는 길로 들어서지 않도록 저희들의 모든 걸음 걸음을 지켜 주시고, 오직 주님께서 약속하신 은혜롭고 복된 천성만을 바라보며 한 걸음 한 걸음 우직하게 걸어가는 하루가 되게 하시옵소서.

항상 저희들의 삶 속에서 저희들의 인생 여정을 감찰하여 주시는 주 하나님, 저희들의 삶 속의 모든 행복과 만족감이 주님의 만족과 기쁨이 되는 하루하루가 되기를 원합니다. 오늘 하루의 삶 속에서도 저희 믿음의 발걸음에 커다란 진전이 있게 하시고, 피곤하여 넘어지지 않도록 저희들의 영육을 붙잡아 주시며, 끝까지 경주하여 승리를 얻는 온전한 하루가 되게 하여 주시옵소서. 오늘 하루도 크고 놀라운 주 하나님의 은혜와 축복을 느끼며 항상 기뻐하고 범사에 감사하며 주님의 풍성한 은혜 속에서 하루를 마칠 수 있도록 저희들과 함께하여 주시고 저희들의 삶을 축복하여 주시며 또 인도하여 주시옵소서.

주 하나님의 무한한 사랑과 자비를 의지하오며, 주 예수 그리스도의 이름으로 기도하옵나이다.

아멘.

기도 58
자녀들이 리더가 되게 하소서

저희의 기도와 간구를 받으시기를 기뻐하시는 하나님 아버지, 저희 가족에게 늘 필요한 것을 채워 주시고 옳은 길로 인도해 주시는 주 하나님께 감사와 찬양을 올려 드립니다. 사랑하는 저희 자녀들이 하나님께서 귀하게 사용하실 수 있는 주님의 충성된 자녀들이 될 수 있도록 은혜 베풀어 주시옵소서. 그들을 이 사회의 반석과 같은 기둥으로 세워 주시고 예수님의 본을 받아 항상 겸손하고 솔선수범하는 리더가 될 수 있도록 양육하여 주시옵소서.

행여나 저희 자녀들이 성공을 위해서 수단과 방법을 가리지 않고 주님께서 원하시지 않는 방법으로 성공을 꾀하지 않도록 항상 그들의 심령을 감찰하여 주시고, 잘못된 성공으로 인해서 그들의 귀한 신앙을 잃어버리는 어리석음을 범하지 않도록 성령으로 늘 인도하여 주시옵소서.

저희 자녀들이 그들의 삶의 중요한 순간에 에스더와 같이 죽으면 죽으리라는 각오로 나아갈 수 있는 결단력 있는 리더가 되게 하시고, 물맷돌 몇 개를 가지고 골리앗 앞으로 과감하게 나아갔던 다윗처럼 담대한 리더가 되게 하시며, 모세처럼 민족과 나라를 사랑하고 목숨을 바쳐 이끄는 충성된 리더가 되게 하시옵소서. 항상 그들이 신실한 믿음을 가지고 주님께서 기뻐하시는 삶을 사는 이 사회의 참 신앙의 리더로서 다른 사람들에게 모범을 보이고 칭찬받는 지도자가 될 수 있도록 성장시켜 주시옵소서.

사랑과 자비의 하나님 아버지, 저희 자녀들이 부정과 부패가 가득한 이 사회를 정의와 공정의 사회로 바꾸어 가고, 권력과 재물의 탐욕에 젖어 사는 이 나라를 하나님만을 섬기는 믿음의 나라로 바꾸어 갈 수 있는 참신앙을 지닌 지도자가 될 수 있도록 인도하여 주시옵소서. 그리고 저희 자녀들이 이 사회를 이끌어 갈 때 외롭지 않도록 항상 아론과 같은 귀한 동역자를 곁에 붙여 주시고, 뛰어난 소통 능력과 재치 있는 지도력을 가지고 주위 사람들에게 늘 기쁨과 웃음을 선사하며 행복을 만들어내는 스마트한 리더가 될 수 있도록 훈련시켜 주시옵소서.

우리의 삶을 인도하시는 예수 그리스도의 이름으로 감사하오며 기도드리옵나이다.

아멘.

기도 59

오늘도 승리하게 하소서

만군의 여호와 하나님 아버지, 저희 가족들에게 새날을 허락하여 주시고 참신앙 가운데 하루를 시작하게 하여 주신 하나님 아버지께 감사와 영광을 올려 드립니다. 오늘 하루도 아버지 안에서 승리하는 하루가 되기를 원합니다. 오늘도 만군의 여호와 하나님과 동행하는 삶으로 저희들을 이끌어 주시고, 여호와 닛시의 깃발 아래서 이 세상의 만악에 굴하지 않고 천만인을 두려워하지 않는 용기를 저희들에게 부어 주시옵소서.

오늘도 저희 가족들의 삶 속에 하늘의 능력을 허락하여 주시고, 또 저희는 저희들의 삶을 주관하시는 주님께 모든 것을 맡기고 의지하며 나아가게 하시옵소서. 주님을 의지함으로 모든 세상의 유혹과 시험으로부터 승리하는 하루가 될 수 있도록 인도하여 주시고, 저희들의 삶 속에서 왕이 되어 주시며 파수꾼이 되어 주셔서 저희들의 하루의 삶을 온전히 통치하여 주시고 보호하여 주시옵소서.

찬양을 받으시기에 합당하신 주 하나님, 주님께 드리는 저희들의 이 찬양 속에서 저와 저희 가족이 하루하루 새로이 거듭나게 하시고, 저희들의 영혼과 육신을 새롭게 하여 주시며, 주 그리스도 안에서 오직 말씀에만 순종하는 삶을 살 수 있도록 인도하여 주시옵소서. 그리고 저희들의 그러한 순종의 삶을 통해서 저희들의 영혼이 잘되게 하여 주시고, 그 영혼이 잘됨같이 육신의 일도 형통할 수 있도록 은혜와 사랑을 베풀어 주시옵소서. 오늘도 주님께서 지어 주신 이 아름다운 세상 속에서 이웃들과 함께 어울려 살아갈 때에 이 사회의 빛과 소금의 역할을 넉넉히 감당할 수 있도록 선한 마음과 능력을 저희들 각자에게 풍성하게 부어 주시옵소서.

오늘도 주님께서 맡겨 주신 저희들 각자의 귀한 사명의 자리로 믿음의 담대한 발걸음을 내딛게 하시고, 저희들이 감당하는 사역 속에 성령의 기름을 충만히 부어 주시며, 주님께서 허락하여 주신 지혜로 모든 일에 임할 수 있도록 역사하여 주시옵소서. 오늘 하루의 삶 속에서도 오직 주 예수 그리스도의 이름으로 저희들 앞의 모든 어려움을 이겨내게 하시고, 오직 예수님의 이름으로 모든 문제를 해결할 수 있도록 인도하시옵소서.

저희들의 삶 속에 늘 함께하시며 도와주시는 예수 그리스도의 이름으로 기도드리옵나이다.

아멘.

기도 60
영광을 드높이게 하소서

생명이 근원이 되시고 저희 가족의 삶을 인도하시는 하나님 아버지, 하루의 시작인 이 아침에 주님께 경배의 기도를 올려 드리고 살아 계신 하나님의 말씀을 묵상하며 새날을 시작하게 하여 주시니 그 은혜에 깊은 감사를 드립니다. 저희들의 텅 빈 마음을 참진리 되시는 주님의 말씀으로 이 시간 가득 채워 주시고, 예수 그리스도의 보배로운 피로 저의 몸과 영혼을 다시 한번 정결케 하시옵소서. 오늘 하루도 오직 성령의 충만함을 받아서 하나님의 선하시고 온전하신 뜻 가운데 살기를 소망합니다. 오늘도 저희 가족들의 삶의 발걸음이 선하신 주님의 계획에 동참하면서 주님과 함께 걸어가는 귀한 삶의 여정이 되도록 도와주시옵소서.

오늘도 겸손한 마음으로 주님께서 맡겨 주신 사명을 잘 감당하기를 소망합니다. 저희들의 힘과 노력에 의지하지 않고 오직 전능하신 하나님의 능력만을 바라보고 의지할 수 있는 강건한 믿음을 허락하여 주시옵소서. 이 세상의 험난한 파도 속에서도 저희들의 영혼이 세속의 것에 물들지 않기를 원합니다. 세속이 가져다주는 욕심과 욕망에 사로잡혀 하나님의 영광을 가리지 않도록 감찰하여 주시옵소서. 저희들의 육신을 위해서 아쉬울 때만 주님의 이름을 부르는 것이 아니라 주님 앞에 저희들이 소유하고 있는 모든 것을 산 제물로 드리며 주님의 영광을 드높일 수 있는 견실하고도 신실한 믿음을 허락하여 주시옵소서.

존귀와 영광을 받으시기에 합당하신 주 하나님, 예수님의 고귀한 피 값으로 구원받은 저희가 그동안 주님을 저희들의 진정한 삶의 주인으로 그리고 삶의 중심으로 모시고 살아오지 못했음을 이 시간 고백합니다. 신령과 진정으로 예배드리지 못하고 겸손하게 하나님 말씀에 순종치 못한 적이 많았음도 회개합니다. 앞으로 저희들의 삶 속에서 더 많이 이웃을 사랑하게 하시고 더욱 겸손하게 하시며 하나님의 말씀에 더욱 순종하고 더 많은 선한 일을 할 수 있도록 인도하여 주시옵소서. 이 시간 저희들의 모든 삶이 주님의 은혜로 유지됨을 겸손하게 인정합니다. 앞으로 어떠한 고난과 절망 속에서도 주님 안에서 소망이 넘치는 삶으로 인도하여 주시고 시시각각으로 주님의 임재를 체험하며 주님의 음성만을 따라가는 삶으로 저희들을 이끌어 주시옵소서. 하루하루의 삶의 여정 속에서 오직 하나님만을 드높이며 하나님의 영광만을 구하고 하나님 나라의 확장을 위해 귀하게 쓰임 받는 거룩한 종으로서 삶을 살아갈 수 있도록 저희들에게 지혜와 용기를 주시고 또 인도하여 주시옵소서.

모든 영광을 주님께 올려 드리며 우리의 죄를 대속하신 주 예수 그리스도의 이름으로 기도드리옵나이다.

아멘.

Part2
기도와 함께하는 10분 묵상

묵상 1

하나님의 자녀 됨

　구약과 신약 성경은 태초에 천지만물과 인간이 하나님에 의해서 창조되었고 하나님의 형상을 따라 지어진 우리 인간을 주 하나님께서는 그분의 독생자의 목숨보다도 더 사랑하신다고 말씀하십니다. "하나님이 세상을 이처럼 사랑하사 독생자를 주셨으니…"(요 3:16). 그렇다고 해서 이 세상에 살고 있는 모든 인간이 다 자비로운 하나님의 사랑으로 구원받는다는 뜻은 아닙니다. 오직 하나님의 선택을 받아 하나님의 은혜로 신실하게 예수 그리스도를 믿는 사람만이 하나님의 자녀가 되어 구원받을 수 있다고 성경은 말씀하십니다(요 1:12; 롬 8:14-16; 요일 3:1-10). 그러므로 우리가 하나님의 자녀로 선택을 받아서 구원받는다는 것은 우리 모든 그리스도인에게 커다란 복이요 영광이자 하나님의 한량없는 은혜라고 생각합니다.
　그러한 하나님의 사랑과 은혜 그리고 그분의 자녀 됨과 우리의 구원이라는 주제에 대해서 좀더 살펴보고 관련 성경 구절들을 함께 묵상하는 시간을 갖도록 하겠습니다.

우선 말씀 묵상을 시작하기 전에 '묵상'이라는 단어의 의미와 그 방법에 대하여 간단히 알아보겠습니다. 구약 성경에서 묵상이라는 단어가 처음으로 등장하는 곳은 창세기 24장 63절로, 이삭이 그의 아내가 될 신부 리브가를 처음으로 만나기 전 들에 나가 조용히 묵상하는 장면에서 나타납니다. 그 이후 이 묵상이라는 단어는 구약 성경의 시편에서 자주 등장하는 것을 볼 수 있습니다.

구약 성경에 나타나는 묵상이란 히브리어 단어는 '하가'(Hagah)인데, 이는 '읊조리다' 혹은 '으르렁거리다'라는 뜻을 지니고 있습니다. 따라서 성경에서 의미하는 참된 묵상이란 우선 여호와 하나님의 말씀을 조용히 읊조리며 그 깊은 뜻을 헤아리는 것이고, 그다음에는 그 뜻을 자기 마음속 깊이 간직하여 마치 사자가 자기 먹이를 입에 물고 다른 짐승에게 그것을 빼앗기지 않으려고 필사적으로 으르렁거리듯이 그 말씀의 뜻을 절대로 빼앗기지 않는 것입니다.

만약 묵상자가 하나님의 말씀을 읊조리며 그 깊은 뜻을 잘 이해하였다고 하더라도 그것을 자기 가슴에 새겨서 영원한 자기 신앙의 양식으로 간직하지 못한다면 그것은 명상으로 끝나는 것이지 묵상은 아니라는 뜻이 됩니다. 타 종교에서 늘 하고 있는 명상은 잠시 머릿속에 머물다 없어지지만, 우리 그리스도인의 묵상은 영원한 생명의 말씀으로 우리 가슴속에 영원히 남아 있게 되는 것입니다.

신실한 믿음을 통하여 예수 그리스도와 연합되어 그리스도 안에서 구원받는 순간 그 성도는 하나님의 아들이 되거나(갈 4:5) 혹은 양자로 입양된다(롬 8:15)고 신약 성경은 가르칩니다. 구약 히브리어 성경이나 신약 헬라어 성경에서 아들 혹은 양자라는 단어가 구원이라는 주제와 함께 사용될 경우에는 단지 어떤 사람의 진짜 아들을 의미하기보다는 흔히 남성과 여성 모두를 대표하는 언어로서 자녀들을 뜻합니다. 따라서 하나님의 아들이나 양자가 된다는 의미는 남녀 구분 없이 하나님의 자녀가 된다는 의미입니다. 이 하나님의 아들 됨 혹은 양자 됨을 나타내는 신약 성경의 헬라어 단어는 '휘오떼시아'로, 이는 바울 사도 당시의 법률가들이 주로 사용하였던 법률 용어였으며 헬라(고대 그리스)나 로마 사회에서 시행되었던 양자 제도와 그 당시 사회 관습에 뿌리를 두고 있는 언어입니다.

신약 성경에서 우리의 구원을 비유적으로 표현할 때 사용하는 이 '양자 됨'(휘오떼시아)이라는 언어는 일차적으로 법적인 성격을 갖는데 일단 양자로 입양이 되면 법적으로 다른 사람에게 양도가 불가능한 '영원한 상속권'을 소유한다는 것입니다. 다시 말해서 양자로 입양될 때 아버지로부터 받은 아들로서의 상속의 권리는 다른 사람에게 팔거나 무료로 줄 수 없을 뿐 아니라 남에게 빼앗길 수도 없는 그 아들만이 가질 수 있는 불변하고도 영원한 법적 권리가 된다는 것입니다. 그리고 두 번째로 '아들 됨'이나 '양자로 입양됨', 즉 '하나님의 자녀가 됨'이라는 표현의 사회적 배경에는 바울 사도 당시 유대 지역과 그 주위의 여러 사회에서 행하여졌던 성인 예식의 의미도 함께 포함되어 있습니다.

바울 사도 당시의 유대와 헬라 그리고 로마 사회에서는 어린 아들이 자신의 책임과 권리를 행사할 수 있는 성인이 되었음을 인정하여 주는 성인 예식이 있었습니다. 그들은 그것을 성년식 혹은 성인식이라고 불렀습니다. 그리고 그 성인식의 시기를 사회 관습으로 정하여 놓았는데 유대인들은 아들이 12세 때, 헬라인들은 아들이 18세 때였고, 로마인들은 그 아버지가 성인식의 때를 아들의 상태를 보아서 마음대로 정하게 되어 있었습니다. 특별히 로마인들은 이러한 성인식을 '라이베랄리아'라고 불렀으며, 이날은 온 가족 모두의 경사스러운 잔치의 날이었습니다. 이 라이베랄리아 성인 예식의 순서를 살펴보면, 성인 남자의 옷을 걸쳐 입은 아버지가 아직도 어린아이의 옷을 입고 있는 자기의 아들을 가리켜 참석자들에게 "이 애가 저의 아들입니다"라고 공식적으로 선포하며 그 아이가 그의 성인 아들이 되었음을 공표하면, 그 아들은 그동안 자기가 입고 있었던 어린아이의 옷을 벗어서 모든 사람 앞에 던져 버립니다. 더는 무지한 어린아이가 아니라는 뜻이죠. 그런 다음에 아버지가 아들을 자랑스럽게 포옹하고 그 아들은 그 포옹을 통해 아들로서 법적인 권리와 책임을 함께 받아들이는 것이 그 당시의 사회 관습이었습니다.

그레코 로망(그리스와 로마) 사회에서는 성인식을 아직 치르지 못한 어린아이는 사실상 법적으로 종이나 다름없어서 인간으로서 기본적인 법적 권리나 자유조차도 가질 수 없었으며, 아버지에 의해서 목숨까지 좌지우지되고 아버지의 명령에 절대복종해야 하는 종과 같은 신분이었습니다. 그러나 일단 아이가 성인식에서 아버지로부터 아들로서 공포되고 선언되면 그의 신분이 바뀌어서 아들로서 법적인 권리인 상속권을 갖게 되며 한 개인으로서 자유와 권리와 책임을 갖게 되는 완전한 성인으로 변화되는 것이었습니다.

신약 성경의 여러 서신들 속에서 바울 사도는 한 성도의 구원을 마치 하나님 아버지가 그 성도를 위하여 베풀어 주시는 성인식(라이베랄리아)과 같은 것으로 묘사합니다. 그리스도 안에서 한 성도의 구원이라는 사건은 하나님 아버지께서 그 성도를 그분의 팔로 끌어안으며 하나님의 아들로서 그리고 상속자로서 선포해 주시는 은혜로운 성인식 잔치와 같다는 것입니다. 그 성인식 같은 구원의 축제는 하나님께서 영적으로 어린아이와 같은 성도가 그동안 종노릇하였던 세상의 죄나 외식적인 율법(형식적인 신앙 행위)의 어린아이의 옷을 벗겨버리고 하나님의 거룩한 성령의 망토를 성도 어깨 위에 걸쳐 주시는, 즉 성령이 인도하는 믿음의 삶을 주시는 순간이라는 것입니다. 여기서 성령의 망토는 성도가 이제부터는 세상의 죄나 외식으로부터 자유로운 존재임을 나타내 주는 것이며, 성도인 아들이 하나님 아버지께 아들로서 순종을 맹세하는 성화의 삶을 상징하기도 합니다.

따라서 성도는 이제 외식적인 율법 행위에 묶여 아무 의미도 없이 남에게 보이려고 하는 형식적이고 외식적인 신앙생활의 종노릇에서 해방되는 것입니다. 그리고 이 세상에 범람하는 죄와 악에 붙들려 그것들의 종노릇하며 살아가는 불의한 삶을 더는 살지 않게 됩니다. 그러므로 구원받은 성도는 이제 형식적인 신앙생활이나 이 세상의 죄악으로부터 자유로운 신분이 되어서 하나님 아버지께 순종하는 거룩한 삶, 즉 성화의 삶을 살아갈 수 있다는 것입니다.

이제 회개와 세례를 통하여 사랑의 하나님이 베풀어 주신 구원의 라이베랄리아(성인식)를 모두 치른 우리 그리스도인들은 과거 영적으로 어린아이였을 때처럼 세상의 죄와 어울려 죄의 종이 되어서는 안 됩니다. 그리고 그냥 형식적인 교회 생활만으로도 구원을 이룰 수 있다고 생각하는 유치하고 헛된 생각도 어린아이의 옷을 벗어 던지듯이 모두 던져 버리고, 주님 앞에서 그분의 자녀로 인정받고 선포된 하나님의 자녀들(양자/양녀)로서 거룩한 삶을 시작하여야 합니다. 모든 어린 자녀들이 부모 앞에서 바르게 자라가듯이 우리의 영적인 삶도 하나님의 자녀로서 항상 하나님과 동행하며 하나님 앞에서 그분의 눈을 의식하며 두렵고 긴장된 마음으로 하루하루 깨어 있는 삶을 살아가야 합니다. 이렇게 하나님 앞에서 매 순간 하나님을 의식하며 주님의 형상을 닮아가는 거룩한 성도의 삶을 살아가는 것을 바로 '코람데오의 삶'이라고 합니다. 이 코람데오의 삶이야말로 우리 그리스도인들에게는 가장 이상적인 삶이라고 할 수 있습니다.

결론적으로 성경에서 가르치는 진실되고 거룩한 성도의 삶이란 단지 우리 마음속에서 가끔 느끼는 선한 감정과 그 감정으로 인한 자기만족으로 끝이 나서는 안 됩니다. 하나님의 자녀로서 주님의 말씀에 순종하는 우리의 자발적인 선한 행위와 주님께서 우리의 삶 속에 계속해서 부어 주시는 은혜가 함께 잘 조화를 이루어 우리의 삶을 통해서 하나님의 거룩함과 영광이 나타나야 하는 것입니다. 그리고 우리의 사고와 습관과 성품이 하나님이 원하시는 방향으로 계속하여 변화되어 가는 것입니다.

묵상 2

행복한 사람들

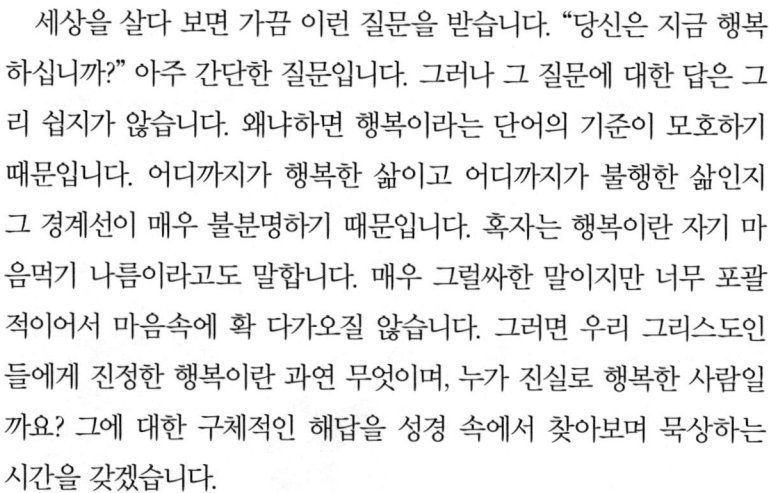

　세상을 살다 보면 가끔 이런 질문을 받습니다. "당신은 지금 행복하십니까?" 아주 간단한 질문입니다. 그러나 그 질문에 대한 답은 그리 쉽지가 않습니다. 왜냐하면 행복이라는 단어의 기준이 모호하기 때문입니다. 어디까지가 행복한 삶이고 어디까지가 불행한 삶인지 그 경계선이 매우 불분명하기 때문입니다. 혹자는 행복이란 자기 마음먹기 나름이라고도 말합니다. 매우 그럴싸한 말이지만 너무 포괄적이어서 마음속에 확 다가오질 않습니다. 그러면 우리 그리스도인들에게 진정한 행복이란 과연 무엇이며, 누가 진실로 행복한 사람일까요? 그에 대한 구체적인 해답을 성경 속에서 찾아보며 묵상하는 시간을 갖겠습니다.

　첫째로 진실로 행복한 사람이란 자기 욕망을 다스리고 자기가 가진 것에 감사할 줄 아는 사람입니다.

　우리 인간은 아담 이후로 너나 할 것 없이 본능적인 탐욕을 가지고 있습니다. 더 많이 소유하기 위해 싸우고 서로 속이고 죽이기까지 하며 자기의 욕망을 채우려 합니다. 그러면 그 욕망의 끝은 도대체 어디일까요? 그 답은 "끝이 없습니다"입니다. 이러한 끝이 없는 욕망은 우리의 마음속에서 탐욕으로 바뀌어 우리를 황폐하게 하고 타락한 존재로 전락시키고 맙니다. 이러한 인간의 탐욕은 인간의 정신을 혼탁하게도 합니다. 탐욕은 인간으로 하여금 끊임없는 불평과 불만을 늘어놓게 하고, 우리의 마음속에 항상 절망과 갈등을 자아냅니다. 이러한 탐욕이 주는 갈등 속에서 빠져나오는 딱 한 가지 방법은 자기의 욕망을 다스리고 현재 처지에 만족하며 감사할 줄 아는 마음을 배우는 것입니다. 이러한 마음을 성경에서는 '자족'(self-satisfied)이라고 합니다. 우리 자신이 모든 일에 스스로 만족을 꾀한다는 말이지요. 이 자족이라는 단어는 특별히 바울 사도가 그의 서신에서 자주 사용하는 말이기도 합니다.

그러면 스스로 만족하는 삶 그리고 감사하는 삶이 우리의 행복의 비결임을 머리로는 잘 이해하고 있는데도 우리는 왜 아직도 우리의 삶에 커다란 만족을 느끼지 못하며 살고 있을까요? 그것은 바로 우리의 끝없는 욕심을 아직도 바로 다스리지 못하고 있기 때문입니다. 본능적으로 더 많은 것, 더 좋은 것, 더 가치 있는 것을 소유하고자 하는 인간의 마음이 그칠 줄 모르는 우리의 욕심을 아직도 온전히 자제시키지 못하기 때문입니다.

물론 그 욕심 자체가 모두 나쁘다고는 할 수 없습니다. 적절한 인간의 욕구는 더 나은 미래를 향해 달려가게 하는 촉매제의 역할을 하기도 합니다. 내일을 향해 도전하게도 합니다. 더 좋은 것을 더 많이 소유하기 위해서 하루하루를 최선을 다해 노력하며 살게도 합니다. 그러나 우리의 욕망이 필요 이상으로 지나칠 때 탐욕이 되어 버리고 문제가 발생하게 됩니다. 우리의 지나친 욕망을 다스리지 못하고 절제하지 못할 때 그 탐욕이 오히려 우리 자신을 지배하게 됩니다. 바울 사도는 어떤 상황에 처하더라도 자기의 욕망을 다스리고 만족하는 비결을 배움으로써 자신이 행복할 수 있었고 주님께 감사하며 살 수 있었다고 말합니다. 그는 빌립보서 4장에서 다음과 같이 고백합니다.

"내가 궁핍하므로 말하는 것이 아니니라 어떠한 형편에든지 나는 자족하기를 배웠노니 나는 비천에 처할 줄도 알고 풍부에 처할 줄도 알아 모든 일 곧 배부름과 배고픔과 풍부와 궁핍에도 처할 줄 아는 일체의 비결을 배웠노라"(빌 4:11-12).

우리가 현재 어떤 상황에 처해 있든지 그 처지에 만족하는 것을 배우고, 우리의 목자 되시는 여호와 이레의 하나님이 항상 우리와 동행하여 주시며 때를 따라 우리의 필요를 채워 주실 것을 굳게 믿고 늘 주님께 의지하며 살아갈 때 우리는 항상 감사하며 행복하게 살 수 있다는 것입니다(시 145:15-16). 행복한 사람들은 늘 자기가 가지고 있는 것을 사랑하고 감사하지만, 불행한 사람들은 늘 자기에게 없는 것을 사랑하고 부러워하며 산다고 합니다. 자기 처지에 만족하고 내가 가진 것에 감사하며 살 수 있을 때 우리는 비로소 이 세상 누구보다도 더 행복한 사람이 될 수 있습니다. 이것이 바로 우리가 추구하는 진정한 행복의 비결입니다.

두 번째로 다른 사람을 기쁘게 하는 사람은 행복한 사람입니다. 십자가상에서 예수님은 바로 그러한 행복의 극치를 맛보셨습니다. 비록 육체적으로는 엄청난 고통을 받으셨지만 우리 인류를 구원하고 사랑하는 인류에게 구원의 기쁨을 주실 수 있었기에 주님께서는 진정으로 행복하셨습니다. "엘리 엘리 라마 사박다니"(나의 하나님 나의 하나님 어찌 나를 버리시나이까)라는 숨이 끊어지는 말로 표현할 수 없는 고통을 토해 내시며 깊은 아픔 속에 계셨을 때조차도 주님께서는 인류 구원이라는 커다란 기쁨을 느끼셨을 것입니다. 그것은 사랑하는 모든 세상 사람들을 위한 희생에서 비롯되는 진정한 기쁨이었습니다. 그 희생 때문에 우리 그리스도인들이 구원을 받을 수 있었습니다. 예수님 한 분의 희생으로 많은 사람이 행복을 얻을 수 있었던 것입니다. 그러기에 그 고통 중에서도 예수님은 진정한 행복을 느끼셨던 것입니다. 골고다 언덕의 주님은 진실로 행복한 분이셨습니다. 왜냐하면 남을 기쁘게 한다는 것은 진실로 행복한 일이기 때문입니다. 그리고 남을 사랑하는 것도 역시 진정으로 행복한 일입니다. 내가 남을 사랑할 때 상대방도 행복을 느끼지만 나 자신은 더욱 더 큰 기쁨을 느끼기 때문입니다.

남에게 사랑을 베풀고 기쁘게 하여 주면 아무것도 안 먹어도 배부른 것 같고 주머니에 땡전 한 푼 없어도 괜히 부자가 된 양 마음이 넉넉하여집니다. 남을 사랑하고 행복하게 하는 사람들에게는 그리스도의 향긋한 냄새가 그들 곁에서 늘 떠나질 않습니다. 사랑한다는 것은 어떤 대상을 내 안에 기쁘게 받아들이고 그를 위해 나를 바치는 것입니다. 예수님은 우리에게 '네 이웃을 네 몸같이 사랑하라'고 가르치셨습니다. 왜냐하면 그것이 바로 우리의 행복의 비결이기 때문입니다. 진정으로 다른 사람을 사랑하고 그를 기쁘게 할 때 그 속에서 나의 행복을 발견할 수 있는 것입니다.

세 번째로 천국의 소망을 갖고 사는 사람은 행복한 사람입니다. 희망과 기대가 있는 사람은 항상 행복하고 에너지가 넘쳐납니다. 특히 하나님 나라에 대한 소망을 갖고 사는 사람은 더욱 그렇습니다. 하나님 나라는 오늘도 천국이 임재하기를 소망하는 사람에게 역동적으로 다가오고 있습니다. 그러기에 천국을 소망하는 사람은 얼마 안 되어 그 나라를 소유하고 행복을 누리게 될 것입니다. 우리가 소망하는 하나님 나라는 지금 이 시간도 진행되어 우리에게 다가오고 있는 나라입니다. 그 나라는 너무 멀리 떨어져 있어 가지도 못하고 초월 속에만 존재하는 그림 같은 나라가 결코 아닙니다. 따라서 우리는 항상 가슴에 하나님 나라의 꿈을 품고 그 나라를 소망하며 그 나라의 임재를 기도하며 살아야 합니다. 우리 가슴속에 품고 있는 그 하나님의 나라가 이제 저만치에서 달려오고 있습니다. 그래서 천국은 앞으로 올 나라가 아니고 지금 오고 있는 나라라고 하는 것입니다. 그 나라는 현재 진행형으로 지금도 우리 앞으로 다가오고 있습니다.

하나님 나라의 소망을 갖고 사십시오. 특별히 천국에 대한 소망 속에서 나의 미래의 꿈과 비전을 품고 살아갈 수 있기를 바랍니다. 예수님께서는 "나의 평안을 너희에게 주노라 내가 너희에게 주는 것은 세상이 주는 것과 같지 아니하니라"(요 14:27)라고 하셨습니다. 하루하루가 너무 힘들고 지내기 어렵습니까? 그래도 주님께서 주시는 참 평안 속에서 지금 우리에게 다가오고 있는 그 나라를 소망하며 기다리십시오. 머지않아 반드시 그 나라의 주인공이 되실 것입니다.

결론을 맺겠습니다. 우리가 행복한 삶을 산다는 것은 우리 인간이 본성적으로 가지고 태어나는 끝없는 욕심을 이겨내고 우리의 탐욕스러운 마음을 다스리며 모든 것에 감사하는 마음을 갖고 사는 것입니다. 그러한 행복 속에서 이웃을 늘 기쁘게 하고 즐겁게 하는 삶, 그것이야말로 진실로 위대한 삶입니다. 우리의 삶 속에서 진정으로 행복한 사람은 누구일까요? 진실로 행복한 삶이란 무엇일까요? 그것에 대한 정답은 우리의 현실에 만족하고 하나님 나라의 임재를 소망하는 삶의 여정 속에서 이웃을 사랑하고 기쁘게 하며 이웃과 잘 어울리면서 하루하루를 감사하며 사는 삶일 것입니다.

묵상 3

성부·성자·성령 하나님

우리가 공부하는 신론(하나님을 공부하는 학문) 중에서 가장 어려운 것이 성부·성자·성령님이 함께 한 하나님으로 존재하시면서 또 동시에 분리되어 세 위격으로 따로 존재하시는 삼위일체입니다. 다시 말해서 성부 한 분이 전혀 감소가 없는 똑같은 성품의 세 분이 되어 존재할 수 있고, 또 그 세 분이 전혀 더하여지지 않은 상태에서 공간을 초월해서 다시 한 분이 되는 존재 방식을, 우리가 살고 있는 이 삼차원의 공간 세계에서는 이해하기가 힘들다는 것입니다.

사실 '이 삼위일체 하나님'이라는 용어는 성경 말씀에 기록되어 있는 언어가 아닙니다. 삼위일체는 그리스도교에서 여호와 하나님에 의한 인간들의 구원을 설명하기 위하여 유일하게 그리스도교에서만 가르치는 신앙적인 언어입니다. 오늘은 이 삼위일체의 의미와 왜 우리 인간의 구원을 위하여 그리스도교에서 천명하는 삼위일체 하나님이 꼭 필요한가를 묵상하는 시간을 갖겠습니다.

우선 우리 그리스도교에서 가르치는 이 삼위일체의 하나님을 이해하기 위해서는 우리 인간의 구원에 대하여 먼저 생각해 보아야 합니다. 우리 인간이 하나님에 의해서 구원받기 위해서는 두 가지 꼭 필요한 조건이 있습니다. 그것은 하나님의 전지전능하신 '초월적인 능력', 짧게 표현하면 초월성과 그분의 은혜로 우리와 함께 거하여 주시는 하나님의 '내재성', 다른 언어로 표현하면 하나님의 '은혜성'입니다.

첫째로 하나님의 초월성이란 하나님께서 인간과 우주 만물을 창조하실 수 있는 능력과 이 세상 속에 거주하는 인간들을 충분히 구원하실 수 있는 초월적인 능력을 가지셨음을 말합니다. 즉, 하나님께서 전지전능하신 분으로 이 우주보다 훨씬 큰 분이시기에 이 작은 우주 속에만 항상 거하실 수는 없으나 우주 밖에 영으로 상존하시면서 우주를 창조하시고 또 고장 난 우주를 넉넉히 고치실 수 있는 초월적인 능력을 가지고 계시고 우주 안에 살고 있는 죄의 노예가 된 우리 인간들을 구원하여 주실 수 있는 능력을 소유함을 의미합니다.

둘째로 하나님의 내재성이란 우리 인간과 우주를 구원하실 수 있는 능력을 소유하신 그 하나님이 그분의 은혜로 우리 인간을 구원하고자 다른 분리된 위격으로 이 세상에 강림하셔서 우리 속에 내재하시며 우리를 구원하시고자 하시는 의지를 뜻하며, 다른 말로 표현하면 하나님의 인간에 대한 사랑이라고 할 수 있고, 성경적 언어로 말하면 '하나님의 의로우심'(The Righteousness of God)이라고도 표현할 수 있습니다.

우리 인간이 하나님에 의해서 구원받기 위해서는 반드시 상기 두 가지 조건이 함께 그리고 동시에 충족되어야 합니다. 왜냐하면 우리의 구원자인 하나님께서 아무리 우리를 구원하실 의지가 있으시고 우리에게 구원의 은혜를 베풀고자 하시더라도 하나님의 초월성, 즉

전능성이 없으셔서 우리를 구원하실 수 있는 능력을 소유하고 있지 않으시면 우리의 구원이 이루어질 수 없기 때문입니다. 그러면 구원은 헛된 꿈에 불과하겠지요. 또한 하나님께서 전능하신 초월성을 아무리 소유하고 계시더라도 우리를 구원하시려는 의지가 전혀 없으시다면 그 초월적인 능력은 우리 인간에게는 무용지물이 되고 우리의 구원 역시 이루어질 수 없기 때문입니다. 따라서 우리가 구원자인 하나님에 의해서 구원을 받기 위해서는 두 가지의 필요 충분 조건인 하나님의 초월성(능력성)과 하나님의 내재성(은혜성)이 동시에 충족되어야 합니다. 그리고 이러한 두 가지 조건을 함께 가지고 계신 분이 유일하게 그리스도교에서 믿고 의지하는, 성부·성자·성령의 세 위격을 가지고 존재하시는 삼위일체 하나님인 것입니다.

그러면 초대교회의 사도들과 성도들은 어떻게 이 복잡하고 이해하기 어려운 삼위일체 하나님의 비밀을 이천 년 전에 이미 알고 그 삼위일체의 사상을 그들이 기록한 성경 속에 녹여 넣을 수 있었을까요? 초대교회의 그리스도인들 특히 신약 성경의 저자들은 성부 하나님께서 계획하시고 주관하셨던 나사렛 예수의 십자가 사건과 예수님의 승천 이후 우리 속에 내재하시는 성령님의 역사하심을 눈으로 직접 보고 귀로 들으며 피부로 느끼게 되었습니다. 그리고 저 멀리 하늘에 계시는 초월자이시며 전능자이신 하나님의 초월성과 동시에 우리 인간과 함께 거하셨던 성자 하나님과 우리의 심령 속에 지금도 내재하시어 역사하시는 성령 하나님의 내재성을 체험하게 되었던 것입니다. 그들은 초월자이신 하나님께서 인간들과 분리되어서 초월 속에 거하시는 동시에 인간들과 함께 생활하였던 나사렛 예수 속에 내재하시어 하나님 자신을 나사렛 예수를 통해서 나타내심으로 우리 인간들을 구원하시고자 하는 하나님의 사랑의 의지를 보이신 것을 알게 되었던 것입니다. 그리고 우리 인간들의 구원을 골고다 언덕의 예수 그리스도의 십자가 사건으로 이루시고, 그 후에도 계속해서 하나님과 그리스도의 영이신 성령님을 통해서 성도들의 심령 속에 내재하시며 성도들이 마지막 날에 얻게 될 온전한 구원을 이루기 위해 성도들을 견인하여 가신다는 고귀한 삼위일체의 진리를 터득하게 되었던 것이었습니다.

그러나 앞에서 말하였듯이 삼차원이라는 공간의 제약 속에 갇혀서 살고 있는 우리 인간이 이러한 삼위일체 하나님을 이해하는 데 가장 어려운 부분은, 어떻게 똑같은 한 분 하나님께서 공간을 초월해서 하늘에 계시면서 또 동시에 우리 마음속에 성령님으로 함께 계실 수 있을까 하는 존재 방식입니다. 특별히 셋이 똑같은 하나가 되고, 하나가 똑같은 셋으로 공간을 초월해서 존재하는 방식은 현대를 사는 우리 인간들의 수학이나 물리학으로는 이해하기가 어렵습니다. 우리의 평범한 과학 지식으로는 똑같은 성품을 가진 하나와 셋은 항상 다른 것이지 같을 수 없으며, 하나가 서로 다른 공간에 둘이나 셋으로 분리되어 똑같은 상태로 존재하는 것도 삼차원의 세계에서는 불가능하다고 느끼기 때문입니다.

현실적으로 삼차원의 세계에서 살고 있는 우리가 그러한 삼위일체적 존재 방식을 이해하지 못하는 가장 근본적인 이유는, 그 삼위일체 하나님은 이차원이나 삼차원 같은 차원 속에 존재하시는 분이 아니고 모든 차원을 초월하여 존재하시는 초월자이시기 때문입니다. 그래서 초대교회가 낳은 가장 위대한 신학자요 목회자였던 성 어거스틴은 초월적인 삼위일체의 하나님을 삼차원의 숫자나 공간의 개념이 아닌 사랑으로 설명합니다. 그는 요한1서 4장 16절의 말씀인 "하나님은 사랑이시라 사랑 안에 거하는 자는 하나님 안에 거하고 하나님도 그의 안에 거하시느라"라는 말씀을 통하여 우선 삼위일체 하나님의 본질을 사랑으로 규정짓습니다. 그리고 사랑하시는 분과 사랑받는 자가 거리를 초월하여 서로가 서로를 그 안에 소유하며 사랑이라는 본질 안에서 영적으로 하나로 연합되어 존재함을 설명합니다.

이러한 사랑으로 연합된 삼위일체의 하나님을 좀더 자세하게 보여 주는 말씀이 마태복음 3장 16-17절입니다. "예수께서 세례를 받으시고 곧 물에서 올라오실새 하늘이 열리고 하나님의 성령이 비둘기같이 내려 자기 위에 임하심을 보시더니 하늘로부터 소리가 있어 말씀하시되 이는 내 사랑하는 아들이요 내 기뻐하는 자라 하시니라." 이 성경 구절 속에서 사랑하는 분은 성부 하나님이시고, 사랑받는 자는 성자 하나님이신 예수님이심을 알 수 있습니다. 이 삼위일체 속의 똑같은 두 하나님은 그분들의 공통 본질이신 사랑 속에서, 사랑하는 성부 하나님과 사랑받는 성자 하나님이 그 두 분 사이를 연결하여 주는 사랑의 영이신 성령, 즉 비둘기같이 내려오신 성령 하나님을 연결의 매개체로 서로 연합되어 거리를 초월해서 동일한 하나가 되어 존재한다는 것입니다.

이렇게 삼위일체 하나님의 본질인 사랑은 성부·성자·성령의 삼위를 영적으로 서로 연결해 주며, 이 사랑 안에서 이 삼위는 위격적으로는 구분되지만 단일성을 이루어 하나로 연합되어 존재합니다. 그리고 가장 중요한 사실은 이러한 분리된 위격으로 하늘에 계시면서 거리를 초월하여 우리 마음속에도 동시에 성령으로 내재하시는 삼위일체 하나님의 사랑의 대상이 바로 우리 성도들이며, 그 결과가 우리의 구원이라는 것입니다.

이러한 우리 인간의 구원과 삼위일체 하나님의 관계 그리고 차원을 초월하는 삼위일체 신론의 오묘한 진리는, 그리스도교의 삼위일체 신론을 부정하는 다른 종교들의 구원론이 옳지 않음을 확연하게 드러나게 합니다. 현존하는 여러 이단 교회들이나 다른 거대 종교들의 신론, 즉 이슬람교의 이신론(Deism)이나 힌두교와 불교의 범신론(Pantheism)은 단순해서 이해하기는 쉬우나 이들이 표방하는 신들에 의한 구원은 이루어질 수 없습니다. 왜냐하면 이슬람교의 이신론 속의 거룩한 신 알라는 초월성(능력성)은 있으나 내재성(은혜성)이 없어서 저 높은 하늘에 고고하게 앉아 있지만 결코 비천한 이 땅에는 내려오지 않기 때문에, 이슬람교 신자들은 이 세상에서 그들의 신 알라에게 구원받을 길이 없고 사후에 그들이 믿고 있는 알라 신에게 올라가서 자기의 행위대로 심판만 받을 수 있게 됩니다.

반면에 힌두교나 불교의 범신론 속의 신들은 내재성(자비성)이 있어서 우리와 함께 편만하게 우주 속에 거하나 초월성(능력성)이 없어서 우리 인간을 구원할 수 있는 능력이 없습니다. 따라서 힌두교나 불교의 신자들은 각자가 자기 수행을 통해서 자기 스스로 자신을 구해 보려고 노력합니다. 그러나 이슬람교나 힌두교나 불교의 신자들이 자기 자신을 신의 도움 없이 구원해 보려는 소위 말하는 자력 구원론은 우리 인간의 여러 가지 죄성과 완전하지 못한 인간의 능력의 한계로 인해 결국 실패할 수밖에 없다는 것입니다.

따라서 오직 살아 계신 하나님인 그리스도교의 삼위일체 하나님만이 초월성(능력성)과 내재성(은혜성)을 동시에 소유하고 계시고, 우리 성도들을 구원하실 능력과 구원하시고자 하는 의지를 통해 동시에 역사하셔서 우리를 완전한 구원의 길로 인도하실 수 있다는 것을 다시 한번 확신할 수 있게 됩니다. 그리고 우리를 위하여 저 초월 속에 거하시며 동시에 이 세상 속에 오시어 고통의 십자가에서 우리의 구원을 이루어 주시고 우리 안에 내재하시는 성부·성자·성령 삼위일체 하나님께 늘 감사드리며 하루하루 성령 하나님의 인도하심을 따라 거룩한 성화의 삶을 살 수 있는 것입니다.

묵상 4

가나의 포도주 기적

요즈음 유튜브와 같은 여러 소셜미디어들을 보다 보면 소위 유명하다는 몇몇 철학자들이나 달콤한 이단 교리를 주장하는 목사들이 나와서 성경에 대하여 강의한다거나 설교한다는 미명 아래 성경 구절을 왜곡하여 강해하는 것을 흔히 볼 수 있습니다. 더 나아가 그들은 구약 성경과 신약 성경이 몇몇 구절에서 표면적으로 서로 일치하지 않는 곳이 있다는 이유로, 이제는 몇천 년 전 유대 사회에서나 맞게 기록된 구약 성경은 더는 우리 현대 사회에 적용할 수 없다고 주장하기도 합니다. 그리고 심한 경우에는 구약 성경은 이제 우리 성경책에서 아예 빼버려야 한다고 경솔하게 주장하는 현대판 말시온 이단 같은 자들이 나타나 우리 성도들을 미혹하는 것을 봅니다. 그들은 구약 성경이나 신약 성경의 몇몇 히브리어나 헬라어 단어를 발췌하여 그것들을 단편적으로 해석하면서 그리스도교 신앙에 대한 모든 것을 터득하기나 한 것처럼 허세를 부리며 그리스도교 성도들을 잘못된 길로 인도하는 거짓 선지자 노릇을 하는 것입니다.

그 거짓 목사들이나 신학에 미숙한 철학자들이 그렇게 미혹하는 목적이 무엇이겠습니까? 많은 사람들을 궤변으로 미혹하고 순진한 성도들을 자신들의 주장을 따르게 하여 자신들의 유명세를 키우며 자신들의 탐심을 채우려는 적그리스도나 사탄의 졸개 같은 행위를 하려는 것이 아닙니까? 예수님께서도 이러한 종말적인 징후가 나타날 것을 미리 아시고 마태복음 24장 11절에서 종말이 가까워지면 많은 거짓 선지자가 나와서 많은 성도들을 미혹할 것이라고 경고하십니다. 이러한 여러 사태들을 보며 우리는 세상의 종말이 아주 가까이 다가오고 있음을 피부로 느끼게 됩니다.

그러나 그들이 주장하듯이 구약 성경을 없애 버린다면 신약 성경에 기록된 말씀들은 마치 뿌리 없는 나무가 올바로 서 있지 못하듯 올바로 해석할 수 없는 말씀들이 대부분입니다. 왜냐하면 구약 성경은 신약 성경을 올바로 서게 하는 오래된 뿌리와 같기 때문입니다. 그리고 모든 하나님의 말씀은 그들이 주장하듯이 성경 단어 하나하나를 단편적으로 해석하는 것보다는, 그 복음서의 기록자가 신령한 하나님의 말씀을 통해서 우리에게 전달하고자 하는 전체적인 복음의 메시지를 듣는 것이 더욱 중요합니다. 즉, 성경이라는 숲속의 나무 하나하나를 일차적으로 바라보는 것도 필요하지만, 성경의 나무들을 본 후에 성경의 전체적인 숲을 보는 것이 훨씬 더 중요하다는 것입니다.

일부 잘못된 철학자들과 이단 교리를 주장하는 사이비 교주들의 특징은 몇몇 히브리어나 헬라어 단어들을 발췌해서 여러 의미를 포함하고 있는 그 단어들을 마치 한 가지 의미만 있는 것처럼 자기가 원하는 의미만 내보이며, 그 단어들을 모아 짜깁기해서 자기들의 주장을 정당화시키려고 시도합니다. 그러나 그러한 단편적인 해석으로는 절대로 성경이라는 큰 숲을 볼 수 없고 복음서를 기록한 사도들이 우리에게 전하고자 하는 하나님의 구원의 메시지를 받을 수 없습니다. 그리고 그와 같은 철학자나 사이비 교주들은 하나님을 아는 지식을 그냥 관념적으로 머리로만 이해하려고 하는 경우가 대부분입니다. 그러나 우리 그리스도교 신앙이라는 것은 하나님 말씀을 지식적으로 머리로만 이해하는 것이 아니라 성령님의 도움으로 우리 가슴속 깊이 받아들여야 합니다. 그리고 그 하나님을 아는 지식과 하나님의 말씀의 능력이 함께 역사하셔서 우리 삶 속에서 영생불변하는 진리가 되고, 고통 속에 사는 우리 인간들에게 소망과 위로가 되어야 하는 것입니다.

이제 요한복음 2장을 통해 하나님 말씀이 우리에게 주는 심오하고 고귀한 메시지를 살펴보도록 하겠습니다. 성도님들도 잘 아시는 것처럼 요한복음 2장에는 예수님께서 갈릴리 지역의 가나라는 동네의 혼인 잔칫집에서 물로 포도주를 만드는 기적(이적)이 소개됩니다. 요한 사도는 왜 예수님께서 물로 포도주를 만든 사건을 자신의 복음서의 앞부분에서 소개하고 있을까요? 혹시 우리 믿는 성도들도 술을 조금 마셔도 된다는 것을 강력하게 암시하고자 했을까요? 그것이 아니면 예수님이 사랑이 풍부하셔서 혼인 잔치를 망치게 된 젊은 부부와 그의 가족에게 사랑을 베푸셔서 그들을 도와주었다는 주님의 아름다운 사랑의 이야기를 소개하려 하였을까요? 이제 이 가나의 포도주 기적의 이면에 깊이 숨겨져 있는 예수님의 깊은 뜻과 가르침을 함께 묵상해 보기로 하겠습니다.

이 포도주 기적에 관한 성경 말씀을 읽다 보면 제일 먼저 눈에 띄는 것이 여섯 개의 결례 통(돌로 된 유대인의 물 항아리)입니다(요 2:6). 이 결례 통이라는 물 항아리는 하나님의 백성인 유대인들이 그들의 율법에 따라 몸을 깨끗이 씻어 정결하게 한 후에 거룩한 성전에 들어가 여호와 하나님께 성결한 예배를 드리는 데 꼭 필요한 물건이었습니다. 따라서 그 당시 각 유대인들의 집에 보관되어 있는 이 결례 통은 유대교의 모세 율법의 준수와 그들의 거룩한 성전예식을 상징하는 아주 중요하고 상징적인 물건이기도 하였습니다.

어느 날 예수님이 성장하며 살았던 나사렛에서 약간 북쪽에 있는 가나라는 마을에서 예수님 지인의 혼인 잔치가 흥겹게 이어져 가다가 생각지 못하게 포도주가 모두 떨어져서 잔치를 망치게 되었습니다. 혼인 잔치에 축하객이 생각보다 너무 많이 모인 것입니다. 혼인 잔치를 준비한 가족과 축하객 모두가 이 상황에 어쩔 줄 몰라 당황하고 있었습니다. 그때 유대교의 율법과 성전의 상징이라는 이 중요한 여섯 개의 결례 통들은 아무짝에도 쓸모없이 그냥 우두커니 한 구석에 세워져 있었습니다. 이러한 상황을 머릿속에 그리면서 이 잔치 현장의 모습을 생각해 보겠습니다.

그러면 우선 '잔치'라는 단어가 구약 성경이나 신약 성경에 가끔 등장하는데 이 잔치가 성경 속에서 비유하고 상징하는 것은 무엇입니까? 이 잔치가 구약이나 신약 성경 속에서 상징하는 것은 바로 하나님께서 우리 인간들에게 베푸시는 기쁜 구원입니다. 유대인들은 여호와 하나님께서 베푸시는 구원을 기쁜 '잔치'라는 이미지 언어를 이용해서 자주 비유하였는데, 그 예로 시편 23편에서 다윗은 하나님의 백성들이 악한 세력에게 고난받고 쫓겨 다니다가 여호와 하나님에 의해 얻게 되는 구원을 다음과 같이 묘사합니다. "주께서 내 원수의 목전에서 내게 (잔치)상을 베푸시고 기름으로 내 머리에 바르셨으니 내 잔이 넘치나이다." 그리고 이사야서에서는 메시아 시대의 구원을 시온에서 베푸는 아주 큰 잔치로 다음과 같이 비유합니다.

"만군의 여호와께서 이 산에서 만민을 위하여 기름진 것과 오래 저장하였던 포도주로 연회(잔치)를 베푸시리니 곧 골수가 가득한 기름진 것과 오래 저장하였던 맑은 포도주로 하실 것이며"(사 25:6).

그뿐 아니라 예수님께서도 구원을 잔치로 자주 비유하셨는데, 특별히 흥겨운 혼인 잔치로 비유하신 것을 신약 성경을 통해 알 수 있습니다(마 25:10; 눅 13:29, 14:16). 신약 성경에서 천국의 복음과 주님의 구원을 잘 표현한 이야기 중 하나가 여러분도 잘 아시는 누가복음 15장의 탕자의 비유입니다. 이 비유에서도 돌아온 탕자, 즉 성도가 그의 아버지이신 하나님께 구원받는 상황을 예수님께서 살진 송아지를 잡고 풍악을 울리는 '잔치'로 비유하신 것은 참으로 인상적이라 할 수 있습니다.

그러면 구약 성경과 신약 성경에서 구원을 잔치라는 언어로 비유하는 이유는 무엇일까요? 그 이유는 잔치가 가지고 있는 천국과 비슷한 성격과 상징성 때문일 것입니다. 왜냐하면 모든 잔치에는 항상 풍성한 음식이 준비되어 있고, 배부름의 기쁨과 만족이 있으며, 서로서로 음식을 권하며 이웃을 즐겁게 하는 이웃 사랑과 웃음이 넘쳐나기 때문입니다. 잔칫날에는 모두가 기쁘고 즐거우며 웃음꽃이 만개하여 이웃끼리 화평합니다.

반대로 사탄이 권세를 잡은 이 세상 속의 삶의 실태는 어떠합니까? 이 세상은 그러한 잔치에서 볼 수 있는 풍요로움은 찾아볼 수 없고 오직 부족함으로 가득 차 있지 않습니까? 이 세상 사람들은 모두 불완전한 인간으로서 지혜가 부족해서 앞을 내다보지 못하고 내일 무슨 일이 일어날지 몰라 늘 불안 속에서 살아갑니다. 또 능력이 부족해서 무슨 문제가 생기면 해결하지 못하고 밤낮으로 고민하며 고통스러워합니다. 그뿐 아니라 사랑이 부족해서 이웃을 시기하거나 미워하며 다투고 많은 스트레스 속에서 살아갑니다. 이러한 부족함들 속에서의 세상의 삶은 항상 불안과 불만 그리고 조금이라도 더 차지하려고 이웃들과 싸우는 처절한 약육강식의 생존경쟁만이 존재합니다. 그러나 모든 것이 풍요로운 잔치에는 그러한 세상적인 다툼과 고통들이 있을 수 없습니다.

이렇게 우리의 구원을 상징하는 즐거운 잔치에서 포도주가 떨어져 잔치(구원)를 망치게 되었을 때 유대인들의 율법과 성전예식의 중요한 상징인 그들의 결례 통이 아무 도움이 되지 못하고 우두커니 방치되어 있었다는 것은 무엇을 의미할까요? 그들의 구원에서 결례 통이 상징하는 유대교의 율법과 성전 체제는 우리의 구원을 위하여 이제 아무 소용이 없다는 것입니다. 다시 말해서 구약의 율법적 지식만 머리에 가득 채우고 외식적이고 형식적인 행위와 성전 제사만을 요구하는 서기관들과 바리새인들이 주축이 되어 있는 유대교는 그들의 구원에 있어서 우두커니 방치되어 있는 여섯 개의 결례 통처럼 아무 도움이 되지 못한다는 것을 상징적으로 보여 주고 있는 것입니다.

그리고 요한 사도는 그 결례 통이 여섯 개라고 그 숫자를 콕 짚어 알려줍니다. 왜 사도는 굳이 여섯(6)이라는 결례 통 숫자까지 소개할까요? 요한복음이나 요한계시록에서 여러 숫자를 이용해서 그 상징을 나타내는 것을 즐겨했던 요한 사도는 '6'이라는 숫자가 상징하는 부족함을 부각시키고자 하기 때문입니다. 원래 '7'이라는 숫자는 성경에서 부족함이 없는 완전수이고 거룩한 숫자입니다. 하나님께서 엿새 동안 창조 사역을 마치시고 7일째 안식하시며 이 세상의 창조 사역의 사이클을 7일 만에 완성하셨습니다. 그러므로 이 '7'이라는 숫자는 성경에서 자주 완성과 완전함을 나타내는 숫자로 하나님 사역에 등장하고 하나님의 거룩한 숫자로도 사용됩니다. 그러나 '6'이라는 숫자는 얼핏 보면 거의 완전해 보이지만 완전수 '7'보다 하나가 부족하기 때문에 완전하지 못한 부족함을 의미하는 숫자이고, 실패를 의미하는 숫자입니다.

혹자는 '6'은 사탄의 숫자라고도 합니다. 왜냐하면 사탄은 우리 인간에 비해 뛰어난 능력이 있지만 하나님보다는 능력이 부족해서 결국 하나님께 패배할 수밖에 없다는 이론이지요. 따라서 요한 사도가 결례 통의 숫자가 완전수인 7개가 아니고 부족함과 실패의 상징 수인 6개라고 밝히는 이유는, 결례 통이 상징하는 율법적인 유대교가 더는 완전하지 못하며 하얀 횟가루를 칠한 무덤처럼 겉은 번드르르하고 그럴듯하지만 내부적으로는 썩고 부패하였기 때문에 더는 유대인들을 구원으로 인도할 능력을 상실하였다는 것을 암시하고자 하는 의도였음을 추리할 수 있습니다.

이제 예수님이 그 아무짝에도 쓸모없이 세워져 있는 결례 통 돌 항아리에 물을 가득 채우시고 그 물을 오래 저장한 맛을 내는 최상급 포도주로 변화시킵니다. 그때 그 좋은 포도주로 인해서 그들의 잔치(구원)가 다시 활기를 띠며 기쁨이 넘쳤다고 기록되어 있습니다.

이 가나의 기적을 통하여 주님께서 우리에게 주시고자 하는 메시지는 주님께서 물이 상징하는 성령(요한 사도는 요한복음에서 계속해서 물을 성령의 상징으로 기록함)을 우리 가슴에 가득히 채워 주실 때 우리 성도들은 주님께서 주시는 새 생명을 가슴속에 풍성히 받을 수 있고 진정한 구원과 천국의 기쁨을 누리게 된다는 것입니다. 그때 시들해진 잔치가 다시 활기를 띠듯이 성도들의 구원이 참 구원이 되며 그들의 삶을 풍족하고 윤택하게 하고 성도들의 모든 삶의 영역에서 역사하여 그들을 기쁨과 평강의 삶으로 인도한다는 메시지인 것입니다.

현대를 살아가는 우리 그리스도인들의 구원도 마찬가지라고 생각합니다. 외식적이었던 유대교의 바리새인들처럼 성경적 지식만 머리에 가득히 채우고 형식적인 교회 생활에 온몸을 바치는 행위로서는 빈 결례 통처럼 우리에게 참 구원이 임할 수 없습니다. 우리가 진정한 구원을 얻기 위해서는 주님 앞에서 진실로 회개하고 하나님을 아는 지식과 더불어 성령님의 도움으로 거듭나야 합니다(요 3:5). 그리고 그 결례 통에 물을 가득 채우듯 우리의 가슴을 주님께서 부어 주시는 성령으로 가득 채우고 성령님의 인도하심을 따라 주님의 형상을 닮아가는 성화의 삶을 살아가야 한다는 메시지를 이 가나의 기적 이야기는 우리에게 전하고 있습니다.

묵상 5

현대판 바리새인

우리는 구약 성경과 신약 성경을 통해서 '정함'(깨끗함)과 '부정함'(더러움)이라는 용어를 많이 접하게 됩니다. 이렇게 정함과 부정함을 구별하는 여러 종교들은 한 가지 공통점이 있는데, 부정한 것이 정한 것에 접촉하게 되면 정한 것이 부정을 타서 부정하게 된다는 사고입니다. 이러한 생각이나 사상은 사실 이슬람교, 유대교, 힌두교 그리고 불교 같은 커다란 종교들뿐 아니라 고금의 여러 나라의 무속신앙 속에서도 많이 나타나는 것을 발견할 수 있습니다.

이러한 분리 사상에 따라서 대부분의 종교에서는 고금을 막론하고 정한 자는 부정한 것을 접촉하거나 만지거나 먹지 말고, 자기 자신을 항상 부정한 사람들이나 부정한 물건들과 멀리해서 깨끗하고 성결하게 지켜야 한다고 가르치고 있습니다. 특히 예수님 시대의 유대 땅에서 살던 경건주의자 바리새인들은 이러한 분리 사상을 철저하게 지켰습니다. 바리새인들이라는 호칭을 헬라어로 '파리사이오이'라고 하는데 히브리어 '페루쉼'(분리된 자들)에서 유래되었다고 합니다. 따라서 바리새인이라는 이름을 우리말로 직역하면 '분리주의자'라고도 할 수 있습니다. 그 당시 바리새인들은 이러한 분리 사상에 입각해서 죄를 짓고 사는 자들이나 로마 정부에 아부하며 유대인 동족의 피를 빨아 치부하는 세리들 그리고 윤리적으로 죄를 짓고 사는 창녀들을 부정한 자들이라고 칭하며 사람 취급도 안 하고, 그 부정한 자들을 항상 멀리하고 그들과 분리되어 살려고 노력하였던 것을 우리는 신약 성경을 통해서 잘 알고 있습니다.

그러나 아이러니하게도 가장 거룩하시고 성결하신 하나님의 아들로 이 세상에 강림하신 나사렛 예수님의 행적을 보면 그 바리새인들의 행위와는 정반대였습니다. 성결하신 예수님께서는 항상 죄인이나 세리들 같은 소위 부정한 자들에게 다가갔으며 그들과 함께 먹고 마시며 그들에게도 똑같이 하나님의 나라를 가르치셨습니다. 이것을 못마땅하게 여기던 바리새인들은 예수님을 세 가지 나쁜 별명을 붙여서 비난하는데 마태복음 11장과 누가복음 7장에 다음과 같이 잘 나타나 있습니다. "먹기를 탐하고, 포도주를 즐기는 사람이요, (부정한) 세리와 죄인의 친구로다"(마 11:19; 눅 7:34).

이 바리새인들의 비난을 좀더 자세히 살펴보면, 첫째로 먹기를 탐하는 자라는 뜻은 예수님은 음식만 대접하면 대접하는 자가 비록 더럽고 부정한 죄인들이라 할지라도 그들과 함께 앉아서 부정한 음식을 먹는 자, 즉 '음식에 환장한 자'라고 비난하는 것입니다. 둘째로 포도주를 즐기는 자라는 뜻은 단순히 식사하며 포도주를 음료로 조금 마시며 즐기는 것이 아니라 헬라어로 '오이노-포테스'라고 비난한 것인데, '오이노'는 술이란 뜻이고 '포테스'는 마신다는 뜻이지만 그들은 이 단어를 '술이면 사족을 못 쓰는 자' 혹은 '술에 절어 사는 자'라는 뜻으로 악담하여 비난하는 것입니다. 그러나 신약 성경 어디에서도 예수님께서 술 취하셨다는 기록은 찾아볼 수 없고, 그 당시나 그 이후에 쓰인 나사렛 예수에 관한 여러 다른 문서들이나 로마 행정관들의 보고서들 그리고 그 당시의 유대 역사 서적과 위경들(정경으로 인정받지 못한 야사와 같은 서적들, 예를 들면 도마복음서나 베드로복음서 등)에서조차도 예수님이 평소에 술을 많이 마셨다는 내용은 전혀 찾아볼 수가 없습니다. 단지 예수님이 세리들과 함께 식사하시며 그 당시에 대부분의 바리새인들이나 보통 유대인들이 하였던 것처럼 포도주를 음료로 조금 마신 것을 과장해서 음해한 것임을 쉽게 알 수 있습니다.

사실 그 당시의 바리새인들이 예수님을 비난한 이유는 주님께서 음식을 잡수시고 포도주를 조금 곁들여 마신 사실 때문이 아니라 주님께서 부정한 세리들이나 죄인들과 가까이하며 자기들의 오랜 전통이자 가르침인 '정한 자는 부정한 자들과 분리되어 거룩하고 성결하게 살아야 한다'라는 분리주의 원칙을 따르지 않았기 때문입니다.

그러나 예수님께서는 유대 민족이 오랫동안 지켜 왔던 '부정한 것들과의 육적인 분리에서 오는 거룩함과 성결함'이라는 분리주의 사상에 동조하지 않으셨습니다. 오히려 개혁적으로 그 부정한 자들을 불쌍하게 여기며 사랑으로 그들에게 다가가서 "건강한 자에게는 의사가 쓸데없고 병든 자에게라야 쓸 데 있느니라 나는 의인을 부르러 온 것이 아니요 죄인을 부르러 왔노라"(막 2:17)라고 말씀하시며 그들을 회개시키고 하나님의 백성이 되도록 인도하셨습니다. 그렇게 함으로써 부정한 것에 정하고 거룩한 것이 접촉할 때 정한 것이 더러워지는 것이 아니라, 반대로 부정한 것이 정하고 성결하게 변화되며 거룩하여진다는 사실을 몸소 보여 주신 것입니다.

그러면 현대를 사는 우리 그리스도인들은 어떠합니까? 우리 이웃 사람들이 죄짓고 술 마시고 흡연하고 마약하는 것이 꺼려지고 무서워서 그들 근처에도 가지 못하고, 다른 그리스도인들이 그들을 전도할 목적으로 그들에게 다가가서 그들과 대화하고 조금 친하게 지내면 손가락질하고 뒷담화로 그 동료 그리스도인들이 나쁜 사람들과 어울린다고 수군수군하며 마치 현대판 바리새인들처럼 살고 있지는 않은지요? 만약 우리가 현 세상에 만연하는 악이 두렵고 무서워서 교회 안에 꼭꼭 숨어서 우리 성도끼리만 교제하고 믿지 않는 많은 세상 사람들과 분리되어 바리새인적인 거룩함만을 추구하면서 산다면 어떻게 죄짓는 이웃들에게 하나님 말씀을 전하고 그들을 하나님 앞으로 인도할 수 있겠습니까? 그리고 어떻게 "땅끝까지 이르러 내 증인이 되리라"(행 1:8)는 주 예수 그리스도의 선교 위임을 충성되게 수행하는 착한 종 그리고 부지런한 종이라고 주님 앞에서 칭찬을 받을 수 있겠습니까?

우리 그리스도인들은 주님의 본을 받아 더욱 강해져야 합니다. 예수님께서 부정한 자들에게 다가갔듯이 우리도 강한 믿음과 말씀으로 무장하고 하나님의 전신 갑주를 입고 복음의 신을 신고 어둠 속에서 죄짓고 술 취하며 마약에 빠져 사는 이웃들에게 과감하게 다가가서, 그들에게 주님으로부터 오는 광명의 밝은 빛을 비추고 암흑 속에 감추어져 있는 그들의 추한 행위를 드러내는 빛과 소금의 역할을 해야 합니다. 그리고 동시에 그들을 회개시키고 주님의 품 안으로 인도하는 사랑의 인도자의 역할을 감당해야 합니다. 바울 사도는 이 교훈을 에베소서 5장 8절부터 17절까지 길게 설명하면서, 우리 그리스도인들은 빛의 자녀로서 어둠에 참여하여 죄짓는 자들과 맹목적으로 어울려서 죄지으며 살지 말고, 오히려 그들의 어둠을 밝히고 주의 자녀로서 빛의 열매를 맺어 착함과 의로움과 진실함으로 살아가야 한다고 힘주어 가르칩니다.

우리 그리스도교는 긍정적이고 능동적인 종교입니다. 속세를 피하여 산속으로 피신하는 타 종교와 같은 수동적인 행동과 비관적인 사고를 반대합니다. 오히려 우리 그리스도교는 이 세상에 만연하고 있는 죄 속으로 파고 들어가서 이 세상의 어두움에 빛을 비추는 의로운 빛과 소금의 역할을 감당하여 이 암흑의 세상을 빛의 세상으로 바꾸는 회복의 종교입니다.

이렇게 강하고 능동적인 그리스도인이 되기 위해서는 에베소서 6장의 바울 사도의 다음과 같은 가르침에 우리 모두가 귀 기울여야 합니다. "하나님의 전신 갑주를 입고 진리로 허리띠를 띠고 의의 흉배를 붙이고 복음의 신을 신고 믿음의 방패를 가지고 구원의 투구와 성령의 검 곧 하나님의 말씀으로 무장하라." 이렇게 우리 그리스도인들은 영적으로는 죄와 분리되어 거룩하고 성결하게 살아가야 하지만, 육적으로는 빛과 소금의 역할을 다하기 위하여 말씀으로 무장하고 부패한 이 세상의 죄 속으로 담대하게 들어가야 합니다.

히브리서 4장은 "하나님의 말씀은 살아 있고 활동력이 있어서 좌우에 날 선 어떤 검보다도 예리하여 혼과 영과 관절과 골수를 찔러 쪼갠다"라고 말씀하십니다. 이 세상을 죄악의 구렁텅이로 이끌어 가려는 사탄 마귀가 제일 두려워하는 것이 하나님의 말씀으로 무장한 성도들이라고 합니다. 현대를 함께 살아가는 예수 그리스도 안의 형제자매님들이 하나님 말씀으로 철저히 무장하고 부정한 것들을 정하게 바꾸며 이 세상의 어두움에 빛을 비추는 주님의 일꾼들로 거듭나기를 소망합니다.

묵상 6

은혜와 새사람

바울 사도는 다른 사도들에 비해 아주 늦게 회심하여 그리스도의 사도가 된 소위 말하는 늦깎이 사도임에도 불구하고 우리 개신교의 신약 성경 27권 중에 반 이상을 기록한 훌륭한 그리스도 신앙의 기록자요, 목숨을 바쳐 그리스도의 복음을 이방에 선포한 충직한 선교사이며, 그리스도교 신앙을 후대 성도들에게 훌륭하게 가르쳐 준 존경받을 만한 선생님입니다. 이 바울 사도는 그의 서신서에서, 우리는 다른 사람에게 베푸는 선한 행위로 구원을 받을 수 있는 것이 아니라 오직 주 하나님의 은혜와 믿음으로 구원을 받을 수 있다는 그의 '이신칭의' 신앙을 끝까지 견지하며 하나님의 은혜를 무엇보다도 먼저 강조하고, 우리의 믿음으로 인한 구원을 여러 이미지 언어들을 사용하여 설명합니다.

여기서 말하는 이미지 언어라는 것은 어느 것을 단도직입적으로 표현하는 것이 아니라 어떤 상징이나 형상을 제시함으로써 상대방에게 자기의 뜻을 전하는 일종의 형상 언어입니다. 예를 들면 "성도가 하나님께 구원받았습니다"라는 표현을 "성도가 하나님 앞에서 의롭게 되었습니다" 혹은 "그리스도 안에서 새사람이 되었습니다"라고 표현합니다. 그리고 때로는 "하나님의 양자가 되었습니다" 또는 "하나님과 화목하게 되었습니다" 등으로 우회적으로 구원이나 구원의 상태를 설명하는 방법입니다. 이러한 이미지 언어는 직접적인 언어에 비하여 한 단어 속에 많은 의미를 함께 나타낼 수 있다는 커다란 장점을 가지고 있습니다. 오늘은 바울 사도의 이러한 여러 구원의 이미지 언어 중에서 새사람 혹은 새로운 피조물이라는 이미지 언어를 함께 묵상하는 시간을 갖도록 하겠습니다.

바울 사도는 그의 서신 고린도후서 5장 17절에서 "누구나 그리스도 안에 있으면 새로운 피조물(New Creation)이라 이전 것은 지나갔으니 보라 새것(The New)이 되었도다"라고 선언합니다. 이 성경 구절에서 우선 주목해야 하는 것은 우리말 성경은 영어 성경의 '새로운 창조'(New Creation)를 '새로운 피조물'(New Creature)이라고 의역(뜻을 잘 설명하기 위해 약간 바꾸어 번역)하고 있다는 것입니다. 그러나 바울 사도가 직접 기록한 헬라어 원어 성경에는 '카이네(새로운) 크티시스(창조)'라고 되어 있습니다. 따라서 헬라어 성경의 '카이네 크티시스'라는 단어를 '새로운 창조'(New Creation)라고 직역하고 있는 영어 성경이 우리말 성경보다 더 원어 성경의 구절을 잘 번역하였으며 바울 사도의 뜻을 잘 전달하는 것으로 보입니다.

이 성경 말씀에서 바울 사도가 우리에게 말하고자 하는 것은, 성도가 그의 신실한 믿음으로 그리스도와 연합될 때 주 하나님의 은혜로 그리스도 안에서 먼저 '새로운 창조 사역'이 일어나고, 주님의 그 새로운 창조의 사역의 결과로 성도가 깨끗한 새로운 피조물로 다시 태어난다는 이중적인 의미입니다.

즉, 바울 사도는 이 말씀을 통해서 그리스도 안에서의 성도의 중생(다시 태어남)이나 새 피조물로서 인격이 새롭게 됨을 선언하기 전에 하나님의 은혜로우신 행위, 곧 '새로운 창조 행위'를 먼저 강조하고 있는 것을 원어 성경은 보여 줍니다. 우리 성도의 구원은 새것(the new) 즉 새사람 됨에 앞서서 하나님의 은혜로운 행위 즉 그리스도 안에서 하나님의 성도를 향한 새로운 창조(New Creation) 사역이 그 시작점이 되며, 그분의 은혜로운 창조 사역 없이는 우리는 새사람으로 변화될 수 없다는 것입니다. 따라서 하나님의 형상이신 그리스도의 형상을 입은 '새사람'(새 피조물)으로 다시 태어나는 것은 하나님의 은혜로운 새로운 창조 사역에 의해서 시작되며, 우리가 믿음으로 그리스도와 연합되어 의롭다고 선언되는 '칭의'와 죄에서 돌아서서 하나님과 화목하는 것, 그리고 하나님의 자녀(양자)가 되어 그분과 동행하는 것도 모두 그분의 은혜인 '새로운 창조' 사역에서 시작된다고 할 수 있습니다. 이러한 해석은 바울 신앙의 핵심 요소인 '오직 하나님의 은혜로 의롭게 된다'는 바울의 이신칭의 사상과도 잘 부합합니다. 그러면 사도 중에 가장 늦깎이 사도인 바울이 어떻게 이 그리스도 안에서의 새로운 창조를 스스로 체험하게 되었고, 또 우리에게 가르치게 되었을까요? 바울 사도가 말하는 그리스도 안에서의 하나님의 새 창조 사상의 근원을 찾아서 함께 떠나보도록 하겠습니다.

바울 사도가 회심 전에 속해 있었던 유대교에는 일 년 중 가장 큰 명절인 '대 속죄일'(욤 키푸르)이라는 절기가 있는데, 이는 유대인의 달력으로는 7월 10일, 우리 달력으로는 10월쯤에 치르는 절기로서 유대인들이 일 년간 지은 모든 죄를 하나님께 속죄 받는 가장 엄숙하고도 중요한 날입니다. 바울 사도 당시의 유대교 랍비들은 유대인들에게 대 속죄일에 그들이 하나님께 속죄하고 죄 사함을 받을 때 '순간적'이고도 '일시적'으로 여호와 하나님의 새로운 창조가 일어나서 그 새로운 창조 안에서 그들의 죄가 깨끗이 된다고 가르쳤습니다. 다시 말해서 일 년 동안 죄악으로 오염된 그들의 몸이 여호와께 속죄하는 순간 일시적인 하나님의 새 창조에 의해서 깨끗한 몸으로 새로이 창조된다는 사상이었습니다. 그러한 유대교의 '새로운 창조 사상'이 회심 전에 유대교에 심취되어 있었던 바울의 새 창조 사상의 기초가 되었다고 볼 수 있습니다. 그러나 바울 사도가 그 랍비들의 어설픈 '일시적 새 창조 사상'의 가르침을 그대로 받아들인 것이 아니라 그 사상의 오류를 정정하고 완전하게 보완하여 여호와 하나님의 은혜롭고 '영원한 새 창조'의 진리로 새로 정립하여 성도들에게 올바르게 가르쳤음을 서신서들을 통해서 알 수 있습니다.

사실 바울 사도가 유대교의 바리새인으로 생활하고 있을 때, 제사와 율법의 행위만을 앞세운 외식적이며 형식 일변도의 유대교에서는 그러한 하나님의 새 창조의 은혜를 그의 심령 속에서 실질적으로 체험할 수 없었습니다. 그냥 머리로 이해하고 마는 랍비들의 이론에 불과했지요. 그러나 그는 실제적으로 다메섹에서 그리스도를 만남으로써 하나님의 새 창조 안에서 자기 자신이 새롭게 변화되었음을 몸소 체험하게 되었습니다. 그리고 그리스도 안에서 하나님께 모든 죄를 용서받고 새 생명으로 태어나서 새 피조물이 되었고 하나님의 은혜로 계속적으로 성화되어 가는 자신의 경험이 그의 영원한 새 창조 사상의 주된 뿌리가 되었다고 할 수 있습니다. 또한 바울 사도의 이 새 창조 사상은 선지자 이사야가 오래전에 이미 선언하였던 이사야서 43장의 다음과 같은 선지자적 예언에도 그 근원을 두고 있음을 알 수 있습니다.

"너희는 이전 일을 기억하지 말며 옛날 일을 생각하지 말라 보라 내가 새 일(New Thing)을 행하리니 이제 나타낼 것이라"(사 43:18-19).

우리가 이렇게 생각할 수 있는 것은 구약 성경에 매우 익숙한 바울 사도가 고린도후서 5장 17절 후반부에서 "이전 것은 지나갔으니 보라 새것이 되었도다"라고 선포하며 선지자 이사야의 예언들이 자신에게 실현되었음을 강조하는 것에서 그 근거를 찾을 수 있습니다. 따라서 바울 사도에게 있어서 그리스도 안에서의 새 창조와 그 새 창조로 인하여 새사람이 되는 것, 즉 새로운 피조물로 중생하는 경험은, 다메섹에서 자기 자신이 모든 죄를 용서받고 하나님 앞에서 칭의되었으며 새사람이 되어 그리스도를 적대하는 관계에서 화목하는 관계로 바뀌었고, 그리스도인들을 핍박하던 과거의 죄에서 해방되어 그리스도인들과 화평하게 됨을 실질적으로 체험한 그의 경험으로부터 온 것이라 할 수 있습니다.

그러나 우리가 한 가지 꼭 주목해야 할 것은, 바울 사도는 성도가 그의 신실한 믿음으로 그리스도와 연합될 때 하나님의 새 창조를 통해서 새사람으로 변화되지만, 새사람이 된 것으로 성도의 모든 구원이 완성되고 종결된 것이 아니라 그 새사람이 계속적으로 새롭게 함을 받아 하나님의 형상으로 바뀌어 가야 한다고 다음과 같이 역설한다는 것입니다.

"옛사람과 그 행위를 벗어 버리고 새사람을 입었으니 이는 자기를 창조하신 이(하나님)의 형상을 따라 지식에까지 새롭게 하심을 입은 자니라"(골 3:9-10).

바울 사도는 이 골로새서 말씀을 통해서, 믿음으로 그리스도 안에서 이루어진 하나님의 새 창조 속에서 마치 영적인 신생아처럼 새사람으로 다시 태어난 우리 성도는 신생아가 계속하여 자라듯이 새로운 삶 속에서 계속 성화되며 영적으로 자라가야 하고, 하나님의 형상으로 계속해서 바뀌어 가야 함을 강조합니다. 왜냐하면 우리 성도가 그렇게 계속해서 새로워질 때, 우리의 삶 속에서 끊임없이 부닥치는 이 세상에 범람하는 음란과 부정과 탐심 같은 죄들에 맞닥뜨려 매일매일의 삶 속에서 승리하는 삶을 살 수 있으며 주님의 형상을 닮아가는 삶을 살 수 있기 때문입니다. 이렇게 계속하여 새로워지는 것에 대하여 바울 사도는 고린도후서 4장 16절에서 "그러므로 우리가 낙심하지 아니하노니 우리의 겉사람은 낡아지나 우리의 속사람은 날로 새로워지도다"라고 선언하고, 로마서 12장에서는 "오직 마음을 새롭게 함으로 변화를 받으라"라고 가르칩니다. 바울 사도는 이렇게 우리 성도가 새 창조 안에서 새 사람으로 '이미' 구원받음과 그러나 현 시점에서 '아직' 성도의 구원이 온전히 이루어지지는 않았다는 '이미 그러나 아직'의 이중적이고 긴장된 구원의 구조 속에 있음을 다시 한번 강조합니다. 그리고 그리스도 안에서 이미 새 사람이 된 성도가 하나님의 형상을 입은 '온전한 새사람'이 되기 위해서는 하나님의 형상이신 그리스도의 형상을 닮아가는 매일매일의 성화의 삶, 즉 깨어 있는 삶을 통해서 계속해서 새로워져야 하며, 우리의 구원이 온전히 이루어질 종말의 그 '완성된 새사람'을 향해서 끊임없이 변화되고 성화되어야 함을 가르치고 있는 것입니다.

묵상 7

사랑받는 여인

　구약 성경을 보면 에스더라는 한 아름다운 유대 소녀의 이야기가 소개됩니다. 이 구약 성경 17번째 성경인 에스더서에 나오는 주인공의 이름인 에스더는 밤하늘의 별을 뜻하는 바사(페르시아)식 이름이고, 원래 에스더의 히브리어 본명은 은매화를 의미하는 '하닷사'였습니다. 이 '하닷사-에스더'라는 유대 소녀는 아름다운 여인이자 사랑받는 여인이었습니다. 그리고 유대 민족의 어머니로서, 또 큰 나라 바사의 왕비로서 그 역할을 훌륭하게 감당한 여인이었습니다. 평범한 여인이 되기는 쉽지만, 아름다운 여인이 되기는 쉽지 않은 것 같습니다. 그러나 아름다운 여인보다도 더 되기 어려운 것은 사랑받는 여인이 되는 것입니다. 왜냐하면 아름다운 여인이 되기 위해서는 바깥으로 보이는 겉사람만 아름답게 꾸미면 되지만, 사랑받는 여인이 되기 위해서는 겉사람은 물론 내면의 속사람까지 아름다워야 하기 때문입니다. 모든 여인에게 사랑은 생명과도 같습니다. 그래서 모든 여인은 사랑받기를 원합니다. 유대 소녀 에스더는 그녀를 보는 모든 사람에게 사랑을 받았다고 성경은 전합니다(에 2:15). 그러면 어떻게 유대 소녀 에스더는 모든 사람의 사랑을 받는 여인이 될 수 있었을까요? 오늘은 에스더라는 유대 소녀의 이야기를 통해서 여성들이 어떻게 해야 사랑스러운 여인이 되어 주위 사람들에게 사랑을 받을 수 있는지를 묵상해 보는 시간을 갖겠습니다.

첫째로, 사랑스러운 여인이 되기 위해서는 작고 예쁜 얼굴보다는 아름다운 눈을 소유해야 합니다. 아름다운 눈이란 겉으로 아름다울 뿐 아니라 그 눈 속에 사랑이 가득해야 합니다. 마치 사랑스러운 자식을 바라보는 어머니의 눈같이 사랑이 가득 담겨 있어야 합니다. 사랑이 가득한 어머니의 눈은 이 세상의 어느 눈보다도 아름답습니다. 에스더의 눈에는 자기 동족인 유대 민족을 사랑하는 마음이 늘 가득 담겨 있었습니다. 그러니 아름다울 수밖에 없었습니다.

우리 인간의 마음은 눈에 제일 먼저 나타납니다. 마음속에 아름다움을 간직하고 사는 여인은 그 아름다운 마음이 거울처럼 그 눈에 나타나서 아름다울 수밖에 없습니다. 요즈음은 성형이 대세인 세상입니다. 많은 사람들이 자기의 눈을 성형을 통하여 더욱 아름답게 만들어 보려고 노력합니다. 그러나 아무리 손재주 좋은 의사를 찾아가서 아름다운 눈을 만들었다고 해도 그 눈이 세상의 탐욕에 찌들어 있다면 그 눈은 아름다워 보일 수 없습니다. 그리고 성형한 예쁜 눈으로 뭇 남성을 유혹한다면 그 눈은 요부의 눈처럼 혐오스러운 눈이 됩니다. 그래서 솔로몬은 그의 잠언서에서 "아름다운 여인이 삼가지 아니하는 것은 마치 돼지 코에 금 고리 같다"고 합니다. 아무리 예쁜 눈을 소유하고 겉사람이 아름다워도 속사람이 아름답지 못하면 그 아름다움은 돼지처럼 더럽고 추하게 느껴진다는 것입니다.

성경 속에는 아름다운 눈을 소유한 여러 사람이 등장합니다. 벳새다 광야에서 다른 사람들을 위해서 보리떡 다섯 개와 물고기 두 마리를 예수님 앞에 바친 소년의 눈이 얼마나 아름다웠겠습니까? 호렙산에서 여호와 하나님을 바라보는 모세의 간절한 눈의 아름다움을 보십시오. 그리고 주 여호와의 말씀에 순종하여 갈대아 우르를 떠나는 아브라함의 믿음의 눈을 보십시오. 에스더는 자기 민족을 위해서 자신의 온몸을 바치려는 아름다운 사랑으로 빛나는 눈을 소유하고 있었습니다. 하나님을 경외하고 사랑하는 눈 그리고 남편인 바사 왕 아하수에로를 존경하고 사랑하는 눈을 가지고 왕과 신하들에게 나아갔기 때문에 그녀는 주위의 모든 사람들에게 사랑을 받을 수 있었습니다.

둘째로, 사랑스러운 여인이 되기 위해서는 기도하는 여인이 되어야 합니다. 가족과 형제자매와 이웃을 위해 기도하는 여인의 모습은 참으로 아름답습니다. 에스더는 대부분의 유대인들이 머나먼 이방 땅 바벨론으로 포로로 끌려가서 살았던 어려운 시대에 베냐민 지파 사람 아비하일의 딸로 태어났습니다. 유대인 포로의 딸임에도 불구하고 에스더는 그 당시 바벨론을 패망시키고 중동의 최강국가가 된 바사의 왕비 자리에까지 오르게 되었습니다. 에스더는 자신의 운명과 삶을 놓고 항상 하나님 앞에 기도하였던 아름다운 여인이었습니다. 그리고 바사의 왕비가 된 이후에도 기도를 쉬지 않았고 여호와의 백성으로서의 정체성을 잃어버리지 않았습니다. 그녀는 이방 아멜렉 족속 출신인 총리대신 하만이 왕을 속이고 유대인들을 거짓으로 음해하며 말살하려고 계획할 때에도 두려워하지 않고 주 하나님만 믿고 기도하였습니다. 그리고 그녀의 사촌오빠 모르드개를 통하여 바사의 전 유대인에게 삼 일간 금식기도를 명하면서 그녀 자신도 그 금식기도에 동참하였습니다. 만약 그 당시 그녀의 그러한 금식기도 운동이 없었더라면 바사에 남아 있던 모든 유대인들은 결국 비참한 최후를 맞게 되었을 것이고, 유대인의 딸이었던 에스더의 삶도 비참하게 끝났을 것입니다. 그녀는 자신의 삶뿐 아니라 자기 민족인 유대인의 삶을 위한 사랑의 기도를 쉬지 않았던 것입니다. 아무리 여인이라도 아름다운 여인이 되기는 쉽지 않고, 신실한 믿음을 소유한 아름다운 여인이 되는 것은 더욱더 어렵습니다. 그러나 에스더는 신실한 믿음을 가진 아름다운 여인으로서 항상 여호와 하나님께 기도하였습니다. 이 아름다운 여인이 기도까지 쉬지 않으니 하나님과 주위 사람들 앞에서 얼마나 사랑스러운 모습이었겠습니까?

행복한 삶은 받는 것보다 주는 것에 있다고 합니다. 사도행전 20장 35절에는 "주 예수가 친히 말씀하신바 주는 것이 받는 것보다 복이 있다"라고 했습니다. 남에게 사랑을 주는 여인은 사랑스럽고 아름답습니다. 하나님은 우리를 위해 독생자까지 서슴없이 주셨습니다. 이 얼마나 고귀하고 아름다운 사랑입니까? 자식에게 온몸과 마음을 주는 어머니의 사랑, 남편을 제 몸같이 아끼며 자신을 내어주는 아내의 사랑, 이처럼 자기 자신을 바쳐 사랑하는 여인은 아름답기 그지없습니다.

에스더는 어려서부터 아름다운 용모를 가지고 태어났습니다. 왕비로 간택되기 전 에스더는 그러한 예쁜 용모 덕분에 거대한 왕국이었던 바사의 왕 아하수에로의 후궁으로도 뽑힐 수 있었습니다. 그러나 그 당시 왕궁 안에서는 에스더 외에도 수많은 어여쁜 후궁들이 서로 왕의 사랑을 독차지하여 왕비가 되려고 처절한 경쟁을 하였습니다. 다른 후궁들은 좀더 아름답게 자기 몸을 치장하려고 궁녀 관리인에게 많은 귀금속과 화장품을 요구하여 자기 몸을 꾸밀 때에도 에스더는 몇 개의 기본적인 물품만을 요구하고 자기 몸과 얼굴을 치장하고 꾸미기보다는 자기의 온몸을 정결케 하며 하나님께 기도하였다고 성경은 기록하고 있습니다.

드디어 12개월이라는 긴 후궁으로서의 준비 시간을 마치고 왕후 간택의 면접을 위하여 왕 앞에 선 에스더의 얼굴에서 진한 화장이나 귀금속은 찾아볼 수 없었습니다. 그 대신 그녀의 화장기 없는 얼굴에는 남을 위해 희생할 수 있는 그녀의 아름다운 마음을 담은 사랑스러운 눈과 겸손함이 담긴 표정만이 있을 뿐이었습니다. 그러나 그때 기적이 일어났습니다. 그렇게 많은 아름다운 후궁들을 보고도 꿈쩍하지 않았던 아하수에로 왕의 마음이 에스더의 수수한 아름다움에 취해 버렸습니다. 그녀의 아름다운 얼굴보다는 그녀의 아름다운 마음을 담은 사랑스러운 눈과 겸손한 그녀의 자태에 반해 버린 것입니다. 결국 에스더는 그녀의 아름다운 마음과 겸손함으로 인하여 바사의 왕비까지 될 수 있었던 것입니다.

그리고 에스더는 모든 것을 하나님 앞에 바친 기도의 여인이었습니다. 그녀가 자기의 모든 것을 여호와께 바쳤을 때 주님께서는 그녀를 선택하셔서 유대 민족의 구원이라는 큰 역할을 감당케 하신 것입니다. 그 후 그녀는 신실한 믿음으로 여호와께 순종하는 삶을 살았습니다. 하나님의 사람 에스더는 절체절명의 어려운 순간에도 "죽으면 죽으리라"(에 4:16)는 용기와 담대한 믿음을 가지고 유대 민족을 위하여 자기 자신을 헌신하였습니다. 이 얼마나 아름답고 사랑스러운 여인입니까?

요즈음은 많은 여성들이 공주병에 사로잡혀 얼굴 성형이나 아름다운 몸매 만들기에 많은 돈과 시간을 바친다고 합니다. 물론 그렇게 하면 성형이나 몸매 관리로 겉보기에는 아름다워 보일 수도 있습니다. 그러나 그런 피상적인 아름다움은 열흘을 못 넘기는 화려한 장미꽃처럼 곧 시들어 버리는 아름다움입니다. 화무십일홍이라고 하지 않습니까? 진정한 아름다움 그리고 영원히 시들지 않는 아름다움을 간직하려면 겉보다는 속사람이 아름다워야 합니다. 남을 배려할 줄 알고 남을 위해 자기 자신을 내어주는 아름다움, 그리고 상대방을 이해하려고 노력하고 에스더와 같이 늘 하나님께 기도하는 아름다움을 갖추었을 때 그 여인의 아름다움은 영원할 것이며, 그 여인은 모든 사람에게 사랑받는 여인이 될 것입니다.

묵상 8

성막과 성전

　구약 시대 하나님의 백성들은 출애굽 이전까지는 그들이 모여서 하나님께 제사드릴 수 있는 거룩한 장소인 성막이나 성전이 없었습니다. 다만 제사를 드릴 때는 임시적으로 단을 쌓아서 제물을 여호와 하나님께 바쳤습니다(창 12:7, 22:9, 35:7). 그러나 이스라엘 민족이 애굽의 노예 생활에서 풀려나와 광야를 행군하여 가나안을 향해 나아갈 때에 여호와 하나님께서 그들과 만날 수 있는 성스러운 장소인 성소를 만들 것을 지시하시게 됩니다. 그래서 이스라엘 백성들이 만든 만남의 장소이자 제사의 처소가 바로 이동식 성막이었습니다. 그리고 이스라엘 민족이 산전수전 끝에 가나안 땅에 입성해서야 비로소 사해 북쪽 실로라는 곳에 고정식 작은 성막을 설치하게 됩니다. 그 후 오랜 시간이 흐른 다음에 다윗의 아들 솔로몬이 왕이 되어 여호와 하나님을 위해 지은 것이 화려하고 거대한 제사(예배) 장소인 솔로몬의 성전이었습니다.

오늘은 고대의 이스라엘 백성들과 여호와 하나님이 만났던 성스러운 장소였던 성막과 성전 그리고 현대 그리스도인들의 성전에 대해서 함께 상고해 보는 시간을 갖고자 합니다. 또한 성막과 성전의 차이는 무엇이며, 그 두 장소 안의 각각의 성소에 배치되었던 여러 기물들 즉 정금등대, 금떡상 그리고 진설병의 숫자를 성막 안과 성전 안에 왜 다르게 설치하였는가, 그리고 그 정금등대와 금떡상 그리고 진설병이 고대 이스라엘 백성에게 의미하는 것은 무엇이며, 현대의 그리스도인들에게 뜻하는 의미는 무엇인지를 함께 묵상해 보기로 하겠습니다.

우선 규모가 더 작은 성막(미쉬칸)에 대하여 좀더 자세히 알아보겠습니다. 기원전 1447년경 이스라엘 민족이 여호와 하나님의 은혜로 사백 년 이상의 길고도 고통스러웠던 애굽에서의 노예 생활을 종식하고 애굽에서 탈출하게 됩니다. 그리하여 젖과 꿀이 흐르는 약속의 땅 가나안을 향하여 광야를 진군하던 중 시내산에 다다라서 모세를 중개자로 하여 선민 이스라엘과 여호와 하나님 사이에 민족적인 커다란 시내산 언약을 맺게 됩니다. 그 시내산 언약 후에 이스라엘 민족은 그들과 언약을 맺어준 여호와 하나님과 만날 수 있는 장소가 필요하게 되었고, 그러한 필요에 의해 민족의 지도자들과 여호와 하나님이 만나는 장소로 지어졌던 것이 성막이었습니다. 그러나 그 당시에 이스라엘 민족은 계속하여 가나안 땅으로 진군하여 이동해야 했기 때문에 이 성막을 임시 성전의 성격을 띤 것으로 작게 지었습니다. 또한 사막에서 쉽게 구할 수 있는 단단한 조각목으로 해체하기 쉽게 조립식으로 지었습니다.

그 성막 안의 구조는, 하나님께서 임재하시는 거룩한 장소이자 십계명이 새겨진 두 돌판이 있던 지극히 성스러운 장소인 지성소(코드쉬 하코다쉼)가 성막 안쪽에 자리 잡았고, 제사장들이 일상 제사 업무를 보는 성소(마콤 카도쉬)가 바깥쪽에 있었으며, 그 두 성소 사이를 두꺼운 휘장으로 나누어 놓았습니다. 그리고 그 성소 안에 설치한 기물들도 이동이 편리하도록 그 숫자를 간소화했으며, 정금으로 만든 등대 밑판 위에 7개의 작은 등들이 붙어 있는 정금등대 한 개와 광야에서 서식하는 조각목(싯딤나무)을 금으로 입혀 만든 금떡상 하나가 제사장이 향을 피우는 향단 뒤에 좌우로 놓여졌습니다. 금떡상 위에는 12개의 진설병(하나님 앞에 배열한 떡)이 놓여졌으며, 이 12개의 배열한 진설병이 이스라엘 12지파가 피땀 흘려 거둔 결실을 하나님께 바친다는 것, 그리고 이스라엘 12지파의 양식을 공급하여 주시는 분이 하나님이시라는 것을 의미하였습니다. 이 12개의 진설병은 하나의 금떡상 위에 6개씩 두 줄로 배열되었습니다(레 24:6). 이러한 성막을 구약 성경에서는 회막, 장막, 증거막 혹은 증거의 장막 등 여러 가지 이름으로 불렀습니다.

 이러한 성막이 아주 작은 규모로 간단하게 지어졌던 것과는 다르게, 유대 민족이 출애굽하여 가나안에 입성한 지 약 500년 뒤에 솔로몬 왕이 지은 성전은 이스라엘 민족이 가나안에 정착해서 최고의 전성기를 누리던 시기에 모리아산 위에 레바논의 아름다운 백향목으로 웅장하고 아름답게 지어졌습니다. 그리고 성전이 세워진 모리아산은 그 옛날 우리 믿음의 조상인 아브라함이 사랑하는 독자 이삭을 하나님께 바쳤던 바로 그 장소였습니다(창 22:2). 솔로몬 성전 안의 성소의 규모도 성막에 비해 약 두 배 정도로 크게 지어졌으며, 이스라엘의 뜰과 여인의 뜰 그리고 이방인의 뜰 같은 성소 본당 이외의 부속 건물까지 모두 합하면 성막의 약 50배 정도로 큰 규모가 되었다고 합니다. 성전 안의 성소에 배치하는 정금등대와 금떡상도 과거 광야 시절 성막 안에 각각 한 개만 배치하였던 것을 더는 이동할 필요가 없는 솔로몬의 성전 안에는 성경의 완전수를 지켜 각각 10개씩 제작하여 좌우에 5개씩 배치하였습니다. 그리고 각 금떡상 위에는 12개의 진설병이 배열되어 10개의 정금등대에 설치한 총 70개의 등불과 10개의 금떡상 위의 총 120개의 진설병이 거대하게 성소 안에 항상 진열되어 있었습니다.

그러면 이 성소 안을 비추기 위해서 배치하였던 금으로 만들어진 정금등대는 구약의 이스라엘 백성들과 신약의 그리스도인들에게 무엇을 상징하는 것일까요? 이 10개의 정금등대와 70개의 등불은 영원히 변하지 않는 금이 상징하듯이 이스라엘 12지파를 빛으로 인도하시는 하나님의 영원하심을 상징하며, '7'과 '10'이라는 유대인들의 완전수가 상징하듯이 그 여호와 하나님의 완전하심을 의미합니다. 또한 이 10개의 정금등대 위의 70개의 등불은 구약시대 이후 도래할 신약시대의 성전이라고 할 수 있는 교회와 우리 성도들에게 하나님 앞으로 나아갈 길을 비춰 주시고 인도하여 주시는 우리의 빛이신 예수 그리스도를 예표(미리 알려주는 표시)하는 것이며, 영원하시고 완전하신 하나님의 형상이신 예수 그리스도를 상징한다고도 할 수 있습니다(요 8:12, 14:6).

또한 성전 안에 배열된 열 개의 금떡상도 구약의 이스라엘 백성들과 신약의 '참이스라엘'격인 그리스도인들에게 성령으로 임재하시어 교제하시는 여호와 하나님의 영원하심(변하지 않는 금의 상징)과 열 개의 완전수가 의미하듯이 하나님의 완전하심을 상징합니다. 그리고 금떡상이나 정금등대의 숫자를 진설병의 숫자인 '12'로 하지 않고 다른 완전수인 '10'으로 한 이유는, 금떡상의 숫자가 단지 유대 민족의 12지파를 의미하는 12라는 숫자보다도 시공을 초월해서 우리 믿음의 공동체 전체에게 임재하시고 교제하시며 현대의 우리 성도들을 인도하시는 여호와 하나님의 완전성(전능성)을 상징하는 숫자인 '10'이 더 적절함을 주 하나님께서 내다보셨기 때문입니다.

이렇게 아름다웠던 솔로몬 성전은 구약 시대 이스라엘인들의 계속적인 범죄로 하나님의 노여움을 사서 결국은 하나님께서 신 바벨론 왕 느부갓네살의 손을 빌려 B.C. 586년에 대파시키셨고, 그 후 70년의 포로 생활을 마치고 유대 땅으로 귀환한 유대인들이 진실로 회개하고 비운의 왕세손 스룹바벨의 지도 아래 초라하고 아주 작은 제2성전, 즉 스룹바벨 성전을 다시 지었습니다. 그 후 신약 시대에 들어서서 유대 지역을 다스리던 헤롯대왕이 그 작고 초라한 스룹바벨 성전을 유대인들의 환심을 사기 위해서 크게 개조하여 로마와 헬라의 건축양식으로 화려하게 다시 지어 주었습니다. 그러나 그 헤롯 성전까지도 유대인들의 불신앙으로 인하여 예수님이 예언하신 대로 돌 하나 남김없이 서기 70년에 로마군에 의하여 대파되었습니다.

이렇게 하나님께서는 화려한 성전이나 건물보다는 항상 하나님의 백성의 믿음과 마음 중심을 보셨습니다. 이스라엘 백성들이 그들의 삶 속에서는 주님을 배역하였기에 겉만 번지르르하게 지은 그들의 성전은 주님께 아무 기쁨도 드리지 못했던 것입니다. 이제 과거 구약 시대에 하나님께서 임재하시던 거룩한 장소인 성전이 모두 파괴되어 없어져 버리고 말았습니다. 그러면 현대를 살아가는 우리 그리스도인들에게 하나님이 임재하시는 성전은 어디 있을까요? 고린도전서 6장 말씀을 보겠습니다.

"너희 몸은 너희가 하나님으로부터 받은바 너희 가운데 계신 성령(하나님)의 전인 줄을 알지 못하느냐 너희는 너희 자신의 것이 아니라"(고전 6:19).

이제 현대의 그리스도인들에게는 신실한 믿음으로 거듭난 성도들의 몸 자체가 성령 하나님이 임재하시는 거룩한 성전이 되었습니다.

그리고 하나님이 임재하시는 거룩한 성전인 성도들의 몸이 모인 믿음의 공동체, 즉 교회가 성도들이 여호와 하나님을 만나는 거룩한 현대의 성전이 되었습니다(마 18:20).

모든 생명의 주인은 창조주 하나님이십니다. 그러나 모든 육체가 하나님이 임하시는 거룩한 성전은 아닙니다. 예수 그리스도를 믿고 그리스도 안에서 새 생명을 얻어 새사람이 된 성도들의 몸만이 성령 하나님이 거주하시는 거룩한 현대의 성전인 것입니다. 그러므로 우리 성도들은 구약의 이스라엘 백성들이 그들의 성전을 성스럽고 거룩하게 구별하여 보존하였던 것처럼 현대의 성전인 우리의 거룩한 몸을 이 세상의 죄악과 구분하여 깨끗하게 지켜 나가야 합니다. 그리하면 우리 주 하나님께서 종말의 여호와의 날에 축복의 도시 새 예루살렘을 우리 성도들에게 다시 주실 때 생명수가 강물처럼 흘러나와 만국을 적시는 새롭고 거룩한 새 성전도 우리 모두에게 다시 주시어(겔 47:12) 모든 성도가 영원히 목마르지 않게 하실 것입니다(계 21:6).

묵상 9

우리 자녀의 꿈

창세기 37장을 보면 야곱의 사랑하는 아내 라헬의 첫아들이자 야곱의 11번째 아들인 요셉(요세프)의 꿈 이야기가 소개됩니다. 아기 요셉은 어머니 라헬의 뛰어난 미모를 닮아 준수한 용모를 가지고 태어났습니다. 그리고 그는 어려서부터 항상 꿈을 갖고 사는 꿈의 사람이었습니다. 그는 그의 꿈 이야기 때문에 형들에 의해서 애굽의 종으로 팔려가는 고난을 당하기도 하였지만 결코 꿈을 버리지 않고 항상 하나님께 기도하고 언제나 커다란 꿈과 소망을 가지고 산 기도의 사람이자 비전의 사람이었습니다. 그는 결국 그의 커다란 꿈과 포부를 이루어 그 당시 중동의 가장 큰 국가였던 애굽의 가장 높은 지위인 총리대신이 되는 영광을 누리게 되었습니다.

우리의 젊은 자녀들도 소년 요셉처럼 그러한 커다란 꿈을 갖고 살기를 소망합니다. 왜냐하면 젊은이들이 이루고자 하는 큰 꿈이 있을 때 그들의 삶의 목표가 뚜렷하여지고 하루하루를 그 꿈을 이루기 위해서 최선을 다하며 살 수 있기 때문입니다. 꿈이 없는 나무는 죽은 나무라는 말이 비유하듯이 꿈이 없는 젊음은 죽은 젊음이나 마찬가지입니다. 성경에는 그러한 귀한 꿈을 꾸며 진실된 환상과 비전을 가지고 산 믿음의 선진들이 많이 있습니다. 야곱과 다니엘의 꿈과 비전이 그러하였고, 이사야와 에스겔의 환상과 비전이 그러하였으며, 최근에는 여러분이 잘 아시는 마틴 루터 킹 목사가 바로 꿈과 비전의 사람이었습니다. 그러면 어떠한 꿈과 비전을 가지고 살아야 우리 자녀들의 미래의 삶이 더욱 소중하고 아름답게 펼쳐질까요?

첫째는 거짓되고 허망한 꿈보다는 정직하고 의로운 꿈을 가져야 합니다.

소년 요셉은 그의 준수한 용모 못지않게 항상 정직하고 의로운 사람이었습니다. 창세기 37장 2절을 보면 요셉은 그의 형들의 잘못을 그 아비 야곱에게 고하는 용기와 의로움이 있었던 청년이었음을 알 수 있습니다. 비록 자기보다 나이가 많은 형들에게 아버지께 고자질하였다고 매를 맞거나 고난을 당할 수 있더라도 자기 형들의 잘못을 아버지에게 고하여 바로잡고 옳게 인도하려는 의로운 동생이었습니다. 이러한 의로운 성품 때문에 청년 요셉은 애굽의 친위대장이었던 보디발의 아내가 그의 준수한 용모에 반하여 성적으로 유혹했을 때도 완강하게 뿌리칠 수 있었던 것입니다.

지금도 우리의 삶 속에서 역사하시는 여호와 하나님께서는 이러한 의로운 사람들의 꿈을 반드시 이루어 주십니다. 시편 37편 24절에서는 "그(의로운 자)는 넘어지나 아주 엎드러지지 아니함은 여호와께서 그의 손으로 붙드심이로다"라고 말씀하시고, 잠언 24장 16절에서는 "대저 의인은 일곱 번 넘어질지라도 다시 일어나려니와 악인은 재앙으로 말미암아 (영원히) 엎드러지느니라"라고 교훈하십니다. 물론 정직하고 착한 사람들도 살다 보면 실패하기도 하고 요셉처럼 고난에 빠질 수도 있습니다. 그러나 그들은 이루어야 할 꿈이 있기에 그 꿈을 포기하지 않고 다시 일어나 하나님께 기도하며 그 목표에 재도전할 수 있고, 여호와 하나님께서는 궁극적으로 요셉과 같이 그들의 삶을 성공으로 이끌어 주신다는 것입니다.

그리고 우리 자녀들이 요셉과 같이 정직하고 의로운 꿈을 갖도록 하기 위해서는 부모들의 정직한 삶이 아주 중요하다고 생각합니다. 왜냐하면 우리의 자녀들은 부모 앞에서 부모의 말을 무조건 모두 받아들이고 배우기보다는, 부모의 등 뒤에서 부모들이 살아가는 삶의 형태를 보고 배우기 때문입니다. 따라서 부모의 삶은 자녀들의 삶의 거울이 되는 것입니다. 그러기에 의로운 삶을 산 바울 사도는 그의 성도들을 자녀와 같이 가르치며 "내가 그리스도를 본받는 자가 된 것같이 너희는 나를 본받는 자가 되라"(고전 11:1)고 하며 마치 부모가 자녀들을 옳은 길로 인도하듯이 성도들을 옳게 가르치는 것입니다. 우리 부모들도 바울 사도와 같이 자녀들 앞에 서서 당당하게 "너희들은 나를 본받으라"고 말할 수 있는 정직하고 의로운 삶을 살도록 최선을 다해야 합니다.

둘째는 자기 분야에서 최고가 되는 꿈을 가져야 합니다.

요셉의 꿈은 최고가 되는 꿈이었습니다. 그러한 그의 꿈을 형들은, "네가 참으로 우리의 왕이 되겠느냐 참으로 우리를 다스리겠느냐"(창 37:8) 하며 비웃었지만, 요셉에게는 그러한 최고가 되려는 꿈이 있었기에 그 당시 거대한 나라였던 애굽의 최고 관직에까지 오를 수 있었습니다. 자녀들이 아무리 머리가 좋은 수재라 할지라도 꿈이 작으면 그 작은 꿈을 이루고 거기에 만족하고 멈추기 쉽습니다. 따라서 젊은이들의 꿈과 목표는 항상 최상을 향해야 합니다. "Aim High!"라는 구호가 있듯이 최고가 되는 꿈을 가진 우리 자녀들은 최고를 향하여 최선을 다하는 삶을 살게 될 것입니다. 그러나 항상 그 사회에서 머리가 되고 꼬리가 되지 않으려는 커다란 꿈을 가지고 사는 사람들에게는 그 꿈을 이루는 과정에서 요셉처럼 많은 고통과 시련이 필연적으로 다가옵니다. 그럼에도 그 커다란 꿈의 사람들은 미래에 하나님께서 꼭 이루어 주실 그 꿈과 소망이 있기 때문에 중도에 포기하지 않고 그러한 고난들을 기도로 극복하고 또 그 고통들을 기쁨으로 이겨낼 수 있는 것입니다.

셋째는 우리의 본향인 천국을 향한 꿈을 가져야 합니다.

요셉은 애굽에서 고관대작으로 80년씩이나 최고의 부귀영화를 누렸지만 그러한 삶에 만족하지 않고 항상 자기가 태어난 본향이자 하나님께서 약속하신 언약의 땅, 즉 젖과 꿀이 흐르는 가나안으로의 귀향을 꿈꾸며 살았습니다. 그리고 죽기 전 그의 형제들에게 "나는 죽을 것이나 하나님이 당신들을 돌보시고 당신들을 이 땅에서 인도하여 내사 아브라함과 이삭과 야곱에게 맹세하신 땅에 이르게 하시리라"라고 예언하며, 그때 자신의 시신도 약속의 땅으로 가져가 줄 것을 간절히 부탁하며 숨을 거두었습니다. 결국 그의 시신은 그 당시에는 이방 땅 애굽에 묻혔으나 430년이라는 오랜 시간이 흐른 후에 모세가 이끄는 출애굽 이스라엘 백성들에 의하여 애굽에서 약속의 땅 가나안 세겜으로 이동되었습니다. 그리고 지도자 여호수아에 의하여 그가 생전에 그렇게 돌아가기 원하였던 약속의 땅 가나안에 묻히게 됩니다. 여호와 하나님께서 때가 차매 요셉의 소망을 이루어 주신 것입니다.

그렇습니다. 요셉처럼 우리 자녀들도 그들이 이 세상에서 이룬 크고 작은 성공에 만족하게 해서는 안 됩니다. 우리 그리스도인들은 하나님께서 주신 천국 시민권을 가진 사람들 아닙니까? 우리가 궁극적으로 머무를 본향은 이 땅이 아니라 천국입니다. 그렇기 때문에 우리 자녀들은 현 세상의 어떠한 부귀영화와도 바꿀 수 없는 천국의 삶, 즉 생명수가 흐르고 생명나무가 열두 가지 실과를 맺는 그 천국의 삶을 항상 사모하는 꿈을 가지고 살아야 합니다(계 22:1-2). 그리고 그 천국에서 예수 그리스도와 함께 누릴 영생 복락의 삶을 꿈꾸며 살아가야 합니다. 히브리서 11장 16절은 "그들이 이제는 더 나은 본향을 사모하니 곧 하늘에 있는 것이라"라고 교훈합니다. 애굽에서 최고의 자리에 오르는 성공 이후에도 항상 그의 본향인 젖과 꿀이 흐르는 약속의 땅 가나안으로 돌아가려는 꿈을 꾸며 살았던 요셉처럼, 생명수가 강처럼 흐르는 우리의 본향인 천국의 삶을 꿈꾸며 사는 모든 성도님들과 자녀들에게 우리 주 하나님의 축복과 은혜가 풍성하게 임하기를 예수 그리스도의 이름으로 축원합니다.

묵상10
그 인자로 오신 예수님

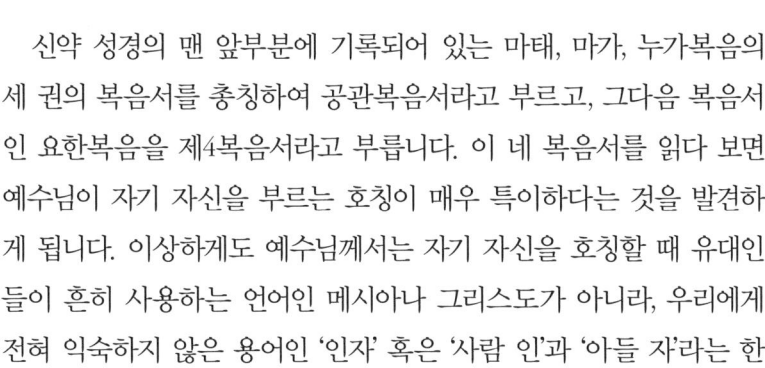

　신약 성경의 맨 앞부분에 기록되어 있는 마태, 마가, 누가복음의 세 권의 복음서를 총칭하여 공관복음서라고 부르고, 그다음 복음서인 요한복음을 제4복음서라고 부릅니다. 이 네 복음서를 읽다 보면 예수님이 자기 자신을 부르는 호칭이 매우 특이하다는 것을 발견하게 됩니다. 이상하게도 예수님께서는 자기 자신을 호칭할 때 유대인들이 흔히 사용하는 언어인 메시아나 그리스도가 아니라, 우리에게 전혀 익숙하지 않은 용어인 '인자' 혹은 '사람 인'과 '아들 자'라는 한문을 풀어서 순수 우리말로 '사람의 아들'이라고 자신을 부릅니다.
　물론 예수님은 다른 사람들이 예수님을 그리스도, 메시아 혹은 하나님의 아들이라고 부르면 직접적으로 혹은 간접적으로 그런 칭호들을 시인하셨지만, 예수님 자신은 자기 자신을 호칭할 때 항상 '(그) 인자'라고 부르셨습니다. 단순히 '인자'(Son of man)라는 단어는 구약 성경에도 자주 나오는 단어이며, 에스겔서에만 93회나 등장할 정도로 우리에게 친근한 단어입니다. 물론 구약 성경에 등장하는 인자라는 말은 평범하게 그냥 사람의 아들, 즉 사람이라는 보통 명사입니다. 그러나 예수님께서는 꼭 '그'(The)라는 정관사를 인자 앞에 붙여서 '바로 그때 그 인자'라는 뜻으로 '그 인자'라고 고유명사화하셔서 자신을 호칭하십니다. 우리말 성경에는 아쉽게도 헬라어 원어 성경에 기록되어 있는 '그 인자'(The Son of Man)라는 단어에서 앞의 '그'자를 생략하고 그냥 '인자'(사람의 아들)라고 잘못 번역한 것이 대부분이지만, 헬라어 원어 성경이나 영어 성경에서는 반드시 정관사 '그'(The) 자를 붙여서 '그 인자'(The Son of Man)라고 기록하고 있습니다.

이 '그 인자'라는 호칭에서 우리말 성경에서 생략하고 있는 정관사 '그'(The)가 매우 중요합니다. '그 인자'라고 하면 과연 '그'가 누구를 가르치는지, 그리고 인자라는 보통명사가 정관사 '그' 자와 더불어 '그 인자'라는 예수님 고유의 호칭으로 고유명사화될 때 무슨 의미를 갖는지를 바로 이해해야, 예수님이 인간의 육신을 가진 하나님의 아들로서 자기의 소명을 스스로 어떻게 이해하였으며, 그렇게 이해한 근거는 무엇인지를 알 수 있습니다. 그리고 예수님이 우리를 위해서 이 세상에 가지고 오신 구원이 어떠한 것인지도 올바로 이해할 수 있게 됩니다. 그러면 우선 인자라는 호칭에 대하여 일반적으로 널리 잘못 인식되어 있는 세 가지 견해를 먼저 알아보겠습니다.

첫 번째 잘못된 견해는 '인자'라는 예수님의 호칭은 신이자 인간이신 예수님의 인간적인 측면인 인성을 강조하기 위함이고, 하나님의 아들이라는 다른 칭호는 예수님의 신적인 측면인 신성을 강조하기 위함이라는 반쪽짜리 해석입니다. 우리 그리스도교 역사상 초대교회의 교부들부터 시작하여 오랫동안 그렇게 이해해 왔습니다. 그러나 사실 그 초대교회의 교부들이 헬라 문화 속에서 살며 교육받았던 사람들이 주축이었기 때문에 '인자'(벤 아담)라는 셈족 계통의 히브리어 단어에 깊은 지식을 갖지 못해서 그런 오해를 자아내었다는 여러 신학자들의 견해가 매우 설득력이 있습니다. 이 '인자'라는 예수님의 칭호가 단지 예수님의 인간적인 측면인 '인성'만을 강조하기보다 훨씬 더 깊은 의미를 가지고 있다는 것을 우리는 곧 알 수 있게 될 것입니다.

두 번째 잘못된 견해는 예수님이 자신을 '그 인자'라고 부르신 이유가 자신을 그 당시 유대인들의 일상언어인 아람어나 히브리어로 '메시아' 혹은 그 당시 공적 통용어인 헬라어로 '그리스도'(크리스토스) 또는 '하나님의 아들'이라고 지칭하면, 그 당시 로마 정부의 통치 아래서 유대 민족의 집권 세력이었던 대제사장과 서기관들 그리고 산헤드린 공회원 같은 종교지도자들의 직접적인 표적이 되기 때문이라는 것입니다. 그렇게 되면 결국에는 하나님의 나라를 유대 민족에게 전파하기도 전에 그들에게 붙잡혀서 처형될 수 있기 때문에 '그 인자'라는 애매모호한 호칭을 써서 그 당시 종교 지도자들을 속이기 위함이라는 아주 그럴듯하지만 잘못된 견해입니다. 만약 이 견해가 옳다면 예수님께서 공생애 초기에는 자기를 인자라고 애매하게 칭하시고, 공생애 말기에 죽음을 며칠 앞두고는 자기 자신의 호칭을 '메시아'나 '그리스도' 혹은 '하나님의 아들'로 바꾸셔서 공표하셨어야 합니다.

그러나 예수님께서는 생애 마지막 주에 십자가 상의 대속적 죽음을 미리 아시고 예루살렘에 입성하셔서 죽음을 며칠 앞두고 열두 제자들에게 최후의 만찬을 베푸실 때도 "(그) 인자는 자기에 대하여 기록된 대로 가거니와 (그) 인자를 파는 그 사람에게는 화가 있으리로다"(마 26:24)라고 '그 인자'라는 호칭을 끝까지 사용하셨습니다. 그리고 그 후 십자가 처형을 하루 앞둔 마지막 밤에 기도하시려고 겟세마네 동산으로 올라가셔서 유대인 무리에게 잡히시기 바로 전까지도 "보라 (그) 인자가 죄인의 손에 팔리느니라"(막 14:41)라고 하시며 '그 인자'라는 호칭을 계속 쓰셨습니다. 예수님은 공히 모든 복음서에서 그분의 공생애 처음부터 마지막까지 자기 자신을 '그 인자'라고 칭하며 일관성 있게 호칭하셨음을 알 수 있습니다.

세 번째 잘못된 견해는 '인자'라는 단어가 그 당시에 유대문서 특히 유대 계시 문학서들에서 즐겨 사용하였던 메시아의 칭호 중 하나였다는 주장입니다. 그러나 이 인자라는 단어가 유대문서에 일반적인 사람을 지칭하는 단어로 자주 나오기는 하지만, 이 단어 자체가 유대문서 중에서 고유명사화되어서 어떤 한 사람의 호칭으로 사용된 적은 없다는 것에 대부분의 신학자들이 동의합니다. 유대문서들에 가끔씩 나오는 보통 명사인 '인자', 즉 사람의 아들이라는 말에서 '아들'이라는 단어는 히브리어에서 별다른 의미가 없이 '사람'이라는 앞 단어와 짝을 이루는 것이기 때문에 '사람의 아들'이라는 말은 어떤 사람의 아들이라기보다는 그냥 단순히 한 '사람'이라는 뜻입니다. 그러나 예수님은 일반 명사인 '인자'(사람)라는 단어 앞에 항상 '그'라는 정관사를 붙여서 자기 호칭으로 고유명사처럼 쓰시며 '그 사람'이라는 어떤 특정한 사람을 함께 나타내시려고 하셨습니다. 그럼 과연 예수님의 호칭 속에서 지칭하는 '그 사람'은 누구일까요? 지금부터 그 사람을 찾아 떠나 보도록 하겠습니다.

구약 성경의 27번째 성경인 다니엘서를 보면 7장 13-14절에 다음과 같은 성경 구절이 있습니다. "내가 또 밤 환상 중에 보니 인자 같은 이가 하늘 구름을 타고 와서 옛적부터 항상 계신 이에게 나아가 그 앞으로 인도되매 그에게 권세와 영광과 나라를 주고 모든 백성과 나라들과 다른 언어를 말하는 모든 자들이 그를 섬기게 하였으니 그의 권세는 소멸되지 아니하는 영원한 권세요 그의 나라는 멸망하지 아니할 것이니라." 이 성경 말씀의 전후 구절을 간단히 살펴보면, 다니엘 선지자가 밤중에 환상 속에서 하나님을 먼저 보게 됩니다(단 7:9). 그다음에는 하나님 앞에 구름을 타고 오시는 한 분을 보았는데, 그분이 하나님같이 생긴 것이 아니라 인자(사람의 아들), 즉 그냥 사람같이 생겼다고 합니다. 그 인자 같은 이가 구름을 타고 왔다는 것은 그분이 평범한 사람이 아니라 사람의 모양을 한 신적인 존재라는 것을 추정할 수 있습니다. 왜냐하면 사람은 구름을 타고 다닐 수 없을 뿐 아니라, 구름은 구약 성경에서는 오직 하나님이 나타나실 때만 동반되는 것이기 때문입니다(출 19:9, 34:5; 민 10:34, 12:5; 사 19:1; 겔 10:3).

구약 성경과 유대인들의 고대 계시문학 중에 나타나는 '하나님의 현현'(Theophany), 즉 하나님의 나타나심에 대하여 심도 깊게 연구한 학자들이 주장하듯이, 다니엘 선지자가 환상 중에 본 하늘 구름을 타고 오신 인자(사람) 같은 분은 사람의 형상을 가지고 있지만 구름을 타고 다니는 신적인 존재, 즉 하나님이라는 것을 알 수 있습니다. 복음서에서 예수님께서 자기 자신을 '(그) 인자'라고 부르시며 종말에 그 인자가 구름을 타고 능력과 큰 영광으로 천사들을 동반하고 와서 이 세상을 심판하는 분으로 나타날 것(마 24:30; 눅 21:27)이라고 말씀하신 이유가, 다니엘서 7장 13절의 하늘 구름을 타고 온 신적인 존재인 그 인자가 바로 자신임을 암시하기 위함임을 우리는 바로 알게 됩니다. 다니엘서 7장 13절에서 다니엘이 본 인자 같은 이는 사람과 같은 형상을 하였지만 실제는 신적 존재, 즉 성자 하나님이시며, 다니엘서 7장 18절 이하에서 그 내용이 자세히 설명되어 있듯이 그분은 종말에 하나님의 거룩한 하나님의 백성들을 모으고 그 하나님의 백성들을 대표하시는 분으로 묘사됩니다. 따라서 예수님께서 다니엘서에 기록된 인자라는 언어를 자신의 호칭으로 삼아 다니엘이 본 바로 '그 인자'가 자신이며, 비록 사람의 형상을 띠고 이 땅에 내려오셨지만 그 자신이 성자 하나님이시며 이 땅에서 하나님의 백성들을 모으고 종말에 그들을 대표하시고 대신하시는 분이라는 것을 나타내려 하셨던 것입니다. 이렇게 예수님의 자기 호칭인 '그 인자'라는 단어를 바로 이해할 때, 우리는 예수님이 신성과 인성을 함께 자기 안에 소유하고 계신 바로 그 인자, 즉 구름을 타고 나타나는 신이시지만 인간의 형상으로 낮은 이 땅에 내려오셔서 하나님의 백성의 대표자로서 그 백성을 대신하여 십자가를 지심으로 속죄양이 되신 우리의 구원자라는 것을 확신하게 됩니다.

이제 '그 인자'라는 호칭이 포함하고 있는 두 번째 중요한 의미를 찾아보도록 하겠습니다. 구약 성경 이사야서에는 '고난받는 종'에 대한 성경 말씀이 가득히 기록되어 있습니다(이사야서의 '고난받는 종의 노래' 부분으로 42, 49-50, 52-53장). 예수님께서 '그 인자'라는 호칭을 사용하였을 때 앞서 살펴본 바와 같이 다니엘서 7장에 나오는 바로 그 인자를 의미하셨지만, 동시에 이사야서에 기록된 고난받는 종으로서 자신을 함께 나타내시려고 했다는 것을 같이 살펴보도록 하겠습니다. 다니엘서 7장의 인자에 관한 기록이 설명하듯이, 그 인자께서는 하나님의 백성을 모으시는 분이지만 그와 동시에 하나님의 백성들을 대표하고 그들을 대신해서 자기 목숨을 속제물로 드리는 '고난의 종'이라고 예수님께서는 자기 자신을 이해하셨습니다.

이것은 마가복음 10장 45절에서 그 인자가 세상에 오신 목적을 말씀하신 구절에서 잘 알 수 있습니다. "인자가 온 것은 섬김을 받으려 함이 아니라 도리어 섬기려 하고 자기 목숨을 많은 사람의 대속물로 주려 함이니라"고 말씀하시며, 이사야서 53장에 기록된 고난받는 종으로서 우리 인간들의 죄를 위해서 대속적인 죽음을 감당함으로써 이사야 42장 6-7절에서 예언된 새 언약을 세우며, 하나님의 참백성을 모으는 바로 그 인자이자 고난받는 종이라고 예수님 자신을 이해하셨다는 것입니다.

　다시 이사야 53장을 살펴보면, "그가 찔림은 우리의 허물 때문이요 그가 상함은 우리의 죄악 때문이라 그가 징계를 받으므로 우리는 평화를 누리고 그가 채찍에 맞으므로 우리는 나음을 받았도다 우리는 다 양 같아서 그릇 행하여 각기 제 길로 갔거늘 여호와께서는 우리 모두의 죄악을 그에게 담당시키셨도다"(사 53:5-6)라고 기록되어 있습니다. 또 이와 연결하여 해석해야 하는 이사야 42장에서는 "나 여호와가 너를 세워 백성의 언약과 이방의 빛이 되게 하리니 네가 눈먼 자들의 눈을 밝히며 갇힌 자를 감옥에서 이끌어 내며 흑암에 앉은 자를 감방에서 나오게 하리라"(사 42:6-7)라고 기록되어 있습니다.

　이 성경 구절들을 함께 연결하여 살펴보면, 예수님께서는 다니엘서의 그 인자로서 하나님의 백성을 모으고 대표하는 동시에, 이사야서의 고난받는 종으로서 그 백성들을 위한 대속적 죽음의 사명을 함께 인식하셨고, 그 두 사명을 '(그) 인자'라는 자기 호칭 속에 함께 포함하여 자신을 그리스도나 메시아라고 부르기보다는 항상 '(그) 인자'라고 부르셨다는 것을 이해하게 됩니다.

　그냥 지나칠 수도 있는 복음서 안의 '그 인자'라는 예수님의 자기 호칭 속에 이러한 큰 비밀과 진리가 숨겨져 있었다는 것을 발견할 때 우리는 다시 한번 놀라게 됩니다. 그리고 비천한 인간의 모습으로 우리를 구원하시고자 이 땅에 내려오신 하나님의 아들 예수 그리스도께 감사와 찬양을 드리게 됩니다.

묵상 11
장엄한 패배

　창세기 25장을 보면 이스라엘 12지파의 조상인 야곱의 이야기가 나옵니다. 이 '야곱'(야아코브)이라는 이름은 히브리어 '아카브'라는 말에서 유래된 것인데, '발꿈치를 잡는다'라는 뜻 속에 '속여 넘기다'라는 뜻도 함께 담겨 있습니다. 이렇게 야곱은 그의 이름이 보여 주듯이 처음부터 '속여 넘기는 자', 즉 사기꾼으로 태어납니다(창 27:36). 그리고 성장해서는 "조용한 사람이었으므로 장막에 거주하니"(창 25:27)라고 기록된 것으로 보아서, 그의 형 에서처럼 여기저기 돌아다니며 사냥을 즐기면서 활동적으로 살기보다는, 조용히 가축이나 키우면서 주로 장막 안에서 이런저런 많은 생각을 하고 여러 계획들을 세우며 살았음을 알 수 있습니다.
　그러나 그는 선한 생각보다는 다른 사람의 발꿈치를 잡아(사기를 쳐서) 자기 이익을 챙기려는 이기적인 사고에 사로잡힌 자였습니다. 야곱은 쌍둥이 형 에서의 발꿈치를 두 번 크게 잡아 사기를 치는데, 첫 번째는 창세기 25장 31절 이후에 나오는 장자권 탈취 사건이고, 두 번째는 창세기 27장 1절 이후에 나오는 장자의 축복을 가로채는 사건이었습니다. 그러면 야곱은 왜 아버지 이삭 앞에서 거짓 쇼를 해가면서까지 형 에서의 장자권을 탈취하려고 그렇게 노력했을까요? 여기서 우리는 그 당시 히브리인들의 사회 관습과 장자권에 대하여 조금 더 알아보아야 합니다. 장자권의 히브리어는 '베코라흐'라고 하는데, 이는 '초태생'(장자)이라는 히브리어 '베코르'에서 파생된 언어로서 그 단어에는 '초태생으로서 특권을 갖는다'는 의미가 함께 있습니다.

그 당시 초태생으로 장자의 특권을 갖는 사람은 아버지의 재산 상속 시 다른 형제보다 두 배의 몫을 차지하고, 장자로서 하나님으로부터 오는 축복을 아버지를 통해서 받으며 아버지의 권위를 계승하여 집안 형제들을 다스리며 가족의 제사 직분을 수행하는 등 아버지 사후에 그 가족 중에서 가장 존귀한 사람이 되는 것입니다. 아마 고대 중국이나 조선의 유교 사회에서의 맏아들보다 훨씬 더 큰 명예와 권리를 상속받았던 것 같습니다. 그래서 나중에 모세오경의 신명기법에서는 이 장자권이 신성한 지위를 갖는 것이므로 다른 사람에게 주거나 파는 것을 엄격하게 금지하는 것을 볼 수 있습니다.

집요한 욕망을 가진 야곱은 결국 형 에서의 신성한 장자권을 빼앗고 장자의 축복까지 가로채게 됩니다. 그러나 순리를 거스르고 강제로 탈취한 그 축복은 곧 야곱에게 저주로 바뀌어 버립니다. 장자의 축복을 거짓으로 빼앗은 어둠(밤)의 사람 야곱은 그 사실이 들통나자 화가 머리끝까지 나서 자기를 잡아 죽이려는 형 에서를 피해 밧단 아람에 있는 외삼촌 라반의 집으로 도망하는 신세가 되어 버립니다. 정든 고향과 가족을 뒤로한 채, 언제 다시 돌아올 수 있을지기약도 없이 야반도주하는 밤(어둠)의 사람 야곱의 나이가 그때 벌써 77세였습니다. 그리고 머나먼 북녘 땅 밧단 아람으로의 길고도 고통스러운 여행 끝에 하란에서 만난 외삼촌 라반은 불행하게도 그의 이름 라반이 의미하는 '희다(흰 빛)는 뜻과는 정반대로 야곱처럼 검은 어둠의 사람이었습니다. 그는 아주 이기적인 성품을 가진 어둠의 사람으로서 사기로는 야곱보다도 몇 수 위인 희대의 사기꾼이었습니다. 이 어둠의 사람 라반을 통하여 하나님께서는 야곱에게 두 가지 중요한 가르침을 주시며 영적으로 성장시키십니다.

첫 번째 가르침은 결혼 사기 사건으로 주시는데, 마치 야곱이 눈이 어두운 아버지 이삭의 눈을 속여 장자의 축복을 훔쳤던 것과 같은 방식으로, 라반이 밤에 야곱의 눈이 어두운 것을 이용하여 약속한 아름다운 신부 라헬이 아닌 못난 그의 언니 레아를 신방으로 몰래 들여보내 결혼 사기를 벌입니다. 그리고는 "형보다 아우를 먼저 시집보내는 것은 순리가 아니다"라고 하며 형 에서의 장자의 축복을 순리를 어기고 빼앗은 야곱에게 자신의 행동을 정당화합니다. 형 에서의 장자의 축복에 있어서 순리를 어기고 강제로 사기 쳐 그 장자권을 빼앗은 야곱에게 하나님께서 라반을 통하여 주시는 첫 번째 교훈이었습니다. 칼로 흥한 자는 칼로 망하듯이 순리를 거스르고 사기로 흥한 자는 사기로 망한다는 하나님의 교훈이며, '사기를 당한 자의 아픔'을 야곱에게 알리고자 하는 하나님의 귀한 첫 번째 가르침이었습니다.

두 번째 가르침은 재물 사기 사건을 통해 주셨습니다. 창세기 31장 7절에서 야곱은 라반이 그의 임금을 한두 번도 아니고 열 번이나 속였다고 불평합니다. 성경에서 이 '10'이라는 숫자는 '7'이라는 숫자와 함께 히브리인들에게 완전을 나타내는 완전수로서, 열 번을 속였다는 의미는 완전하고도 철저히 속였다는 뜻이 됩니다. 라반이 야곱을 이용하고 자신의 재산을 늘리려고 이기적인 방법으로 열 번이나 사기를 쳐서 야곱의 몫을 가로챈 것입니다. 이 사건 역시 야곱이 형에서의 장자 재산권을 그의 배고픔을 이용하여 교활하게 빼앗아 이기적으로 재물적인 여러 혜택을 누리려고 했던 사건에 상응해서 공의의 하나님께서 야곱에게 '빼앗긴 자의 아픔'을 알게 하고자 하신 두 번째 가르침이었습니다.

이제 외삼촌 라반의 사기 행각에 회의를 느낀 야곱은 여호와 하나님의 말씀을 따라 그곳 하란을 떠나 자기 고향으로 돌아가려 합니다. 이십 년간의 하란에서의 고통스러운 타향살이 속에서 주님께서는 이 두 가지 고귀한 가르침을 주시며 나중에 이스라엘 민족의 대부로 사용하시려는 야곱을 계속해서 영적으로 연단시켜 가셨습니다. 그러나 아직도 온전한 하나님의 사람이 되기에는 부족했던 야곱은 귀향길에 요단강 동편의 얍복(현재명: 자르까) 강가에서 결정적으로 하나님의 사자와 정면으로 마주치게 됩니다. 그때 그의 나이가 벌써 약 97세였습니다. 그 얍복 강가 브니엘에서 야곱이 만난 사자는 바로 하나님이었으며, 약 1,900년 후에 이 세상에 인간의 몸을 입고 오실 예수 그리스도의 예표(미리 보여 주심)이셨습니다. 얍복 강가에서 그분과 밤새도록 벌인 씨름에서 노익장 야곱은 자기가 가지고 있는 모든 지혜와 능력을 다하여 이기려고 발버둥쳤으나, 결국 히브리인들에게는 힘과 생명의 상징이라고 하는 환도뼈를 얻어맞고 하나님 앞에 고꾸라집니다. 그리고 그분의 팔을 붙잡고 매달리며 눈물로 축복을 간구합니다.

"당신이 내게 축복하지 아니하면 가게 하지 아니하겠나이다"(창 32:26).

그때 하나님께서는 이미 알고 계시는 야곱의 이름을 묻습니다. 그 당시 히브리인들에게 이름이라는 것은 단순한 호칭이 아니라 자기 자신의 본질(자기 됨)을 나타내는 것이었습니다. 즉, 하나님께서는 야곱의 본질을 물었고, 그는 '야곱'(발꿈치를 잡는 사기꾼)이라고 대답합니다. 그러나 주님 앞에 무릎을 꿇고 축복을 간구하고 있는 이 처량한 노인 야곱에게 주님께서는 이제는 더 이상 그의 이름은 '야곱'(사기꾼)이 아니라 '이스라엘'이라고 그의 이름(본질)을 바꾸어 주십니다. 히브리어 '이스라엘'이라는 단어는 직역하면 '하나님께서 다투다', '하나님께서 통치하다' 혹은 '하나님을 이기다' 등 여러 가지 의미를 지니고 있지만, 성경 전체의 흐름 속에서 나타나는 가장 보편적인 '이스라-엘'이라는 히브리어 단어의 의미는 '야사르-엘', 즉 '엘(하나님)을 경외하는 사람', '하나님의 백성'입니다. 이때가 사기꾼 야곱이 하나님의 백성 '이스라엘'로 온전히 다시 태어난 순간이었습니다. 어둠의 사람 야곱이 빛의 사람 이스라엘로 바뀐 순간이기도 합니다.

이제 하나님 앞의 패배자 야곱이 주님 앞에서 일어나 고향으로 돌아가려고 얍복강 나루를 향하여 다리를 절뚝거리며 걸어갑니다. 그때 빛의 사람으로 바뀐 이스라엘을 축복이라도 하듯이 강 동편으로부터 동이 터옵니다. 환도뼈가 탈골되어 절름거리며 동이 터오는 얍복강 나루를 향해 걸어가는 야곱의 처량한 뒷모습에서 우리는 패배자의 연약함을 봅니다. 그러나 동시에 그 연약함 속에 감추어져 있는 새 하나님의 사람 이스라엘의 강인함을 봅니다. 주님의 사람(자녀) 이스라엘로서 전지전능하신 하나님의 능력을 소유한 강인함입니다. 그렇습니다. 야곱의 얍복 강가에서의 그 패배는 장엄한 패배임과 동시에 진정한 승리의 전주곡이었습니다.

성도 여러분, 우리도 진정으로 강인하게 되려면 야곱처럼 하나님 앞에서 처절하게 깨어지는 장엄한 패배를 경험해야 합니다. 그동안 야곱처럼 나의 힘으로 세상의 모든 것을 거머쥐려 하였던 내 자신의 교만한 마음과 오만한 자세를 모두 주님의 발 아래 내려놓고 마음의 무릎을 꿇으며 "저는 심령이 가난한 자입니다. 주님 없이는 아무것도 할 수 없습니다. 제발 축복하여 주옵소서"라고 고백하며 애통해야 합니다. 그때에 주님께서는 비로소 우리에게 천국을 소유하는 복을 주신다고 약속하셨습니다(마 5:3). 우리가 주님께서 주시는 천국의 복을 받고 전능하신 주님의 진정한 자녀 이스라엘로 거듭날 때 우리는 진정한 승리자요 이 세상 누구보다도 강한 자로 바뀌는 것입니다.

묵상12
성공으로 인도하는 삶

우리가 어떠한 인생을 사는가 하는 것은 우리가 매일매일의 삶 속에서 어떠한 생각을 하며 살아가는가에 달려 있는 것 같습니다. 우리 주위의 성공하는 사람들을 보면 그들은 늘 성공할 수밖에 없는 생각을 합니다. 항상 긍정적이고 낙천적이며 모든 일을 기쁨 속에서 합니다. 그러니 그들은 성공할 수밖에 없는 것입니다. 반면에 실패하는 사람들은 실패할 수밖에 없는 생각을 합니다. '나는 할 수 없을 거야, 나는 다른 사람들처럼 똑똑하지 못해, 나는 능력도 없고 재주도 없어'라고 부정적인 생각을 하며 해보기도 전에 실패를 선택해 버립니다. 그러니 그들은 항상 실패할 수밖에 없는 것입니다.

사람은 누구나 긴 인생 여정을 걷다 보면 크고 작은 실패를 경험하게 됩니다. 그러나 실패는 그 실패 자체가 문제가 아니라 그 실패를 부정적인 시각으로 받아들이는 마음의 자세가 더 큰 문제가 됩니다. 살아가면서 설사 실패를 하였더라도 껄껄 웃으며 그 실패를 성공으로 가는 징검다리라고 긍정적으로 생각하고 그 실패로부터 커다란 교훈을 얻어 다시 도전하는 사람은 또 다른 실패를 겪더라도 절대 두려워하지 않게 되고 궁극적으로는 대성하게 됩니다. 그러나 작은 실패에도 이제 내 인생은 끝이라고 생각하고 낙심하고 하늘이 무너진 양 절망하는 사람들에게는 성공의 기회가 다시 찾아올 수 없습니다. 세상사 다 마음먹기에 달렸다고 합니다. 항상 긍정적인 생각과 바른 판단을 하는 것이 중요합니다.

우리는 성경에서 생각과 판단을 잘못함으로써 삶을 비극적으로 마친 사람들을 여러 명 볼 수 있습니다. 아브라함의 조카인 롯의 아내가 그러하였고, 예수님의 열두 제자 중 하나인 가룟 유다가 그러하였으며, 이스라엘의 초대 왕인 사울이 그러하였습니다. 롯의 아내는 집착과 미련 때문에 소금 기둥이 되었고, 가룟 유다는 탐욕과 불의한 생각 때문에 배신자가 되었으며, 사울 왕은 질투와 시기심 때문에 삶을 비참하게 마쳤습니다. 만약 그들이 아브라함이나 다윗처럼 그리고 바울이나 디모데처럼 조금만 더 하나님을 믿고 순종하며 긍정적인 마음을 가지고 주님을 의지하는 삶을 살았더라면 그러한 잘못된 판단을 함으로써 삶을 비극적으로 마치지는 않았을 것입니다. 그렇다면 과연 우리의 삶 속에서 우리 가슴속의 마음과 우리 머릿속의 생각을 지배하는 것들은 무엇일까요? 그리고 그리스도인으로서 무엇이 우리 마음과 생각을 지배하게 해야 성공할 수 있을까요? 오늘은 삶을 성공으로 이끌 수 있는 그리스도인의 삶의 지혜에 대한 성경 말씀을 묵상해 보도록 하겠습니다.

우리 하나님의 백성들에게 참믿음의 본을 보이고 고대 이스라엘을 최강의 국가로 성장시킨 성경 속의 가장 위대한 믿음의 선진인 다윗 왕은 그가 지은 시편에서 "하나님이여 사슴이 시냇물을 찾기에 갈급함같이 내 영혼이 주를 찾기에 갈급하나이다"(시 42:1)라고 말하고, "주의 말씀은 내 발에 등이여 내 길에 빛이니이다"(시 119:105)라고 말하며 여호와의 말씀을 애타게 찾습니다. 사실 우리 그리스도인들이 성경 속의 하나님의 말씀이 아주 달콤한 솜사탕 같아서 말씀을 갈급하게 찾는 것은 아닙니다. 또한 대중들의 비위를 잘 맞춰서 베스트셀러로 성공하려고 발간한 어떤 유명한 책 속의 그럴싸하고 멋진 구절 같아서 성경 구절을 찾는 것도 아닙니다. 성경 속의 하나님의 말씀은 여호와 하나님께서 우리 인간을 옳은 생각과 바른 판단 그리고 성공할 수 있는 길로 인도하시는 생명의 말씀이기 때문에 우리가 갈급하게 찾는 것입니다. 사실 겉으로만 보면 가장 재미없고 매력도 없는 것이 성경 말씀 아닙니까? 그러나 성경 말씀은 우리 그리스도인들에게 항상 용기와 지혜를 주고 긍정적인 마음과 현명한 판단 그리고 옳은 생각을 가질 수 있도록 인도합니다. 그뿐 아니라 하나님의 말씀은 늘 우리에게 삶의 활력과 감동과 기쁨을 공급합니다. 우리의 마음을 비우면 비울수록 그 고귀한 성경 말씀은 우리 가슴속으로 밀려 들어오고 우리 속사람을 성숙하게 하며, 우리의 마음과 생각을 은혜롭고 유익한 곳으로 이끌어가는 인도자가 됩니다. 따라서 우리의 성공적인 삶을 위해 필요한 첫 번째 요소는 우리의 모든 마음과 생각을 성경 말씀이 지배할 수 있도록 늘 성경을 가까이하며 살아가는 것입니다. 그러할 때 우리는 지혜로운 판단을 할 수 있게 되고, 우리 인생에서 커다란 성공을 맞이하게 되는 것입니다.

로마서 8장 26절에서 바울 사도는 "이와 같이 성령도 우리의 연약함을 도우시나니 우리는 마땅히 기도할 바를 알지 못하나 오직 성령이 말할 수 없는 탄식으로 우리를 위하여 친히 간구하시느니라"라고 가르쳐 줍니다. 우리 인간은 누구나 완전치 못합니다. 누구나 강한 점이 있는 반면 또 약한 점도 함께 있습니다. 그러나 성령님은 우리의 연약함을 도우신다고 했습니다. 하나님 아버지께서는 늘 자녀인 우리가 도움을 요청하기를 기다리고 계십니다. 마치 어린아이가 아빠한테 무엇을 도와달라고 하면 아빠가 기쁜 마음으로 달려와서 즉시 도와주듯이, 성령 하나님은 우리가 도움이 필요하여 부르짖으면 당장 달려와서 도와주시며, 또 그것을 즐거워하십니다.

요한복음 14장 26절에서는 "보혜사 곧 아버지께서 내 이름으로 보내실 성령 그가 너희에게 모든 것을 가르치시고"라고 하셨습니다. 이제 예수님께서는 부활 승천하셔서 더는 우리와 함께할 수 없습니다. 그러나 하나님께서는 예수 그리스도를 대신하여 우리를 인도하여 주시고 도와줄 하나님의 영 그리고 그리스도의 영인 보혜사 성령님을 우리에게 보내 주셨습니다. 그 보혜사 성령님은 그리스도와 같이 우리를 인도하여 주시고 보호하여 주시며 도와주시는 과거의 그리스도의 역할을 대행하고 있는 영이신 것입니다. 따라서 그리스도인은 누구나 성령 하나님의 인도함을 받아야 전지전능하신 하나님의 지혜를 얻을 수 있으며, 그 보혜사 성령님과 함께 이 세상의 모든 난제들을 풀어갈 수 있는 것입니다. 우리 인간의 부족한 지혜로는 해결치 못하는 모든 문제들을 성령님을 통하여 전지전능하신 하나님의 지혜로 해결하여 나가는 것이지요. 그렇게 성령님과 함께하는 삶을 살아갈 때 우리는 성공할 수밖에 없게 됩니다. 모든 일이 술술 풀리며 만사가 형통하게 된다는 것입니다. 따라서 우리가 성공하는 삶을 살기 위해 필요한 두 번째 요소는 우리의 마음과 생각을 우리 안에 내재하여 계시는 성령님이 지배하도록 늘 간구의 기도를 드리며 그 보혜사 성령님과 동행하는 삶을 살아가는 것입니다.

우리가 인생을 살아가다 보면 옆에 있는 사람들과 크고 작은 다툼을 하게 됩니다. 부부간에, 형제자매 사이에, 또 친구 간에 그리고 직장 동료 사이에서도 다툼이 생기지요. 세상을 살아가면서 가장 어려운 것이 인간관계라고 합니다. 우리의 다툼의 원인은 알고 보면 간단합니다. 나의 생각과 상대방의 생각이 다르기 때문이지요. 이럴 때 우리의 기준을 어디에 맞추어야 현명한 판단을 하게 될까요? 히브리서 3장 1절에서는 "믿는 도리의 사도이시며 대제사장이신 예수를 깊이 생각하라"고 교훈하고 있습니다. 우리가 도저히 판단할 수 없는 문제로 다툼이 생길 때의 해결점은, 하나님께 보내심을 받은 사도이시며 하나님을 대신하는 대제사장인 예수 그리스도를 생각하는 것입니다. 만약 예수님이라면 이러한 상황에서 이 문제를 어떻게 해결하셨을까를 생각하며 방향을 잡아가야 한다는 것이지요. 예수님의 생각과 나의 생각이 일치할 때 우리는 어려운 문제들을 해결할 정답을 구할 수 있게 되고, 이것이 성공의 세 번째 요소가 됩니다.

그러면 어떻게 예수님의 생각과 우리의 생각을 일치시킬 수 있을까요? 그러기 위해서는 늘 예수님과 동행하고 예수님을 생각하며 살아가야 합니다. 예수님을 지금보다 더 사랑하고 늘 그분과 기도로 대화하며 더 가까이 가려고 노력하여야 합니다. 혹시 지금 어려운 일을 만나 예수님의 도움이 꼭 필요할 때만 주님을 찾으며 "주여, 주여" 하는 자기 중심적인 믿음 생활을 하고 있지는 않은지요? 그렇다면 그런 예수님을 향한 마음은 참사랑이라고 할 수 없습니다. 아침 안개처럼 잠깐 머물다 사라지는 그런 사랑은 진정한 사랑이라고 말할 수 없기 때문입니다. 우리는 매일매일의 삶 속에서 항상 예수님을 생각하며 기도로 교통하고 동행하며 사랑을 고백해야 합니다. 그러한 삶을 살 때만 예수님과 나의 생각을 일치시킬 수 있습니다. 예수님은 두려움과 공포 속에서도 고통의 십자가를 마다하지 않으시고 자신의 마음과 생각을 완전하게 하나님 아버지 앞에 복종시키시고 일치시키시는 사랑의 본을 골고다 언덕에서 우리에게 보여 주셨습니다.

　우리 인간의 생각은 그 사람의 삶의 성공을 결정짓는 가장 중요한 요소입니다. 따라서 우리 그리스도인들은 우리의 생각을 항상 전지전능하신 하나님의 말씀이 지배하도록 성경 말씀에 초점을 맞추고 살아가야 합니다. 또한 하나님과 예수님의 영이신 성령님의 인도함을 따라 예수님의 생각과 나의 생각이 하나가 되도록 힘쓰고 노력해야 합니다. 나아가 예수님의 본을 받아 나를 하나님의 뜻에 굴복시키고 일치시키며 주 하나님의 십자가 사랑에 힘입어 나의 인생을 조금씩 조금씩 변화시켜 가야 합니다. 우리 인간의 능력과 사고를 초월하여 참된 성숙으로 나아가는 가장 지혜로운 길은 예수님의 생각과 우리의 생각을 일치시키고, 성령님의 인도하심을 따라 길이요 진리요 생명이신 주 예수를 따라가는 것입니다.

묵상13

삭개오의 구원

예수님의 갈릴리와 유대 지역에서의 약 3년간의 공생애의 삶이 어느덧 마무리 지어지는 기간이었습니다. 주님께서 그동안의 긴 갈릴리 지역 전도 여정을 마치고 요단강을 건너 유대 땅 예루살렘으로 올라가시는 길이었습니다. 그 길은 유월절의 속죄양이 되시기 위하여 고난을 향하여 나아가는 마지막 길이었습니다. 예루살렘에 거의 가까이 다다라서 유대 지역의 오래된 고도이며 상업이 발달된 도시였던 여리고를 지나게 되었습니다. 그 옛날 유대 민족이 모세를 따라 애굽에서 탈출하여 40년의 광야 생활을 마치고 요단강을 건너서 제일 먼저 점령한 성이, 여러분도 잘 아시는 이곳에 있었던 여리고성이었습니다. 바로 그 여리고 지역을 통과하시는 중이었습니다.

그 여리고 성읍의 길가에서 삭개오라는 사람이 예수님을 목이 빠져라 기다리고 있었습니다. 헬라어로 삭개오(사카이오스)라는 이름은 히브리어로는 '스가랴'인데 '의로운 사람'이라는 의미를 가지고 있습니다. 그러나 삭개오는 자기 이름과는 정반대로 아주 불의한 사람이 었습니다. 침략자인 로마 정부에 빌붙어서 인정사정없이 동족의 피를 빨아먹었던 세리들 중에서도 우두머리인 세리장이었고, 탐욕스럽게 부를 모은 부자였으며, 키가 매우 작은 사람이었습니다. 키가 작은 삭개오는 예수님을 꼭 보고 싶었지만 키가 너무 작고 그 앞에 사람들이 많아서 주님을 도저히 볼 수가 없었습니다. 예수님과 키가 아주 작았던 자신 사이에 너무 많은 사람이 있어서 예수님은 보이지 않고 마음만 답답한 상태였습니다.

그러나 주님을 보기 위한 삭개오의 열망은 대단한 것이었습니다. 갑자기 그는 사람들의 욕을 얻어먹으며 사람들을 밀치고 앞으로 나아가기 시작하였습니다. 자기와 주님 사이를 가로막은 방해물인 군중들을 제거하기 시작한 것입니다. 이것이 삭개오가 주님을 만나 구원을 받기 위해 한 첫 행동이었습니다.

이렇게 삭개오가 예수님에게 가까이 나아가기 위해서 자기 앞에 가로막힌 사람의 물결을 헤치고 나아갔듯, 우리도 우리의 구원을 위한 첫걸음으로 우리 앞의 방해물들을 헤치고 앞으로 나아가야 합니다. 그러한 방해물들이란 우리의 친한 친구가 될 수도 있고, 피를 나눈 형제자매가 될 수도 있으며, 때로는 부모나 나를 가르쳐 준 스승이 될 수도 있습니다. 단지 사람들만이 아닙니다. 우리 자신을 유혹하는 세상적인 욕망들, 명예와 재물 그리고 세상 권력과 쾌락 등 수많은 방해물이 주님과 우리 사이에 방해물로 가로막고 있습니다. 그러나 우리의 구원을 위해서는 이 방해물들을 과감하게 헤쳐 나아가며 주님과 나 사이의 방해의 벽을 허물어 가야 합니다. 특히 사람의 벽은 허물기가 쉽지 않습니다. 그렇다고 해서 우리의 신앙에 있어서 방해가 되는 사람들을 일일이 상대하여 다투라는 말이 아닙니다. 방해가 되는 사람이 우리의 앞길을 막고 서 있으면 겸손히 몸을 낮추고 얼른 옆으로 피하여 헤쳐 나가면 되는 것입니다. 그렇게 행동하는 것이 주님의 자녀로서 이 세상을 현명하게 살아가는 지혜입니다. 오래 참는 인내심이라고도 할 수 있습니다. 그리고 지고도 이기는 주님을 위한 영광스러운 패배라고도 할 수 있을 것입니다. 우리는 이러한 삶을 통해서 하루하루 주님께 더 가까이 나아갈 수 있는 것입니다.

삭개오는 주님을 만나려고 사람들의 물결을 헤치고 맨 앞으로 나아가려 했으나 아직도 주위는 꽤 많은 사람들로 막혀 있었습니다. 그 군중들이 아직도 예수님과의 만남의 방해물이 되었습니다. 그 군중들은 단지 당대에 인기 있는 갈릴리의 유명 인사의 얼굴을 한 번 보려고 주위에서 몰려들었을 뿐이었습니다. 하지만 삭개오는 달랐습니다. 삭개오는 예수님이 바로 자기를 구원의 길로 인도할 구원자라고 생각하였습니다. 그는 오래전부터 구세주이신 나사렛 예수를 향한 열망을 갖고 있었으며, 다른 사람들에게 전해 들은 예수님의 행적과 말씀 속에서 진실함을 발견할 수 있었던 것입니다. 그래서 하나님의 아들이시며 구원자이신 예수님을 만나기 위해 사람들의 물결을 헤치고 주님 앞으로 과감하게 나아갔던 것입니다. 요즈음 우리 그리스도인들의 신앙의 삶이 왜 이렇게 힘이 듭니까? 우리 자신을 막고 있는 사람을 헤쳐 나가는 것이 아니라 그 사람들과 충돌하며 일일이 싸우기 때문입니다. 우리는 우리의 신앙생활에 방해가 되는 사람들과의 충돌을 피하는 지혜를 배워야 합니다. 우리를 막고 있는 사람들은 피하여 헤쳐 나가야 하는 것이지 상대하고 논쟁하고 싸울 상대가 아닙니다. 그렇게 사람들과 충돌하지 않고 헤쳐 나가야 여리고의 세리장 삭개오처럼 주님을 속히 만날 수 있는 것입니다.

삭개오가 주님을 보기 위해서 하였던 두 번째 행동은 자기의 작은 키를 보완해 줄 큰 뽕나무(돌무화과나무)를 찾아 올라가는 것이었습니다. 삭개오는 한 큰 뽕나무를 찾아서 오르기 시작하였습니다. 비로소 그는 뽕나무 위에서 저만치 오시는 예수님을 뵐 수 있었습니다. 삭개오가 주님을 내려볼 수 있었을 때 그는 너무나 감격스럽고 반가웠습니다. 그러나 한 가지 의구심이 생기기 시작하였습니다. 뽕나무 위에서 보는 예수님은 자기가 생각한 만큼 그렇게 대단하거나 커 보이지가 않았습니다. 순간 예수님의 진리와 구원이 너무 작고 하찮은 것처럼 느껴졌고, 자기 발 아래의 모든 사람들이 다시 작아 보이기 시작하였습니다. 그의 마음속에 교만이 다시 자리 잡기 시작한 것이었습니다. 이러한 삭개오에게 주님께서는 뽕나무에서 빨리 내려오라고 말씀하십니다.

"삭개오야 속히 내려오라"(눅 19:5).

이렇게 뽕나무 위에서 세상을 내려보듯 세상에서 자기가 최고 높은 사람인 양 교만한 마음을 가지고서는 참된 구원을 얻지 못하기 때문입니다. 요즈음 예수님을 영접하고 구원을 얻었다고 하는 많은 성도들이 뽕나무 위에서 내려오지 못하는 것을 봅니다. 그들은 높은 뽕나무 위에 앉아서 교만하고 방자한 행태를 보이고, 이웃 사랑과 겸손 그리고 존경이라는 단어는 멀리한 채 자기가 제일인 양 오만하게 행동합니다. 겸손하지 못합니다. 그러니 신앙이 자랄 수가 없습니다. 실패한 사람이 다시 일어나지 못하는 것은 그 마음 속의 자존심과 교만함 때문이고, 한 번 성공을 한 사람이 그 성공을 계속해서 이어 가지 못하는 이유도 그 마음의 교만함 때문이라고 합니다. 우리 주님이 제일 싫어하는 것이 그러한 교만한 마음입니다. 왜냐하면 우리 인간의 교만한 마음 때문에 이웃 간의 다툼이 생기고 질투와 시기가 생기며 우리의 삶이 황폐하여지기 때문입니다. 우리가 주님을 만나기 위해서 뽕나무에 올라갔으면 주님을 영접한 삭개오처럼 빨리 낮은 곳으로 내려와야 합니다. 자기 자신을 낮추는 겸손한 삶을 시작해야 합니다. 그러면 우리 자신을 지배하였던 시기와 질투 그리고 무례함과 교만한 마음이 사라져 버리고, 그 자리에 겸손과 진실함 그리고 이웃 사랑이 자리 잡게 되는 것입니다.

그러나 우리는 여기서 한 가지 질문이 생깁니다. 왜 예수님께서는 그 여리고 지역에서 세리장으로 악명이 높고 모든 사람이 가까이하기를 꺼리는 부정한 사람 삭개오에게 "삭개오야, 급히 내려오라. 내가 오늘 네 집에 유하여야 하겠다"라고 말씀하셨을까요? 그 몰인정하고 비인간적이라고 소문이 자자한 세리장 삭개오를 그냥 모른 척 지나쳐도 되지만 예수님께서는 뽕나무까지 올라가서 주님을 만나려고 했던 삭개오의 마음속에 가득 찬 구원의 열망을 보셨기 때문입니다. 아흔아홉 마리의 양 떼를 남겨두고 길 잃은 한 마리의 양을 찾아 나서는 예수님의 참된 사랑 때문에 그 자리를 그냥 지나치지 못하시고 죄인 중의 괴수와도 같은 삭개오를 부르신 것입니다.

뽕나무 위 같은 높임 받음과 교만 그리고 불의가 가득한 세리장이라는 직업을 포기하기로 마음먹은 삭개오는 바로 나무에서 내려와 겸손한 자세로 주님을 자기 집으로 영접합니다. 그 시간 삭개오는 그의 마음 한가운데에 참구원이신 주님을 올바로 좌정시킨 것입니다. 그동안 주위 사람들의 손가락질과 저주 그리고 여러 걱정과 갈등이 가득하였던 세리장 삭개오의 집에 주님이 오시자마자 그 모든 어두움이 물러가고 말았습니다. 항상 우울한 마음을 갖고 살았던 삭개오는 주님을 영접하고 모든 어두운 문제가 해결되자 얼마나 기뻤는지 모릅니다. 너무나 감격하여 눈물까지 내비칠 정도였습니다. 이제 삭개오는 주님 앞에서 진실되게 마음의 무릎을 꿇고 자복하고 회개합니다. 그리고 주님께 구원받은 삭개오는 이웃 사랑의 실천을 결단합니다.

> "주여 보시옵소서 내 소유의 절반을 가난한 자들에게 주겠사오며 만일 누구의 것을 속여 빼앗은 일이 있으면 네 갑절이나 갚겠나이다"(눅 19:8).

그러자 이렇게 주님을 영접한 삭개오의 집에 대대적인 변화가 일어났습니다. 어두웠던 집에 밝은 빛이 비치며 구원의 역사가 일어나고, 하나님께서 주시는 평강과 평화의 삶이 시작되었습니다.

오늘도 주님은 우리가 높은 뽕나무에서 내려와 마음의 문을 활짝 열고 겸손한 마음으로 주님을 만나 뵙기를 기다리고 계십니다. 우리 모두가 삭개오와 같은 구원의 열망을 가지고 주님을 만나기 위해 모든 방해물을 헤치며 나아가야 합니다. 그리고 주님을 우리 마음 한가운데에 모셔들여야 합니다. 삭개오와 같이 주님을 우리 삶의 주인으로 좌정시켜 드릴 때 우리의 모든 문제가 해결되고 주 하나님의 은혜와 축복이 우리의 삶에 풍성하게 넘칠 것입니다.

묵상14

믿음과 선행

이 세상에는 수많은 크고 작은 종교들이 존재합니다. 그러나 한 가지 주목할 만한 것이 있는데 우리 그리스도교를 제외한 모든 종교들, 예를 들면 이슬람교나 힌두교 그리고 불교와 같은 거대한 종교들과 작은 군소 종교들까지도 모두 공통적으로 그들의 신도들에게 "삶 속에서 최선을 다하여 덕을 쌓고 선을 행하며 살아라. 그리하면 그 선행으로 인하여 구원을 얻어 사후에 좋은 곳으로 가게 될 것이다"라고 가르친다는 것입니다. 물론 그들이 신도들에게 선행을 권하는 것은 꼭 필요한 일이고, 그러한 선행이 우리 사회를 더 아름답고 평화롭게 만드는 것도 사실입니다. 그러나 우리 성도의 구원이란 측면에서 살펴보면, 전지전능하신 신의 능력이나 그분의 은혜와는 무관하게 우리 인간들의 선행만으로도 구원받을 수 있다고 가르치는 다른 종교들의 구원론은 자신의 행위로 자신을 구원할 수 있다고 자만하는 '자력구원론'입니다. 그리고 그러한 자력 구원은 아쉽게도 완전치 못하고 제한된 인간의 능력 때문에 실패할 수밖에 없는 '행위구원론'으로 끝나게 됩니다.

그와는 다르게 우리 그리스도교의 신약 성경은 "하나님의 미쁘심(신실하심)을 믿는 너희 성도는 자비의 하나님께서 거저 베푸시는 은혜와 믿음으로 너희의 선행 없이도 그리스도의 보혈로 죄 사함을 받고 이미 구원을 받았다. 그러므로 너희는 하나님의 은혜로 구원받은 의인답게 하나님의 뜻인 선을 행하며 살아가야 한다"라고 가르칩니다. 즉, 우리의 구원에서 인간의 선한 행위보다 주 하나님의 은혜가 반드시 선행되어야 하며, 그 주님의 무한한 사랑과 은혜가 우리 구원의 주체임을 선포하는 것입니다.

신약 성경에서 자주 사용하는 구절인 하나님 앞에서 '칭의(의롭다고 선언) 되었다'는 표현은 하나님의 은혜로 우리의 모든 죄가 그리스도의 보혈로 깨끗이 씻기어 하나님 앞에서 의인으로 바뀌어 구원받았다는 또 다른 구원의 표현입니다. 사도 바울은 로마서 3장에서 "의인은 없나니 하나도 없고, 선행으로 하나님 앞에서 의롭게 될 육체는 없다"고 선포합니다. 출생할 때부터 아담의 죄성을 이어받고 태어나는 우리 인간의 부족함을 가르치는 말씀입니다. 따라서 우리 그리스도교의 개신교가 16세기의 여러 종교개혁자들의 사상을 따라서 "부족한 우리 인간의 선한 행위로는 하나님 앞에서 의인이 될 수 없다는 것과 오직 하나님의 은혜로 인한 그리스도의 십자가 사건에 의해서만 하나님 앞에서 죄인이었던 우리가 의인으로 선포되어 구원받을 수 있다"고 가르치는 것은, 사도 바울의 가르침을 바르게 따르고 있는 것이라고 할 수 있습니다. 이것은 바울 사도가 신약 성경의 로마서와 갈라디아서의 앞쪽 부분에서 특별히 강조하는 '이신칭의' 신앙, 즉 인간의 행위로 성도가 구원받는 것이 아니라 오직 '하나님의 은혜'와 그리스도를 신실하게 믿는 '성도의 믿음'으로 구원받는다는 가르침을 올바르게 따르고 있는 것이라고도 볼 수 있습니다.

그러나 한 가지 심각한 문제점은, 적지 않은 그리스도교 성도들이 종종 사도 바울이 로마서와 갈라디아서 성경의 앞쪽 부분(롬 1-11장; 갈 1-4장)에서 강조하는 '은혜로 인한 칭의'(구원)만을 직설적으로 받아들이고, 뒤쪽 부분(롬 12-15장; 갈 5-6장)에서 가르치는 칭의(구원) 받은 자가 반드시 따라야 할 윤리적 행위, 즉 거룩한 '성도의 삶'의 의무를 잘 이해하지 못하거나 무시해 버려서 하나님의 은혜가 참된 은혜로 성도의 삶 속에서 생명력을 나타나지 못하게 한다는 것입니다. 그들은 사도 바울의 이신칭의 신앙을 '행위가 아닌 오직 하나님의 은혜로만 구원을 받는다'는 이론적인 사상으로만 오해하고, 구원을 받은 의인으로서의 참열매인 성도들의 선한 행위는 무시한 채, 하나님께서 우리에게 베푸신 고귀한 은혜를 값싼 은혜로 만들어버리거나 행함이 없는 빈 껍데기 믿음으로 전락시키는 것입니다.

우리는 바울 사도가 로마서와 갈라디아서의 앞 부분에서 가르치고 강조하는 교훈인 오직 하나님의 은혜와 성도들의 믿음으로 구속자인 그리스도 안에서 의롭게 되어 구원받았다는 이신칭의 사상을 받아들여야 합니다. 그리고 그 교훈과 더불어 그 서신들의 뒤쪽 부분에서 함께 강조하고 있는 의인이 된 성도는 반드시 거룩한 성화의 삶을 살아가야 한다는 교훈을 함께 인식하여 행함이 있는 믿음을 소유한 그리스도인이 되어야 합니다. 우리가 전적으로 하나님의 은혜와 뜻에 의해서 의롭게 되었다(구원받았다)는 것은, 우리가 하나님의 뜻에 따라 의인으로 살아야 한다는 임무를 함께 받은 것이며, 그러므로 이제는 하나님의 뜻에 따라 의인으로 살 수 있다는 확신과 소망을 함께 가질 수 있게 하는 것입니다.

이제 의인으로서 구원받은 우리 성도들은 하나님의 은혜로 이 세상의 죄와 악의 종노릇에서 해방되었기 때문에 하나님의 뜻을 잘 분별하여, 주님의 뜻에 순종하게 하시는 하나님의 영, 즉 성령님의 인도하심을 따라 성화의 삶을 살 수 있는 것입니다. 이 보혜사 성령님의 인도하심과 능력 주심에 따라 하나님의 통치를 받으며 사는 우리는 이제 육신의 열매들, 즉 "음행과 더러운 것과 호색과 우상숭배와 술수와 원수 맺는 것과 분쟁과 시기와 분냄과 당 짓는 것과 분리함과 이단과 투기와 술 취함과 방탕함"(갈 5:19-21)에서 온전히 해방되어 성령의 열매들, 즉 "사랑과 희락과 화평과 오래 참음과 자비와 양선과 충성과 온유와 절제"(갈 5:22-23)를 우리의 삶 속에서 맺게 되는 것입니다. 우리 성도님들 속에 거하시는 성령님은 우리에게 주어진 하나님의 은혜를 참은혜 되게 만드시어 우리를 참된 의인으로 살 수 있도록 인도하여 주시며, 이 하나님의 은혜는 또한 여러 종류의 은사라는 형태로 각각의 성도들에게 개별적으로 나타나서 각 성도님들이 하나님을 섬기고 또 그들의 교회와 이웃을 섬기게 하는 각자의 능력이 되는 것입니다.

사도 바울은 우리 성도들 모두가 주 예수 그리스도의 재림 때 그분의 심판대 앞에서 우리가 이미 첫 열매로 받은 의인 됨(구원받음)이 우리의 성화의 삶으로 다시 한번 재확인되어야 할 것을 강조합니다(고전 3:13-15; 고후 5:10). 그리고 우리 성도들이 믿음으로 이미 들어간 의인의 상태에서 낙오되지 않고 계속 머무르며 성령의 열매들을 맺어가는 거룩한 삶을 살아감으로써 최후의 심판대 앞에서 흠이 없는 자들로 나타나야만 할 것을 함께 가르칩니다(고전 1:7-8; 빌 1:9-11). 그러한 흠 없는 자가 되기 위해서는 우리의 구원을 끝까지 완성하여 주실 하나님의 절대 변하지 않는 신실하심, 즉 미쁘심을 믿고 그 미쁘심에 의지함으로써 오는 안도감과 더불어 소망과 비전을 함께 가지고 살아가야 하는 것입니다. 그와 동시에 최후의 심판대 앞에 서야만 하는 '두려움과 떨림'의 긴장 속에서 깨어 있는 삶인 코람데오의 삶(하나님의 눈앞에서의 삶)을 살아가야 한다고 성경은 말씀하고 있는 것입니다. 이렇게 구원의 확신과 더불어 최후의 심판에 대한 두려움과 떨림의 이중적인 긴장감을 함께 느끼며 살아갈 때에 비로소 우리는 참된 그리스도인으로서 바른 신앙을 갖게 되고, 세상 풍파에 흔들리지 않는 견실한 믿음을 소유한 성도로서 많은 선행을 베풀며 살 수 있게 되는 것입니다.

그러나 그러한 성화의 삶 속에서도 꼭 명심할 것은, 바울 사도가 그의 서신에서 구원의 근거로 강조하는 것은 하나님의 자비로우신 '은혜'이고, 구원의 조건으로 강조하는 것은 신실한 성도의 '믿음'이지 성도의 선한 행위는 아니라는 것입니다. 언제나 하나님의 은혜가 우리 구원의 원천이 되고 하나님께서 주시는 믿음이 우리 구원의 통로가 되는 것입니다. **그럼에도 불구하고** 하나님의 은혜로 구원받은 우리가 모세의 율법의 완성이 되시는 예수 그리스도의 가르침에 적극적으로 순종하는 자세로 살아가는 제자도의 삶, 즉 성화의 삶이라는 행위를 경시해서는 안 된다는 것입니다. 왜냐하면 성화의 삶이 성도에 대한 하나님의 구원의 조건은 아닐지라도 성화의 삶을 통해서만이 죄인인 우리가 하루하루 하나님의 아들이신 의로운 그리스도의 형상으로 바뀌어 갈 수 있기 때문입니다. 그리고 그러한 변화로 인하여 최후의 심판대에서 그리스도의 형상 그리고 하나님의 형상을 소유한 진정한 의인들, 흠이 없는 자들로서 최종적으로 주님께 재확인되어 우리 모두가 의로우신 하나님의 영광에 참여할 수 있게 되고 주님과 함께 영생 복락을 누릴 수 있기 때문입니다.

현대 기독교 복음주의 운동의 진정한 뿌리요, 종교 개혁의 완성자라고까지 불리는 영국의 복음주의 목회자 존 웨슬리 목사는 다음과 같이 가르칩니다.

"신앙 생활의 목표는 칭의에 그치는 것이 아니라 하나님의 형상을 회복하여 그의 거룩한 성품에 참여하는 성화의 완전에 있습니다. 참된 신앙은 단지 하나님의 은혜로 죄를 용서받는 것에 그치는 것이 아니라 성령으로 인해 중생(거듭남)을 거쳐 하나님의 형상 안에서 인류가 새롭게 창조되는 성화의 완전, 즉 신성으로 충만해지는 그리스도인으로 성숙하여지는 것입니다."

이제 하나님의 무한하신 은혜와 그리스도의 십자가의 보혈로 구원받은 우리 성도님들 모두가 더욱 땀 흘리고 수고하며 하나님의 형상을 닮아 가는 성화의 삶을 살아가시기를 바랍니다. 그리고 주님의 이웃 사랑의 가르침에 따라 우리 이웃들에게 많은 선행을 베풀고 화평하며, 이미 구원받은 의인답게 진실과 정직함으로 주님 앞에서 하루하루를 보람 있게 살아가기를 소망합니다.

묵상 15

주님의 침묵

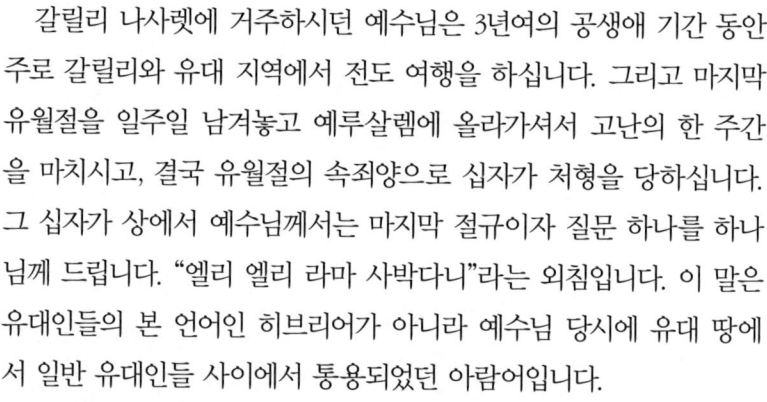

　갈릴리 나사렛에 거주하시던 예수님은 3년여의 공생애 기간 동안 주로 갈릴리와 유대 지역에서 전도 여행을 하십니다. 그리고 마지막 유월절을 일주일 남겨놓고 예루살렘에 올라가셔서 고난의 한 주간을 마치시고, 결국 유월절의 속죄양으로 십자가 처형을 당하십니다. 그 십자가 상에서 예수님께서는 마지막 절규이자 질문 하나를 하나님께 드립니다. "엘리 엘리 라마 사박다니"라는 외침입니다. 이 말은 유대인들의 본 언어인 히브리어가 아니라 예수님 당시에 유대 땅에서 일반 유대인들 사이에서 통용되었던 아람어입니다.
　유대인의 조상들은 예수님이 이 땅에 오시기 약 600여 년 전 바벨론 땅에 포로로 잡혀가 70년간의 포로 생활을 그곳 아람 지역에서 하게 됩니다. 그들이 70년이란 긴 세월 동안 포로로 아람 땅에서 살면서 몇 세대가 그곳에서 바뀌게 되었고, 새로운 세대들은 유대인들의 고유 언어인 히브리어를 배우지 못하고 그곳 바벨론 지역 언어인 아람어를 배워서 그들의 상용어로 사용하게 됩니다. 그리고 바벨론이 바사에 의해 패망한 후 포로 생활을 하던 유대인들은 그곳 아람 땅에서 체류하기를 원하는 일부 사람들을 제외하고는 대부분 유대 땅으로 귀환하게 됩니다. 그러나 그들이 유대 땅으로 귀환한 지 무려 500여 년이라는 세월이 흘렀지만 그들의 언어인 히브리어를 이미 다 잊어버린 일반 유대인들은 예수님 당시까지도 그들의 상용어로 아람어를 사용하고 있었습니다. 그들의 언어였던 히브리어는 이제 종교언어로 분류되어 극히 일부 종교 지도자들 사이에서만 사용되고 있던 상황이었습니다.

따라서 유대인들의 상용어인 아람어를 함께 사용하시던 예수님의 마지막 절규 "엘리 엘리 라마 사박다니"라는 질문도 당연히 아람어였고, 그 뜻은 우리말로 "나의 하나님 나의 하나님 어찌하여 나를 버리셨나이까"라는 의미입니다(막 15:34). 그러면 무엇 때문에 예수님은 마지막 순간에 이러한 고통스러운 질문을 하나님 아버지께 하셨고, 또 왜 하나님께서는 아무 응답도 없이 이 질문에 침묵하셨을까요? 이 미스터리한 성경 구절을 따라가며 침묵하시는 하나님을 좀더 알아보는 묵상의 시간을 갖겠습니다.

하나님은 그분의 독생자 예수께서 사악한 유대 지도자들에게 고통을 당하시고 결국 십자가 처형을 받는 순간에 외치는 이 절규를 들으시고 한마디의 응답도 없이 침묵 속에 계셨습니다. 왜 그러셨을까요? 우리의 마음속에 커다란 의구심이 생기기 시작합니다. '하나님은 과연 존재하시는 분인가? 하나님이 살아서 역사하신다는 말이 정말일까? 만약 정말이라면 무엇 때문에 하나님께서는 악인들 앞에서 잠자코 계시며, 자신의 독생자가 고통스럽게 죽어가는 것을 구경만 하고 계실까? 골고다 언덕에서 예수님의 마지막 임종이 보여 주는 현장을 머릿속에 그리며 우리는 많은 의문에 갇힐 수밖에 없습니다. 예수님께서 처형당하실 때 하나님은 전혀 응답이 없이 침묵으로 일관하셨기 때문입니다. 이 하나님의 침묵에 대하여 많은 사람들이 제각기 답을 제시합니다. 독일의 실존주의 철학자 니체는 신은 죽었기 때문이라고 답했습니다. 어떤 사람들은 말보다 침묵이 값진 것이라 말을 아끼시는 것이라고 애매모호한 대답도 합니다. 또 어느 신학자는 침묵도 대화 속에서 사용할 수 있는 소리 없는 하나의 언어라고도 합니다. 어느 것이 정답일까요? 이제 좀더 그 답을 향해서 나아가 보겠습니다.

구약에서 하나님은 모세나 선지자들을 통해서 자주 말씀하셨습니다. 그러나 구약의 마지막 성경인 말라기서 이후 예수 그리스도의 탄생까지 거의 400년이라는 긴 공백기(구약과 신약의 중간 시기)에는 하나님께서 거의 침묵으로 일관하셨습니다. 그리고 예수님 승천 이후에 12 사도들이 무참하게 순교를 할 때에도 하나님께서는 침묵하셨고, 많은 시간이 흘러 중세기와 현대에 들어와서 비참한 전쟁 속에서 유대인을 포함하여 수백만의 무고한 사람들이 죽임을 당하여도 역시 침묵하셨습니다. 왜 그렇게 하셨을까요?

우리는 우선 이 침묵이라는 단어를 좀더 자세히 들여다보아야 합니다. 침묵에 대하여 냅시라는 사상가는 이 세상에는 세 종류의 침묵이 존재한다고 말합니다. 첫째는 겨울 날에 하얗게 떨어지는 눈송이 같은 고요함의 침묵이요, 둘째는 먼동이 트기 직전 한 시간 정도의 기다림과 준비의 침묵이며, 셋째는 죽은 자의 영원한 침묵이라는 것입니다. 그러나 사실 침묵은 그러한 서정적인 침묵 외에도 더 많은 다른 유형이 존재합니다. 사색을 위한 침묵, 동의의 침묵, 위로하기 위한 침묵, 저항의 침묵 그리고 사랑의 침묵 등 수도 없는 침묵이 우리의 대화 속에 존재합니다.

성경 속에서 주 하나님께서는 여러 경우에 침묵하시거나 침묵으로 답을 대신하십니다. 그 하나님의 침묵은 때로는 사랑의 표현이었고, 때로는 기다림의 시간이었으며, 때로는 자기 백성들을 훈련시키기 위한 준비의 시간이기도 하였습니다. 그러나 하나님의 백성들에게는 하나님께서 침묵하는 그 시간이 가장 참기 어려운 혹독한 시간이기도 합니다.

인류를 구원하기 위해서 반드시 완수해야만 하는 구속자의 사명을 다하려고 골고다 언덕의 십자가 위에서 우리 인간들의 죄 사함을 위하여 처절하게 죽어가는 자신의 독생자의 마지막을 보시며 아버지 하나님은 침묵하셨습니다. 주 하나님께서는 찢어질 듯한 가슴을 부여잡고 자신의 아들의 처절한 고통을 그저 안타깝게 바라만 볼 수밖에 없었습니다. 그러나 그 하나님의 침묵은 바로 우리 인류를 위한 사랑의 침묵이었습니다. 예수님은 고통 속에서 마지막 비명을 지르셨습니다. 그 비명은 "엘리 엘리 라마 사박다니"라는 질문이자 피 맺힌 절규였습니다. 이러한 상황만 보면 예수님과 하나님 사이는 이제 모든 것이 끝장난 것처럼 보입니다.

그러나 예수님의 이 질문을 잘 살펴보면 질문하는 대상이 다른 사람이 아닌 바로 자신의 아버지 하나님인 것을 알 수 있습니다. 골고다 언덕에서 예수님은 빌라도나 로마 백부장이나 주위의 유대 지도자들을 내려다보면서 물었던 것이 아니라, 바로 자신을 내려다보고 계시는 성부 하나님을 올려다보면서 절규로 묻고 있는 것입니다. 성부 하나님께서는 예수님의 아버지가 아니십니까? 하나님이 아버지이시기 때문에 예수님께서는 아들인 자기를 왜 사랑하지 않으시고 이렇게 버리시느냐고 묻고 있는 것입니다. 우리가 다른 사람에게 사랑을 고백하거나 상대방에게 사랑해 달라고 요구할 때 아무에게나 하지는 않습니다. 서로 깊게 사랑하는 사이에서만 할 수 있는 것입니다. 이 예수님의 하나님을 향한 마지막 질문 자체가 하나님과 예수님 사이의 깊은 사랑을 보여 주고 있는데, 그 두 분은 사랑하는 아버지와 사랑하는 아들 사이라는 것입니다. 즉, 이 질문은 사랑하는 아들이 사랑하는 아버지에게 하는 질문이었고, 그 아버지는 사랑하는 아들의 죽음 앞에서 아픈 가슴을 부여잡고 침묵이라는 언어로 그분의 아들과 우리 인간에 대한 사랑을 표현하고 있는 것입니다. 그러나 그것으로 끝난 것이 아니었습니다. 주 하나님께서는 곧 사랑하는 아들의 처절한 절규의 질문에 답하시기 위해 실질적인 행동에 나섭니다. 그것이 바로 부활이라는 사랑의 답이었습니다. "엘리 엘리 라마 사박다니"라고 절규하며 죽어간 사랑하는 아들의 질문에 아버지 하나님께서는 '삼 일 만의 부활'이라는 사랑의 응답을 침묵 속에서 준비하고 계셨던 것입니다.

우리 믿음의 사람들은 인생을 살아가다가 어려운 상황을 맞이하면 어느 누구나 주님께 간구의 기도를 드립니다. "주 하나님, 이 문제를 속히 해결해 주세요"라고 기도하거나, "그 사람의 마음을 돌려주세요" 혹은 "이 어려운 상황을 바꾸어 주세요"라고 절실한 간구의 기도를 주님께 드리게 됩니다. 그러나 많은 경우에 하나님께서는 침묵으로 응답하십니다. 그러면 우리는 하나님이 우리의 기도에 응답하시지 않는 것 같고 우리에게 더는 관심을 두시지 않는 것 같아서 절망과 의심에 싸이게 됩니다. 그리고 나면 두려운 마음이 우리 가슴속에 물밀듯 몰려들어 옵니다. 하나님이 침묵하시는 동안 우리는 마치 빛이 없는 칠흑 같은 동굴 속에서 혼자 헤매는 것처럼 앞이 깜깜하게만 느껴집니다. 하나님을 의심하면서 우리 삶 속에서 주님을 더는 만날 수 없다고 낙심하는 그 침묵의 시간이 우리에게는 가장 어둡고 두려운 시간이며, 이것보다 더 절망적인 상황은 없을 것입니다. 이 세상에 아무도 우리에게 관심을 두지 않고 도와주지도 않는 것 같습니다.

그러나 아무도 우리를 보살피지 않고 도와주지 않는 그 순간에도 하나님은 우리를 사랑스러운 눈으로 저 위에서 바라보고 계십니다. 미쁘신 하나님은 결코 우리를 포기하거나 버리지 않으십니다. 우리를 침묵이라는 긴 기다림의 시간에 집어넣으시고 주님께서는 계속해서 우리를 위해서 일하십니다. 우리의 간절한 기도에 응답하시기 위해 끊임없이 일하시는 것입니다. 우리는 침묵의 시간, 어려움의 시간 그리고 그 긴 기다림의 시간이 제발 없었으면 좋겠다고 생각하지만, 그 시간이 없으면 우리 자신의 반성과 속사람의 변화와 미래의 영광된 축복도 있을 수 없습니다. 그 어둠의 시간, 어려움의 시간 그리고 그 침묵의 시간은 우리 자신을 성찰하고 속사람을 바꾸어 갈 수 있는 주옥같이 귀한 시간이며, 우리의 더 나은 미래를 위하여 주님께서 준비하시는 시간입니다. 사실 그 시간은 우리에게 은혜의 시간이요, 축복의 시간이며, 믿음 성장의 시간이라고 할 수 있습니다. 그 어둠과 어려움의 시간 그리고 하나님의 침묵의 시간을 거부하지 말고 받아들이며, 때가 차서 주 하나님이 모든 문제를 해결하여 주시고 우리를 축복하실 때까지 기다리는 굳건한 인내를 기르시기 바랍니다. 왜냐하면 주님의 침묵은 결코 끝이 아니며 새로운 날들을 우리에게 열어 주시려는 행복의 전주곡이기 때문입니다.

묵상16

하나님은 사랑이시라

사랑의 사도라고 불리는 요한 사도가 기록한 요한1서 4장에는 "하나님은 사랑이시라"라고 두 차례나 기록되어 있습니다. "하나님이 세상을 이처럼 사랑하사 독생자를 주셨으니"(요 3:16)라고 하며 줄곧 그의 복음서에서 하나님이 우리 인간을 끝없이 사랑하신다고 칭송하던 사도 요한이 왜 갑자기 "하나님은 우리를 사랑하신다"라고 말하지 않고 "하나님이 바로 사랑입니다"라고 하며 하나님과 사랑을 마치 동의어처럼 말할까요? 조금 의아한 이 구절을 함께 묵상해 보기로 하겠습니다.

이 세상에 살고 있는 모든 사람은 다른 사람의 사랑을 받으며 살기를 원합니다. 왜냐하면 인간들 사이의 갈등과 다툼 그리고 시기와 질투보다는 아름다운 사랑이 우리를 더 기쁘고 즐겁게 하며 우리 삶에 더 많은 유익을 주기 때문입니다. 그러나 아무리 한 사람이 다른 사람을 사랑하고 자기의 진정한 사랑을 주려고 해도 상대방이 그 사랑을 받을 준비가 되어 있지 않으면 그러한 사랑은 이루어질 수 없습니다. 마치 짝사랑처럼 말입니다. 따라서 어떠한 사랑이 이루어지기 위해서는 반드시 사랑을 주는 사람과 받는 사람이 서로 주고받을 준비가 되어 있어야 하고, 서로의 마음이 일치하고 서로의 감정이 교감되어야 합니다. 하나님과 우리 인간 사이의 사랑도 마찬가지입니다. 하나님께서는 하해와 같은 사랑을 우리 인간들에게 주시기를 원하시지만, 많은 사람들이 그 사랑을 받을 준비가 되어 있지 않거나 그 고귀한 사랑을 받기를 거절합니다. 혹시 여러분은 어떻습니까? 거룩하신 하나님의 사랑을 받을 준비가 온전하게 되어 있다고 생각하십니까? 만약 하나님의 고귀한 사랑을 받을 준비가 아직도 온전하게 되어 있지는 않은 것 같다는 생각이 든다면 이 시간 함께 그 준비를 마칠 수 있기를 바랍니다.

    우선 우리가 하나님의 사랑을 받기 위해서는 사랑의 주체이신 하나님을 그분의 말씀을 통하여 잘 알고 있어야 합니다. 주님께서도 구약 성경의 호세아서를 통하여 "나는 인애를 원하고 제사를 원하지 아니하며 번제보다 하나님을 아는 것을 원하노라"(호 6:6)라고 말씀하시지 않습니까? 구약 시대의 제사와 번제라는 것은 현대 우리의 교회에서는 예배와 헌금이라고 할 수 있습니다. 하나님께 올려 드리는 그러한 예배와 헌금도 중요하지만, 더욱 중요한 것은 하나님을 사랑하고자 하는 마음속에서 성경 말씀을 통하여 그분을 옳게 아는 것입니다. 특별히 하나님의 본질이 사랑이심을 잘 알아야 합니다. 그런 다음에는 그분을 우리 마음속에 모셔 들여야 합니다. 만약 우리가 하나님을 잘 모르고 하나님의 본질인 사랑에 대해서도 잘 모른다면 우리는 하나님을 우리 가슴속에 모시기가 어렵습니다. 우리가 하나님을 잘 알고 그분의 본질인 사랑을 느끼며 그분을 우리 가슴 한가운데 좌정시켜 드리고 우리의 믿음 생활을 이어 갈 때, 우리의 마음속 깊은 곳에서 하나님의 사랑이 싹이 트고 자라서 사랑의 그리스도인으로 바뀌게 됩니다. 그러기에 요한 사도가 하나님은 사랑 그 자체라고 말하는 것입니다. 우리의 마음 밭에 사랑 그 자체인 하나님께서 직접 들어오셔서 우리 마음 밭을 부드럽게 일궈 주시고 그분의 씨앗을 뿌려 주셔야 그 사랑의 씨앗이 우리의 마음 밭에 심겨져 30배, 60배, 100배의 사랑의 열매를 맺을 수 있게 되기 때문입니다.

그러면 구체적으로 우리가 어떻게 해야 하나님을 우리 마음속에 모셔서 주님의 사랑의 결실을 맺을 수 있을까요? 우리가 갈망하는 하나님의 사랑은 하나님께서 피상적으로 그분의 백성에게 하나씩 나누어 주는 우리 인간들 사이의 물질적인 선물 같은 것이 아닙니다. 그것은 영이신 하나님께서 은혜와 자비로 우리 각자의 마음속에 친히 들어오셔야 합니다. 그러기 위해서는 우리 자신이 끊임없는 기도를 통해서 은혜로우신 주님께서 우리 마음속에 들어오시기를 절실히 간구해야 합니다. 그와 동시에 우리의 마음의 문 그리고 믿음의 문을 활짝 열어서 사랑의 하나님을 우리 마음 한가운데 좌정시켜 드릴 준비를 하여야 합니다. 하나님께서 우리 마음속에 친히 들어오시고 우리 마음속에 좌정하시며 우리와 늘 동행하는 삶을 살아가실 때 비로소 사랑 자체인 하나님을 진정으로 우리 마음속에 소유하며 살게 되는 것입니다. 그리고 사랑 자체인 하나님을 늘 우리 심령으로 느끼며 그 사랑에도 감사할 수 있게 되는 것입니다.

창세로부터 하나님께서는 세상 만물 안에 늘 자신의 사랑을 온전히 드러내고 계십니다. 사시사철을 지내는 나무들을 보십시오. 봄에는 새 잎새를 새로이 나오게 하시고, 태양 광선과 수분이 많은 여름에는 잎새들을 풍성하게 하셔서 그 입새들의 광합성을 통하여 나무를 튼튼하게 성장하게 하시며, 가을에는 추운 겨울을 대비해서 낙엽과 강한 바람으로 잎새를 떨구어 주셔서 물과 광선이 충분치 않은 겨울을 대비케 하시는 하나님의 오묘한 사랑을 보십시오. 그리고 자기가 갓 낳은 어린 새끼들을 혀로 핥아주며 지극정성으로 돌보는 어미 개의 모성애를 보십시오. 그러한 것들이 세상 만물 안에 묻어 있는 창조주 하나님의 사랑입니다. 아직 하나님을 모르는 비신자들 사이에서조차도 그런 하나님의 사랑인 모성애나 부성애가 존재합니다. 왜냐하면 그들도 하나님이 창조하신 인간이고, 그들은 인식하지 못하고 있지만 보편적인 하나님의 사랑이 그들 안에 묻어 있기 때문입니다. 그러나 하늘나라의 참된 하나님의 사랑, 영원히 지속되는 사랑 그리고 하늘로부터 내려오는 신령한 사랑은 하나님을 그 마음속에 모시지 않고 사는 비신자들은 결코 소유할 수 없습니다. 우리가 그러한 참되고 신령한 하나님의 사랑을 원한다면 사랑 자체인 하나님을 우리 마음속에 모시고 늘 동행해야 합니다. 하나님을 나의 구주로 영접하고 그분을 성령의 형태로 내 안에 모시고 늘 동행하며 살아갈 때에 그 하나님의 사랑의 꽃은 우리 마음속에서 만개하여 우리 마음을 참평안으로 이끌고 하루하루를 즐거움과 감사함 속에서 살 수 있도록 인도합니다. 이 얼마나 놀라운 일입니까? 늘 겸손한 마음으로 주님께 감사하며 찬양합시다. 이 자비롭고 거룩하신 하나님이 내 안에 들어오셔서 나를 소유하시고 그분의 쓰임에 합당한 그릇으로 내 자신을 변화시켜 가시기를 늘 기도합시다. "주여, 제 안에 들어오셔서 하나님의 사랑으로 저의 마음을 풍성하게 채워 주세요. 골고다 언덕에서 십자가를 지신 하나님의 아들 주 예수의 은혜와 사랑에 감사드립니다. 저를 취하시어 주님의 사랑의 전도사가 되게 하시옵소서"라고 늘 기도하는 삶을 살아갑시다.

그러면 우리가 하나님을 우리의 가슴속에 모시고 그 하나님과 동행하며 그분의 사랑을 온종일 느끼며 살기 위해서 우리가 더 해야 할 일은 무엇일까요? 우선 우리는 하나님과의 동행 속에서 그분의 사랑을 느끼기 위해서 주님의 본질인 사랑에 대해서 좀더 친숙해져야 합니다. 우리 안에 내주하시는 하나님의 사랑의 실체가 구체적으로 무엇이라고 생각합니까? 어떤 성도님은 하나님과 동행하면서 얻는 마음속의 평안과 기쁨이라고 말합니다. 또 어떤 성도님은 매일매일의 삶 속에서 얻는 용기와 범사가 형통하게 되는 복이 하나님의 사랑이라고 합니다. 다른 많은 사람들은 고통스러웠던 그들의 난치병이 하나님의 사랑으로 깨끗이 치유되었다고도 합니다. 그렇습니다. 그 모든 것들이 다 우리를 향한 하나님의 따뜻한 사랑입니다.

지금 이 순간 여러분은 자기 자식을 향한 어머니의 사랑과 같은 하나님의 포근한 사랑이 실감 나게 느껴지고 있습니까? 하나님의 사랑을 가슴속 깊이 느끼며 아침부터 저녁까지 주님을 찬송하고 감사하며 살고 있습니까? 사실 안타깝게도 하나님의 따뜻한 사랑을 늘 마음속에 느끼며 사는 성도들이 그리 많지는 않은 것 같습니다. 왜 그럴까요? 그 이유는 하나님의 사랑 안에서 우리의 심령이 온전해지지 않았기 때문입니다. 심령이 온전해진다는 것은 우리가 사랑의 하나님을 닮아간다는 말입니다. 또한 하나님의 형상이신 예수님을 본받아 하나님을 사랑하고 이웃을 사랑하는 행복을 느끼며 산다는 말도 됩니다. 혹시 성도님들은 하나님을 사랑하는 마음이 그동안 많이 부족하였다고 생각하지는 않으십니까? 만약 그렇다면 독생자이신 예수님처럼 하나님을 좀더 의지하고 하나님의 말씀에 더욱 순종하며 더욱더 진실되게 주님을 사랑하고 그분의 사랑 안에 거하려고 노력해 보십시오.

사도 요한도 "하나님은 사랑이시라 사랑 안에 거하는 자는 하나님 안에 거하고 하나님도 그의 안에 거하시느니라"(요일 4:16)라고 말합니다. 우리가 하나님의 사랑에 좀더 친숙해지기 위해서는 주님을 사랑한다는 고백을 더 자주 입에 올리며 주님께 더 가까이 나아가야 합니다. 우리가 주님 안에서 기도하며 우리 안에 거하시는 하나님을 더욱더 사랑하려고 노력하면 성령님께서도 자녀인 우리에게 주님의 사랑을 더 많이 느끼도록 도와주시고 그 사랑에 더욱 친숙하도록 이끌어 주실 것입니다. 저는 사랑이신 하나님께서 우리에게 반드시 그러한 사랑을 베풀어 주실 것이며, 주님도 역시 우리의 진실한 사랑을 절실하게 원하고 계신다고 확신합니다. 지금 이 시간 우리에게 절실하게 필요한 것은 하나님을 향한 더 많은 우리의 사랑이며 주님 앞에서의 끊임없는 사랑의 고백입니다. 주 안에서 형제자매된 성도 여러분의 가슴속에 하나님의 따뜻한 사랑이 가득하기를 소원합니다. 골고다 언덕에서의 예수님의 뜨거운 사랑이 성도님들 가슴속에 풍성하게 임하시길 간절히 축원드립니다.

묵상 17

미래로 나아가는 삶

　우리는 흔히 세상을 살아가는 사람들의 인생 스타일을 셋으로 구분합니다. 첫째 스타일은 과거 속에 머물며 살고 있는 사람들입니다. 이런 부류의 사람들은 아직도 과거에서 빠져나오지 못하고 과거 속에 묻혀 오늘을 사는 사람들입니다. 어떻게 보면 몇몇 특수한 계층의 사람들만 그렇게 사는 것 같지만, 사실은 적지 않은 사람들이 과거 속에 머물며 현재를 살아가고 있습니다. 그들의 모든 삶은 항상 과거와 연관되어 있어서 현재를 살면서도 생각은 과거 속에서 빠져나오지 못한 채, 소위 젊은이들이 말하는 '라떼(나때)'족으로 살고 있습니다. 항상 "나 때는 말이야" 하며 말을 시작합니다. 미래 지향적이기보다는 과거 지향적인 사람들이라 말할 수 있습니다. 그렇다고 해서 과거의 일들이 모두 필요 없다는 뜻은 아닙니다. 예를 들어 과거의 아름답고 행복하였던 추억들은 우리가 마음속에 꼭 간직하고 살아가야 하는 것 아니겠습니까? 그러나 과거의 아름다운 추억

속에 묻혀서 현재의 삶 속에서 또 다른 새롭고 아름다운 추억을 만들어 가지 못하거나 앞으로 다가올 미래의 소망과 비전을 외면하고 산다면 그것은 우리가 추구할 삶의 방식은 아닐 것입니다.

이렇게 과거에 묶여서 사는 사람들의 특징은 과거의 아름다웠던 추억들, 예를 들면 형제자매들과의 잊지 못할 추억들, 부모님과의 감사한 추억들, 자식들과의 행복하였던 시간들 그리고 친구들과의 우정 어린 추억들을 안고 살기보다는, 주로 과거에 남에게 받았던 상처들이나 아픔들 그리고 그에 대한 원한들 또는 과거에 머릿속 깊이 박혔던 철 지난 고정관념들을 여전히 현실로 끌고 들어와서 현실과 타협하지 못하고 갈등 속에 사는 것이 대부분입니다. 누구나 과거의 아픔은 있습니다. 누구나 과거에 억울한 일들도 있었고 서러운 일도 겪었고 정말 잊기 힘든 상처들도 있지만, 그리스도 안에서 죄 사함을 받고 새사람이 되었다고 고백하는 우리 그리스도인들이 아직도 과거에 묶여서 갈등 속에 그리고 원망 속에 사는 것은 거듭난 그리스도인으로서의 삶으로는 적절치 못합니다. 우리에게는 우리가 살아왔던 과거만 있는 것이 아닙니다. 지금 이 시간 우리가 살아가야 하는 현재도 있고, 신실한 하나님의 약속이 우리에게 보여 주는 미래의 새로운 세계들도 있습니다. 우리는 절대로 과거를 바꿀 수 없습니다. 그러나 과거가 우리의 현재나 미래를 망치는 것을 막을 수는 있습니다. 지나간 과거에 묶여 있는 우리의 부정적인 기억들은 모두 십자가에 못 박아 버리고 바울 사도의 가르침을 따라 그리스도 안에서 다시 태어나 새사람이 되어야 합니다.

"그런즉 누구든지 그리스도 안에 있으면 새로운 피조물이라 이전 것은 지나갔으니 보라 새것이 되었도다"(고후 5:17).

두 번째의 삶의 스타일은 현실 속에 묶여서 오직 현실만을 생각하며 사는, 소위 말하는 욜로(You Only Live Once)족으로 사는 사람들입니다. 오늘날 오히려 훨씬 더 많은 숫자의 젊은 사람들이 현실 지상주의자가 되어 오늘만을 위해서 과거의 모든 기억들을 지워 버리고 미래도 생각지 않고 욜로족으로 살아갑니다. 단지 오늘만을 위해서, 조금이라도 더 좋고 더 편하고 더 나은 오늘을 위해서 최선의 노력을 하며 좀더 나은 위치로 올라가려고 처절하게 생존경쟁을 하며 살아가고 있습니다. 그들은 그들의 사전에서 과거라는 단어가 지워져 내일이라는 단어가 존재하지 않는다고 생각합니다. 그리고 그 이유를 내일이라는 단어 자체가 우리가 매일매일 다가가야만 하는 이상적인 시간이지 현실적으로 우리 앞에 나타날 수는 없는 시간이라고 하며 이상한 궤변을 늘어놓습니다. 그들은 내일이란 단어를 향하여 우리가 하룻밤 자고 다가가면 그 내일은 오늘이 되어 버리고 또다시 내일이라는 단어가 우리 앞에 놓이며 내일이라는 시간은 우리로부터 계속해서 도망치기 때문에 우리는 오늘에 살 뿐이지 결코 내일 속에서 살 수 없다고 주장합니다. 같은 맥락의 내일이란 단어에 관한 한 가지 우스운 궤변이 있습니다. 어떤 사람이 자기의 친구에게 큰돈을 빌리면서 내일 꼭 갚겠다고 약속했습니다. 하룻밤을 자고 나서 돈을 빌려준 친구가 '어제 내일 갚겠다고 하고 돈을 빌렸으니 이제 돈을 갚으라'고 하니, 돈을 빌려간 친구가 '내가 언제 오늘 갚겠다고 했느냐, 내일 갚겠다고 했지, 내일은 꼭 갚겠다"고 하며 계속해서 내일을 팔며 빌린 돈을 영원히 갚지 않았다는 이야기입니다. 어찌 보면 그럴듯하지만 우스운 궤변입니다.

그러나 무엇보다도 심각한 것은 내일이 없이 오늘 속에서만 사는 사람에게는 더 나은 미래의 소망이나 꿈이 없다는 것입니다. 재물이 많든 적든, 권력을 소유했든 못 했든 간에 이 세상의 모든 사람은 현실적인 어려움과 고통과 아픔을 안고 살아갑니다. 단지 조금 크고 작고의 차이입니다. 그러나 그 어려움이나 아픔들은 시간이 흐르면 대부분 시간이 스스로 해결해 줍니다. 오늘의 어려운 문제들은 아침에 잔뜩 낀 아침 안개처럼 당장은 암담해 보이지만 시간이 조금 흐르면 언제 그랬냐는 듯이 없어지고 마는 것이 대부분입니다. 바울 사도는 로마서에서 "생각하건대 현재의 고난은 장차 우리에게 나타날 영광과 비교할 수 없도다"(롬 8:18)라고 말하며 자기가 삶의 여정에서 겪은 고통의 시간을 돌아보고 희망찬 미래의 소망을 말합니다. 마치 오늘만 살고 죽을 것처럼, 내일은 없는 것처럼 오늘 하루를 괴로움에 싸여서 고통받기보다는, 좀더 나은 내일을 위해서 오늘의 고통을 희석시켜 날려 보내고 내일의 소망을 갖고 사는 것이 어떨까요? 우리는 과거나 현재에 묶여 좀더 나아질 미래의 삶을 포기하지 말아야 합니다. 그러나 과거가 없는 현재는 없고, 현재가 없이는 미래도 다가오지 않습니다. 내일이 있다는 이유로 오늘 일을 소홀히 여기거나 대충 살아서는 밝은 내일이 우리에게 결코 다가오지 않을 것입니다. 우리에게 다가올 희망찬 미래를 위해 그리고 좀더 나은 내일을 위해 과거의 경험을 거울 삼아 오늘 현재 최선을 다하며 미래의 소망 속에서 살아가야 합니다.

이렇게 미래의 소망을 갖고 미래를 위해서 사는 사람들이 세 번째 삶의 스타일로 인생을 살아가는 사람들입니다. 미래 지향적인 삶이며 가장 이상적인 삶이라 할 수 있지요. 그러나 우리 앞에 놓여있는 현실을 뛰어넘어 희망찬 미래의 소망을 바라보며 산다는 것은 생각보다 쉽지 않은 것 같습니다. 오늘 당장 집을 나서면서 자동차에 시동을 걸며 생각 나는 것이 무엇입니까? 오늘 자동차 기름값입니다. 어제보다 조금 올랐나 아니면 많이 내렸나 하는 현실적 문제가 머릿속에서 떠나지 않습니다. 우리가 현실 중심적인 삶에 묶여서 헤어 나오지 못하는 이유가 내 자신의 인격이 모자라거나 나의 믿음이 부족해서가 아니라, 눈만 뜨고 나가면 우리 앞에 벌어지는 현실이 우리를 오늘을 위해서 사는 사람들로 붙들어 매기 때문입니다. 따라서 오늘 내 앞에 닥친 현실의 문제들을 외면하고 피하기보다는 맞닥뜨려서 슬기롭게 타고 넘어가야 합니다. 비록 오늘의 삶이 힘들거나 즐겁지 않더라도 좀더 나은 내일의 소망을 가지고 인내하며 최선을 다하며 오늘을 살아가는 사람이 지혜로운 사람이요 믿음의 사람이며, 또 주님께 칭찬받을 사람입니다.

우리보다 먼저 이 세상을 살다 간 믿음의 선진들을 보십시오. 의인 노아는 세상에 휩쓸리지 않고 장차 다가올 미래의 심판을 대비해 희망의 방주를 지었습니다. 미래를 생각하지 않고 현재만을 위해서 사는 많은 뭇사람들이 조롱해도 우직하게 하나님 말씀만을 믿고 미래의 방주를 지었던 것입니다. 노아는 현재를 살되 미래를 위해서 사는 지혜로운 믿음의 사람이었습니다. 그리고 갈대아 우르를 떠나 하란을 거쳐서 하나님께서 지시하는 땅을 향하여 종착지도 모르는 채 나아갔던 아브라함을 보십시오. 그동안 자기의 즐거웠던 과거의 삶이 온전히 남아 있고 사랑하는 친구들과 친척들이 모여 살고 있는 정든 고향을 떠나 길고도 긴 고난의 여행길을 오르는 아브라함의 가슴속에는 무엇이 자리 잡고 있었을까요? 그것은 신실하신 여호와 하나님의 말씀을 믿고 의지하는 그의 신실한 믿음과 하나님께서 축복하여 주실 미래의 희망찬 소망이었을 것입니다.

오늘이라는 날은 내일을 준비하는 날이라고 합니다. 그리고 과거는 오늘을 인도하는 참고서라고 합니다. 과거의 잘못을 돌이켜보고 과거에 묶이지 않고 현재를 좀더 슬기롭게 살아가며 다가올 미래를 준비하며 미래의 소망을 안고 사는 미래 지향적인 사람들에게는 항상 희망과 꿈이 있고 현재의 삶에 에너지와 생기가 넘칩니다. 우리 모두에게는 내일이라는 희망과 소망과 비전이 있습니다. 과거의 아픈 기억이나 실수에 매이지 말고 툭툭 털어 버리며, 현재의 고난에도 굴복하지 말고 희망찬 내일을 위해서 앞으로 나아갑시다. 우리에게는 장차 들어가야 할 우리의 본향인 천국이 기다리고 있지 않습니까? 우리 모두 내일의 주인공이 됩시다. 주님께서 준비하신 영원한 거처를 향해 그리고 우리에게 주어질 영생 복락을 향해 믿음의 발걸음을 담대히 내디디며 오늘도 승리하는 성도님들이 되시기를 축원드립니다.

묵상18

우리 앞의 골리앗들

　사무엘상 17장 말씀을 보면 여러분이 잘 아시는 소년 다윗과 블레셋의 거인 장수 골리앗의 싸움이 소개됩니다. 이 이야기는 하나님을 믿지 않는 일반 사람들도 대부분 알고 있는 이야기이고, 상대가 너무 강해서 불가능한 대결을 승리로 이끌었을 때 정의로운 약한 자가 불의한 강한 자를 이기고 승리하였을 때 우리 사회에서 흔히 인용하는 이야기입니다.

　이 불가능한 싸움에서 겨우 17세밖에 안 된 자그마한 소년 다윗이 키가 거의 3미터나 되는 거인 장수 골리앗을 물맷돌로 거꾸러뜨리고 승리하였기 때문에 주로 이 예화에서는 다윗이라는 인물이나 다윗이 사용하였던 물맷돌에 초점이 맞추어집니다. 그러나 우리가 주의 깊게 보아야 하는 것은 다윗이라는 어린 소년이나 그가 사용하였던 물맷돌 같은 물질적인 것이라기보다는, 어떻게 작은 소년 다윗이 자기보다 두 배나 큰 거인을 단숨에 쓰러뜨리고 승리할 수 있었는가 하는 것입니다. 왜냐하면 다윗이 승리하였던 그 비결은 물맷돌이라는 작은 무기에 있지 않았기 때문입니다. 그 시절에 물맷돌은 시냇가나 길가에서 흔히 구할 수 있는 일반적인 돌멩이 중에 하나였을 뿐입니다. 그리고 골리앗과 싸우러 나갈 때 무슨 특별한 무기를 가졌거나 값비싼 방탄 갑옷을 입고 나갔기 때문에 이긴 것도 아니지 않습니까? 작은 소년 다윗은 갑옷도 입지 않은 채 그냥 길바닥에 널려 있고 아무 시냇가에서나 주울 수 있는 돌멩이 다섯 개를 갖고 싸워서 승리했습니다. 그러면 이 싸움에서 다윗이 승리할 수 있었던 진정한 비결은 무엇일까요? 그 비결에 대해 함께 상고하고 묵상하는 시간을 갖도록 하겠습니다.

다윗이 승리한 첫째 비결은 여호와 하나님과 함께라면 확실히 이길 수 있다는 그의 용기와 확신이었습니다. 사무엘상 17장 32절 말씀을 보면, 다윗이 사울 왕에게 "그(골리앗)로 말미암아 사람이 낙담하지 말 것이라 주의 종이 가서 저 블레셋 사람과 싸우리이다"라고 하며 상대방 거인 장수를 전혀 두려워하지 않고 담대하게 말하며, 37절 말씀에서는 "여호와께서 나를 사자의 발톱과 곰의 발톱에서 건져내셨은즉 나를 이 블레셋 사람의 손에서도 건져내시리이다"라고 승리의 확신을 가지고 말하는 것을 봅니다. 다윗은 골리앗과 싸움을 하러 나가기 전에 이미 승리의 확신이 있었고, 여호와 하나님께서 함께하시기 때문에 그 싸움은 이미 이겨 놓은 싸움이라고 단정하고 있었습니다. 그 용기와 확신은 여호와 하나님이 항상 자기와 함께하시며 자기를 도우신다는 그의 신실한 믿음으로부터 나온 것입니다. 우리는 인생을 살아가면서 절대 해결할 수 없을 것처럼 보이는 골리앗 같은 세상 속의 난제들과 자주 맞부딪치게 됩니다. 그러나 여호와 하나님이 나를 대신해서 싸워 주신다는 믿음과 확신을 가지고 나아간다면 그것이 무엇이든 이겨 낼 수 있고 다윗과 같은 인생의 승리자로 살 수 있다는 것을 다윗 이야기로부터 배울 수 있는 것입니다.

다윗이 승리할 수 있었던 두 번째 비결은 하나님께서 자기에게 주신 은사를 잘 사용하였다는 것입니다. 무엇이든지 자기 것이 아니면 익숙하지 못합니다. 자기 옷이 아닌 것을 입으면 어색하고, 자기 차가 아니면 운전하기가 불편합니다. 하나님께서 은혜로 우리에게 주신 은사도 내 것이 아니면 익숙하지 못하고 어색합니다.

다윗은 사울 왕이 내준 그 당시 최고급 군장과 칼을 차고 몇 걸음 걸어 보았습니다. 그러나 어색하고 불편하기 짝이 없었습니다. 그래서 다윗은 자기에게 익숙하지 못한 것들을 과감하게 그 자리에서 벗어 버리고 양치기로서 항상 갖고 다녔던 막대기와 물맷돌 다섯 개를 골랐습니다. 그것들은 너무나 편하고 사용하기 쉬웠습니다.

다윗은 자기 자신이 목동으로서 하나님께서 받은 은사가 막대기와 물맷돌임을 알고 있었습니다. 비록 상대방 골리앗이 입고 있던 거의 60킬로그램이나 되는 갑옷이나 거대한 창과는 비교할 수 없을 만큼 작고 보잘것없이 보였으나, 그 자그마한 물맷돌을 잘 사용할 수 있는 그의 재주가 그가 하나님께 받은 은사이고 최상의 무기임을 알았습니다.

누구나 자기 처지는 고려치도 않은 채 자기 것이 아닌 것을 욕심내어 흉내 내면 피곤하고 능률이 나지 않습니다. 만약 다윗이 자기 신장에 맞지도 않는 사울 왕의 대장군 갑옷을 입고 칼을 차고 싸움에 나갔다면 다윗은 승리하지 못하였을 것입니다. 아마 5분도 안 되어 골리앗에게 죽임을 당했을 것입니다. 시대를 초월해서 옛날이나 지금이나 사람마다 하나님께 받은 은사와 재능이 따로 있습니다. 내가 받은 은사들이 다른 사람 것과 비교해서 누추하고 보잘것없어 보일 수도 있습니다. 마치 다윗의 물맷돌처럼 말입니다. 그러나 나에게는 그 은사가 나의 특유의 재능이고 하나님의 은혜입니다. 우리가 하나님께 받은 각자의 은사를 잘 사용할 때 우리는 이 세상 누구보다도 그 분야에서 강해지고 두각을 나타낼 수 있는 것입니다.

현대를 살아가는 우리도 각종의 은사를 하나님께 받아 각각의 직업을 가지고 삽니다. 법을 잘 이해하는 능력이 있는 법관들, 의학적으로 재주가 있는 의사들, 남의 머리를 잘 깎고 다듬어서 아름답게 꾸밀 줄 아는 미용사들 그리고 다른 사람들을 위하여 맛있는 음식을 요리할 줄 아는 요리사들, 이 모든 직업과 재능들이 모두 하나님께서 우리에게 주신 은사입니다. 어느 것이 더 귀하고, 어느 것이 더 고급스러운 직업이라고 비교할 수 없습니다. 그 모든 직업과 재능은 모두 하나님께서 우리에게 주신 귀한 은사이기 때문입니다. 내 자신이 지금 어느 위치에서 무슨 직업을 갖고 무슨 일을 하고 있든지 하나님께서 내게 주신 그 재능과 은사를 잘 계발하고 숙련시켜서 그 분야의 최고가 되고 그 모든 영광을 하나님께 돌려 드릴 때에 주님께서는 "착하고 충성된 종아, 내가 너를 사랑하노라"라고 하시며 기뻐하실 것입니다.

다윗이 승리할 수 있었던 세 번째 비결은 다윗이 약한 것으로 강한 것을 이기는 신앙의 힘을 소유하고 있었기 때문입니다. 다윗은 어린 소년으로서 얼굴이 예쁘장하고 수금을 타며 양을 치는 자그마하고 감성적인 17세 된 목동에 불과하였습니다. 그 누구도 알아주지 않는 미약한 소년이었습니다. 반면에 상대방 골리앗은 그의 목소리 하나만으로도 40일 동안이나 이스라엘 모든 군사들이 덜덜 떨며 숨을 죽일 정도로 장대한 외모를 가진 한 나라의 유력한 장군이었습니다. 다윗은 비록 그 처지와 형편이 극히 미약한 자였지만 약한 것으로 강한 것을 이길 수 있다는 믿음의 힘을 소유한 자였습니다. 신실한 그의 믿음으로 하나님의 전능하신 능력을 덧입은 자이기도 하였습니다. 여기서 그들의 싸움이 반전됩니다. 그 어느 누구도 전능하신 하나님의 능력을 이길 수 없기 때문이지요. 이 다윗과 골리앗의 싸움 이야기가 우리에게 주는 또 하나의 귀한 교훈이 있습니다. 아무리 우리 자신이 세상이라는 거대한 골리앗 앞에서 미약한 존재일지라도 약한 것으로 강한 것을 이기는 다윗과 같은 신실한 믿음으로 우리가 무장한다면 세상의 어떠한 악의 권세도 우리를 당하지 못한다는 것입니다. 믿음의 힘을 소유한 우리를 그 누구도 이길 수 없다는 교훈을 얻을 수 있습니다.

세상 속에서의 우리의 삶은 종종 골리앗 앞에 선 소년 다윗과 같습니다. 거대한 칼과 창으로 무장한 이 세상의 권력과 세력들이 우리의 삶을 가로막을 때가 있습니다. 그러나 그 거대한 악의 권세에 맞닥뜨려 우리가 똑같이 칼과 창으로 맞서 싸울 수 있겠습니까? 그런 방식으로는 그 세력들을 결코 이길 수 없을 것입니다. 우리가 이길 수 있는 방법은 전지전능하신 여호와 하나님을 의지하며 우리의 싸움을 하나님께 전적으로 맡기고, 우리에게 주어진 재능과 은사로 그들 앞에서 최선을 다하며 하나님께서 우리에게 주신 때를 기다리는 것입니다. 마치 어린 소년 다윗이 자기의 은사인 물맷돌을 돌리듯이 우리도 신실한 우리의 믿음의 물맷돌에 가속을 붙여가며 힘을 실어 돌리는 것입니다.

주 하나님께서는 주님만의 고유한 방식으로 우리를 대신해서 싸워 주시는 '이스라-엘'(주께서 싸우시다) 하나님이십니다. 우리 자신이 우리의 문제 앞에서 직접 싸우는 것이 아니라 하나님이 우리를 위해 대신 싸워 주십니다. 우리 앞을 가로막고 있는 세상의 커다란 골리앗 앞에서 절대로 포기하거나 두려워하지 마십시오. 오래 참고 기다리며 그분의 백성을 위해 싸워 주시는 이스라엘의 하나님이 친히 그것들과 싸우셔서 우리에게 궁극적인 승리를 안겨주는 그날까지 인내하며 기다려 봅시다. 때가 차면 미쁘신 하나님께서 반드시 우리에게 승리의 면류관을 씌워 주실 것입니다.

묵상 19

그리스도인의 믿음과 소망

성경은 신실한 믿음이 없이는 우리가 하나님을 기쁘게 해드릴 수 없고, 죄 사함도 받을 수 없으며, 구원의 은혜도 누릴 수 없다고 가르칩니다. 또한 구약과 신약 성경은 공통적으로 의인은 믿음으로 산다고 선언합니다. 구약 성경에서 '믿음'이나 '충성됨'을 나타내는 '에무나'라는 히브리어 단어가 약 50회나 등장하고, 신약 성경에서 '믿음'이나 '신실함'을 나타내는 헬라어 '피스티스'라는 단어가 200회 이상 나타나는 것을 볼 때, 그리스도인들에게 믿음이 얼마나 중요한 요소인가를 한눈에 알 수 있습니다. 그리고 언어적으로만 보면 구약 성경의 '에무나'라는 믿음을 의미하는 단어가 충성됨, 즉 하나님에 대한 순종이라는 의미와 짝을 이루고 있고, 신약 성경에서 믿음의 의미로 사용되는 '피스티스'라는 단어가 신실함, 즉 하나님에 대한 믿음을 포기하지 않고 끝까지 지키는 것과 짝을 이루고 있다는 것을 알 수 있습니다. 다시 말해서 믿음의 정의가 구약 시대의 단순한 '하나님께 순종함'에서 조금 더 발전하여 신약 시대에는 하나님께 순종함과 더불어 외부적인 박해를 이겨 내고 끝까지 인내하며 그리스도에 대한 '신의를 끝까지 지키는 신실함'이라는 의미가 추가되는 변화를 느낄 수 있게 됩니다.

그러면 우리 그리스도인들에게 생명과도 같은 이 신실한 믿음의 실체는 구체적으로 무엇일까요? 요즈음은 황금만능주의가 대세이다 보니, 어느 부유한 성도가 많은 헌금을 교회에 내면 그 성도의 믿음이 훌륭하다고 칭찬받는 풍조이고, 또 행위를 너무 강조하다 보니 주일예배와 수요예배 그리고 새벽예배 등의 교회 예배들과 여러 교회 행사에 빠짐없이 잘 참석하거나 교회를 위해 열심히 봉사만 하면 그 성도의 믿음이 신실하다고 인정받는 경우가 다반사입니다. 물론 이 행위들은 성도로서 꼭 필요한 행위들이고 칭찬받을 일임에 틀림없습니다. 그러나 그러한 행위들은 신실한 믿음이 없더라도 어떤 다른 목적 때문에 얼마든지 행할 수 있으며, 그리스도를 믿지 않는 다른 종교들이나 사악한 이단교회에서조차도 빈번하게 일어나는 행위들이 아닙니까? 그러한 행위들이 진실로 '행함이 있는 믿음'으로 성숙하게 되려면 그러한 행함이 있기 전에 먼저 신실한 믿음이 성도들의 마음 중심에 자리 잡고 있어야 하며, 그 믿음이 성도들의 선한 행위들을 이끌어 내는 원동력이 되어야 한다는 것입니다. 그러면 그러한 선한 행위들을 이끌어 내는 원동력인 신실한 그리스도인의 믿음에 대하여 좀더 심도 있게 묵상하는 시간을 갖도록 하겠습니다.

오래전 초대교회에서 믿음(피스티스)이라는 말은 예수 그리스도를 향한 변함없는 성도들의 충성과 신의를 나타내는 언어였습니다. 다시 말해서 그 당시 로마 정부와 세상의 악한 권력에 의해 행하여졌던 그리스도인들에 대한 극심한 박해와 탄압을 이겨 내며 끝까지 그리스도에 대한 믿음을 포기하지 않은 초기 그리스도인들이 하나님 앞에서 보여 주었던 변치 않는 '충성'과 '신실함'을 함께 의미하는 언어였습니다. 또한 신약 성경에는 이 성도들의 믿음에 상응하는 언어로서 '하나님의 미쁘심'이란 단어가 자주 나타나는데, 그것은 하나님 쪽에서의 성도에 대한 변치 않는 사랑과 그분의 신실하심을 뜻하는 언어였습니다.

이러한 성도의 믿음과 하나님의 미쁘심이라는 단어들을 대조적으로 잘 보여 주고 있는 성경 구절이 로마서 3장 3절 말씀입니다. "어떤 자들이 믿지 아니하였으면 어찌하리요 그 믿지 아니함이 하나님의 미쁘심을 폐하겠느냐"라는 이 구절에서 바울 사도는, 하나님께 선택된 이스라엘 민족이 아무리 불순종하고 설사 단기적으로 믿음을 저버리고 반역을 범한다 할지라도 한 번 하신 약속에 신실하신 하나님의 미쁘심, 즉 하나님의 영원한 사랑을 변하게 하지는 못할 것이라고 선포하는 것입니다. 그래서 바울 사도는 이러한 하나님의 변치 않는 미쁘심을 굳게 믿고 무슨 일이 닥치더라도 두려워하거나 낙심하지 말고 주 예수 그리스도에 대한 충성심을 흔들림 없이 견실하게 다져 가는 것이 우리 그리스도인들의 신실한 믿음이고, 그 신실한 믿음이 우리를 온전한 구원으로 인도할 것이라고 선포하는 것입니다. 이렇게 우리를 온전한 구원으로 인도하는 참된 믿음이란 본질적으로 우리를 향한 변치 않는 하나님의 사랑과 신실하심, 즉 하나님의 미쁘심에 그 뿌리를 둔 우리의 주님에 대한 신뢰라고 말할 수 있습니다.

이러한 우리 성도들의 주님에 대한 변치 않는 신뢰, 하나님을 향한 신실한 믿음은 우리를 미래의 소망으로 인도하며, 또한 그 소망을 든든히 받쳐주는 견실한 밑받침이 되어 줍니다. 그리고 그 반대로 우리의 소망은 다시 우리의 믿음의 커다란 버팀목이 되어 주어서 믿음과 소망이 서로서로 지지하여 주며 마치 동전의 양면처럼 믿음과 소망이 항상 연결되어 동행하는 것입니다. 따라서 우리 성도들의 믿음은 우리의 미래의 소망과 그 소망이 이루어질 것에 대한 행복한 기대에 의해서 지지되고 보강되며 점점 더 견실하게 굳어지는 것입니다. 그뿐 아니라 그 미래에 대한 소망은 우리의 믿음에 더욱 강력한 힘을 부어 주어서 미쁘신 하나님의 약속에 대하여 의구심을 갖지 않도록 우리를 확고하게 붙잡아 주게 됩니다. 더 나아가서 그 소망은 우리 믿음에 생기를 불어넣어 주며, 우리의 믿음 생활이 지치지 않도록 활력소를 불어넣어 주고, 우리가 구원의 종착역에 도착할 때까지 계속해서 우리의 믿음을 든든하게 지탱하여 주는 버팀목의 역할을 하는 것이라 할 수 있습니다.

이러한 성도의 믿음과 소망의 관계를 잘 보여 주고 있는 성경 말씀이 히브리서의 믿음 장이라고 불리는 히브리서 11장에 잘 나타나 있습니다. 11장 1절 말씀을 보면 "믿음은 바라는 것들(소망)의 실상이요 보지 못하는 것들의 증거니"라고 기록되어 있습니다. 이 믿음에 관한 말씀 속에서 히브리서 저자가 말하는 '실상'(Substance)이라는 말은 헬라어로 '휘포스타시스'라는 단어인데, 우리말로 '실상'으로 흔히 번역되지만 원래 그 헬라어 단어의 실제 의미는 성도의 마음이 그곳에 의지하여 그곳에서 편히 쉴 수 있는 일종의 '밑받침'을 의미합니다. 따라서 바라는 것들 즉 주님의 날에 완성될 우리의 구원에 대한 소망이 비록 현재는 우리의 눈으로 볼 수 없을지라도 우리의 믿음이 그 소망의 튼튼한 밑받침이 되어 하나님의 약속들이 반드시 이루어질 것이라는 소망에 확신을 갖게 한다는 의미가 되는 것입니다.

그리고 히브리서 저자가 이 구절에서 믿음을 '보지 못하는 것들의 증거'라고 말할 때에 그 '증거'라고 번역된 용어는 헬라어 '엘렝코스'로서, 우리말의 일반적인 의미의 증거(evidence)라는 의미도 있지만 이 성경 구절에서는 '확실함'(Certainty)이라는 의미에 더 가까우며, 더 정확하게 말하면 현재는 아직 나타나지 않아 볼 수 없지만 미래에 반드시 나타날 것들에 대한 성도들의 '강력한 확신'이라고 말할 수 있습니다. 따라서 히브리서 저자는 이 성경 구절을 통하여 성도의 믿음이 미래에 이루어질 소망의 견실한 밑받침이 되어 성도들이 그 소망이 반드시 이루어질 것이라고 강력하게 확신할 수 있게 하여 준다는 것을 강조하고 있는 것입니다. 그리고 아직은 이루어지지 않아 보이지 않는 미래의 것들이 믿음의 영안을 통하여 확실한 증거처럼 우리에게 명료하게 보이며 우리에게 강력한 확신을 심어 주는 것이라고 가르치고 있는 것입니다.

그러므로 우리 그리스도인들의 믿음이 미래의 소망에 의해서 확실하게 지지되고 보강될 때 우리의 믿음은 단순한 믿음을 넘어서 확신에 이르는 신실한 믿음으로 바뀔 수 있습니다. 그리고 그렇게 미래의 소망으로 보강된 신실한 믿음은 심지어 현재 우리 삶 속에 나타나는 여러 현실들이 그 미래의 소망이 마치 아무 근거도 없는 것처럼 보이게 하여 우리의 마음속에 커다란 의심이 솟구칠 때조차도 우리를 견실하게 붙잡아 주며 흔들리지 않게 한다는 것입니다. 그리고 더 감사한 것은 소망으로 보강된 우리의 신실한 믿음이 우리를 주 예수 그리스도와 연합하게 하고, 그리스도 안에서 죄 사함을 받게 하여 주며, 의로운 그리스도 안에서 구원받은 모든 성도들을 거룩한 그리스도의 형상을 닮아가는 성화의 삶으로 인도한다는 것입니다. 그뿐 아니라 그 신실한 믿음이 궁극적으로는 그러한 성화의 삶을 마치고 미래에 완성될 온전한 구원, 즉 영광의 상태로 우리를 인도하여 주며, 우리 성도님들이 주 하나님과 영원히 함께 거하며 영생 복락을 누릴 수 있도록 천성으로 인도하여 준다는 것입니다.

묵상 20

아가페적 사랑

　우리 인간이 소유한 여러 감정들 중에 사랑이라는 감정은 우리 인류의 역사와 문화 그리고 우리의 삶의 전반에 걸쳐서 가장 커다란 영향을 끼친 중요한 요소라고 할 수 있습니다. 이 인간의 사랑을 철학적, 심리학적 그리고 신학적으로 연구하는 학자들은 사랑을 크게 네 가지로 나누어 설명합니다. 곧 에로스(Eros), 필리아(Philia), 스토르게(Storge) 그리고 아가페(Agape)입니다. 이 네 단어 모두가 헬라어, 즉 고대 그리스어에 뿌리를 두고 있는 단어로서 전부 사랑을 의미합니다. 그러나 사랑하는 방법과 그 단어들이 의미하는 사랑의 속성에는 크게 차이가 있습니다.
　첫 번째 에로스적 사랑은 내 자신에 초점을 맞추고 내게 필요한 가치만을 좇아 가는 이기적인 형태의 사랑입니다. 두 번째 필리아적 사랑은 우리 인간 사이의 정신적 그리고 인격적인 사랑으로서 친구 간의 우애나 동료들 사이의 동료애처럼 같은 공동체에 속한 가까운 사람끼리 서로 주고받는 우정 형태의 사랑입니다. 그리고 세 번째 스토르게적 사랑은 부모 자식 간이나 형제 사이의 사랑처럼 피를 나눈 사람들 사이에 서로 사랑하는 혈족애로서, 혈족에 국한되기는 하지만 어느 정도는 무조건적인 사랑이라고 볼 수 있습니다. 그 스토르게적 사랑의 가장 대표적인 것이 모성애나 부성애라고 할 수 있습니다. 마지막 아가페적 사랑은 헌신, 배려, 은혜 그리고 희생을 속성으로 하는 이타적이고 희생적이며 아무 조건이 없이 사랑하는 형태입니다.

이 네 가지 종류의 사랑들을 속성으로 분류하여 일직선 그림으로 그 위치를 정한다면, 이기적인 에로스적 사랑이 왼쪽 끝에 위치하고, 그에 정반대의 속성을 갖는 이타적인 아가페적 사랑은 오른쪽 끝에 위치하며, 우정 형태의 사랑인 필리아적 사랑이나 혈족을 사랑하는 스토르게적 사랑은 에로스와 아가페적 사랑의 중간쯤 자리한다고 볼 수 있습니다. 단지 성경의 선과 악의 이분법적 논리에 맞추기 위해서 성경학자들은 중간적 성격의 필리아적 사랑과 스토르게적 사랑은 제쳐 놓고 주로 에로스적인 이기적 사랑과 아가페적인 이타적 사랑 두 가지만을 대비하면서 그 사랑의 속성을 설명합니다.

오늘날 우리 사회에서는 에로스(사랑)란 단어 자체를 단지 본능적인 남녀 간의 성적 사랑으로만 작게 제한하여 사용하려는 경향이 있습니다. 그러나 에로스란 단어가 포함하는 것은 매우 광범위합니다. 에로스에 대하여 가장 먼저 언급한 사람은 그리스 철학자 플라톤이었는데, 그는 에로스적 사랑이 꼭 남녀 간에만 존재하는 것은 아니며, 이상적 상태를 추구하는 사랑으로서 정신적 사랑과 육체적 사랑 모두를 광범위하게 포함한다고 보았습니다. 좀더 자세히 풀어 설명하면, 에로스적 사랑이란 우리 인간이 어떤 이상적인 가치에 끌려서 그 사람이나 혹은 그 사물을 사랑하는 것을 말합니다. 즉, 나 자신이 갈급하게 원하지만 나에게는 없는 그 이상적인 가치를 소유하고자 그것들을 사랑하는 것입니다. 직접적인 예를 들어 보면, 미인을 사랑하는 사람은 그 미인의 미적 가치에 끌려서 그 미인을 소유하려고 사랑합니다. 또 권력이나 돈을 사랑하는 사람은 그 돈이나 권력의 가치에 끌려서 그것들을 소유하고자 목숨을 바쳐 그것들을 사랑합니다. 왜냐하면 그 가치들은 궁극적으로 그들에게 만족과 쾌락을 주기 때문입니다.

이 에로스적 사랑은 우리 인간이 갖고 태어난 본성임과 동시에 좋은 측면에서는 우리 인간의 문명과 문화를 좀더 발전시키고자 하는 동기를 부여해 주고 또 그 원동력이 되기도 합니다. 그러나 남을 배려하지 않고 자기가 원하는 이상적 가치나 쾌락만을 추구하는 이기적인 에로스적 사랑은 궁극적으로 우리 삶 속에서 커다란 문제를 야기할 수 있습니다. 왜냐하면 사랑(에로스)하는 대상이 그 가치를 잃어버리면 더는 그것들을 사랑할 수 없기 때문입니다. 예를 들어 어느 남자가 어느 미녀의 아름다운 가치에 이끌려 결혼했다면, 그 부인이 나이가 들어 그 미적 가치를 상실하였을 때 그 남편은 더는 그의 부인을 사랑할 수 없고 다른 미녀를 찾아 떠날 것입니다. 그리고 다른 미녀를 발견하였을 때 그 미녀를 차지하기 위해서 에로스적 사랑을 추구하는 다른 경쟁자들과 처절한 싸움을 치러야 할 것입니다. 이렇게 되면 우리의 세상은 서로의 가치와 쾌락을 차지하려고 살벌한 싸움을 벌이는 전쟁터로 변할 것이며, 17세기 잉글랜드의 정치 철학자 토머스 홉스가 말한 대로 만인이 만인에게 늑대 노릇 하는 살벌한 사회로 변할 것이고, 우리 사회의 모든 질서가 무너져 버릴 것입니다. 이렇게 자기가 원하는 가치와 쾌락을 차지하기 위해서 처절한 싸움을 벌이는 약육강식의 사회 속에서는 참된 사랑을 할 수도 없고, 또 받을 수도 없지 않겠습니까?

그러한 이기적인 에로스적 사랑과 정반대되는 것이 바로 아가페적 사랑입니다. 이 아가페적 사랑은 상대방이 갖고 있는 가치를 소유하려고 사랑하는 것이 아닙니다. 그 가치와 상관없이 내가 상대방을 사랑하기 때문에 나 자신의 모든 것을 사랑하는 대상에게 내어주는 무조건적이고 이타적인 사랑입니다. 독생자를 내어 주신 하나님의 인간들에 대한 사랑과 같은 무조건적이며 은혜로운 사랑을 말합니다.

예수님께서는 마태복음 22장에서 '네 이웃을 네 몸같이 사랑(아가페)하라'고 말씀하십니다. 이 말씀은 예수님께서 우리의 인간의 죄를 대속하기 위하여 아무 조건 없이 자기 자신을 십자가에 내어주신 것같이 우리도 이웃들에게 이것저것 따지지 말고 무조건적인 아가페적 사랑을 베풀라고 교훈하시는 것입니다. 성경에서 의미하는 나의 이웃이란 가깝게는 나의 가족이며 나의 친구이고, 더 나아가서는 이 사회 속에서 나와 함께하는 모든 사람들을 말합니다. 우리가 이 이웃들을 아가페적으로 사랑할 때 우리는 조건 없는 참사랑을 할 수 있게 되며, 그 이웃이 도덕적으로 정결하든지 불결하든지 또는 경제적으로 부유하든지 가난하든지 그리고 신앙적으로 하나님을 믿는 사람이든지 안 믿는 사람이든지 상관없이 그들 모두를 사랑할 수 있게 됩니다. 이러한 무조건적인 아가페적 사랑이 이 사회에 충만할 때 이 사회는 서로가 서로를 자기 몸같이 아끼며 사랑하는 아름다운 세상으로 바뀔 것입니다.

저는 그동안의 신앙의 삶을 돌아볼 때 그리스도인으로서 이웃을 사랑(아가페)한다고 말하면서도 제가 사랑하고 싶은 이웃만 사랑하고, 좋아하지 않는 이웃들은 멀리하는 제한적인 사랑을 한 것 같습니다. 혹시 여러분은 어떻습니까? 예수님께서는 우리에게 그러한 제한적인 사랑을 이제는 끝장내고 우리의 이웃에 대해 무조건적이고 희생적인 아가페적 사랑을 하라고 말씀하십니다. 우리 모든 그리스도인들이 이웃을 아가페적으로 사랑할 때 우리 사회는 친절과 용서와 화해가 자리 잡게 되고, 연민과 배려와 희생이 일상화되며, 우리와 이웃들의 관계가 더욱더 돈독해지고 서로 화합하는 아름다운 사회로 바뀔 것입니다.

그러나 아쉽게도 이 아가페적 사랑은 그냥 우리의 노력 없이 저절로 생기는 것이 아닙니다. 아담 이래로 이어져 온 우리의 타락한 본성으로 인하여 우리는 그러한 아가페적 사랑을 자연스럽게 할 수는 없습니다. 주 하나님께서 우리를 아가페적으로 사랑하시듯이 우리가 주님의 본을 받아 이웃들을 아가페적으로 사랑하려면 우리는 우선 하나님의 거룩한 형상을 닮아야 합니다. 그리고 주님의 거룩한 형상을 닮기 위해서는 주 하나님께서 은혜로 우리에게 부어 주신 사랑과 성령을 우리 가슴에 품고 하루하루 주님의 뜻에 따라 성화의 삶을 살아가야만 합니다. 그렇게 우리가 성화의 삶을 살려고 노력하다 보면 어느덧 우리 가슴속에는 성령이 충만하게 자리 잡게 되고, 매일매일 회개와 감사의 기도가 끊이지 않으며, 매일 아침 말씀 묵상을 통하여 성령께서 주시는 감동·감화의 은혜를 받게 됩니다.

주 안에서 함께 형제자매 된 모든 성도님들 한 분 한 분이 주 하나님의 말씀에 순종하는 성화의 삶을 통해 주 하나님과 그리스도의 형상을 닮아가며 우리 이웃을 아가페적으로 사랑하여 우리 사회가 좀더 평화롭고 아름다운 사회가 되기를 소망합니다.

묵상 21

살구나무 가지에서 본 하나님

오늘날 우리는 최고로 발달된 과학 문명의 사회 속에서 살고 있습니다. 그러다 보니 현대 과학과 문명이 우리에게 제공하는 많은 것들을 보며 삽니다. 유튜브, 각종 TV 프로그램, 드라마, 정치 뉴스 등 수많은 볼거리들이 우리를 유혹합니다. 그러나 종종 우리의 삶을 위해 정작 보아야 할 것은 보지 못하고 헛된 것 곧 썩어지질 것들만 주로 보며 살고 있다는 생각이 들곤 합니다. 현대의 황금만능주의적인 삶 속에서 오랜 세월 동안 우리가 바라보고 또 추구하여 온 것이 무엇입니까? 너 나 할 것 없이 이 세상의 커다란 성공 속의 부귀 영화가 아니겠습니까? 우리가 이 세상을 사는 동안에 우리에게 기쁨이나 쾌락을 가져다줄 수 있는 권력이나 명예 혹은 재물의 우상들을 바라보며 그것을 잡으려고 죽을 둥 살 둥 쫓아온 인생이었을 겁니다. 그러나 우리의 인생은 우리가 생각하는 것처럼 그리 길지가 않습니다. 예수님의 형제 야고보 사도는 그가 기록한 야고보서 4장 14

절에서 "너희 생명이 무엇이냐 너희는 잠깐 보이다가 없어지는 안개이니라"라고 가르치며 우리의 인생이 마치 아침 안개와 같다고 말합니다. 아침에 잠깐 끼었다가 곧 사라지는 안개 말입니다.

인류 역사상 가장 큰 부귀영화를 누린 사람을 꼽으라면 3,000년 전 이스라엘 왕국의 세 번째 왕이었던 솔로몬일 겁니다. 그는 매일 약 90가마니분의 식량을 그와 그에 속한 가솔들의 양식으로 사용하였으며, 매일 30마리의 소와 100마리의 양을 잡아 그의 처첩들과 그들의 종들의 먹거리로 사용하였습니다. 그도 그럴 것이 솔로몬은 700명의 후궁과 300명의 첩을 두었습니다. 아마 그의 처첩들이 그를 한 번 만나려면 차례대로 3년을 기다리는 것이 다반사였을 것입니다. 그 당시 세상은 솔로몬의 부를 가리켜 천하의 열 왕의 재물보다도 많다고 칭송하였습니다. 그러나 젊은 날 그렇게 지혜로웠고 여호와 하나님을 섬기기 위해 7년이라는 긴 세월을 온몸과 정성을 다 바쳐 웅장하고 아름다운 성전을 지어서 여호와께 바쳤던 믿음의 열정도, 결국 솔로몬의 수많은 재물들과 천여 명의 처첩들이 그에게 안겨준 쾌락과 이방의 처첩들이 함께 가지고 온 우상들 때문에 처참히 망가져 버렸습니다. 그가 노년에 회개하며 기록하였다고 하는 전도서 첫머리에서 솔로몬은 그가 하나님을 떠나 누렸던 그 부귀영화에 대해 "헛되고 헛되며 헛되고 헛되니 모든 것이 헛되도다"(전 1:2)라고 무려 다섯 번이나 반복해서 통회합니다. 그는 노년이 되어서야 우리 인생에서 정말 귀하고 값진 것은 인생의 부귀영화가 아니라는 것을 깨우치게 되었던 것입니다.

그러면 우리가 짧은 인생을 살아가며 정작 우리의 삶의 초점으로 맞춰야 할 것이 무엇입니까? 우리는 구약 성경 예레미야서에서 그 해답을 찾을 수 있습니다. 예레미야서 1장 11-12절을 보면 다음과 같은 말씀이 기록되어 있습니다. "여호와의 말씀이 또 내게 임하니라 이르시되 예레미야야 네가 무엇을 보느냐 하시매 내가 대답하되 내가 살구나무(샤케드) 가지를 보나이다 여호와께서 내게 이르시되 네가 잘 보았도다 이는 내가 내 말을 지켜 그대로 이루려 함이라." 하나님의 대화 속에서 선지자 예레미야는 뜬금없이 살구나무 가지를 보았다고 여호와 하나님께 고합니다. 그리고 하나님께서는 그것을 잘 보았다고 칭찬하십니다.

이 성경 말씀 속에 나오는 살구나무는 한국에서 자라는 그 살구나무가 아니라 중동의 아몬드 나무를 말하는데, 히브리어로 이 나무를 '샤케드'라고 하며 그 말의 뜻은 '깨우다' 혹은 '지켜보다'입니다. 샤케드라고 불리는 중동의 살구나무는 모든 땅의 풀과 꽃들이 모두 다 말라 죽고 나무들조차도 앙상한 가지만 남기고 있는 추운 겨울인 1월이나 2월에 제일 먼저 싱싱한 나뭇잎을 내며 아름다운 꽃을 피웁니다. 그래서 유대인들은 예로부터 이 나무를 깨움과 새로운 생명을 상징하는 나무로 여기고, 여호와 하나님께서 말씀으로 그들을 깨우쳐 주심과 새 생명을 주심을 상징하는 나무라고 생각하였습니다. 그뿐 아니라 하나님께서도 이 살구나무를 그러한 상징성 때문에 매우 좋아하셨던 것 같습니다. 그 근거로, 하나님의 백성 이스라엘을 상징하는 것 중 하나가 성막이나 성전 안에 놓여있었던 번쩍이는 정금등대인데, 하나님께서는 그 정금등대 위에 놓인 모든 잔들을 살구나무 꽃의 형상을 따라 만들라고 명하셨습니다(출 25:33). 또한 광야 유랑 시절에 아론의 대 제사장직에 불만을 품은 고라가 모세에 대항하여 반란을 일으켰을 때에도 아론의 지팡이에서 바로 그 살구꽃이 피어나는 이적을 하나님께서 행하셨다는 사실입니다(민 17:8).

재미있는 것은 우리나라에도 추운 겨울이나 이른 봄에 가지와 잎사귀에 하얀 눈을 입고서 빨간 혹은 하얀 꽃을 피우며 새봄의 전령사 역할을 하는 꽃나무가 있습니다. 바로 매화나무입니다. 그래서 우리 조상들은 그 매화를 회춘의 상징으로 사용하곤 하였습니다. 우리나라의 그 매화와 같은 겨울 나무가 바로 중동의 살구(아몬드)나무입니다. 이 중동의 살구나무는 이스라엘의 조상 야곱(이스라엘)이 형 에서를 속이고 장자권을 탈취한 것이 들통나자 형을 피해 밧단 아람의 외삼촌 집으로 피신하는 도중에 피곤하여 돌 베개를 베고 자다가 하나님께 커다란 축복을 받고 돌기둥을 세우고 기름을 부은 거룩한 장소인 벧엘이라는 지역에서 특히 많이 자랍니다. 여러분도 잘 알다시피 '벧(집)-엘(하나님)'이라는 히브리어의 뜻은 하나님의 집이라는 의미입니다. 예레미야가 본 것이 바로 추운 겨울을 이기고 꿋꿋하게 서 있는 이 싱싱한 살구나무 가지였습니다. 사실 예레미야 선지자가 본 것은 단지 피상적인 살구나무 가지만이 아니라, 그 싱싱한 살구나무 가지 속에 나타나신 '우리를 항상 깨우쳐 주시고 지켜보시는(샤케드) 하나님' 즉 우리에게 새 생명을 주시고 항상 말씀으로 깨우쳐 주시며 그분의 구원의 말씀이 성취되는 것을 지켜보시는 하나님이었던 것이었습니다. 예레미야는 그러한 하나님을 그 살구나무 가지 속에서 보았기에 잘 보았다는 칭찬을 여호와 하나님께 들었던 것입니다. 예레미야가 본 그 신실하신 샤케드 하나님은 바로 오래전 벧엘 광야에서 야곱을 지켜보시던 그 하나님이셨고, 풀무 불 속에 있는 다니엘의 세 친구를 지켜보시던 바로 그 하나님이었으며, 호렙산 떨기나무 가운데서 모세에게 나타나셨던 그 하나님이었던 것입니다.

우리가 인생을 살면서 정작 보고 초점을 맞추어야 했던 것은 이 세상의 명예나 권력 그리고 재물이나 부귀영화가 아니라 바로 예레미야가 살구나무 가지에서 본 바로 그 샤케드 하나님이었습니다. 왜냐하면 그 살구나무 속에 나타나신 신실하신 샤케드 하나님은 우리를 항상 깨어 있게 하시고 지켜보시며 싱그럽게 하시고, 우리에게 새 생명을 주시며 자유롭게 하시는 하나님이시기 때문입니다. 지금 여러분의 시선은 어디에 쏠려 있습니까? 혹시 아직도 곧 썩어질 세상의 재물과 부귀영화에 쏠려 있지는 않으십니까? 그렇다면 이 시간 여러분의 시선을 살구나무 가지에 나타나신 신실하신 샤케드 하나님께 돌려보십시오. 그리고 주님 앞에서 마음의 무릎을 꿇고 이제는 곧 썩어질 세상 것들에 목을 매는 삶을 끝내고 새 생명과 새 삶을 주시는 주님만을 바라보는 삶을 살게 해달라고 간구의 기도를 올리십시오. 그러면 여러분의 삶이 확연하게 달라질 것입니다. 새 세상이 여러분의 눈앞에 파노라마처럼 펼쳐질 것입니다. 그동안 온갖 욕망의 늪 속에서 고통스럽게 헤매던 여러분의 마음이 그 고통에서 해방되어 기쁨을 누리며 사는 평강의 삶으로 바뀔 것입니다. 툭하면 다른 사람을 미워하고 시기하면서 받아왔던 모든 스트레스에서 해방되어 이웃을 사랑할 수 있는 포근하고도 따뜻한 마음이 생길 것입니다. 하루하루가 지겹고 암울하였던 삶이 소망이 넘치고 에너지가 넘치는 삶으로 바뀔 것입니다. 그리고 여러분이 성령 안에서 주님께 간구하는 모든 기도가 응답받게 되며, 항상 기뻐하고 감사하는 천국 백성의 삶이 시작될 것입니다.

모든 성도님들이 세상의 부귀영화를 좇아 가며 지금까지 힘들고 고단하게 살아왔던 삶의 굴레에서 해방되어 이제는 우리 주 예수 그리스도 안에서 마치 외양간에서 막 뛰쳐나온 송아지처럼 자유로이 뛰어다니며 즐기는 삶을 시작하시기를 주님의 이름으로 축원합니다.

묵상 22

주님의 형상

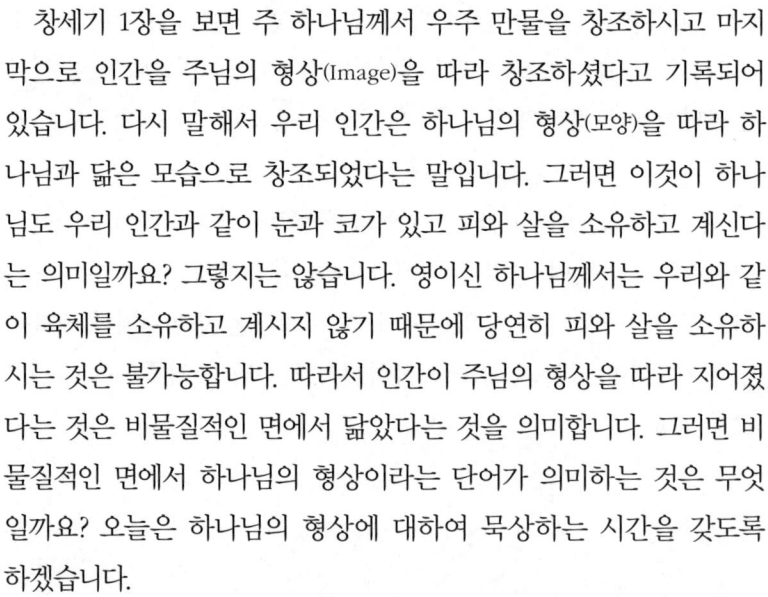

　창세기 1장을 보면 주 하나님께서 우주 만물을 창조하시고 마지막으로 인간을 주님의 형상(Image)을 따라 창조하셨다고 기록되어 있습니다. 다시 말해서 우리 인간은 하나님의 형상(모양)을 따라 하나님과 닮은 모습으로 창조되었다는 말입니다. 그러면 이것이 하나님도 우리 인간과 같이 눈과 코가 있고 피와 살을 소유하고 계신다는 의미일까요? 그렇지는 않습니다. 영이신 하나님께서는 우리와 같이 육체를 소유하고 계시지 않기 때문에 당연히 피와 살을 소유하시는 것은 불가능합니다. 따라서 인간이 주님의 형상을 따라 지어졌다는 것은 비물질적인 면에서 닮았다는 것을 의미합니다. 그러면 비물질적인 면에서 하나님의 형상이라는 단어가 의미하는 것은 무엇일까요? 오늘은 하나님의 형상에 대하여 묵상하는 시간을 갖도록 하겠습니다.
　성경을 깊이 연구하는 성경학자들은 이 하나님의 형상의 의미를 일반적으로 세 가지의 견해로 설명합니다. 첫 번째 견해는 속성론적 견해로, 하나님의 형상을 인간의 본질에 속한 어떤 특별한 속성, 곧 심리적 특성이나 영적인 특성에서 하나님의 형상의 의미를 찾아보려는 것입니다. 그리고 두 번째 견해는 관계론적 견해로, 하나님의 형상을 인간에게 주어진 어떤 특성보다는 인간과 하나님의 사이의 관계 속에서 찾아보려는 것입니다. 그리고 마지막 세 번째 견해는 행위론적 견해로, 하나님의 형상을 앞서 말한 인간의 특성이나 하나님과의 관계보다는 인간의 행위 속에서 찾아보려는 것입니다. 이 세 가지 견해는 서로 분리적이고 독립적이라기보다는 각 견해가 바라보는 방향이 다를 뿐, 결국은 서로 조화를 이루며 상호보완적으로 형상의 의미를 설명할 때 우리는 하나님의 형상이 의미하는 목적지에 좀더 가까이 접근할 수 있습니다. 그러면 이 세 가지 견해를 좀더 세부적으로 연결하여 살펴보겠습니다.

인간이 하나님의 형상으로 지어졌다는 의미는, 우리 인간의 인격을 구성하는 여러 요소들이 하나님과 인간이 공통적으로 갖고 있는 지성과 감성 그리고 의지라는 속성을 그 안에 포함하고 있으며, 하나님과 인간이 공통적으로 지닌 이 속성들을 통해서 인간은 하나님과 교통하며 관계를 맺고 살 수 있다는 것입니다. 그리고 하나님의 형상을 입은 하나님의 자녀로서 이 세상의 모든 피조물을 다스리는 하나님의 통치권을 상속받아서 만물을 통치하며 하나님의 대리자로 살아갈 수 있다는 것입니다. 사실 하나님의 형상의 의미를 자세히 파악해 보는 것도 중요하지만 우리의 구원을 위해 더 중요한 것은 하나님이 왜 인간을 그분의 형상으로 지으셨는가 하는 문제일 것입니다.

그 문제의 답을 구하기 위해서는 앞서 언급한 세 가지 견해 중 두 번째 관계론적 견해와 세 번째 행위론적 견해를 좀더 주의 깊게 살펴보아야 합니다. 주 하나님께서 우리 인간을 그분의 형상으로 지으신 가장 큰 이유는 하나님께서 우리와 긴밀한 관계를 갖고 항상 교통하시며 동행하기를 원하셨기 때문입니다. 그리고 그분의 형상을 지닌 우리를 그분의 상속자로 삼아 그분이 지으신 이 세상 만물을 다스리는 통치권을 넘겨주셔서 우리 인간이 하나님을 대신하여 세상 만물을 다스리는 행위를 담당하기를 원하셨기 때문입니다. 이러한 내용은 창세기 1장 26-28절에 다음과 같이 잘 나타나 있습니다. "하나님이 이르시되 우리의 형상을 따라 우리의 모양대로 우리가 사람을 만들고 그들로 바다의 물고기와 하늘의 새와 가축과 온 땅과 땅의 기는 모든 것을 다스리게 하자 하시고…그들에게 이르시되 생육하고 번성하여 땅에 충만하라, 땅을 정복하라, 바다의 고기와 공중의 새와 땅에 움직이는 모든 생물을 다스리라 하시니라."

그리고 우리 인간이 하나님의 형상을 따라 지어졌고 주님의 통치를 위임 받은 상속자로 지어졌다는 견해는 우리가 그분의 상속을 받을 자녀 혹은 양자로 지어졌다는 의미입니다. 바울 사도는 그의 서신서에서 이 하나님의 형상과 믿음의 자녀와의 관계를 강조하면서 우리의 구원을 설명합니다. 그리고 그러한 바울 사도의 서신 속에서 양자라는 단어는 남자 자녀만을 뜻하는 것이 아니라 성별을 초월해서 믿음으로 입양된 모든 자녀를 포괄적으로 대표하는 히브리어적 표현임을 기억해야 합니다. 그러면 이제 하나님 아버지와 그분의 자녀(양자)라는 관계 속에서 하나님의 형상이란 말이 우리의 구원에 어떠한 의미를 부여하는지 알아보도록 하겠습니다.

첫째로, 아버지와 자녀의 관계는 재산을 상속하고 또 상속받는 사회 구조 속에 있습니다. 따라서 주 하나님께서는 아버지와 자식의 닮음 같이 인간을 비물질적인 면에서 주님의 형상(모양)을 닮게 창조하시어 그분의 자녀로 삼고 이 세상의 통치권을 위시해서 그분의 무한한 능력을 상속하여 줄 상속자로 삼으셨다는 뜻이 됩니다. 그리고 하나님의 형상으로 창조된 우리 인간은 적어도 아담과 하와가 원죄를 짓기 전 에덴의 동산에 거할 때까지는 하나님의 형상으로서 하나님 아버지의 무한한 능력을 상속받아 영생할 수 있도록 지어졌다는 뜻도 됩니다.

둘째로, 아버지와 자녀의 관계는 순종하고 의지하며 서로 대화하고 교통하는 관계입니다. 아버지를 존경하는 자녀들은 아버지께 늘 순종하고 아버지를 의지하며 아버지와 늘 대화하고 교통하며 살아갑니다. 하나님께서도 이러한 관계를 우리 인간과 가지시려고 우리를 그분의 형상으로 지으셨다는 것입니다. 이렇게 하나님께서 우리 인간을 자녀 삼아 항상 우리의 아버지 역할을 해주시는 것이 하나님의 사랑이고 은혜이며 주님의 영광이라고 할 수 있습니다. 또 하나님 아버지께서는 우리 자녀들이 서로 사랑하며 우애 있게 지내기를 원하십니다. 하나님 아버지의 보호 아래서 우리 사회의 모든 형제자매가 이웃으로서 서로 자기 몸처럼 아끼고 사랑하며 지내기를 원하십니다. 그러기에 하나님의 아들로 이 땅에 강림하신 예수님께서도 "주 하나님을 마음과 뜻과 정성을 다하여 사랑하고 네 이웃을 네 몸같이 사랑하라"고 제자들에게 가르치신 것입니다(마 22:37; 막 12:30; 눅 10:27).

셋째로, 아버지와 자녀의 관계는 닮음의 관계입니다. 만약 아버지를 닮지 않은 자녀가 있다면 그는 그 아버지의 자녀라고 할 수 없습니다. 비록 외형적으로는 닮지 않았다고 해도 본질적인 성품은 부모를 닮게 되어 있습니다. 우리 인간도 하나님 아버지를 닮아서 그분의 속성이신 거룩함, 지혜로움, 의로움 그리고 신실함을 가질 수 있게 지어진 것입니다. 따라서 하나님께서는 우리 인간이 그분의 형상을 따라 거룩하고 지혜롭고 의롭게 이 세상을 살기를 원하십니다.

이렇게 하나님의 형상으로 창조된 인간이 우리의 조상인 아담과 하와의 교만과 자만심, 즉 하나님 아버지를 떠나서 자기 자신이 하나님 노릇 하며 자기의 독자적인 힘으로 살 수 있다는 자만심과 하나님과 똑같이 높아지겠다는 교만으로 인해서 하나님께 등을 돌리게 되었습니다. 그 결과 아버지와 자녀의 관계가 무너졌으며, 그 관계 속에서 유지되었던 하나님의 형상까지 잃어버리고 만 것입니다.

이러한 우리 인간과 하나님과의 관계, 즉 인간의 자만심으로 인한 하나님과의 이별과 우리 성도들의 회개로 인한 하나님과의 재회를 아주 잘 설명하는 것이 여러분이 잘 아시는 누가복음 15장의 '돌아온 탕자' 이야기입니다. 그 예수님의 비유 속의 탕자는 하나님을 떠난 아담, 즉 죄 속에서 살고 있는 아담의 후예인 우리 인간을 상징합니다. 그리고 탕자가 돌아오기를 애타게 기다리는 탕자의 아버지는 우리가 회개하고 주님께 돌아오기를 기다리시는 하나님 아버지를 상징합니다. 이 예수님의 탕자 이야기 속에서 우리는 우리의 구원의 가망성과 커다란 희망을 봅니다. 왜냐하면 탕자의 아버지처럼 우리의 하나님 아버지께서는 자기의 형상으로 지으신 그분의 자녀인 우리 인간이 죄를 떠나서 그분께 돌아오기를 손꼽아 기다리고 계시기 때문입니다.

그러면 이제 이 세상의 죄로 인해서 더럽게 오염된 우리가 할 일은 무엇이겠습니까? 우리가 할 일은 탕자와 같이 아버지 하나님께로 돌아가 그 아버지 앞에서 마음의 무릎을 꿇고 우리의 죄를 뉘우치고 회개하는 것입니다. 그리고 앞으로는 하나님 아버지를 의지하고 순종하며 영원히 하나님과 동행하는 삶을 살겠다는 믿음의 고백을 하는 것입니다. 그러할 때 하나님 아버지께서는 우리를 기쁘게 맞아 주시고, 살진 송아지를 잡아 잔치를 베푸는 탕자의 아버지처럼 우리 성도가 주님의 형상을 찾아가는 성화의 삶을 살 수 있도록 은혜를 베풀어 주실 것입니다. 그리고 그분의 상속자로 우리 믿는 사람들을 다시 높이시며 천국의 삶을 시작할 수 있도록 인도하여 주실 것입니다.

우리가 우리의 신실한 믿음으로 하나님의 자녀와 상속자로 다시 회복되어 주님의 전지전능한 능력을 상속받을 때 우리는 비로소 영생의 삶을 이 세상에서부터 시작할 수 있습니다. 그리고 주 하나님의 은혜 안에서 매일매일 평강의 삶을 살아가며 이 세상에서 선취적으로 그 영생 복락의 첫 열매를 미리 맛볼 수 있는 것입니다. 예수님께서도 "내가 진실로 진실로 너희에게 이르노니 내 말을 듣고 또 나 보내신 이를 믿는 자는 영생을 얻었고 심판에 이르지 아니하나니 '사망에서 생명으로 옮겼느니라'(has crossed over from death to life)"(요 5:24)라고 현재완료형으로 말씀하시며 우리 그리스도인들은 이미 새 생명을 얻었고 영생의 삶을 벌써 살아가고 있다고 가르치십니다. 이제 새 생명 속에서 영생의 삶을 시작한 형제자매 여러분 모두가 굳건한 믿음 위에서 잃어버렸던 하나님의 형상을 회복하며 하나님과 동행하는 거룩한 삶을 살아가시기를 소망합니다.

묵상 23

우리의 신앙과 삶의 변화

우리 그리스도인들은 오랜 기간 여호와 하나님을 우리의 주님으로 모시는 신앙의 삶을 살아왔습니다. 그러면 지금 이 시점에서 우리 신앙의 삶의 위치는 어디일까요? 우리는 하나님의 아들 주 예수 그리스도를 믿는 하나님의 자녀로서 매일매일 천성을 바라보며 나아가는 순례자의 삶을 살고 있지만 현재 우리는 어디까지 와 있는 걸까요? 그리고 현재 우리의 신앙의 삶이 진실로 하나님의 뜻에 합당하고 주님을 진정으로 기쁘게 하는 삶일까요? 이 문제들을 주의 깊게 살펴보면서 제 자신은 성에 차지 않는다는 생각이 듭니다. 여러분은 어떠하십니까? 혹시 여러분도 저와 같이 여러분 자신이 더욱 변화되어야 하고, 앞으로 더 변화되기 위해서 더 많은 기도와 노력이 필요하다고 생각하십니까? 그렇다면 그간 우리의 삶이 왜 만족할 만한 변화가 없었는지 성경 말씀을 묵상하며 그 원인을 함께 살펴보는 시간을 갖도록 하겠습니다.

첫째로, 우리의 삶에 큰 변화가 없었던 가장 큰 원인은 지금도 우리가 모든 일의 기준을 우리 자신에게 두고, 세상 속에 우리의 욕망을 매어놓고 있기 때문이라는 생각이 듭니다. 바울 사도처럼 세상의 명예와 권력과 재물에 대한 욕망들을 배설물처럼 모두 던져 버리지 못하고 그것들이 아쉬워서 한쪽 끝을 꼭 잡고 놓지 못하고 있으며, 모든 일의 결과를 우리 자신의 세상 잣대로 측정해 기뻐하거나 슬퍼하고 또 실망하기도 합니다. 그러하니 우리의 삶 속에 아무 변화도 일어날 수 없었던 것입니다. 빌립보서 1장에서 감옥에 갇힌 바 된 바울 사도는 모든 일의 판단을 자기에게 맞추지 말고 그리스도에게 맞추라고 말합니다. 세상의 잣대로는 비록 슬픈 일이라 할지라도 그것이 그리스도에게 유익한 일이라면 우리 그리스도인들에게는 기쁜 일이 된다는 것입니다. "온전히 담대하여 살든지 죽든지 내 몸에서 그리스도가 존귀하게 되게 하려 하나니 이는 내게 사는 것이 그리스도니 죽는 것도 유익함이라"(빌 1:20-21)라고 바울 사도는 고백합니다. 설사 우리가 죽는 한이 있더라도 그것이 그리스도를 위한 일이라면 그 죽음조차도 우리에게 유익하고 기쁜 일이라고 선포하는 것입니다. 그렇게 우리도 우리 삶의 기준을 세상에 맞추지 않고 그리스도에게 맞출 때 우리의 삶이 거룩한 그리스도의 형상으로 변화되어 간다는 것입니다.

둘째로, 우리가 살아온 신앙생활을 돌이켜 볼 때 우리 자신이 얼마나 성경 말씀에 합당한 삶을 살아왔는가 하는 문제입니다. 물론 우리는 나름대로 성경 말씀에 따라 살려고 노력하며 살아왔습니다. 그러나 항상 올라가는 길만 찾고 내려가는 길은 외면하고 살아오지는 않았습니까? 항상 남보다 더 성공하려 하고 더 많은 재물을 소유하려 하며 더욱 높아지려는 욕망 속에서 올라가는 길만 바라보아 왔고, 겸손하게 자기를 낮추며 내려가는 길은 외면했다고 생각지는 않는지요? 성경은 우리 하나님의 자녀에게 내려가는 길을 따라 겸손하게 살 것을 권고합니다. 마치 여리고 세관의 세리장이었던 삭개오가 예수님을 만난 후 높은 뽕나무 위에서 밑으로 내려가듯이 우리도 겸손하게 주님 앞으로 내려가야 합니다. 그리고 우리가 주님 앞에서 내려가는 겸손한 삶을 살기 위해서는, 쉽지는 않겠지만 담대하게 세상의 모든 지위와 명예와 권력을 배설물처럼 버리고 오직 하나님 말씀만을 붙들고 우리 자신의 낮아짐에 만족과 기쁨을 느끼는 삶을 살 수 있어야 합니다.

바울 사도는 로마서 1장 16절에서 "내가 복음을 부끄러워하지 아니하노니 이 복음은 모든 믿는 자에게 구원을 주시는 하나님의 능력이 됨이라 먼저는 유대인에게요 그리고 헬라인에게로다"라고 선포하며, 복음 때문에 그의 삶 속에서 수많은 고난과 부끄러움을 당하며 살고 있지만 그 복음이 자신은 너무나 자랑스럽다고 고백하고 있습니다. 바울 사도는 그가 복음을 전하며 당하는 모든 고난과 부끄러움을 오히려 우리 인간을 사랑하시는 은혜의 하나님을 위한 승리의 면류관이라고 자랑스럽게 생각하였습니다. 생각해 보십시오. 바울 사도가 누구입니까? 그는 그 당시 최고의 신학교인 예루살렘 힐렐 신학교에서 최고의 스승인 가말리엘의 수제자였습니다. 그의 미래는 핑크빛이었고 유대인 사회에서는 그가 유대 민족의 새로운 지도자가 될 것을 아무도 의심하지 않았습니다. 이렇게 확실히 미래가 보증이 되었던 유명한 바리새인 바울이 다메섹 도상에서 영광의 빛을 입고 나타나신 예수님을 만나서 회심한 후에는 그의 삶이 철저하게 바뀌게 되었습니다. 단지 유대 사회 속에서의 그의 사회적 명성과 지위의 추락뿐 아니라 바울 자신의 목숨까지도 부지하기 어렵게 되어 버렸습니다. 바울 사도는 고린도후서 11장 23-25절에서 다음과 같이 그가 당한 고난을 회상합니다. "내가 수고를 넘치도록 하고 옥에 갇히기도 더 많이 하고 매도 수없이 맞고 여러 번 죽을 뻔하였으니 유대인들에게 사십에서 하나 감한 매를 다섯 번 맞았으며 세 번 태장으로 맞고 한 번 돌로 맞고…" 그러나 바울 사도는 그의 삶이 이렇게 바닥으로 떨어진 것처럼 되었으나 결코 그것은 실패가 아니고 부끄러운 수치도 아니며, 오직 우리를 구원하시려는 주 하나님의 영광을 위한 승리의 면류관이라고 자랑스럽게 선포하는 것입니다. 이러한 바울 사도의 선포는 신앙생활 때문에 금전적으로 약간의 손해를 보거나 신앙 때문에 사는 것이 조금만 불편하게 되어도 그것을 못마땅하게 여기며 사는 우리 그리스도인들에게 커다란 경종을 울려주고 있습니다.

셋째로, 우리의 신앙생활에서 기다림에 대한 기쁨이 별로 없었던 것 같습니다. 모든 그리스도인들의 가장 큰 기다림이라면 주님의 영광된 재림이라 할 수 있습니다. 왜냐하면 하늘 구름을 타고 모든 천사와 함께 오시는 주님의 영광된 재림을 통하여 우리 성도들의 구원이 온전하게 되어 우리의 몸이 영광의 몸으로 변화되고 영원불멸할 새 생명을 받기 때문입니다. 그리고 매우 애통한 일이지만 그 재림을 믿지 않고 살아왔던 많은 불신자들은 영원한 형벌을 받게 됩니다. 복음서에서 예수님은 이러한 영광스러운 재림과 최후의 심판의 임박성을 강조하시며, 마가복음 13장 30절에서는 "내가 진실로 너희에게 말하노니 이 세대가 지나가기 전에 이 일이 다 일어나리라"라고 주님이 곧 재림하시어 우리 성도들을 영광스럽게 변화시켜 주시며 믿지 않는 자들에 대한 혹독한 최후의 심판이 그 뒤를 따를 것을 미리 말씀하여 주셨습니다. 그리고 그리스도의 사도 바울 역시 그의 서신서에서 재림의 임박성과 곧 영광의 재림을 하실 주님을 맞기 위하여 우리 성도들이 항상 깨어 있는 삶을 살 것을 여러 번 강조하였습니다. 그러나 주님과 사도의 말씀과는 달리 2,000년이 지난 현재까지도 주님의 재림은 이루어지지 않고 있습니다. 이러한 현실로 인해 우리 자신이 주님을 기다리는 기쁨을 많이 포기하며 살아왔던 것이 사실입니다.

그러면 왜 주님의 재림과 불신자들에 대한 최후의 심판이 이렇게 늦어지고 있는 걸까요? 혹시 주님이 이 악한 세상으로의 재림을 완전히 포기하여 버리신 것은 아닐까요? 그것은 결코 아닙니다. 오래전 노아의 시대에도 하나님께서 물로 악한 세상을 심판하셨습니다. 그때에도 여호와 하나님께서는 홍수의 심판을 의도적으로 120년이나 늦추어 주셨습니다. 왜냐하면 사랑과 자비의 주님께서는 노아와 그의 가족의 전도로 인해서 단 한 사람이라도 더 구원의 방주로 들어가기를 원하셨기 때문입니다. 우리가 살고 있는 신약 시대의 주님의 재림도 같은 맥락에서 이해할 수 있습니다. 우리 인간을 한없이 사랑하시는 주 하나님께서는 우리 그리스도인들의 복음 전도 사역으로 인하여 한 명의 이웃이라도 더 하나님 품으로 돌아와 구원받기를 원하시기 때문에 주님의 재림과 최후의 심판을 의도적으로 늦추어 주고 계시는 것입니다. 단지 노아가 살던 시대의 세상에 비하여 우리가 살고 있는 현 시대의 세상은 전도를 하여야 할 인류의 숫자나 복음의 씨앗을 뿌려야 할 나라의 숫자가 비교하지 못할 만큼 방대하게 커졌습니다. 주 하나님께서 경영하시는 인류 구원 계획 안에서 아직도 복음의 씨앗을 뿌려야만 하는 민족과 지역이 더 남아 있습니다. 따라서 우리 세대의 주님의 재림 시기는 노아 시대의 심판보다 상대적으로 훨씬 더 많이 늦추어지고 있는 것이 사실입니다.

그러나 예수님께서는 누가복음 21장에서 그 재림의 날이 뜻밖에 덫과 같이 우리에게 임하리라고 하셨습니다. 바울 사도 역시 데살로니가전서 5장에서 그 때와 시기는 아무도 모르지만 밤에 도둑같이 갑자기 우리에게 임할 것이라고 말했습니다. 내일이 될지 아니면 그보다 아주 더 많이 기다려야 할지 그날과 그때는 아무도 모릅니다. 이러한 상황 속에서 우리는 이제 주님의 재림의 기다림에 대한 우리의 생각과 자세를 바꿔야 합니다. 커다란 소망이 이루어지는 것을 기다린다는 것은 그 기다리는 소망이 이루어졌을 때뿐 아니라 기다리는 시간 즉 기다림의 과정 그 자체도 즐겁고 보람 있는 시간인 것입니다. 소망이 이루어질 내일을 기다리는 그 기다림의 과정 속에서 우리는 오늘 하루도 행복한 내일의 꿈을 갖고 지낼 수 있으며, 매일 매일 또 다른 내일의 소망을 품고 살아갈 수 있기 때문입니다. 그러한 소망을 갖고 사는 삶의 자세가 진실한 그리스도인으로서 행복한 신앙생활이며 깨어 있는 삶이라고 할 수 있습니다. 그렇게 내일의 주님의 재림을 기다리면서 오늘 하루를 즐거움과 기쁨의 기대 속에서 살아갈 때, 우리는 주 하나님이 원하시는 깨어 있는 삶 그리고 영광된 내일의 소망을 품고 사는 삶을 이어갈 수 있을 것입니다.

묵상 24

빚진 자의 삶

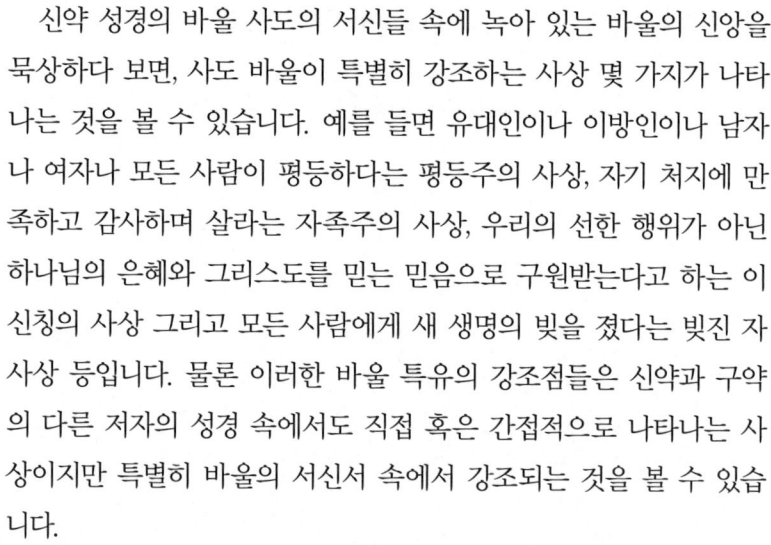

　신약 성경의 바울 사도의 서신들 속에 녹아 있는 바울의 신앙을 묵상하다 보면, 사도 바울이 특별히 강조하는 사상 몇 가지가 나타나는 것을 볼 수 있습니다. 예를 들면 유대인이나 이방인이나 남자나 여자나 모든 사람이 평등하다는 평등주의 사상, 자기 처지에 만족하고 감사하며 살라는 자족주의 사상, 우리의 선한 행위가 아닌 하나님의 은혜와 그리스도를 믿는 믿음으로 구원받는다고 하는 이신칭의 사상 그리고 모든 사람에게 새 생명의 빚을 졌다는 빚진 자사상 등입니다. 물론 이러한 바울 특유의 강조점들은 신약과 구약의 다른 저자의 성경 속에서도 직접 혹은 간접적으로 나타나는 사상이지만 특별히 바울의 서신서 속에서 강조되는 것을 볼 수 있습니다.
　이러한 바울의 사상들 중에서 그리스도의 교회를 그토록 핍박하던 과격파 바리새인 바울을 180도 변화시켜서 그의 목숨을 내어 놓고 그토록 열정적으로 선교를 하게 한 원동력을 제공한 사상은 바로 그의 '빚진 자 사상'이라고 할 수 있습니다. 죄수 중의 괴수인 바울을 그 누구보다도 충직한 선교사로 변화시켜 준 바울의 빚진 자 사상에 대하여 묵상하는 시간을 갖겠습니다.

그리스도인들을 무자비하게 살해하고 옥에 가두며 수없이 박해하였던 골수 바리새인 바울이 대제사장에게 체포 영장을 발부받아서 수리아 다메섹(시리아 다마스커스) 쪽으로 그리스도인을 잡으려고 쫓아가던 중에 자기가 핍박하여 왔던 예수님과 정면으로 맞닥뜨리게 됩니다. 그 당시 바울이 다메섹 도상에서 만난 부활하신 예수님은 하나님의 아들로서 바울 외에는 아무도 볼 수 없는 하나님의 영광의 빛을 안고 나타나셨습니다(행 9:3, 7). 그 예수님께서는 신실한 하나님의 사람 스데반 집사를 위시하여 수많은 그리스도인을 죽이고 괴롭혔던 백 번 죽어 마땅한 바울을 다메섹 도상에서 만나자 그 자리에서 그를 처벌하지 않으시고 용서하셨으며, 그 대신 바울에게 유대인과 이방인을 위한 사도로서의 선교 사명을 주셨습니다. 바로 이 유대인과 이방인을 위한 복음 전도의 사명이 그 당시 죽어 마땅한 살인자 바울을 살린 것입니다.

다메섹에서의 주님과의 만남 이후 바울은 180도 완전히 바뀌어서 자기가 그토록 핍박하던 예수님을 하나님의 아들이자 우리 인간들을 구원할 메시아시며 영광의 주님으로 선포하게 됩니다. 그리고 로마서 1장 14절에서 바울 사도는 "헬라인이나 야만인이나 지혜 있는 자나 어리석은 자에게 다 내가 빚진 자"라고 고백합니다. 바울 자신이 그의 새 생명을 자기가 복음을 전해야 할 모든 사람들에게 빚졌다고 고백하는 것입니다. 그리고 그는 다메섹에서 그리스도께 받은 이 소명과 자신의 빚진 자 사상을 그의 서신서들에 잘 담아서 기록하였습니다.

그러면 왜 바울은 자기가 주님에게만 빚진 것이 아니라 모든 사람들에게 빚진 자라고 생각하게 되었을까요? 우리는 이 질문에 좀 더 상세하게 답하기 위해서 다메섹 회심 사건을 다시 주의 깊게 살펴보아야 합니다. 바울이 그 당시 예수 그리스도를 믿는 사람들을 무자비하게 박해하였던 이유는 아주 간단합니다. 신성한 도성 예루살렘 출신도 아니고, 구약 성경의 미가 선지자가 메시아가 출생할 것으로 예언한 베들레헴 출신도 아닌 천한 이방 땅 갈릴리의 작은 마을 나사렛 출신 예수는 절대로 그들의 위대한 메시아가 될 수 없다고 생각하였던 것입니다. 그리고 그 나사렛 예수라는 젊은이는 여호와 하나님을 모독하다가 결국 유월절에 신성 모독죄를 짓고 신명기 21장 23절에 기록된 율법 절차에 따라 나무(십자가)에 달려서 하나님의 저주를 받고 영원히 죽었다고 오해하였기 때문입니다. 또한 그러한 거짓 선지자 나사렛 예수를 믿는 일단의 유대인들이 오히려 예수를 유대인을 구원하여 줄 메시아와 하나님의 아들로 승격하여 거짓으로 이단 종교를 전파하며 유대 사회를 어지럽히고 있다고 걱정하고 있었기 때문이기도 합니다.

그러나 바울이 다메섹에서 마주친 예수님은 정말로 사망의 권세를 이기고 부활하셔서 하나님의 아들로서 인간으로서는 볼 수 없는 하나님의 영광의 빛을 안고 그 앞에 나타나셨습니다. 그러한 부활한 예수님을 보는 순간 바울의 마음이 어땠을까요? 아마 자기는 이제 꼼짝없이 죽게 되었다고 절망하였겠지요. 왜냐하면 그동안 바울이 하나님의 아들이신 그리스도 예수를 가짜 선지자로 낙인찍고, 그 예수를 믿는 그리스도인들을 무자비하게 죽이고 박해하여 왔기 때문입니다.

그러나 그리스도께서는 죄인 중의 괴수요 사형 받아 마땅한 바울을 벌하지 않으시고 그의 목숨을 살려주며 주님의 사도로 삼으셔서 그리스도의 복음을 전하라는 소명을 주십니다(행 9:15). 그 순간 바울은 그가 이러한 커다란 은혜를 입어 생명을 구한 이유를 그리스도께서 주님의 복음을 자기를 통해 유대인과 이방인에게 전하기 위한 목적 때문이라고 느끼게 됩니다. 그 이후 그의 삶과 생명은 그가 복음을 전해야 하는 모든 사람들에게 빚이 되어 버립니다. 다시 말해서 주님께서는 바울을 통하여 모든 사람들에게 복음을 전하시려고 그 당시 바울을 살려주었고, 사형에 처하는 대신 그에게 복음을 전할 사명을 주셨기 때문입니다. 그 이후 바울은 그가 얻은 새로운 삶의 빚을 갚으려고 유대인과 특히 이방인들에게 자기 목숨을 내놓고 그리스도의 복음을 전하는 충직한 그리스도의 사도로 변화되었고, 그들을 자기의 생명의 은인으로 생각하며 그들을 섬기는 삶을 살게 된 것입니다. 그러한 사실은 바울이 기록한 고린도전서 9장 16절에서 "내가 복음을 전할지라도 자랑할 것이 없음은 내가 부득불 할 일임이라 만일 복음을 전하지 아니하면 내게 화가 있을 것…"이라고 빚진 자로서의 의무와 사명을 심각하게 고백하는 것에서 확연하게 드러납니다.

그러한 빚진 자 사상은 바울 사도뿐 아니라 우리 모든 그리스도인들에게도 똑같이 적용되는 사상입니다. 죄에 찌들어 살던 우리를 하나님께서 정죄하지 않으시고 구원하신 이유는 우리 자신이 운이 억세게 좋아서가 아닙니다. 우리에게는 그리스도의 복음을 전하여야 할 이웃들이 있고, 우리를 통하여 그들을 구원하시려는 주 하나님의 무한한 사랑과 은혜가 있기 때문입니다. 우리 그리스도인들을 통해 모든 이웃들에게 복음을 전하기 위하여 우리 그리스도인들도 하나님께서 구원하여 주셨기 때문에 우리 모두는 우리 이웃들에게 새 생명의 빚진 자가 된 것입니다. 따라서 우리는 바울 사도의 모범을 따라 우리 이웃들에게 새 생명의 빚진 자로서 최선을 다하여 그리스도의 복음을 전하고 그들을 섬기는 자세로 살아가야 마땅할 것입니다.

목회자나 선교사는 복음을 선포해야 할 그의 성도들과 비신자들에게 그의 새 생명의 빚을 졌으며 섬김의 빚을 졌기 때문에 그들에게 최선을 다하여 하나님 말씀을 전하고 그들을 섬기는 자세로 살아가야 하고, 성도들은 그들이 복음을 전하고 사랑해야 하는 이웃들에게 새 생명을 빚진 자들로서 그들을 섬기며 사랑하는 자세로 살아야 합니다. 위대한 신학자 장 칼뱅도 에베소서 5장 27절 주석에서 "하나님은 우리가 아무도 순종을 피할 수 없도록 서로에게 묶어 놓았다. 이렇게 사랑이 지배하는 곳에서는 서로에 대한 (섬김의) 종노릇함이 있는 것이다"라고 설명합니다. 설사 우리의 이웃들이 아직 주님을 영접하지 못하고 죄 속에서 살고 있다고 할지라도 그들을 무시하거나 피하지 말고 내 생명의 은인으로 생각하고 인내를 가지고 다가가서 복음을 전하며 그들을 하나님 앞으로 인도해야 하고, 항상 그들을 섬기는 자세로 이웃 사랑을 실천하며 살아야 합니다.

바로 이렇게 사는 목회자들과 선교사들 그리고 성도들의 삶이 하나님의 뜻이 되고 주님께서 기뻐하시는 삶이 될 것입니다. 또 이러한 빚진 자로서 이웃을 섬기는 삶을 살 때에 우리는 진정한 아가페적 이웃 사랑을 실천할 수 있게 됩니다(마 22:39; 레 19:18). 이러한 빚진 자로서의 섬김의 삶은 칼뱅의 말대로 목회자와 성도 간에 상호 섬기는 삶을 살 수 있도록 유도하고, 성도와 성도 간에 서로 사랑하고 섬기는 삶으로 인도하며, 온 이웃과 형제자매들이 서로 사랑하며 평화 속에서 살 수 있는 삶의 터전을 마련하여 줄 것입니다.

묵상 25

그리스도의 몸

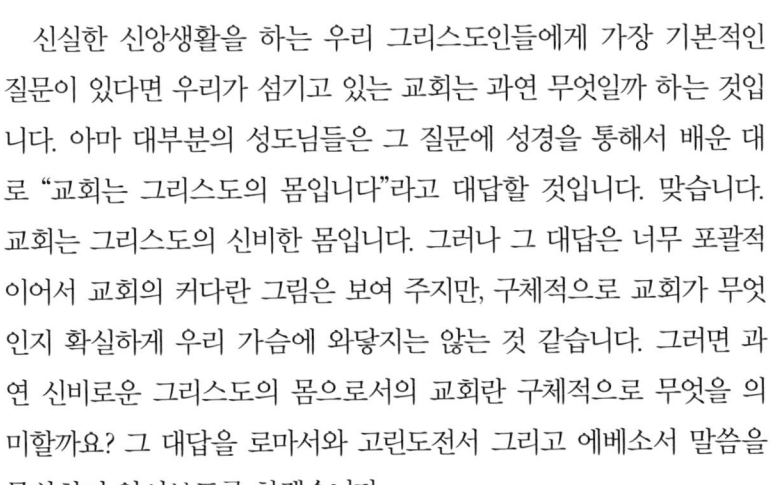

신실한 신앙생활을 하는 우리 그리스도인들에게 가장 기본적인 질문이 있다면 우리가 섬기고 있는 교회는 과연 무엇일까 하는 것입니다. 아마 대부분의 성도님들은 그 질문에 성경을 통해서 배운 대로 "교회는 그리스도의 몸입니다"라고 대답할 것입니다. 맞습니다. 교회는 그리스도의 신비한 몸입니다. 그러나 그 대답은 너무 포괄적이어서 교회의 커다란 그림은 보여 주지만, 구체적으로 교회가 무엇인지 확실하게 우리 가슴에 와닿지는 않는 것 같습니다. 그러면 과연 신비로운 그리스도의 몸으로서의 교회란 구체적으로 무엇을 의미할까요? 그 대답을 로마서와 고린도전서 그리고 에베소서 말씀을 묵상하며 알아보도록 하겠습니다.

로마서 12장을 보면 다음과 같은 바울 사도의 말이 기록되어 있습니다. "우리가 한 몸에 많은 지체를 가졌으나 모든 지체가 같은 기능을 가진 것이 아니니 이와 같이 우리 많은 사람이 그리스도 안에서 한 몸이 되어 서로 지체가 되었느니라 우리에게 주신 은혜대로 받은 은사가 각각 다르니…"(롬 12:4-6). 또 고린도전서 12장을 보면 "은사는 여러 가지나 성령은 같고 직분은 여러 가지나 주는 같으며 또 사역은 여러 가지나 모든 것을 모든 사람 가운데서 이루시는 하나님은 같으니 각 사람에게 성령을 나타내심은 유익하게 하려 하심이라"(고전 12:4-7)라고 말하고 있습니다. 에베소서 4장에서는 "우리 각 사람에게 그리스도의 선물의 분량대로 은혜를 주셨나니…그가 어떤 사람은 사도로, 어떤 사람은 선지자로, 어떤 사람은 복음 전하는 자로, 어떤 사람은 목사와 교사로 삼으셨으니 이는 성도를 온전하게 하며 봉사의 일을 하게 하며 그리스도의 몸을 세우려 하심이라"(엡 4:7-12)라고 설명합니다. 이 바울의 서신서들에 나타나는 핵심 단어들은 은혜와 은사 그리고 지체와 하나 됨입니다.

우선 은혜와 은사라는 두 단어를 살펴보면, '은사'라는 단어는 헬라어 원어 성경에서 '카리스마'로, 그리고 '은혜'라는 단어는 '카리스'로 기록되어 있습니다. 우리가 헬라어에 익숙하지 않아도 한눈에 은사(카리스마)와 은혜(카리스)라는 헬라어 단어가 서로 연관이 되어 있음을 눈치챌 수 있습니다.

성경을 연구하는 대부분의 성경학자들은 은사는 은혜라는 하나님의 사랑의 행위가 만들어낸 결과로서 각 성도들에게 나타난 구체적이고 개별적인 능력이라고 설명합니다. 다시 말하면 은사는 사랑이 풍성하신 하나님께서 우리 인간들에게 베푸시는 은혜로운 행위로 각 성도들에게 주신 각 개인의 재능이라는 것입니다. 따라서 성도들의 은사라는 것은 하나님이 은혜로 각 성도들에게 값없이 주신 축복의 선물이며, 그리스도의 몸인 교회의 지체로서 각각의 성도가 그들의 교회를 섬기는 재능이라고 말할 수 있습니다. 그리고 그러한 각각의 교회들과 그 교회에 속한 각 성도들의 모든 은사들이 서로 연결되고 연합되어 믿음의 백성들을 하나로 묶는 그리스도의 몸으로서의 하나의 커다란 포괄적인 교회, 즉 그리스도교의 총체적인 믿음의 공동체를 이룬다고 할 수 있습니다. 우리의 몸을 예로 들면, 머리와 팔과 다리와 몸통 등의 우리 몸의 여러 지체가 함께 연결되어 하나의 온전한 몸을 이루고 있듯이, 이 모든 교회와 그 교회 안의 각 성도들의 은사와 재능들이 공간을 초월해서 하나의 그리스도의 몸으로 연합되어 하나의 커다란 세계적인 믿음의 공동체가 된다고 할 수 있습니다.

또한 앞서 언급한 성경 말씀에서 알 수 있는 것은, 모든 은사들은 똑같은 하나의 성령에서 나오는 것이기 때문에 각 교회의 성도들의 은사들이 서로 다를지라도 서로 의존하며 연합되어 한 몸이 되고, 그리스도의 몸으로서 하나의 교회 공동체를 이룬다는 것입니다. 그리고 우리의 은사는 우리가 흔히 생각하듯이 선천적으로 태어날 때부터 하나님께 받은 재능이라기보다는, 하나님의 경륜 속에서 때가 차면 주님께서 그분의 계획을 이루시고자 우리 각자에게 성령을 통해서 값없이 주시는 은혜의 선물이라는 말입니다. 즉, 하나님께서 그분의 은혜로 우리에게 이러한 은사들을 주시는 목적은 주님의 시공을 초월하는 구속사의 계획 안에서 주님의 뜻을 이루기 위함이라는 것입니다. 따라서 우리가 주 하나님께 받은 은사의 재능은 우리 각 개인의 소유물이 될 수 없으며, 작게는 내 자신의 교회를 위해서 반드시 사용되어야 하고, 크게는 모든 그리스도 교회가 하나로 연합된 믿음의 공동체를 위해서 사용되어야 한다는 뜻입니다. 그리고 이 은사들은 하나님의 은혜로부터 나왔으므로 항상 하나님의 은혜에 의존하고 있으며, 성도들은 그들에게 주어진 그 은사적인 재능의 더 나은 성장을 위하여 주님께 항상 기도로 간구하고 또 끊임없이 노력하여 각자 받은 능력을 계속해서 계발하여 나가야 한다는 뜻이기도

합니다.

　바울 사도는 그리스도의 몸인 교회라는 표현을 통해서 시공을 초월해서 각 시대의 교회들과 각 나라의 교회들을 그리스도의 몸의 각각의 지체로서 하나하나 독립성을 인정함과 동시에, 모든 지역 그리고 모든 세대들의 교회들이 연합되어 시공을 초월한 하나의 그리스도의 몸으로서 하나의 거대한 믿음의 공동체가 됨을 강조하고 있는 것도 알 수 있습니다. 다시 말해서 시간적 차이를 초월하여 초대교회와 현대 교회가 그리스도의 몸 안에서 하나가 되고, 공간적 차이를 초월하여 현 시대의 지구상의 모든 교회가 하나로 연합된다는 것입니다. 이러한 교회의 하나 됨은 동일한 그리스도의 몸으로서 모든 세대와 모든 지역의 교회가 공유한 똑같은 성령님의 역사하심과 똑같은 성령의 열매를 통해서 이루어집니다. 바울 사도는 그 성령의 열매들에 대하여 갈라디아서에서 다음과 같이 열거합니다.

　　"오직 성령의 열매는 사랑과 희락과 화평과 오래 참음과 자비와 양선과 충성과 온유와 절제니…"(갈 5:22-23).

　이렇게 우리가 공유한 성령님은 우리 사이에 성령의 가장 큰 열매인 사랑을 맺게 하시고, 그 사랑을 통해 모든 지체가 하나로 연결되게 하시는 것입니다. 그리고 각 성도들의 은사의 집합체인 각각의 교회는 어느 한 교회 지도자의 개인 소유물이 될 수 없으며, 어떤 선교사들이나 부흥사들의 만족이나 자기도취의 수단이 되어서도 안 된다는 것을 다시 한번 인식하게 됩니다. 이러한 하나님의 진리의 메시지는 현재 우리 사회에서 몇몇 목사들에게 거의 사유화되다시피 하여 종교 재벌처럼 되어 버린 현대의 초대형 교회들에게 심각한 경고가 됩니다. 그리스도의 몸인 교회는 오직 하나님의 영광만을 위하여 우리가 주님께 값없이 받은 은사로 섬기는 섬김의 장소일 뿐이며, 헌금이라는 명목으로 주님의 거룩한 이름을 팔아 몇몇 지도자들의 주머니를 불리는 수단이 되거나, 몇몇 담임목사들이 왕 노릇 하는 개인 왕국처럼 되어서는 안 된다는 것입니다. 그리고 그리스도의 몸인 교회를 통해서 목회자나 성도들은 자신의 은사와 직분을 그 교회 안에서 바로 인식하고, 그 은사와 직분을 가지고 자신들의 사적인 욕망은 주님의 십자가에 못 박아 버리고 오직 그리스도의 몸인 자신들의 교회를 주 하나님을 섬기듯이 온몸과 뜻과 정성을 다하여 섬겨야 한다는 것입니다.

우리 몸의 각 지체들이 모두 귀한 우리 몸의 일부로서 서로 의존하고 서로 도움으로써 우리의 몸 전체가 건강하여지듯이, 우리의 교회가 건강하여지려면 그 은사와 직분이 목사이든 장로이든, 아니면 집사이든 평신도이든 그 직분의 높낮이나 귀함에 차이가 있어서는 안 됩니다. 마치 우리 몸의 지체인 눈이 귀보다 내가 더 귀하다고 말할 수 없고, 우리의 팔이 우리의 다리보다 내가 더 귀하다고 말할 수 없듯이, 교회 안의 모든 은사와 직분은 동일한 그리스도의 몸의 일부분으로서 모두 동일하게 귀합니다. 따라서 하나님께서 은혜로 우리에게 값없이 주신 각자의 은사를 가지고 목사와 장로, 집사와 평신도 그리고 커다란 교회와 작은 교회가 서로 귀하게 여기고 의지하며 협력할 때 그 효력이 나타나서 건강한 하나의 그리스도교 믿음의 공동체로서 온전한 하나 됨을 이루는 것입니다. 그것이 바로 그리스도 안에서의 바울 사도의 커다란 소망이었고 비전이었습니다.

이러한 바울 사도의 소망과 비전을 바로 인식하고 각자가 주님으로부터 받은 은사와 직분을 가지고 교회를 겸손하게 섬길 때, 교회 안에서 목회자가 왕 노릇 하는 이단적인 폐단이 없어질 것이며, 목회자와 성도들 사이의 다툼이 사라지게 될 것입니다. 그리고 성도와 성도 사이의 싸움이 없어지며, 교단과 교단 사이의 시기와 다툼이 종식되고 그리스도인들 사이에 성령의 열매인 화합과 평화가 이루어지게 될 것입니다. 그리하면 삼위일체 하나님을 믿고 성경의 권위를 인정하는 모든 올바른 그리스도의 교회들이 그들의 교리와 교파를 초월해서 그리스도의 동일한 한 몸으로 하나가 되며, 이 땅 위에 진정한 그리스도교의 믿음의 공동체가 바로 서게 될 것입니다.

묵상 26

사탄아, 물러가라

마태복음 16장을 보면 예수님께서 갈릴리 호수의 북쪽 지역으로 이동하시다가 이스라엘 땅의 최북단에 위치한 헬몬산의 남쪽 자락에 자리 잡은 빌립보 가이사랴라는 고원지대의 도시에 도착하십니다. 그 지역 일대를 현대의 이스라엘인들은 여러분도 여러 번 들어보신 골란 고원이라고 부릅니다. 그곳에서 예수님께서는 주님을 따르는 제자들에게 그들이 주님을 누구라고 생각하는지를 물어보십니다.

그때 나서기를 좋아하는 수제자 시몬 베드로가 다른 제자들을 제치고 불쑥 일어나서 "주는 그리스도시요 살아 계신 하나님의 아들이시니이다"라고 칭송합니다. 그 당시 유대 사회에서 헬라어로 그리스도(크리스토스) 혹은 그 당시 유대인들의 통용어인 아람어로 메시아(히: 마쉬아흐), 하나님의 아들, 다윗의 자손, 그리고 유대인의 왕이라는 모든 호칭들은 동일한 뜻을 가지고 있는 단어들로, 유대 민족을 이방 민족의 탄압에서 영원히 구원하여 줄 유대 민족의 구원자를 부르는 호칭들이었습니다. 즉, 수제자 시몬 베드로는 예수님을 구약 성경에서 이미 선지자들이 예언한 다윗의 자손이며 하나님의 아들(삼하 7:12-14)로서 유대 민족을 영원히 구원하여 주실 그들의 메시아(그리스도)로 신앙을 고백하였던 것입니다. 예수님께서는 그러한 신앙고백을 한 베드로를 향하여 매우 기뻐하시며 "내가 천국 열쇠를 네게 주리니 네가 땅에서 무엇이든지 매면 하늘에서도 매일 것이요 네가 땅에서 무엇이든지 풀면 하늘에서도 풀리리라"(마 16:19)라고 지상 최고의 칭찬을 하시며 베드로에게 천국의 열쇠를 주겠다는 어마어마한 약속을 하십니다.

그러나 흥미로운 것은 시간이 조금 흐른 후에 예수님께서 제자들을 가르치시며 이제 곧 예수님께서 예루살렘에 직접 올라가서 유대인들의 장로들과 제사장들과 서기관들에게 많은 고난을 받고 죽임을 당할 것이며 제 삼 일에 다시 살아나야만 할 것을 제자들에게 말씀하시자, 성미 급한 수제자 시몬 베드로가 예수님께 항변하면서 절대로 그러한 행동을 하여서는 안 된다고 간청합니다(마 16:21-22). 그러자 예수님께서는 얼마 전에 천국의 열쇠를 주겠다고 약속한 바로 그 베드로를 향하여 "사탄아 내 뒤로 물러가라 너는 나를 넘어지게 하는 자로다"라고 최악의 꾸중을 하십니다. 수제자 베드로의 입장에서는 매우 황당하였을 것입니다. 얼마 전만 해도 최고의 칭찬을 하시며 천국의 열쇠까지 약속하셨던 주님께서 자신이 소유한 이적의 능력을 사용치 않으시고 힘없이 유대인의 지도자들에게 죽임을 당하시겠다고 하셔서 만류하였더니 이제 최악의 비난을 자신에게 퍼부었으니 말입니다.

그러면 왜 예수님께서는 사랑하는 수제자 시몬 베드로를 사탄이라는 극단적인 언어까지 사용하면서 심하게 꾸짖었을까요? 이 상황을 이해하기 위해서는 예수님 공생애 당시의 유대 사회 속에서 널리 퍼져 있었던 유대인들의 민속적인 메시아 사상을 들여다보아야 합니다. 수제자 베드로를 포함하여 그 당시 거의 모든 유대인들은 그들이 학수고대하며 기다리던 이스라엘 민족의 구원자인 메시아(그리스도)를 다윗의 자손으로서 그리고 모세와 같은 위대한 선지자로서, 마치 다윗 왕이 무력으로 주변 이방 국가들을 모두 쳐부수고 정복하였듯이, 그리고 모세가 이적을 행하여 애굽 왕 바로(파라호)를 굴복시키고 유대 민족을 가나안 땅까지 이끌었듯이 강력한 무력과 이적을 행할 수 있는 힘 있는 메시아일 것이라고 생각하고 있었습니다. 그리고 그 메시아가 유대 땅에 오셔서 당시 유대인을 압제하였던 로마 정부를 비롯해서 모든 주위의 이방 민족들을 무력과 이적으로 굴복시키고, 과거 다윗 왕 시절에 누렸던 태평성대와 경제적 풍요를 유대 민족에게 가져올 것이라고 기대하고 있었습니다. 그러한 이유로 예수님이 여러 이적과 표적을 행하자 많은 무리의 군중들이 그 힘 있는 이스라엘의 메시아가 정말로 유대 땅에 오셨다고 찬양하며 예수님을 따랐던 것입니다.

그러나 예수님께서는 그러한 유대인들의 무력적인 메시아 사상과는 전혀 다르게 예수님의 사명을 인식하고 있었습니다. 예수님께서는 온 세상의 구원자로서 자신의 임무를, 구약의 이사야 선지자가 이사야서 53장에서 예언하였고 또 다른 여러 선지자들이 그들의 선지서들에 예고한 바와 같은 고난받는 종으로서의 메시아적 사명으로 생각하고 있었습니다. 즉, 예수님께서는 인류를 구원할 메시아로서 유대 지도자들에게 많은 고난을 받으시고 자신의 몸을 십자가 상에서 속죄의 제사로 하나님 앞에 드려서 모든 믿는 자들의 죄를 하나님 앞에서 속하는 속죄제를 이루고, 하나님과 성도들 사이를 화해시키는 화목제를 이루며, 십자가 상에서 흘리신 보혈의 피로 하나님과 성도들 사이에 새 언약을 세우려고 하였던 것이었습니다. 그러한 예수님의 십자가의 희생으로 인하여 여호와 하나님께서 다시 모든 믿는 자들의 하나님 아버지가 되어 주시고, 모든 성도들이 하나님의 새 백성 혹은 새 자녀가 되도록 하는 것이 예수님이 메시아로서 해야 할 임무이며 소명이라고 이해하고 있었던 것입니다(렘 31:31; 사 42:6; 겔 11:20). 이렇게 베드로를 비롯한 다른 제자들이 생각하고 있었던 유대인들의 민속적인 메시아 사상, 즉 무력적인 메시아 사상과 예수님이 담당하려고 하셨던 고난의 종으로서의 메시아 사역에는 커다란 차이가 있었습니다.

　이러한 상황 아래서 예수님이 자신의 죽음으로 이루려고 하는 대속의 메시아 사역을 그 당시에 유행하였던 민속적인 무력의 메시아 사상에 물들어서 극구 만류하는 베드로를 통해서 예수님께서는 공생애 초기에 광야에 나가서 시험을 받았을 때 사탄에게 들었던 바로 그 음성을 다시 듣게 되었던 것입니다. 예수님께서 세례 요한으로부터 요단강에서 세례를 받으실 때에 하늘이 열리고 하나님의 성령이 비둘기처럼 예수님 위에 내리며 하나님의 아들로 선포됩니다. 그 후에 예수님께서 광야로 나가셔서 40일 동안 하나님의 아들 즉 메시아로서 사탄(마귀)의 시험을 받습니다. 그때에 사탄(마귀)이 예수님을 유혹하면서 하였던 말들, 즉 돌을 떡덩이로 바꾸는 이적을 행하고, 성전 꼭대기에서 뛰어내리는 기적을 행하며, 사탄에게 엎드려 경배하고 그 사탄의 초인간적인 능력을 입어 천하 만민을 무력으로 굴복시켜 통치하라는, 다시 말해서 이적을 행하는 무력의 메시아가 되라는 사탄의 음성을 베드로를 통하여 다시 들었던 것입니다. 그러므로 그 광야 시험 중에 예수님께서 이미 사탄에게 소리치셨던 "사탄아 물러가라"(마 4:10)라는 같은 말로 다시 한번 사탄과 사탄의 유혹을 받으려는 베드로를 꾸짖었던 것입니다.

우리 인간들이 무력을 통해서 이룬 평화는 과거의 다윗 왕국처럼 결국 또 다른 무력에 의해서 망하고 깨어지게 되어 있습니다. 보복은 항상 그에 대한 대응 보복을 낳고, 무력은 항상 또 다른 무력에 의해서 붕괴됩니다. 칼로 흥한 자는 칼로 망하고, 총으로 흥한 자는 총으로 망한다고 하지 않습니까? 그렇게 유대 민족이 오랜 시간 잘못 이해하여 왔던 민속적 무력의 메시아 사상처럼 무력을 사용하여 모든 이방인들을 힘으로 정복하여 천하만국을 통치하는 나라는 예수님이 이루려 하였던 진정한 하나님의 나라가 아니었습니다. 예수님이 원하신 진정한 하나님의 나라는 예수님이 본을 보였듯이 우리가 자기 자신을 이웃을 위하여 내어주는 무조건적이고 희생적인 이웃 사랑을 실천하고, 전지전능하시고 영원하신 하나님의 능력과 통치에 의지하고 순종하는 삶을 살아갈 때에만 우리에게 임하게 됩니다.

그러므로 우리 그리스도인들은 매일매일 하나님께 모든 것을 의지하고 주 하나님의 통치를 받으며 예수님께서 가르쳐 주신 첫 번째 사랑의 계명, 즉 우리의 마음과 뜻과 정성을 다하여 주님을 섬기는 삶을 살아가야 합니다. 또한 이웃을 내 몸같이 사랑하라는 두 번째 예수님의 사랑의 계명을 우리의 마음판에 새기고 그 계명을 철저하게 지키며 살아가야 합니다. 그렇게 우리 모든 그리스도인들이 주님이 명하신 두 개의 사랑의 계명(Double Love Commandment)을 지키며 진리와 평화의 근원이 되시는 하나님의 형상을 회복하여 가는 거룩한 성화의 삶을 살아갈 때에, 비로서 뜻이 하늘에서 이루어진 것같이 이 땅에서도 이루어지고 진정한 하나님의 나라가 도래하여 온전한 하나님의 통치가 우리에게 임하게 될 것입니다.

묵상 27

세상을 살리는 아름다운 말

우리 인간이 소유하고 있는 무기 중에 아주 강력한 무기의 하나가 우리 인간의 언어라고 생각합니다. 우리 속담에도 "말 한마디로 천 냥 빚을 갚는다"는 말이 있습니다. 우리 인간의 말의 중요성을 단적으로 나타내는 옛 선현들의 가르침이라는 생각이 듭니다. 우리가 사용하는 말은 선과 악의 관점에서 크게 둘로 나눌 수 있는데, 이 세상을 살리는 좋은 말과 반대로 이 세상을 죽이는 악한 말입니다. 이 세상을 살리는 좋은 말은 우리 사회를 아름답게 만들지만, 이 세상을 죽이는 악한 말은 이 사회를 추하고 사악하게 변화시킵니다. 그러면 구체적으로 어떤 말이 이 세상을 살리는 말이고, 어떤 말이 이 세상을 죽이는 말일까요? 이 세상을 살리는 말이란 긍정적인 말, 진실한 말, 선한 말, 용기를 주는 말, 칭찬하는 말, 감사하는 말, 위로하는 말 그리고 선행을 권면하는 말일 것입니다. 반면 이 세상을 죽이는 말은 부정적인 말, 거짓으로 속이는 말, 악하고 더러운 말, 저주

하는 말, 남을 흉보는 말, 비방하는 말 그리고 남의 의견은 무시하고 자기 고집만 세우는 말이라 할 수 있습니다.

우리 인간은 말을 통해서 서로의 의사를 전달하며 자기의 마음을 표현합니다. 따라서 인간의 말은 그 사용하는 사람의 마음을 읽을 수 있는 효율적인 수단이 되며, 그 사람을 판단하는 척도가 되기도 합니다. 우리가 즐겨 보는 동영상이나 사진들은 사물이나 사람의 겉모양을 아주 잘 나타내어 주고, 의사들이 사용하는 CT나 X-Ray는 그 사람의 건강 상태를 잘 보여 줄 수 있습니다. 그러나 우리의 말은 그러한 수단들이 보여 줄 수 없는 우리 인간의 마음속 생각들을 잘 나타내어 줍니다.

예수님께서는 말의 사용에 대하여 마태복음에서 "내가 너희에게 이르노니 사람이 무슨 무익한 말을 하든지 심판날에 이에 대하여 심문을 받으리니 네 말로 의롭다 함을 받고 네 말로 정죄함을 받으리라"(마 12:36-37)라고 교훈하십니다. 또 주님의 형제 야고보도 말의 사용의 중요성과 어려움을 "우리가 다 실수가 많으니 만일 말에 실수가 없는 자라면 곧 온전한 사람이라 능히 온몸도 굴레 씌우리라"(약 3:2)라고 설명합니다. 이렇게 우리 삶 속에서 중요한 위치를 차지하는 말을 할 때에는 자기의 말이 이 세상을 아름답게 하기도 하고 추하게도 만들며, 자기 자신의 덕을 세우기도 하고 망치기도 한다는 것을 자각하고 신중을 기하여야 하며, 항상 자기 말에 책임을 질 각오를 하고 말을 하여야 합니다.

그러면 우리가 어떻게 세상을 살리는 말로 이 세상을 좀더 아름답고 평화롭게 만들 수 있을까요? 이 세상을 살리는 아름다운 말과 그러한 말을 하기 위한 우리의 삶의 태도에 대하여 바울 사도와 야고보 사도의 가르침을 묵상하는 시간을 갖겠습니다.

우리가 세상을 살리는 말을 하려면 우선 우리 자신이 항상 정직한 삶을 살아가야 합니다. 정직한 삶을 살아가기 위해서는 두 가지가 필요한데, 하나는 진리를 거스르지 않는 삶이고, 또 다른 하나는 진리를 감추지 않고 표현하는 삶입니다. 진리를 거스르지 않는다는 것은 거짓된 말로 다른 사람들을 현혹시키지 않는다는 것이고, 진리를 표현한다는 것은 참된 말로 다른 사람들에게 진실을 밝힌다는 것입니다. 비록 거짓을 말하지 않는다고 하더라도 진실을 알고도 자기 이익을 위해서 그냥 침묵하고 있는다면 정직하다고 볼 수 없습니다. 위대한 사도 바울은 우리 성도들에게 거짓을 버리고 참된 것을 말하라고 다음과 같이 권고합니다. "그런즉 거짓을 버리고 각각 그 이웃과 더불어 '참된 것을 말하라'(Speak truth) 이는 우리가 서로 지체가 됨이라"(엡 4:25).

두 번째로, 세상을 살리는 말을 하며 살려면 늘 가슴속에 따뜻한 사랑의 마음을 가져야 합니다. 따뜻한 사랑의 마음이란 악한 것을 생각지 않는 마음이며, 남을 비방하기보다는 칭찬하고 격려하는 말을 하려는 마음입니다. 성경 말씀도 비방하는 말은 인간이 고안해 낸 가장 독하고 악의에 찬 혀의 사용이라고 하십니다. 아마 이것은 야고보 형제가 말하는 "쉬지 아니하는 악이요 죽이는 독이 가득한 것"(약 3:8)이라고 말할 수 있을 것입니다. 위대한 사람은 항상 선한 사상을 논하고, 평범한 사람은 사물을 이야기하지만, 소인배는 항상 남의 흉을 말한다고 합니다. 이러한 소인배는 헛소문을 퍼뜨리는 자요, 자기의 잘못은 생각지 않고 남의 잘못만 들추어내는 열등감에 사로잡힌 자일 것입니다. 세상을 살리는 말을 하는 사람은 남을 깎아내리기보다 칭찬하고 추켜 올리는 말을 하는 사람입니다. 그리고 이러한 말은 결국 그 사람 자신도 높여주게 될 것입니다.

세 번째로, 세상을 살리는 말을 하려면 늘 자기 감정을 다스릴 줄 알아야 합니다. 사람은 감정의 동물입니다. 때로는 화가 날 수도 있습니다. 그러나 사람은 감정이 격화되면 판단력을 잃게 되고 비정상적으로 된다고 합니다. 왜냐하면 화난 사람은 자기의 이성을 따라 행동할 수 있는 능력을 상실하기 때문입니다. 세상을 살리는 좋은 말을 하려면 이런 격한 감정이 생길 때 잠시 동안 입을 다물고 속으로 기도하며 자기 감정을 다스릴 줄 알아야 합니다. 바울 사도는 "분을 내어도 죄를 짓지 말며 해가 지도록 분을 품지 말고 마귀에게 틈을 주지 말라"(엡 4:26-27)고 권면합니다. 또 주의 형제 야고보 사도는 "듣기는 속히 하고 말하기는 더디하며 성내기도 더디하라"(약 1:19)고 충고합니다. 말을 하는 사람이 그 마음속에 분을 품고 말을 하면 본의 아니게 다른 사람을 비난하게 되고 그들을 저주하는 말을 쉽게 하게 됩니다. 이러한 저주의 말은 그 말을 듣는 사람의 마음을 아프게 할 뿐 아니라, 말하는 사람 자신도 많은 스트레스를 받으며 우리 사회에 어두운 그림자를 드리우게 합니다. 그러나 즐거운 마음으로 말을 하면 다른 사람을 칭찬하는 말을 자연스럽게 하게 되고 그 말을 듣는 사람의 마음을 기쁘게 하며 이 세상을 아름답게 변화시키게 됩니다.

마지막으로 세상을 살리는 말을 하기 위해서는 항상 기도와 묵상의 삶을 살아가야 합니다. 우리 인간의 혀는 본능적으로 부정적인 말을 쉽게 하고, 긍정적인 말을 더디게 합니다. 한 조사에 의하면 남성들은 하루에 평균 일만 이천 개의 단어를 말하고, 여성들은 이만 오천 개의 단어를 말한다고 합니다. 대략 여성들이 남성보다 두 배 이상으로 말을 많이 하는 것 같습니다. 그러나 흥미로운 것은 여성, 남성을 불문하고 한 사람이 하루에 듣는 말은 90%가 부정적인 언어이고, 단지 10%만이 긍정적인 언어라고 합니다. 이것이 무엇을 의미합니까? 우리 인간은 누구나 믿음으로 심령이 변화되지 못하면 본능적으로 살리는 말보다는 죽이는 말을 많이 사용하게 되어 있다는 뜻이겠지요. 그러므로 주님께서도 마태복음 15장 19절에서 "마음에서 나오는 것은 악한 생각…"이라고 단정하신 것입니다. 우리가 선한 생각을 하고 아름다운 말 그리고 세상을 살리는 말을 하려면 성령님의 도움으로 우리의 심령이 바뀌어 가야 합니다. 항상 기도와 말씀 묵상을 통해서 우리의 심령을 거룩하고 선하게 바꾸어 가야 합니다. 그리하면 긍정적이고 아름다운 말보다 부정적이고 비난하는 말을 쉽게 하려는 우리의 언어 속성이 바뀌게 되고, 우리의 인품이 자연스럽게 성숙하게 될 것입니다. 그리고 세상을 살리는 언어들을 사용하는 습관이 우리의 삶 속에서 자연스레 몸에 배게 될 것이며, 그러한 우리의 언어들이 이 세상을 더욱 아름답고 평화롭게 변화시킬 것입니다.

여러분은 이 세상에서 가장 아름다운 말 셋을 꼽으라면 무슨 말을 꼽겠습니까? 기쁨, 미소, 평화인가요? 아니면 '감사합니다', '죄송합니다', '사랑합니다'인가요? 물론 모두 다 이 세상을 아름답게 변화시키는 좋은 언어들입니다. 그러나 저는 고린도전서 13장의 바울 사도의 말씀이 생각납니다. 그 세 단어는 사랑과 믿음과 소망입니다. 사랑이라는 말은 우리를 늘 행복하게 하고 미소 짓게 하며 삶에 활력을 불어넣어 줍니다. 사랑에 빠진 사람은 밥을 안 먹어도 배부르고 행복하다고 합니다. 이렇게 사랑이라는 말은 우리의 삶의 의미와 가치를 훨씬 더 존귀하게 만드는 언어입니다. 그리고 우리 인간 사이에서 믿음이라는 말은 우리가 서로 사랑하며 용서하고 이해하게 하며 이 사회를 화평 속으로 인도하는 매력이 있습니다. 더 나아가 하나님에 대한 우리의 믿음은 우리를 새 생명으로 인도하고, 하나님을 더욱 사랑하게 만들며, 하나님께서도 심히 좋아하시는 언어가 믿음이라고 성경 말씀은 가르쳐 주고 있습니다. 마지막으로 소망이라는 말은 비록 우리가 이 세상의 힘든 삶 속에서 절망하고 낙심할 수밖에 없는 상황을 만나더라도 우리에게 늘 꿈과 비전을 제시하는 언어입니다. 우리에게 소망이 있기에 아무리 어렵고 힘든 상황 속에서도 우리는 오늘을 포기하지 않습니다. 더 나아가 소망은 우리가 늘 하나님께 감사하고 찬송하며 웃음 띤 얼굴로 하루하루를 즐겁게 살아가게 하는 우리의 삶을 살리는 언어입니다. 이 세 가지 아름다운 말을 우리 가슴속에 늘 품고 살아갈 때 우리는 항상 즐거움과 감사함 속에서 살 수 있으며, 항상 꿈과 비전을 가지고 사는 값진 인생의 주인공이 될 수 있습니다.

묵상 28

성령 충만한 삶

우리는 그동안 믿음 생활을 하며 성경 말씀이나 목사님들의 설교를 통해서 성령 받은 사람 그리고 성령 충만이라는 말을 매우 자주 대하여 왔습니다. 그리고 그리스도인은 주님께서 보내 주시는 성령을 받아서 성령에 속한 삶을 살아야 한다는 가르침도 많이 받아왔습니다. 그러면 성령에 속한 사람이란 구체적으로 어떠한 사람을 가리키는 걸까요? 우리의 성경 말씀은 성령에 속한 사람이란 그들의 삶 속에서 모든 문제들을 자기 자신의 능력으로 해결하려고 노력하기보다는 주님께서 자신의 삶을 통치하시고 인도하시며 역사하시도록 온전히 자기의 삶을 성령 하나님의 인도하심에 내어 맡기는 사람이라고 일깨워 주십니다. 그 성령에 속한 사람은 자기의 온 삶을 보혜사 성령님께 의탁할 뿐 아니라 항상 주님의 뜻에 순종하고 주님을 온전히 신뢰하며 살아가는 사람이라고도 가르치십니다.

우리 그리스도인들이 반드시 그러한 성령에 속한 사람으로 살아가야 하는 이유는 여호와 하나님은 전지전능하시고 모든 역사 만물을 주관하시며 우리 성도들을 끝없이 사랑하시어 우리의 삶 속에서 결국 모든 것이 합하여 선을 이루도록 하시는 분이기 때문입니다. 따라서 우리 그리스도인들은 우리의 작은 지혜나 보잘것없는 우리 인간의 능력을 의지해서 그날그날 고달픈 삶을 살아가는 것이 아닙니다. 우리는 전능하신 하나님께서 보내 주시는 하나님의 영, 즉 성령을 받아 그 성령의 능력에 모든 것을 맡기고 주님의 평안 속에서 성령께서 인도하시고 역사하시는 대로 순종하며 살아가는 것입니다. 이러한 사람이 바로 성령을 받은 사람이고 성령에 속한 사람이며 더 나아가서 성령이 충만한 사람입니다. 그러면 이렇게 귀한 성령을 충만하게 받기 위하여 우리가 준비해야 할 일은 무엇일까요? 그리고 성령 충만한 삶이 우리에게 주는 구체적인 혜택은 무엇일까요? 성령과 성령 충만한 삶에 대하여 함께 묵상해 보는 시간을 갖겠습니다.

우선 우리가 성령을 받기 위해서 첫째로 할 일은 우리가 과거에 지은 모든 죄를 자복하고 하나님 앞에서 마음의 무릎을 꿇고 회개하는 것입니다. 사도행전 2장을 보면 수제자 베드로 사도가 오순절 날에 성령의 불이 소낙비처럼 하늘로부터 내리는 성령 강림의 체험을 한 후 성령이 충만하여 다음과 같이 선포하는 것을 볼 수 있습니다.

> "너희가 회개하여 각각 예수 그리스도의 이름으로 세례(침례)를 받고 죄 사함을 받으라 그리하면 성령의 선물을 받으리니"(행 2:38).

회개는 우리가 과거에 지은 죄들로 얼룩지고 더러워진 우리의 마음속을 깨끗하게 닦아내는 절차입니다. 성령께서는 여러분이 잘 알

다시피 깨끗하고 거룩한 하나님의 영이시고 그리스도의 영이 아니십니까? 이 거룩한 성령께서는 죄로 더러워진 우리의 추한 마음속에는 절대로 들어오시지 못합니다. 우리가 진심으로 하나님 앞에서 눈물로 회개하면 주님께서는 우리의 과거의 모든 죄를 예수 그리스도의 골고다 언덕의 보혈로 깨끗이 씻어 주시고 죄 사함을 허락하십니다. 그렇게 우리는 주님 앞에서 회개하여 죄 사함을 받고 우리 마음을 깨끗이 청소하여 비워 놓고 주님께서 성령을 우리 마음에 넣어 주실 수 있도록 준비해야 합니다.

두 번째는 우리가 회개로 우리 마음을 청결하게 한 후 주님께서 성령을 보내 주실 때까지 무작정 기다리기보다는 주님께 성령을 속히 보내 달라고 계속하여 간구하며 절실한 기도를 올려야 합니다. 마치 목마른 사슴이 시냇물을 갈급하게 찾아가듯이 우리도 갈급한 심정으로 주님께 성령을 계속해서 구해야 합니다. 성령님은 우리가 아무것도 안 한 채 입만 벌리고 있으면 저절로 우리 입으로 들어오는 분이 아니십니다. 우리가 주님께 간절한 기도로 성령을 간구할 때 은혜로우신 하나님께서 우리의 간구의 기도에 대한 응답으로 우리 가슴속으로 보내 주시는 것입니다. 옛말에도 울지 않는 아이는 젖도 주지 않는다고 하지 않습니까? 아무것도 간구도 하지 않는 성도는 아무것도 얻을 것이 없습니다. 그리고 어린아이가 젖을 한 번 먹고 마는 게 아니라 배고픔을 느끼면 계속하여 젖을 달라고 하여 먹고 자라듯이 우리도 우리의 삶 속에서 계속하여 성령을 간구해야 합니다. 언제든지 마음속이 텅 빈 것 같고 공허함을 느낄 때면 허기진 아이가 젖을 찾듯이 주님께 성령을 간구하는 기도를 올려야 합니다. 그리고 주님께서 보내 주시는 성령으로 우리의 마음을 풍성하게 재충전하여 성령님의 인도함으로 우리의 심령이 영적으로 계속하여 변화되어 가야 합니다.

세 번째는 주님이 보내 주신 성령을 마음속에서 스스로 느끼고 확신하며 성령을 받은 우리의 심령이 잘 자랄 수 있도록 우리의 마음 밭에 충분한 영양소를 매일매일 공급하는 것입니다. 우리의 심령이 성장하기 위한 영양소는 무엇이겠습니까? 바로 하나님의 말씀입니다. 항상 영의 양식인 하나님의 말씀을 읽고 묵상하며 말씀에 순종하는 삶을 살아갈 때에 우리의 심령은 어린아이가 좋은 우유를 먹고 자라듯이 무럭무럭 성장하게 되며 성령 충만의 삶으로 나아가게 됩니다.

그러면 이러한 성령 충만한 삶이 우리 자신을 어떻게 변화시키고 우리의 삶을 어떻게 윤택하게 할까요?

첫째로 성령으로 충만하게 되면 우리의 입에서 항상 찬양과 찬송이 떠나지 않습니다. 성령이 충만한 마음은 온종일 주님을 찬양하며 온 삶이 즐거움과 기쁨에 넘치게 만듭니다. 다른 이웃에게 분을 내고 갈등하고 할 시간이 없이 항상 즐겁고 기쁜 마음을 가지고 살아갑니다. 항상 성령 충만한 삶을 살았던 바울 사도는 에베소서에서 다음과 같이 성령을 받은 성도들의 삶을 표현합니다.

> "시와 찬미와 신령한 노래들로 서로 화답하며 너희의 마음으로 주께 노래하며 찬송하며"(엡 5:19).

둘째로 성령으로 충만하게 되면 자연스럽게 주 하나님께 의지하는 삶을 살게 되고 하나님과 이웃 앞에서 겸손하게 됩니다. 왜냐하면 우리가 회개하고 성령을 받을 때 우리가 용서받지 못할 죄인임을 뼈저리게 깨닫게 되고 우리 자신이 죄 앞에서 너무 작고 연약한 존재임을 자각하게 되며 그동안 오만한 삶 속에서 살아왔던 내 자신을 겸손히 낮추는 사람으로 변화되기 때문입니다. 이렇게 내 자신이 낮아지고 작아질 때에 우리는 내 자신의 능력으로 살아왔던 과거의 모든 삶의 자세를 버리고 주 하나님께 모든 것을 의지하고 신뢰하며 성령님의 도움으로 말씀에 순종하는 삶을 살 수 있게 됩니다. 그러나 여기서 꼭 기억해야 할 것은 겸손한 삶이란 다른 사람 앞에서 무조건 굽실거리며 낮추는 삶이 아니라 늘 남을 나보다 높이 여기며 사랑하는 자세이고 나의 말을 줄이고 남의 말을 경청하며 하나님이 주시는 지혜로 이 세상이 주는 교만한 마음을 이기는 삶의 자세라는 것입니다.

마지막으로 성령으로 충만하게 되면 우리의 삶 속에 늘 감사가 넘치게 됩니다. 불평불만에 가득 찬 삶은 우리가 아직도 육신에 지배당하고 있다는 표시이고 범사에 감사하며 사는 삶은 우리가 이제 성령의 지배를 받고 살고 있다는 것을 보여 주는 증거라고 할 수 있습니다. 우리가 육신의 지배에서 빠져나와 성령의 지배를 받게 되면 어느덧 우리의 불평과 불만은 사라져 버리고 온종일 감사와 기쁨이 넘치게 됩니다. 그러기에 바울 사도는 "항상 기뻐하라 쉬지 말고 기도하라 그리고 범사에 감사하라 이는 그리스도 예수 안에서 너희를 향하신 하나님의 뜻이니라"라고 교훈하는 것입니다. 이 말씀 중에서 "우리를 향하신 하나님의 뜻"이 바로 예수 그리스도의 뜻이고 우리 안에서 내재하시는 성령님의 뜻이며 성령님의 감동, 감화, 역사하심이라 할 수 있습니다.

어느 목사님보다도 더 성령 충만한 삶을 살았다고 불리는 영국의 존 웨슬리 목사님은 우리 신앙생활의 궁극적인 목표는 우리가 회개하고 하나님의 은혜로 죄 사함을 받아 의롭게 되는 것으로 끝이 아니라 성령을 받고 새사람이 되어 계속적으로 우리의 심령을 키워 나가며 하나님과 그리스도의 형상을 닮아 가는 성화의 과정을 통해서 거룩한 하나님의 영광에 이르는 것이라고 하였습니다.

여러분의 삶은 어떠하십니까? 지금 성령 충만함의 증거들이 여러분의 삶 속에 나타나고 있습니까? 오늘 이 시간을 빌려서 여러분과 저의 영적 상태를 한 번 더 점검하여 보고 성령이 충만한 삶으로 한 걸음 더 나아가는 계기가 되기를 소망합니다.

묵상 29

영광스러운 주님의 선택

　주 하나님을 믿는 우리 그리스도인들의 공통된 소망 중에 하나는 다윗이나 모세처럼 여호와 하나님께 사랑을 받고 영광스러운 선택을 받는 성도가 되는 것입니다. 물론 주님의 영광스러운 선택을 받은 사람의 삶이 항상 윤택하고 편안한 삶이 될 수는 없습니다. 많은 경우 하나님께 선택을 받은 사람은 주님의 말씀을 주야로 묵상하며 철저히 주님의 뜻에 따라서 살아야 하기 때문에 선택을 받지 못한 사람들보다도 훨씬 더 힘들고 고단한 삶을 살아가야 합니다. 그리고 때로는 주님의 뜻에 따라서 선지자 에스겔이나 바울 사도처럼 뼈를 깎아내는 고통의 삶을 이겨내야만 하기도 합니다.

　그럼에도 불구하고 우리는 하나님께 영광된 선택을 받아 주님이 기뻐하시는 자녀가 되기를 항상 소망하며 살고 있습니다. 그러면 우리가 어떠한 삶을 살아야 하나님께 영광된 선택을 받을 수 있을까요? 성경을 통하여 하나님의 선택에 관하여 묵상하는 시간을 갖겠습니다.

우선 우리 그리스도인들이 하나님께 선택을 받기 위한 조건들은 무엇일까요? 주님께 선택을 받기 위한 가장 중요한 첫 번째 조건은 하나님과 마음이 맞는(합한) 사람이 되어야 한다는 것입니다. 하나님의 마음에 합한 자, 즉 하나님과 마음이 맞는 자는 하나님의 뜻을 알고 그 뜻을 이루는 자를 말합니다. 여러분도 잘 알다시피 하나님께서 다윗을 선지자 사무엘을 통하여 하나님의 백성인 이스라엘의 왕으로 삼았을 때, 주님께서는 다윗이 주님의 마음에 맞는(합한) 사람이라고 말씀하셨습니다. 그리고 이방인의 사도 바울은 1차 전도여행 때 비시디아 안디옥 회당에서 행한 설교에서 다음과 같이 말합니다. "하나님이…다윗을 왕으로 세우시고 증거하여 이르시되 내가 이새의 아들 다윗을 만나니 내 마음에 맞는 사람이라 내 뜻을 다 이루리라 하시더니."

그러면 도대체 어떠한 사람이 다윗과 같이 하나님과 마음이 맞아서 주님의 뜻을 이루고 주 하나님을 기쁘게 해드릴 수 있는 사람일까요? 그리고 하나님께서는 어떠한 사람을 선택하기를 기뻐하실까요? 우리는 이 문제의 답을 얻기 위하여 마태복음 5장에 기록된 예수님의 산상설교를 주의 깊게 살펴봐야 합니다. 예수님은 주 하나님과 마음이 맞아서 주님을 기쁘게 해드리고 주님께 선택을 받아 축복을 받을 성도의 모습을 팔복 설교를 통하여 다음과 같이 여덟 가지의 형태로 가르치십니다.

"심령이 가난한 자…애통하는 자…온유한 자…의에 주리고 목마른 자…긍휼히 여기는 자…마음이 청결한 자…화평하게 하는 자…의를 위하여 박해를 받은 자는 복이 있나니…기뻐하고 즐거워하라 하늘에서 너희의 상이 큼이라"(마 5:1-12).

물론 우리가 이 여덟 가지의 조건을 모두 완전하게 만족시키는 삶을 살기는 어렵습니다. 그러나 그 조건을 가능한 한 많이 충족시키려고 노력하며 사는 그리스도인들을 하나님께서는 기뻐하시고 그들을 선택하시어 뜻을 이루어 가십니다. 그 예로 모세를 보십시오. 민수기 12장 3절을 보면 "모세는 온유함이 지면에 모든 사람보다 더하더라"라고 기록되어 있습니다. 모세는 예수님이 성육신하여 이 세상에 오시기 약 1,600년 전에 태어난 구약 시대 이스라엘 민족의 지도자였지만, 그가 바로 예수님이 팔복 설교에서 일컫는 온유한 자였습니다.

여기서 온유한 사람이란 항상 하나님과 사람들 앞에서 부드러운 마음을 갖고 자기를 낮추는 겸손한 사람을 일컫습니다. 그러나 무조건 마음이 부드럽고 순한 사람을 칭하는 것이 아니라, 하나님과 마음이 맞아서 주님의 뜻을 알아채고 주님의 뜻에 따라 다른 사람들을 섬기며, 다른 사람들의 아픔을 알고 그들을 긍휼히 여기는 사람을 말합니다. 또한 온유한 사람은 하나님께 의지하고 순종하는 삶을 살아가는 사람을 말합니다.

모세는 원래 온순한 사람은 아니었습니다. 오히려 애굽 사람을 쳐 죽일 정도로 난폭한 면이 있었습니다. 그러나 하나님께서는 이 난폭하였던 모세를 광야에서 40년간 이스라엘의 지도자로 훈련시키시며 하나님께 순종하고 그의 민족인 이스라엘 민족을 긍휼히 여기며 그들을 위하여 여호와 하나님께 기도하는 온유한 사람으로 만들어 가십니다.

그렇게 하나님과 마음이 맞는 자는 처음부터 주님의 마음에 맞는 성격을 가지고 태어난다기보다, 자기 자신의 믿음과 성령님의 역사하심으로 서서히 하나님이 원하시는 인격으로 만들어지는 것입니다. 모든 믿음의 선진들이 그러하였듯이 끊임없는 기도와 하나님의 말씀에 순종하는 삶, 즉 성화의 삶을 통해서 하나님의 마음에 맞는 사람으로 서서히 변화되고 성장하는 것입니다. 그리고 때가 차면 하나님께서는 그러한 사람들을 선택하시고 그들을 귀하게 사용하시어 주님의 뜻을 이루어 가십니다.

두 번째로 우리가 주목할 점은 하나님의 선택의 기준은 우리 인간 사회의 선택 기준과는 아주 다르다는 것입니다. 여러분들도 그동안 살아오면서 많은 종류의 면접을 보셨을 것입니다. 우리 사회의 면접 기준이 무엇입니까? 좋은 학교를 졸업해서 많이 알고, 잘난 외모를 가지고 있으며, 똑똑하고 스마트한 사람을 찾아내는 것입니다. 그러나 하나님의 면접 기준은 많이 다릅니다. 박학다식하고 외모가 출중하며 똑똑한 사람을 찾기보다는, 못나고 약하고 툭하면 애통해하며 눈물을 흘리는 사람을 찾고 계십니다. 다시 말해서 마음이 연약해서 아무것도 할 수 없어서 언제나 하나님을 찾고 하나님께 간구하며 하나님께 매달리는, 어떻게 보면 사회적으로는 약하고 못나 보이는 사람을 찾고 계시는 것입니다. 그러한 못나고 불쌍해 보이기까지 한 사람들을 주님께서는 찾아서 선택하시고 그들의 삶을 통해서 모세나 다윗처럼, 또 바울과 같이 훈련시키셔서 주님의 뜻을 이루어 가십니다.

세 번째로 하나님께서는 실패를 신앙의 힘으로 딛고 일어서는 사람을 선택하십니다. 주님의 영광된 선택을 받은 우리의 믿음의 선조들을 보면 대부분 커다란 실패를 경험한 사람들입니다. 자기 목숨을 구걸하기 위해 구차하게 자신의 아내를 누이라고 거짓말을 하여 자신의 아내를 위험에 빠뜨린 아브라함과 그의 아들 이삭이 그러하였고, 쌍둥이 형을 속이고 사기 쳐서 장자권을 빼앗은 야곱이 그러하였으며, 예수님의 수제자 베드로가 그러한 실패를 경험하였습니다. 특별히 베드로는 3년간이나 동고동락하며 하나님의 말씀을 그들에게 가르쳐 주셨던, 그리고 그의 입술로 직접 "주는 그리스도시요 살아 계신 하나님의 아들"이라고 고백하였던 예수님을 대제사장의 어린 여종 앞에서 세 번이나 부인하며 자신의 목숨을 구걸하였던 사람입니다. 그러나 주님께 선택을 받았던 믿음의 선조들의 특징은 모두 자신의 잘못을 뉘우치며 그 실패를 딛고 일어섰으며, 자기 자신의 그러한 실패를 거울삼아 한 걸음 더 앞으로 나아간 사람들이었다는 것입니다. 실패는 성공의 어머니라고 하지 않습니까? 그리고 실패는 내일의 성공을 위한 새로운 시작이라고도 합니다. 실패가 없는 사람은 그 상태에서 더 이상 발전하지 못하지만 실패를 거듭하더라도 굳건한 신앙의 힘으로 다시 일어설 줄 아는 사람은 그 실패에서 더 많은 것을 배우고, 그 실패를 통하여 훈련을 받으며 더 나은 사람으로 도약합니다.

미국 대통령 중에 가장 존경받는 대통령은 여러분이 잘 아시는 에이브러햄 링컨 대통령입니다. 한때 링컨 대통령에게 사람들이 물었습니다. "당신은 어떻게 그처럼 많은 사람들로부터 존경을 받습니까?" 그러자 링컨 대통령은 주저하지 않고 "저는 다른 사람들보다 훨씬 더 많은 실패를 경험하였기 때문입니다"라고 대답하였다고 합니다. 링컨 대통령은 그의 생전에 많은 실패를 하였지만, 그 실패를 실패로 끝내지 않고 그 실패를 거울삼아 한 걸음 더 앞으로 나아간 사람입니다.

링컨 대통령이 그러한 실패를 이기고 일어설 수 있었던 힘은 그의 굳건한 믿음으로부터 왔을 거라고 확신합니다. 그의 어머니 낸시 행크스 여사는 항상 어린 링컨을 성경 말씀으로 키웠습니다. 그리고 임종 시에 9세 된 어린 링컨에게 다음과 같은 유명한 유언을 남겼습니다. "너는 부자가 되기보다는 성경을 읽는 사람이 되거라. 나는 너에게 100에이커(12만 평)의 땅을 물려주는 것보다 이 성경책 한 권을 물려주는 것을 진심으로 기쁘게 생각한단다." 이러한 신앙의 어머니 밑에서 교육을 받은 신실한 믿음의 사람 링컨 대통령은 미국 역사상 가장 큰 업적으로 평가받는 미국의 노예해방을 실현시켰으며, 예수님이 가르치셨던 이웃 사랑을 누구보다도 훌륭하게 실천하였던 하나님의 선택된 사람이었습니다.

마지막 네 번째로 하나님께서는 충성된 사람을 찾고 계십니다. 그리스도교 신앙에서 충성됨이란 주 하나님을 자신의 몸과 뜻과 정성을 다하여 사랑하고, 자기의 삶을 하나님께 온전히 바치는 것을 말합니다. 하나님께서 선택하신 위대한 믿음의 선조들을 보십시오. 본토 친척 아비 집에서의 안정되고 편안했던 삶을 뒤로하고 여호와 하나님의 말씀에 순종하여 낯설고 물선 미지의 땅 가나안으로 떠나는 아브라함의 충성심과 마음가짐, 광야에서 40년을 기다리고 또 다른 40년을 이스라엘 민족을 이끌며 광야에서 유랑하면서도 여호와 하나님에 대한 신뢰를 버리지 않았던 지도자 모세의 신앙과 충직함, 그리고 수없이 유대인들에게 얻어맞고 옥에 갇히면서도 하나님의 복음 전도를 위해 목숨을 바친 사도 중의 사도인 바울의 고난의 삶. 이러한 믿음의 선진들의 여호와 하나님에 대한 충성심과 신실한 믿음은 현대를 사는 우리 그리스도인들의 롤모델로서 우리 신앙생활의 귀중한 모범이 되고 있습니다.

그러면 지금 여러분의 처지는 어떠하십니까? 여러분은 많이 배우고 박학다식하며 외모가 출중하고 똑똑하며 이 세상에서 성공하여 모든 사람들의 부러움을 한 몸에 받으며 살고 있습니까, 아니면 아는 것도 별로 없고 외모도 그저 그렇고 툭하면 실패하고 남들처럼 똑똑하지도 못하여 항상 하나님께 의지하고 기도로 주님의 도움을 구하며 사는, 세상 사람들의 눈에는 실패자 같고 불쌍해 보이기까지 하는 그러한 삶을 살고 있습니까? 만약 여러분이 많이 부족하여 항상 하나님께 의지하며 주님의 도움을 구하며 사는 후자에 속하는 사람이라면, 아이러니하게도 여러분은 주님께서 선택하셔서 주님의 사람으로 귀하게 쓰실 재목으로서 준비가 잘 되어 가고 있는 사람입니다. 지금 당장은 비록 미약해 보이는 삶을 살고 있더라도 내일의 소망과 비전 속에서 모든 성도님에게 주어진 각자의 은사를 가지고 주님의 영광된 선택을 받아 귀하게 쓰임을 받는 그날을 기대하며 사시기를 축원합니다.

묵상 30

늘 감사하며 사는 삶

그리스도인의 삶과 비그리스도인의 삶 사이에 가장 큰 차이가 있다면 '삶 속에서 감사하다는 말을 얼마나 자주 하며 사는가'일 것입니다. 그리스도인들은 성경 말씀에 따라 범사에 감사하려고 노력하며 살기 때문에 아무래도 비그리스도인들에 비하여 훨씬 많은 감사의 표현을 하면서 살아갑니다. 구약 성경과 신약 성경은 모두 일관성 있게 우리 성도에게 여호와 하나님께 범사에 감사하라, 즉 모든 일에 감사하며 살라고 가르치십니다. 감사라는 단어가 구약 성경에 126회, 신약 성경에 62회나 기록되어 있다는 것은 감사하며 사는 삶이 우리 하나님의 백성들에게 예나 지금이나 얼마나 중요한지를 단적으로 보여 주는 것이라 할 수 있습니다. 그러면 우리가 믿는 그리스도인으로서 어떻게 하여야 좀더 많은 감사를 주님과 이웃들에게 표현하며 살 수 있을까요? 감사하며 사는 삶에 대하여 함께 묵상하는 시간을 갖겠습니다.

우선 무슨 일에 감사하기 위해서는 내가 받은 은혜를 기억할 수 있어야 합니다. 하나님께서 그동안 우리에게 베풀어 주신 하해와 같은 은혜나 애지중지 우리를 키워 주신 부모님의 은혜, 그리고 많은 지식을 가르쳐 주신 스승의 은혜와 우리와 항상 함께하며 우리를 따뜻하게 대해 주었던 친절한 우리 이웃들의 은혜를 기억하며 살 때, 우리는 마음속에 그분들께 감사하다는 감정을 가질 수 있게 됩니다. 만약 그러한 은혜들을 기억하지 못하고 모두 잊어버린다면 우리는 그분들에게 감사하다는 생각을 할 수도 없고, 그분들께 감사하다는 표현을 할 수도 없을 것입니다. 그러므로 구약 성경을 보면 여호와 하나님께서는 유월절과 무교절 그리고 칠칠절과 초막절 등의 일곱 절기를 때를 맞추어 정하시어 이스라엘 민족이 하나님의 은혜를 일 년 내내 잊지 않고 기억하고 여호와 하나님께 늘 감사하며 살도록 하셨습니다. 이렇게 감사하는 삶이란 우리에게 은혜를 베풀어 주신 분들을 늘 기억하고 그분들의 은혜에 감사하다는 표현을 하며 사는 것입니다. 우리가 과거의 고마웠던 일들을 늘 기억하고 주 하나님과 은혜를 베풀어 주신 주위 분들께 항상 감사하며 살아갈 때, 주님께서는 우리에게 더 많은 은혜를 베풀어 주시고 우리의 삶을 더욱더 윤택하도록 이끌어 주십니다.

둘째로, 감사하기 위해서는 모든 일에서 감사한 점을 찾아내야 합니다. 아무리 다른 사람이나 주님께 감사해야 할 은혜를 입었더라도 그냥 그 일을 무심히 흘려 보내거나 당연하다고 생각하면 우리는 어느 누구에게도 감사할 수 없습니다. 주님께서는 간혹 우리가 감사하다고 확실히 알 수 있거나 느낄 수 있는 축복이나 은혜를 베풀어 주십니다. 그러나 많은 경우에 우리가 주님이나 다른 분들께 감사하기 위해서는 감사해야 할 점을 우리가 스스로 찾아내야 합니다. 감사하다는 감정은 그냥 우리에게 주어진다기보다, 우리 스스로 감사한 점을 찾아내어 우리의 감정이 감사함을 느낄 수 있도록 우리의 행동을 이끌어 내는 것입니다. 따라서 같은 상황이라도 감사한 점을 찾아내어 그 상황에 감사하는 삶을 살면 그것이 천국이 되지만, 그 상황을 불만과 원망의 상황으로 비관적으로 생각하면 그것이 바로 지옥이 되는 것입니다. 그렇기에 똑같은 일이 일어나더라도 어떤 사람은 실망하고 불평만 하지만, 어떤 사람은 그 일 중에서 감사한 점을 찾아서 감사함을 표시하며 삽니다. 왜냐하면 우리는 주어진 똑같은 환경에 대해서 불평, 원망, 섭섭함, 절망을 선택할 수도 있고, 감사, 기쁨, 즐거움, 희망을 선택할 수도 있기 때문입니다. 다른 사람보다 설사 적게 받았더라도 감사함을 선택하며 사는 사람은 "와, 이게 어디야!" 하며 감사하는 삶을 살아갑니다. 그러나 남보다 훨씬 더 많은 것을 받았음에도 불구하고 불평을 선택하며 사는 사람은 "에이, 이까짓 것" 하며 늘 불평하는 삶을 살아가게 되는 것입니다. 그들이 불평을 선택하는 이유는 간단합니다. 우리 인간의 욕망이 끝이 없기 때문입니다.

우리 그리스도인들은 이러한 본성적인 욕망을 멀리하고 모든 일에 감사하여야 할 점을 찾아서 항상 범사에 감사하는 삶을 선택하며 살아가려고 노력해야 합니다. 왜냐하면 범사에 감사하는 삶 속에선 늘 주 하나님의 은혜가 느껴지고, 주 하나님의 축복이 느껴지며, 어려움을 극복할 수 있는 용기가 생기기 때문입니다. 커다란 슬픔과 아픔 속에서조차도 감사함을 선택하면 주님께 의지할 수 있는 믿음이 생기고, 기도와 찬양의 입이 열리며, 마음속에 평안이 자리하게 됩니다. 세상사 모든 일이 마음먹기에 달렸다고 하지 않습니까?

행복한 마음은 우리가 가진 것의 크기에 비례하는 것이 아니라, 우리가 표현하려는 감사의 크기에 비례합니다. 더 많이 감사하는 사람은 더 큰 행복을 누릴 수 있습니다. 그 이유는 감사함을 선택함으로써 행복이란 감정을 우리 삶 속으로 초대하였기 때문입니다. 오랜 세월 동안 유대인들의 지혜를 모아놓은 유대인들의 전통적인 배움의 서적인 탈무드에서도, 세상에서 가장 현명한 사람은 항상 배우려는 사람이고, 가장 강한 사람은 자신을 이길 수 있는 사람이며, 가장 행복한 사람은 항상 감사할 줄 아는 사람이라고 가르치고 있습니다.

셋째로, 감사하는 삶을 살기 위해서는 우리의 삶 속에서 감사하다는 말을 자주 표현하는 습관을 끊임없이 훈련해야 합니다. 비록 작고 보잘것없는 것이라도 내 것이라는 소중함을 깨닫고 감사하다는 표현을 생활화하고 훈련하는 것입니다. 우리 인간은 본능적으로 감사하며 긍정적으로 살기보다는 불평하고 부정적으로 사는 삶을 선택하기 쉽습니다. 따라서 우리의 체질 자체를 불평과 불만의 체질에서 감사와 만족의 체질로 바꿔 가야 하며, 그러기 위해서는 끊임없이 우리 자신이 감사함을 삶 속에서 훈련해야 합니다. "감사합니다"라는 언어는 반복하여 말하는 것 그 자체만으로도 훌륭한 일이지만, 감사라는 언어를 계속해서 반복하면서 우리는 더 귀한 감사를 느끼는 감정을 갖게 됩니다. 그러면 우리 속에 도사리고 있던 불평과 불만들이 어느덧 사라져 버리고, 우리의 영혼이 건강해지며, 하나님과 주위 사람들과의 관계가 개선됩니다.

좋은 일이 있을 때 감사하고, 평범한 일에서도 감사할 점을 찾아내어 감사하며, 어려울 때조차도 의지할 수 있는 믿음을 주신 하나님께 감사함을 드리는 훈련을 반복할 때, 우리는 늘 감사하는 삶을 살아갈 수 있습니다. 여러분, 매일매일의 삶 속에서 매시간 감사하다는 말을 의도적으로 여러 번 하려고 노력하며 살아보십시오. "감사합니다", "고맙습니다"라는 말을 할 때마다 머리에 엔도르핀이 돌며 삶이 훨씬 싱그러워지고 행복하여짐을 느끼게 될 것입니다.

그러면 이렇게 감사하며 사는 삶이 우리 인생 자체를 어떻게 구체적으로 변화시키는지 좀더 자세히 상고하여 보겠습니다.

첫째로, 감사하는 삶을 사는 사람은 항상 마음의 평강을 얻을 수 있습니다. 감사라는 언어와 평강이라는 언어는 동전의 양면처럼 항상 함께 붙어서 다닙니다. 그렇기 때문에 바울 사도도 골로새서 3장 15-16절에서 "그리스도의 평강이 너희 마음을 주장하게 하라 평강을 위하여 너희가 한 몸으로 부르심을 받았나니 또한 너희는 감사하는 자가 되라 그리스도의 말씀이 너희 속에 풍성히 거하여…시와 찬미와 신령한 노래를 부르며 마음에 감사함으로 하나님을 찬양하고"라고 평강과 감사를 함께 언급합니다. 바울 사도는 이 성경 말씀을 통하여 우리 마음에 그리스도의 평강이 자리 잡았을 때 하나님께 감사하는 삶을 살게 되며, 또한 역으로 하나님께 감사하는 삶을 살 때 우리 마음에 그리스도의 평강이 찾아온다고 가르치고 있는 것입니다.

둘째로, 감사하는 삶을 사는 사람은 항상 주님께 찬양을 드리는 삶을 살 수 있습니다. 우리 인간의 마음과 감정을 가장 잘 표현하는 것이 음악이라고 할 수 있습니다. 특별히 우리 그리스도인들이 부르는 찬송은 일반 음악과는 다르게 하나님의 은혜에 대한 우리 성도들의 진실한 감사의 마음을 듬뿍 담아 표현하는 성스러운 음악입니다. 따라서 성도들이 하나님께 드리는 찬양에는 묘한 능력이 나타나서, 찬양을 받으시는 하나님께서도 영광을 받으시지만 찬양을 드리는 성도들도 찬양 중에 큰 은혜를 경험하고 마음의 평강을 누리며, 때로는 찬양 중에 눈물로 회개하며 용서의 은혜를 체험하는 사례들도 보게 됩니다.

셋째로, 감사하는 삶은 우리에게 더 많은 축복을 가져다 줍니다. 우리가 감사하기 위해서는 항상 우리 마음속에 따뜻한 사랑이 자리

해야 합니다. 사랑하는 따뜻한 마음 없이 어떻게 주님과 이웃에게 진실된 감사를 표현할 수 있겠습니까? 자주 감사를 표현하다 보면 우리 마음속에 따뜻한 사랑이 차곡차곡 쌓이게 되어 있습니다. 옛말에 "곡간에서 인심이 난다"고 하였듯이, 우리 마음속에 차곡차곡 쌓인 풍성한 사랑 속에서 감사가 저절로 흘러나오게 됩니다. 그리고 감사하는 삶은 우리에게 항상 기쁨과 즐거움을 가져다줍니다. 그러다 보니 감사하는 마음은 우리의 심령을 더욱더 건강하게 만들고, 범사에 감사하며 사는 우리를 주님께서는 더욱 사랑하며 축복하여 주십니다. 주님께서는 오늘을 감사하며 사는 성도님들을 위하여 더 큰 축복의 내일을 준비하고 계십니다. 그렇게 우리의 감사는 우리를 위한 행복과 축복의 씨앗이 되어 평안과 기쁨의 열매들을 우리의 삶 속에 풍성하게 맺게 하는 것입니다.

영국이 낳은 유명한 복음 전도자이며 설교의 황태자라고 불리는 찰스 스펄전 목사님은 감사에 대하여 다음과 같이 말씀하셨습니다.

"주님께서는 한 자루의 촛불을 감사하는 자에게 별빛을 주시고, 별빛에 감사하는 자에게는 달빛을 주시며, 달빛에 감사하는 자에게는 햇빛을 주시고, 햇빛에 감사하는 자에게는 햇빛조차도 필요 없는 천국을 선물로 주십니다."

우리가 신앙의 삶 속에서 아무리 작은 것이라도 그것의 소중함을 느끼고 주 하나님의 은혜에 감사기도를 올려 드릴 때, 주님께서는 더욱더 큰 축복과 은혜로 우리의 삶을 윤택하고 풍성하게 하여 주실 것입니다.

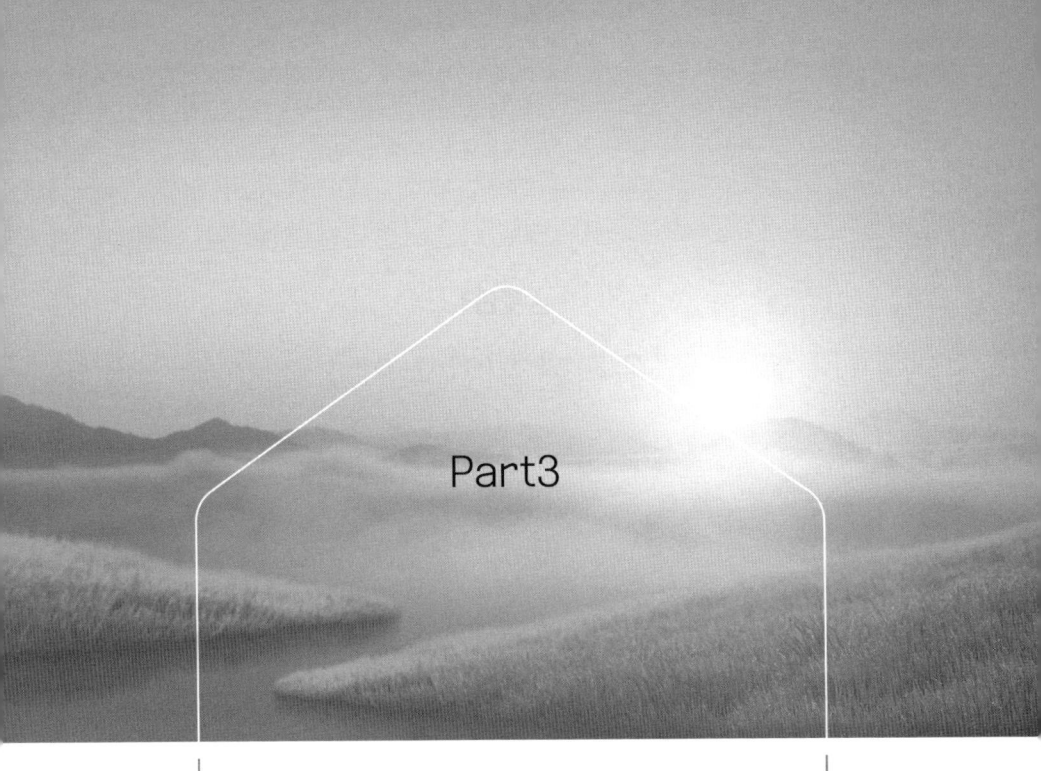

Part3

모닝커피 한 잔과 바이블 스토리

스토리 1
우직한 의인 노아

오래전 구약 시대의 의인으로 손꼽히는 믿음의 선진들이 몇 명 있는데 노아, 욥, 아브라함 그리고 다니엘 등입니다. 그들 중에서 구약 성경에 가장 먼저 등장하는 인물이 노아입니다. 그러면 왜 성경은 그 의인들 중에서도 "노아는 의인이요 당대의 완전한 자"라고 극찬하며 노아를 의인의 선구자처럼 불렀을까요? 우리의 신앙의 대선배이신 의인 노아를 만나보는 시간을 갖겠습니다.

하나님께 의인으로 불리는 사람들에게는 그들만의 공통점이 있습니다. 모든 의인들의 삶을 살펴보면 그들은 극심한 시련과 고통 속에서도 여호와 하나님에 대한 믿음과 신뢰를 잃지 않고 끝까지 주 하나님께 순종하는 충성된 삶을 살았다는 것입니다. 자기 눈에 보이지도 않았고 아무 근거도 없어 보였던 하나님의 언약을 굳게 믿었던 노아의 믿음과 순종의 삶은 이 세상의 마지막 날에 이루어질 영광스러운 주님의 재림을 소망하고 사는 우리 그리스도인들에게 훌륭한 롤 모델로서 귀한 모범이 됩니다. 사실 노아의 시대 때 하나님께서 언약하신 홍수 심판은 그 당시 사람들에게는 상상도 할 수 없었던 일이었습니다. 왜냐하면 천지 창조 이후 노아 시대 때까지 여러 번 큰 지진은 있었지만 강수량이 적은 중동 지역에서 그러한 큰 홍수와 같은 물에 의한 천재지변은 한 번도 발생한 적이 없었기 때문이지요. "그럼에도 노아는 하나님이 자기에게 명한 대로 준행하였더라"라고 성경에 기록된 것처럼 의인 노아는 '그럼에도 불구하고' 하나님의 말씀을 굳게 믿고 오래 기다린 것입니다.

우리 그리스도인들이 추구하는 '**그럼에도 불구하고 신앙**'의 훌륭한 모범이라 할 수 있습니다. 또한 히브리서 11장에서 "믿음은 보이지 않는 것들의 증거"라고 하는 경우가 바로 이 노아의 견실한 믿음을 일컫는 것임을 알 수 있습니다. 현대를 사는 우리 그리스도인들은 아직까지 한 번도 일어나지 않은 사건인 그리스도의 재림을 믿고 기다리는 사람들입니다. 그것이 비록 눈에 보이지 않을지라도 노아처럼 우직하게 주님의 말씀이 이루어질 날을 오래 참고 기다리며 그때를 준비하는 성도님들의 삶이 되었으면 좋겠습니다.

예수님의 수제자 베드로 사도는 베드로후서 2장에서 노아는 의를 전파하는 삶을 살았다고 증언합니다. 이는 하나님께서 노아와 그의 일곱 명의 가족을 제외한 모든 인류를 전멸시켜야겠다고 결심하실 정도로 극도로 타락하고 불의한 사회 속에서도 노아가 그의 삶으로 의를 실천했을 뿐 아니라, 이웃에게도 하나님의 말씀에 순종하는 의로운 삶을 살 것을 늘 권유하며 전도하는 삶을 살았다는 것을 증언하는 것입니다. 즉, 노아는 하나님의 홍수 심판의 경고를 자신만 믿는 것이 아니라 그의 이웃들도 함께 믿고 구원받기를 바랐던 따뜻한 마음을 가진 사람이었습니다. 이렇게 주님의 말씀을 따르며 전도하는 것은 따뜻한 마음과 신실한 믿음에서 나오는 귀한 열매입니다.

　구약 성경을 연구하는 대부분의 구약 학자에 따르면, 노아의 나이 480세 되던 해에 하나님께서는 온 세상 사람들의 마음이 죄악으로 물든 것을 아시고 그들을 멸망시키겠다고 노아에게 경고하셨다고 합니다. 홍수가 시작된 것이 그의 나이 600세였을 때이니 처음 경고를 받은 때로부터 무려 120년이 지난 후입니다. 그 120년이란 긴 세월 동안 노아와 그의 가족들은 얼마나 큰 인내와 끈기를 갖고 기다려야 하였겠습니까? 또 그들의 이웃 사람들로부터 정신 나간 사람들이라고 얼마나 많은 조롱과 비웃음을 당하였겠습니까? '그럼에도 불구하고' 노아의 믿음과 순종은 조금도 변함이 없었습니다. 그뿐 아니라 어느 때고 홍수가 나면 바로 방주로 들어갈 수 있도록 구원의 방주를 건조한 후 매일 관리하고 수리하였으며, 하나님께서 준비하여 놓으라고 명하신 동물들을 한 마리도 빠짐없이 갖추어 놓고 대기하고 있었음을 알 수 있습니다. 일, 이 년도 아니고 120년이란 긴 세월을 말입니다. 현대를 사는 우리가 생각해도 참 대단한 신앙의 사람입니다.

　결국 믿음이란 이렇게 오래 참고 기다리는 것이고 변함없는 순종의 행위입니다. 예수님의 수제자 베드로 사도는 "주님의 약속은 더딘 것이 아니라 오직 너희를 대하여 오래 참으사 아무도 멸망하지 아니하고 다 회개하기에 이르기를 원하시느니라"라고 우리를 깨우쳐 주십니다. 자비의 하나님께서 120년 동안 홍수 심판을 연기하며 기다리신 것은 한 사람이라도 더 노아의 전도를 믿고 회개하여 구원의 방주에 들어가기를 바라셨기 때문이라는 것입니다. 현대를 살아가는 우리 그리스도인들도 가끔 주 예수께서 왜 속히 재림하시지 않을까 하는 조바심을 가질 때가 있습니다. 지금도 사랑의 주님께서는 우리 그리스도인들이 세상 끝까지 말씀을 전파하라는 그 사명을 다

이룰 때까지 기다리시기를 원하시며, 한 명이라도 더 하나님을 믿고 현시대의 구원의 방주인 교회의 품으로 돌아오기를 기다리고 계시는 것입니다. 우리는 의인 노아의 믿음과 인내의 삶을 거울삼아 그때그때 적당히 편안한 신앙생활을 하며 살아 보려는 안일한 생각과 자세에서 벗어나야 합니다. 믿음의 삶이란 우리의 생애에서 가장 큰 모험이며 뼈를 깎는 아픔의 순종과 더불어 커다란 희생이 요구된다는 사실을 잊어서는 안 됩니다. 때로는 조롱을 당하고 정신병자 취급을 당하며 많은 사람들 앞에서 창피도 당할 수 있습니다. '그럼에도 불구하고' 주님의 약속에 나의 모든 것을 거는 것, 그것이 진실된 믿음이요 그리스도인들의 삶의 자세입니다.

예수님께서도 재림에 대하여 설명하시며 세상의 종말을 향하여 치닫는 마지막 세대를 노아의 시대에 비유하셨습니다. "노아의 때와 같이 인자의 임함도 그러하리라 홍수 전에 노아가 방주에 들어가던 날까지 사람들이 먹고 마시고 장가들고 시집가고 있으면서 홍수가 나서 그들을 다 멸하기까지 깨닫지 못하였으니 인자의 임함도 이와 같으리라…그러므로 깨어 있으라." 지금 이 시간 우리 그리스도인들은 노아의 시대와 똑같이 영적으로 부패하고 타락한 시대를 살아가고 있습니다. 내일 당장 하나님의 불의 심판이 닥쳐도 이상하지 않을 정도로 지금 이 세상은 죄악으로 가득 차 있습니다. 예수님의 이 교훈을 우리의 마음 판에 새기고 항상 깨어서 주님을 기다려야 할 시간입니다. 오직 주 하나님께 의지하며 말씀으로 무장하고 하루하루를 의인 노아처럼 순종하며 살아가야 할 시기입니다.

마지막으로 노아가 지은 방주가 현대를 살아가는 우리 그리스도인에게 무엇을 의미하는지 간단히 살펴보겠습니다. 의인 노아가 지은 방주는 크루즈 여행선 같은 거대한 배만을 의미하는 것이 아닙니다. 노아의 방주는 우리 그리스도인들에게 계시적이고 예표적(미리 보여 주는 증표)인 의미를 갖고 있습니다. 왜냐하면 노아의 모든 가족을 구원하여 주었던 방주는 우리를 구원하시려 이 땅에 강림하실 주 예수 그리스도를 미리 예시한 것이기 때문입니다. 노아의 방주가 이 세상을 멸망시키는 물 위에 굳건히 떠서 항해하고 있는 모양은, 그리스도께서 고통과 죄악으로 넘쳐나는 이 세상의 물결 가운데서 우리 죄를 대신하여 고난받으시며 구속 사역을 신실하게 행하실 것을 예표하고 상징합니다. 또한 그 방주 안의 방들은 그리스도에 의해 구원받은 성도들의 공동체인 신약 시대의 교회들을 상징합니다. 우리의 교회는 그리스도의 몸으로서 하나님의 진노를 피할 수 있는 현대의 방주입니다. 그 노아의 방주가 구원의 산에 이르기까지 위험하고 어려운 항해를 계속하였듯이, 우리 그리스도인들의 교회 생활도 이 땅에서 고난과 시련의 길을 걸으며 순례자의 항해를 계속해야 합니다. 이 세상의 쉽지 않은 삶을 마치고 요단강을 건너 여호와 하나님께서 약속하신 영원한 성산에서 안식과 평안을 얻을 때까지 우리의 세상 속에서의 순례는 계속되어야 합니다.

하나님께서는 지면의 생물들을 모두 쓸어버리고 노아의 가족과 그들과 함께하는 동물들만 남기셨습니다. 사실 구원을 받아 산다는 것과 물에 잠겨 죽는다는 것의 차이는 엄청난 것입니다. 그러나 홍수 당시에는 단지 방주 안과 밖의 차이일 뿐이었습니다. 그것은 남녀노소의 구분이나 학력이나 사회적 지위와는 아무 상관이 없었습니다. 심지어는 그들의 인생에서 선하게 살고 악하게 산 것 같은 도덕적 차이도 아무런 의미가 없었습니다. 그 당시 생과 사의 차이는 오직 '방주 안에 있느냐, 밖에 있느냐'라는 어떻게 보면 단순한 문제였습니다. 방주 안에 있는 노아와 그의 가족이 다른 사람들보다 특별히 잘났기 때문도 아니었습니다. 단지 그들은 하나님의 언약을 믿고 주님의 은혜의 방주에 들어갔기 때문이었습니다. 그리고 그 당시 세상을 물로 심판하시기 전 방주의 마지막 문을 닫으신 분은 하나님이라고 성경은 말씀하십니다. 이렇게 우리 구원의 궁극적 열쇠는 방주의 문을 닫으시는 하나님께 있습니다. 현대의 방주인 교회는 아직도 문이 활짝 열려 있습니다. 바울 사도는 "지금은 아직 은혜 받을 때요 구원받을 때라"고 하셨습니다. 이제 하나님께서 방주의 구원의 문을 닫으시기 전에 모든 이웃들이 서둘러 하나님을 믿어야 할 때입니다. 그리고 우리 그리스도인들이 이웃을 잘 설득시키고 하나님의 구원의 말씀을 전해야 할 때입니다. 그래서 더 많은 우리의 이웃들이 문이 닫히기 전에 구원의 방주인 교회 안으로 들어오게 인도해야 합니다.

의인 노아는 믿음을 통하여 영적으로 어두운 시대에 의를 실천하고 전도하며 하나님과 동행하는 삶을 살 수 있었습니다. 현대를 살아가는 우리 모든 그리스도인들도 노아와 같은 믿음을 통하여 영적으로 부패하고 타락한 이 시대에 홀로 굳건히 서서 의를 실천하고 하나님의 말씀을 전하는 참그리스도인으로 거듭나기를 소망합니다.

스토리2
믿음의 조상 아브라함

　우리 그리스도교의 구약 성경에서는 인류의 조상을 사실상 두 번 소개합니다. 첫 조상으로 소개되는 사람은 창세기 1장과 2장에 기록되어 있는 하나님께서 흙으로 빚어 만드신 첫 사람인 아담이고, 두 번째로 등장하는 인류의 조상은 모든 인류가 홍수로 인해 지상에서 멸종한 뒤 살아남은 노아와 그의 가족입니다. 그러나 우리 믿음의 사람들에게는 세 번째 영적인 조상으로 소개되는 사람이 한 분 더 있습니다. 바로 믿음의 조상 아브라함입니다. 오늘은 믿음의 조상 아브라함을 만나보고 그의 순종의 삶을 살펴보는 시간을 갖겠습니다.

　믿음의 조상 아브라함이 여호와 하나님께 부르심을 받은 때는 노아의 홍수 심판이 있은 후 몇백 년이 흐른 뒤였습니다. 아브라함은 지금으로부터 약 4,100년 전 현재 이라크 남쪽의 유프라테스강 하구 쪽에 위치한 갈대아 우르라는 지역에서 태어났습니다. 아브라함은 홍수 심판에서 살아남은 노아의 세 아들 중 큰아들이라고 알려진 셈의 먼 후손이며 그의 아버지 이름은 데라였습니다. 아브라함은 데라의 세 아들 중 둘째 아들로서 하란이라는 큰형과 나홀이라는 동생을 두었는데, 나홀은 나중에 아브라함의 며느리이자 아들 이삭의 아내가 되는 리브가의 할아버지입니다. 굳이 우리식으로 족보를 따지자면 아브라함은 자기 아들 이삭을 이삭의 조카인 리브가와 결혼시킨 것입니다. 그 당시 중동 지역에서는 흔히 있었던 일입니다.

아브라함이 태어난 갈대아 우르 혹은 갈대아 사람들의 우르라고 불리는 지역은 세계 4대 문명의 발상지 중 하나인 메소포타미아에 위치한 커다란 성읍이었으며, 그 당시에 이미 교육과 상업이 상당히 발달했던 도시였습니다. 그곳은 매우 부유하였던 지역으로 우상숭배가 성행하고 영적으로나 육적으로나 매우 타락한 지역이었습니다. 그 당시 그곳 사람들의 대부분은 해나 달이나 별 같은 일월성신을 우상으로 숭배하였습니다. 이러한 환경 속에서 아브라함의 아버지인 데라는 우상을 제작하여 팔아서 생계를 유지하며 살았고, 사업상 이방의 우상 신을 그곳 사람들과 함께 섬기기도 하였습니다. 어린 아브라함도 이러한 환경 속에서 성장하면서 다른 주위 사람들처럼 우상숭배의 유혹을 많이 받았을 것입니다. 그럼에도 불구하고 그는 아버지 데라와는 달리 우상숭배를 따르지 않았고 여호와 하나님께 순종하는 삶을 살려고 온 힘을 다하였다고 합니다. 하나님은 이러한 지역적 상황과 시대적 상황 속에서 순종의 사람 아브라함을 어여삐 보시고 그를 택하여 인류 구원사의 첫 장을 여시기 시작한 것입니다.

서기 1세기의 유대 역사가 플라비우스 요세푸스의 기록에 의하면, 어린 아브라함은 아버지 데라의 우상 제작업을 아들로서 어쩔 수 없이 도우며 그들 가족의 생계를 위하여 우상들을 함께 만들었지만, 나이가 들면서 그런 가짜 신을 만드는 자신의 행동에 환멸을 느껴 자기가 만들었던 우상들을 모두 깨뜨려 버리고 우상 제작업에서 완전히 손을 떼었다고 합니다. 그렇다고 해서 젊은 아브라함의 믿음이 그 즉시 온전하여져서 믿음의 조상으로 일컬음을 받을 만큼 신실한 믿음을 갖게 되었던 것은 아니었습니다. 그의 초창기 믿음은 하나님 보시기에 많이 부족하였습니다.

그러나 여호와 하나님께서는 그분의 구속사의 계획 안에서 그 아브라함을 우상의 도시 갈대아 우르에서 불러내시고 여러 가지 시련을 통해 연단시켜 가시며 믿음의 조상으로서 흠이 없을 만큼 그의 신앙을 계속해서 성장시키셨습니다. 그리고 아브라함의 이야기 속에서 한 가지 분명하게 알 수 있는 사실은, 젊은 아브라함이 우상 숭배에 찌든 갈대아 우르와 그가 그곳을 떠나 새로 이주하여 살았던 타락의 도시 하란에서의 삶 속에서도 영적으로 꿋꿋하게 버티며 여호와 하나님에 대한 믿음과 순종의 마음을 견지할 수 있을 만큼 좋은 성품을 가지고 있었다는 것입니다. 아브라함은 그러한 훌륭한 성품과 신앙을 바탕으로 갖고 있었기에 인류를 구원하기 위하여 이 땅에 오실 예수 그리스도의 원조 혈통이 되는 영광을 얻을 수 있었으며, 우리 모든 믿음의 백성들의 조상이라는 커다란 축복도 얻을 수 있었던 것입니다.

아브라함의 가나안 땅으로의 이주를 이야기할 때 우리는 흔히 하나님께서 처음부터 아브라함에게 그가 가야 할 목적지를 가나안 땅으로 지정한 것으로 생각합니다. 그러나 말씀을 자세히 살펴보면 하나님께서 아브라함에게 하신 말씀은 '내가 보여 준 땅'으로 가라는 말씀이 아니라 앞으로 '내가 보여줄 땅'으로 가라는 미래 시제였음을 알 수 있습니다. 따라서 아브라함은 어느 땅으로 가야 할지 최종

목적지도 모른 채 그의 나이 75세에 하나님 말씀에 순종하여 무조건 하란을 떠난 것입니다. 그러한 이유로 히브리서 저자는 "믿음으로 아브라함은 부르심을 받았을 때에 순종하여…갈 바를 알지 못하고 나아갔으며"라고 설명합니다. 갈대아 우르라는 아브라함의 고향 땅에서 하란이라는 도시까지는 북서쪽으로 약 1,000킬로미터가 넘는 먼 길이었습니다. 그 길은 한반도를 횡단해서 부산에서 신의주까지보다도 훨씬 먼 거리입니다. 이 먼 광야 길을 아브라함은 이삿짐을 싸 들고 가족들과 함께 첫 이주 도시인 하란을 향하여 걸었습니다.

그리고 천신만고 끝에 간신히 새로운 도시 하란에 정착하여 늙은 부모님을 모시고 어느 정도 안정된 삶을 살게 되었습니다. 그런데 그때 하나님께서는 재차 아브라함에게 다시 하란을 떠날 것을 명하십니다. 그 고생하여 정착한 하란이라는 도시를 다시 떠나는 일 자체도 쉽지 않은 일인데, 하물며 어디로 가야 할지도 모르는 상태에서 정처 없이 하나님의 말씀에 순종하여 이국 땅으로 다시 떠나려니 그 얼마나 난감하고 두려운 일이었겠습니까? **그럼에도 불구하고** 아브라함은 오직 하나님의 언약만을 의지하고 하란 땅을 또다시 출발한 것입니다. 또 다른 '그럼에도 불구하고 신앙'의 훌륭한 모범이며 롤 모델이라 할 수 있습니다. 우리의 신앙은 이처럼 우리의 삶 속에서 커다란 모험입니다. 자기 삶의 모든 것을 올인해야만 하는 그러한 커다란 모험이라고 할 수 있지요. 담대한 용기와 순종하는 믿음 그리고 결단이 없는 사람은 결코 아브라함처럼 하나님이 원하시는 방향으로 나아갈 수 없습니다. 대부분 사람들은 어떤 위험성 있는 모험을 하거나 투자를 할 때 반드시 뒤에 조금 남겨두는 경향이 있습니다. 그 투자를 100% 믿지 못하기 때문에 실패할 경우를 대비하여 최소한의 재산이나 생활비를 안전하게 뒤에 조금 떼어서 남겨 두는 것입니다. 그러나 성경은 아브라함이 하란에서 소유하고 있었던 모든 재산과 그곳에서 얻은 모든 노비들과 가솔들을 이끌고 하나님께서 지시하는 땅으로 목적지도 모른 채 나아갔다고 증거합니다. 이와 같이 아브라함은 하나님의 언약을 100% 믿고 자기 삶의 모든 것을 건 사람입니다. 조금의 미련이나 여지도 남기지 않고 자기의 모든 것을 하나님의 언약에 올인하였습니다. 이와 같이 하나님의 말씀에 모든 것을 다 바치는 헌신의 삶이 바로 진정한 하나님과 동행하는 삶인 것입니다. 그리고 이렇게 하나님께 온 삶을 투자해서 구원과 영생을 얻는 것이 우리 그리스도인들의 진실한 신앙이라 할 수 있습니다.

로마서 4장에서 바울 사도는 아브라함이 바랄 수 없는 중에 바라고 그것을 믿었다고 증언합니다. 하나님께서 아브라함에게 약속하신 언약들은 그 당시 그의 머리로서는 전혀 이해가 안 되고 도무지 실현 불가능한 것들이었습니다. 100세가 다 되어 가는 노인 아브라함에게 자식을 낳게 해주겠다는 언약, 떠돌이 방랑자인 그에게 열국의 아비가 되게 해주겠다는 언약, 그리고 아들 하나 못 낳은 그에게 자손이 하늘의 별처럼 번성하리라는 언약 등 그의 환경과 처지와는 너무 동떨어진 언약들이었습니다. 그럼에도 불구하고 아브라함은 그 하나님의 언약을 믿고 이루어질 것을 바라며 살았습니다. 그렇습니다. 이루어질 만하고 바랄 만한 것을 믿는 것은 신앙이 아닙니다. 누구나 다 할 수 있는 평범한 행위입니다. 바랄 수 없는 절망 속에서도 소망의 말씀을 붙들며, 불의 속에서도 진리의 말씀을 택하고, 죄가 범람하는 사회 속에서도 영생 복락의 천국의 약속을 굳건히 믿고 견디는 것이 참된 신앙입니다.

우리 사회의 신념이란 자기 자신의 정신과 의지를 신뢰하는 것이지만, 우리 그리스도인들의 신앙이란 철저하게 자기로부터 눈을 돌려 전적으로 하나님만 바라보고 신뢰하는 행위입니다. 아브라함의 신앙은 우리 인간의 신념과는 다른 것이었습니다. 그는 자신의 처지와 상태에 초점을 맞추지 않고 오직 하나님과 그 언약에 삶의 초점을 맞췄습니다. 사실 아브라함도 처음에는 온전한 신앙을 갖지 못하고 우리처럼 결점이 많은 사람이었습니다. 하나님의 보호 언약을 받고도 애굽 사람들이 두려워 자기 아내 사라를 누이라고 속여 자기 자신만의 안위를 꾀하려고 하였으며, 하나님께 후손의 언약을 받고도 여종 하갈을 취하여 후손을 얻으려고 하였고, 하나님과 오랫동안 동행한 후에도 또다시 거짓말을 되풀이하는 등 인간적인 결점을 갖고 있었던 사람이었습니다. 그렇지만 아브라함은 자기 자신을 바라보지 않고 오직 하나님의 은혜로운 언약을 바라보며 살았기에 그러한 실수들에 낙심하거나 넘어지지 않고 하나님께서 원하시는 삶을 살 수 있었으며, 오늘날 우리 그리스도인들의 믿음의 조상이 될 수 있었던 것입니다.

스토리3

순종과 인내의 사람 이삭

　구약 성경에는 세 명의 대표적인 이스라엘의 족장이 등장합니다. 아브라함과 이삭과 야곱입니다. 믿음의 조상 아브라함이 하나님의 약속으로 그의 나이 무려 100세에 이삭을 얻었습니다. 이삭이 태어날 때 그의 아버지 아브라함은 팔레스타인 지역의 브엘세바에서 꽤 많은 재산을 형성한 그 지역의 갑부였으니 이삭은 소위 말하는 금수저로 이 세상에 출생한 것입니다. 이삭은 기도와 순종 그리고 인내와 화평의 모범적인 신앙의 삶을 산 족장이었지만, 열국의 아버지이며 믿음의 조상인 아버지 아브라함과 여러 가지 쇼킹한 뉴스를 뿌리며 다사다난한 삶을 살았던 아들 야곱의 유명세에 가려져 우리의 눈길을 별로 끌지 못했던 인물입니다.

　그러나 아버지 아브라함의 훌륭한 믿음을 그대로 이어간 이삭의 삶을 좀더 들여다보면 순종으로는 아브라함보다도 깊고, 성격의 온유함으로는 모세에게 뒤지지 않으며, 인내로는 욥에 버금가는 믿음의 선진이라는 것을 알게 됩니다. 평범한 삶을 살았지만 그 평범함 속에서도 하나님에 대한 순종과 이웃과의 갈등에서 인내와 화평의 본을 보여 준 이삭을 만나보기로 하겠습니다.

창세기 22장은 모리아산에서 아브라함이 이삭을 번제로 드리려는 준비 과정을 아주 간략하게 설명합니다. 하나님의 명대로 사랑하는 독자 이삭을 데리고 3일 길을 걸어서 모리아산에 도착한 아브라함이 단을 쌓고 번제를 위한 나무를 벌려 놓고 이삭을 묶어 그 위에 올려놓았다고 기록하였습니다. 이 현장은 마치 순한 양 한 마리를 하나님께 번제로 바치려는 모습과 매우 유사합니다. 그러므로 그 당시 이삭은 아버지 아브라함이 하는 일이 무엇인지를 알았을 것입니다. 번제로 드릴 제물이 따로 없이 그러한 준비를 하는 아버지를 보고 바로 자신이 번제물이 될 것이라는 것도 이미 눈치채고 있었을 것입니다.

그럼에도 불구하고 이삭은 그것을 피해 도망치거나 추호의 반항을 하지 않았습니다. 그냥 순종의 자세로 아버지의 뜻에 자기의 온몸을 맡겼습니다. 결국 이와 같은 이삭의 순종은 무엇을 의미합니까? 바로 아버지 아브라함의 뜻과 여호와 하나님의 뜻에 온전히 순종하였다는 의미가 아니겠습니까? 그러나 그 당시 이삭이 아버지가 무서워서 무조건적으로 아버지께 맹종한 것은 아닙니다. 이삭은 아버지 아브라함이 한 말과 아버지가 순종하는 여호와 하나님을 굳게 믿고 있었습니다. 모리아산에 오를 때 이삭이 번제로 드릴 양은 어디 있느냐고 물었을 때 아브라함은 "하나님께서 친히 준비하시리라"라고 답변합니다. 이삭은 이와 같은 아버지 아브라함의 말과 여호와 하나님을 의심치 않고 신뢰한 것입니다. 그래서 비록 자신이 결박되어 제단 위에 누인 처지가 되었을지라도 하나님께서 번제물을 따로 준비하였을 것이라고 굳게 믿고 따른 것입니다. 이와 같은 이삭의 순종은 2,000년 후 예수님께서 아버지 하나님의 뜻에 따라 골고다의 십자가 나무에 온몸을 맡기는 순종의 예표라고 할 수 있습니다.

다음은 이삭의 인내와 화평의 삶을 살펴보도록 하겠습니다. 창세기 25-26장의 기록을 보면, 아브라함이 175세의 나이로 주님 곁으로 간 후에 이삭이 살고 있었던 브엘라해로이라는 지역에 커다란 흉년이 들게 됩니다. 이삭은 어쩔 수 없이 그의 가솔들을 데리고 그곳을 떠나 블레셋 족속이 살고 있는 그랄 지역으로 이주하게 됩니다. 거기서 이삭이 그곳 그랄 주민들에게 텃세를 당하고 고난받는 모습이 성경에 자세히 기록되어 있습니다. 그런데 이삭은 그 고난을 당하면서도 이상하리만큼 그랄 주민들에게 대항하거나 싸우지 않습니다. 오히려 인내로 그들의 악행을 이겨내고 화평으로 대신합니다.

이삭의 이러한 인내와 화평의 삶은 어떻게 가능했을까요? 평상시에는 아주 점잖고 온화한 사람들도 자기 가족의 생계가 위협받고 목숨이 위태로워지면 매우 격렬해지고 사나워지게 됩니다. 온갖 방법들, 심지어는 불법적인 방법까지도 동원하여 그 상황을 해결하려 합니다. 메마른 기후 때문에 항상 물이 모자라는 팔레스타인 지역에서 물은 매우 귀중한 자산입니다. 특히 농사를 짓고 양과 염소를 키워 생계를 유지하는 이삭과 같은 목축업자에게 물은 생명과도 같은 것이었습니다. 그 당시 이렇게 귀중한 물을 그들은 많은 공을 들여서 여기저기 지하 수맥을 찾아 그곳에 우물을 파고 그 우물에서 퍼 올려 사용하였습니다. 메마른 팔레스타인 지역에서 수맥을 찾는 것과 우물을 파는 일은 매우 어려운 일이었습니다. 그러나 이삭은 그렇게 귀중한 자신의 우물을 계속하여 메꾸어 버리고, 그와 그의 가솔들의 생명을 위협하는 그랄 지역 주민들의 횡포와 학대에 맞대응하여 싸우지 않고 화평을 위하여 세 번씩이나 아무 소리 없이 그들을 피해 옮겨 갑니다.

우리가 참을 만한 것을 참는 것은 그리 어렵지 않습니다. 그러나 나와 나의 가족의 생명이 위협을 받아 도저히 양보할 수 없는 것을 참아내는 인내는 누구에게나 쉽지 않습니다. 현대를 살아가는 우리 그리스도인들에게도 이삭과 같은 이러한 참인내와 화평의 삶이 절실하게 필요하다는 생각이 듭니다. 왜냐하면 우리 그리스도인들 중에도 그들이 이겨내야 하는 어려움과 시련을 인내하지 못함으로써 귀중한 축복의 열매를 얻지 못하고 넘어지는 경우를 종종 보기 때문입니다. 우리 그리스도인들은 이삭과 같이 인내를 온전하게 우리의 삶으로 이루며 믿음의 길을 걸어가야 합니다. 그러한 신앙의 삶 속에서 우리 주 하나님은 우리의 그러한 인내를 반드시 기억하여 주시며 더 좋은 것으로 결실을 맺게 하시기 때문입니다.

많은 그리스도인들이 큰 어려움을 당하게 되면 당황하여 그 문제를 스스로 해결해 보려고 주님을 외면한 채 이리저리 동분서주합니다. 그러나 많은 경우 문제를 해결하지 못하고 결국 주저앉아 낙심하게 됩니다. 그러나 이것은 하나님이 어려움을 통하여 우리를 연단하시고 성장시키며 궁극적으로 모든 것을 합하여 연단의 열매를 맺게 한다는 진리의 말씀을 깨우치지 못한 섣부른 행동이라고 할 수 있습니다. 인내와 화평의 사람 이삭은 이와 같은 중요한 진리의 말씀을 잘 이해하고 실천한 사람이었습니다. 그랄 지역 사람들이 그를 괴롭힐 때 이삭은 하나님께 기도하며 '그 땅을 네게 주리라'고 한 신실하신 하나님의 약속을 굳게 믿고 기다렸습니다.

만약 그 당시 이삭이 분을 참지 못하고 블레셋 사람들과 맞서 싸웠다면 어떻게 되었겠습니까? 아마 이삭과 그 가솔들이 수적으로 훨씬 많은 그랄 지역 사람들에게 큰 피해를 입고 죽거나 다쳤을 것입니다. 물론 그랄 주민들도 역시 상당한 피를 흘리게 되었을 것입니다. 그뿐 아니라 이삭 자신의 삶도 그 싸움으로 인해 승패와 관계 없이 평화를 잃고 영적 방황이 시작되었을 것입니다. 그러나 이삭은 그들의 위협을 지혜롭게 피하고 인내함으로 자신의 신앙과 평화를 지켜 냈습니다. 이러한 이삭의 자세는 우리가 핍박을 받을 때 상대방과 맞서 싸우지 않고 참아내며 지혜롭게 그 상황을 피하는 것이 참신앙인의 자세임을 가르쳐 주고 있습니다.

이렇게 삶 속에서 항상 하나님께 순종하고 화평의 삶을 살아가려는 이삭을 하나님께서는 늘 어여삐 보시고 축복하셔서 그를 그랄 지역의 대부호로 만들어 주셨던 것입니다. 그러나 이삭에 대한 주님의 이러한 재물의 축복은 오히려 블레셋의 아비멜렉 왕과 그 백성들의 시기와 미움을 더욱 사게 만들었습니다. 자기들은 흉년으로 먹을 것이 없어 고생하는데 떠돌이 이삭은 대풍작을 거두며 점점 더 부자가 되었기 때문입니다. 여호와 하나님을 믿지 않는 그들은 이삭의 대풍작의 원인이 이삭의 좋은 우물 때문이라고 여겼을 것입니다. 그러므로 그랄 지역의 주민들이 이삭의 그 우물들을 모두 없애 버리거나 빼앗으려고 한 것입니다. 그러나 전술하였듯이 이에 대한 이삭의 행동은 보통 사람들과는 달리 다투지 않고 그 귀한 우물을 그들에게 주어 버리고 다른 곳으로 이사합니다. 사리에 맞지 않아도 자신의 이익을 위해서 악착같이 우기며 싸우는 현대인들에게 그것은 약한 자의 처량한 모습으로 보일 수도 있습니다.

그러나 이삭의 이러한 대응은 하나님께서 그를 보호하여 주시고 그가 안주할 땅을 주시리라는 약속을 신뢰하는 확고한 믿음으로부터 나온 행위였습니다. 이처럼 우리 그리스도인들이 어려움에 처하였을 때 주 여호와 하나님이 우리와 함께하신다는 굳건한 믿음과 우리를 끝까지 보호하여 주신다는 주님의 미쁘신 약속은 우리 성도들에게 굳건한 인내를 갖게 합니다. 이 세상에 고난보다 더 나은 연단은 없다고 합니다. 하나님은 이삭의 그랄 땅에서의 고난 속에서 주님께서 항상 이삭과 동행함을 몸소 보여 주시며 그에게 인내하는 법과 화평의 삶을 가르치신 것이었습니다.

요즈음 성도 여러분의 삶은 어떠하십니까? 혹시 지금 이 시간 좋지 않은 이웃들에게 미움을 받거나 고난을 당하고 있지는 않으십니까? 만약 그렇다면 그 이웃들과 맞서 다투지 말고 인내하고 기도하며 조금 더 기다리십시오. 그리고 여러분에게 주어진 그 힘든 시간들을 기도로 주님과 교통하며 주님께 더 가까이 가는 귀중한 기회로 만들어 보십시오. 하나님과 교제하는 그 보람 있는 시간들이 주님의 축복을 받는 귀한 통로로 변화될 것입니다. 그랄 지역 블레셋 사람들의 극심한 괴롭힘에도 인내와 믿음으로 견디며 하나님의 약속의 성취를 기다렸던 이삭처럼, 우리 모든 성도 여러분도 하나님의 함께하심을 믿고 미래의 소망 중에서 인내와 화평의 삶을 살아가시기를 축원드립니다.

스토리 4

파란만장한 삶을 산 야곱

우리의 신구약 성경은 역사상 위대한 믿음의 선진들의 삶을 기록하는 데 있어서 그 사람들의 좋은 면이나 잘한 점만을 기록하여 놓지는 않았습니다. 백과 흑이 있고 빛과 어둠이 있듯이 어느 사람에게나 본받을 만한 장점이 있는가 하면 실수와 단점도 있습니다. 우리 인간은 누구나 일장일단을 가지고 태어나기 때문입니다. 믿음의 3대 족장의 한 사람이며 이스라엘 열두 지파의 조상이 되는 야곱도 원래부터 위대한 믿음의 사람은 아니었습니다. 오히려 그는 하나님의 말씀보다 자신의 계략을 따라 살았던 탐욕스러운 사람이었습니다. 하나님이 내려 주시는 장자에 대한 축복을, 순리를 거스르고 억지로 차지하려고 집요하게 노력하며 수많은 실수와 죄를 범한 사람이 야곱입니다. 그의 출생 과정에서부터 이미 범상치 않은 그의 인생의 여정이 보이기도 합니다.

오늘은 형의 발꿈치를 움켜잡고 출생한 야곱을 만나보고 그의 파란만장한 삶을 살펴보도록 하겠습니다.

　우선 그의 삶을 살펴보기 전에 하나님은 왜 이삭의 장자이며 성품이 부드러운 에서를 이삭의 신앙의 계승자로 선택하지 않으시고 탐욕스러운 야곱을 이삭의 믿음의 후사로 선택하셨을까요? 그 이유를 찾기 위해서 아기 야곱의 출생 때로 올라가보겠습니다. 야곱은 여러분들도 잘 알다시피 4,000년 전에 브엘세바라는 팔레스타인 땅에서 형 에서의 발꿈치를 꼭 움켜잡고 태어났습니다. 그 당시에는 지금과 같이 산부인과도 없고 좋은 의료시설도 없어서 산모들이 아기를 낳다가 아기와 함께 사망하는 일이 비일비재하였습니다. 특별히 복중의 아이가 쌍생아일 경우에는 아이와 산모가 사망할 확률이 몇 배 더 높았습니다. 왜냐하면 쌍생아일 경우는 조산의 위험도 매우 높으며, 제왕절개 수술이 불가능했던 그 당시에는 허약한 산모는 첫 아이를 낳고서 기력이 다 소진되어 둘째 아이를 낳지 못하는 경우도 많았기 때문입니다.

　에서와 함께 쌍둥이로 어머니의 태중에 있었던 야곱은 태중에서도 그의 생명에 대한 집념이 강했습니다. 형 에서가 태에서 나간 후에 허약하였던 어머니 리브가(Rebecca)가 힘이 소진하여 자기를 낳아주지 못할 것을 직감한 야곱은 형 에서의 발꿈치를 꼭 움켜잡고 놓지 않았습니다. 그렇게 하여 그는 어렵게 이 세상에 태어날 수 있었습니다. 이것이 야곱의 집요한 욕망과 집착의 시작이었습니다. 하나님께서는 성격이 너그러운 에서보다는 집요한 욕망을 가진 야곱을 이삭의 믿음의 계승자로 택하셨습니다. 왜냐하면 집요한 욕망이란 성품이 좋지 않은 사람에게서는 탐욕으로 끝이 나지만, 그 사람이 회개하고 변화되어 새사람이 되면 그 집요한 욕망은 끊임없는 노력과 집념으로 바뀌기 때문입니다. 하나님께서는 야곱 속에 자리 잡고 있는 그 집요한 욕망을 끊임없는 노력과 집념으로 바꾸어 가시기를 원하셨던 것입니다.

　야곱이란 이름은 여러분도 잘 알다시피 '발꿈치를 잡다' 혹은 '속여서 빼앗다'라는 의미를 가지고 있습니다. 젊은 야곱은 실제로 그 이름에 걸맞게 다른 사람의 발꿈치를 잡아 넘어뜨리고 속이는 교활한 삶을 살았습니다. 야곱은 형 에서가 배고픈 때를 교활하게 이용하여 팥죽 한 그릇을 주고 그 귀한 장자의 명분을 빼앗았습니다. 또한 야곱은 눈이 어두운 아버지 이삭을 속여서 자기에게는 돌아올 수 없었던 장자의 축복까지 탐욕스럽게 탈취하였습니다. 간교한 술수를 써서 순리를 저버리고 형의 권리를 차지한 것입니다. 이렇게 남을 속여 자신의 이득을 취하는 잘못된 삶을 살아온 야곱은 결국 그 결과를 감당해야 했습니다. 형 에서에게 돌이킬 수 없는 죄를 지은 후 도망자 신세로 전락한 야곱의 삶은 매우 고통스러웠습니다. 그는 그의 잘못 때문에 전반기 삶의 대부분을 사랑하는 가족과 떨어져 타향살이를 해야 했고, 밧단 아람의 하란에서 외삼촌 라반에게 수많은 노동 사기와 고초를 당해야만 했습니다.

　이러한 야곱의 고난의 삶은 형 에서의 장자권과 축복을 탈취한 것이 들통나고 그를 해치려고 찾아다니는 형을 피해서 도망치는 날부터 시작되었습니다. 형을 피하여 어쩔 수 없이 집을 나온 야곱은 정든 고향 브엘세바를 뒤로하고 친족인 외삼촌이 살고 있는 먼 북녘 땅 밧단 아람을 향하여 걷고 또 걸었습니다. 밧단 아람은 야곱의 할아버지 아브라함이 그의 본 고향인 갈대아 우르를 떠나서 그의 부모님과 잠시 함께 살았던 도시 하란이 있는 지역입니다. 야곱은 그를 잡으러 다니는 형 에서에게 붙잡힐까 두려워서 밤낮으로 며칠을 걸어서 비로소 그의 고향에서 약 80킬로미터나 떨어진 벧엘이라는 곳에 도착하였습니다. 그 거리는 서울에서 천안까지 되는 실로 먼 거리였습니다. 이 먼 거리를 형이 무서워 거의 쉬지도 못하고 걸어온 야곱이 밤을 지내려 그곳을 택했을 때 그의 기력은 완전히 고갈되어 있었습니다. 아직도 외삼촌이 사는 밧단 아람까지는 700킬로미터나 되는 긴 거리를 더 걸어가야 하지만 그의 몸은 이제 완전히 녹초가 되어서 더는 움직일 수가 없었습니다.

어쩔 수 없이 야곱은 그곳에 누워 딱딱한 돌을 하나 주워 베개로 삼고 피곤한 몸을 잠깐 쉬게 하려고 눈을 감았습니다. 이때 야곱은 굉장한 외로움과 공포를 느꼈을 것입니다. 그의 눈에서는 뜨거운 후회와 한탄의 눈물이 흘러내렸을 겁니다. 야곱은 원래 부유한 아버지 이삭의 집에서 종들을 데리고 편안하게 가축이나 치며 살던 조용하고 내성적인 부잣집 작은 도련님이었습니다. 그러한 야곱이 언제 돌아올지도 모르는 긴 방랑의 길을 시작한 것입니다. 물론 그와 같은 결과는 자기의 탐욕으로 인한 자업자득의 고난의 길이었지만 그 일로 인한 자신의 암담한 미래를 생각하지 않을 수 없었을 것입니다. 외롭고 암담한 고난의 나그넷길에서 야곱은 벧엘의 딱딱한 돌베개를 베고 누워 적막감과 두려움 그리고 후회의 감정이 뒤섞인 채 잠깐 잠이 들었습니다. 그때 하나님께서 그의 꿈속에 나타나셔서 앞으로는 그와 항상 동행하여 주시며 그를 지켜 주시겠다는 은혜로운 약속을 하여 주십니다. 마치 커다란 바다 한가운데 외로이 홀로 떠 있는 것 같았던 야곱에게 이 얼마나 반갑고 감사한 일입니까? 그 절망과 두려움 속에서 비몽사몽간에 꾸었던 이 은혜로운 꿈으로 인하여 탐욕의 사람 야곱은 하나님께로 전향하는 삶의 중요한 전환점을 맞이하게 됩니다.

꿈에서 깨어난 야곱의 첫 마디는 그를 둘러싸고 있는 모든 현실이 무섭고 두렵다는 것이었습니다. 세상 만물을 창조하신 전능하신 하나님이 바로 자기 곁에 계신다는 현실과 그 하나님이 그곳 벧엘의 루스 광야뿐 아니라 온 세상을 통치하고 계신다는 사실을 깨달고 야곱은 하나님 앞에서 두려움에 떨고 있었습니다. 이와 같이 하나님에 대한 두려운 감정이 모든 신앙의 첫걸음이며 평범한 인간이 신앙인으로 변화될 수 있는 중요한 계기가 될 수 있습니다. 야곱은 그동안 부유한 부모님 밑에서 평안한 삶을 누리며 하나님과 세상을 한 번도 두렵다고 생각하지 않았습니다. 하나님도, 아버지도 그리고 손위 형도 전혀 두려워하지 않고 자기 마음대로 속이며 자기가 마치 이 세상의 주인인 것처럼 모든 것을 조작하며 생활하였습니다. 그러나 이제는 이 세상의 주인이 자기가 아니라는 사실을 절실하게 깨닫게 된 것입니다. 그동안 그의 삶의 참된 통치자가 계셨음에도 괘념치 않고 자기 마음대로 비리를 행하였던 잘못된 일들이 야곱은 너무 무섭고 두려웠던 것입니다.

    이처럼 하나님은 야곱이 비참하게 나락으로 떨어져 절망하고 있을 때 그에게 나타나서 야곱을 변화시키기 시작하신 것입니다. 이제 사기꾼으로 살아왔던 야곱의 변화가 시작되었습니다. 육신적인 인간에서 영적인 인간으로 거듭나기 시작한 것입니다. 그리고 야곱은 자신이 베고 꿈을 꾸었던 바로 그 돌로 증표의 기둥을 세우고 예배를 드리기 위하여 제단을 쌓았습니다. 이제부터는 하나님의 뜻대로 살겠다는 맹세의 다짐입니다. 그가 세운 돌기둥이 하나님의 집이 될 것이고, 하나님께서 주신 모든 것들의 십분의 일을 하나님께 바치겠다는 서약을 합니다. 이렇게 십일조를 드리겠다는 서약은 단순한 헌물의 약속을 넘어서 자기의 삶의 주권자가 앞으로는 하나님이심을 인정하고 고백하는 행위입니다. 그 두려움과 고난의 아픔 속에서 야곱은 스스로 제단을 쌓고 예배드리며 앞으로는 하나님께 헌신하겠다는 눈물의 신앙고백을 난생처음으로 한 것이었습니다. 이처럼 야곱이 여호와 하나님 앞에서 신앙고백과 서원을 하였다는 것은 이제 그가 사기꾼 야곱이라는 옛사람의 껍질에서 서서히 탈피하여 새사람이 되기 시작했다는 증거입니다.

우리가 삶을 살아가며 만나는 여러 고난은 우리 인생에 불가피한 것입니다. 그러나 우리가 고난을 만났을 때 절망하지 말아야 합니다. 왜냐하면 그리스도인들의 고난은 단순히 불행으로 끝이 나는 것이 아니기 때문입니다. 그 고난을 극복할 의지를 잃은 것이 바로 불행의 시작인 것입니다. 우리 그리스도인들은 고난 가운데서도 하나님을 의지하고 믿는 신앙 속에서 소망을 가져야 합니다. 성경 말씀도 "우리가 알거니와 하나님을 사랑하는 자 곧 그 뜻대로 부르심을 입은 자들에게는 모든 것이 협력하여 선을 이루느니라"라고 위로 하십니다. 이 말씀 속에 인생의 고난을 돌파하는 비결이 있지 않습니까?

비록 현재 자신의 잘못된 판단이나 행동으로 인하여 야곱처럼 딱딱한 돌베개를 베고 있는 성도일지라도 낙심치 말고 자기에게 주어진 그 고난을 감내하면 결국 모든 것이 행복으로 귀결됩니다. 야곱은 장자의 복을 받기 위하여 그렇게 애를 썼고 그 일로 인하여 긴 고난의 삶을 살기도 하였지만, 결국 그 긴 고난의 삶을 극복한 후 그의 후반기 삶에서는 실질적인 장자로서 하나님께 인정받고 장자가 누리는 풍요로운 축복을 누릴 수 있었습니다. 그는 아버지 이삭처럼 평탄한 삶을 살지는 못했습니다. 그러나 그의 긴 고난과 역경은 오히려 하나님에 대한 그의 믿음을 더욱 굳건하게 해주었고, 그와 같은 역경을 토대로 그는 하나님의 축복과 뜻을 후손들인 이스라엘 12지파와 우리 그리스도인들에게 유산으로 전해 주었으며, 선민 이스라엘 민족이 가장 사랑하는 족장이 되었던 것입니다.

스토리 5

그리스도의 모형인 요셉

요셉은 야곱의 12명의 아들 중에 11번째 아들로 태어나 아버지 야곱에게 가장 많은 사랑을 받았습니다. 그는 어려서부터 장래에 대한 커다란 꿈과 비전을 갖고 있었으며, 그 큰 꿈과 비전 때문에 그의 형들에게 미움을 받아 애굽으로 팔려가는 고난을 겪기도 하였습니다. 하지만 요셉은 그에게 닥친 모든 고난을 여호와 하나님에 대한 믿음과 그의 성실함으로 극복하였고, 그 당시 중동에서 가장 부유하고 큰 나라였던 애굽의 총리대신의 자리에까지 오른 이스라엘 역사상 입지전적인 인물이 되었습니다.

구약 성경에는 신약 시대에 이 땅에 강림하실 예수 그리스도와 그분의 삶을 예표하는 여러 인물들이 등장합니다. 그들 대부분은 그들의 성품이나 삶의 여러 부분에서 예수 그리스도와 매우 유사한 모형이 됩니다. 그런데 그들 가운데서도 특이하게 두드러지는 예표적인 인물이 예수님의 삶을 가장 많이 닮은 삶을 산 요셉입니다.

그의 예표적인 삶을 좀더 구체적으로 살펴보면, 요셉의 삶의 초기에 사랑하는 형들에 의해 노예로 팔려 인생 나락으로 떨어지는 낮아짐과 중동 최고의 대국이었던 애굽의 총리대신이라는 최고의 위치로 올라가는 높여짐은, 마치 사랑하고 아끼던 제자 가룟 유다에 의해서 유대 지도자들에게 팔려 가시관을 쓰고 몰매를 맞으며 나락으로 떨어지신 예수님의 낮아지심과 십자가 상에서 만민의 구원자(구속자)로서 높이 올려져 하나님의 영광을 받은 그리스도의 높여지심과 매우 유사하다고 생각합니다.

심지어 그의 생애에 일어난 몇몇 일들의 세부적인 상황까지 모두 예수님의 예표로 매우 유사하게 적용됨을 보게 됩니다. 예를 들면 예수님이 가룟 유다에 의해 은 30에 팔리고 십자가 앞에서 이방의 로마 군인들에게 그의 옷을 모두 빼앗겼듯이, 요셉이 그의 형들에 의해 은 20에 이스마엘 족속의 이방 상인들에게 팔리고 그가 입고 있었던 채색옷이 형들에 의해 강제로 벗겨지는 상황이, 요셉이 예수님을 가장 많이 닮은 주님의 모형이라는 사실을 부정할 수 없게 만듭니다.

그리고 예수님이 광야에서 마귀의 유혹을 단호히 물리친 것처럼 요셉도 보디발의 아내의 끈질긴 성적 유혹을 단호히 물리친 것까지도 예수님에 대한 예표적인 모습으로 나타나지 않습니까? 야곱이 가장 사랑하였던 아내 라헬의 첫아들로 태어나 아버지의 사랑을 가장 많이 받았던 요셉은 그의 출생부터 성부 하나님의 사랑을 듬뿍 받았던 성자 예수 그리스도의 모형이었다고 말할 수 있습니다.

요셉은 야곱이 무려 14년이라는 긴 세월을 땀 흘리고 수고하여 얻은 그의 첫사랑이자 아름다웠던 부인 라헬과의 첫 소생이었고, 야곱이 91세라는 노년에 얻은 눈에 넣어도 아프지 않을 귀한 아흔둥이 아들이었습니다. 그래서 요셉은 아버지로부터 애지중지 특별한 사랑을 받고 자랐습니다. 이러한 사실은 창세기 37장의 "야곱이 여러 아들들보다 그를 더 사랑하므로 그를 위하여 채색옷을 지었더니…"라는 구체적인 아버지 야곱의 행동에서 확연하게 나타납니다. 히브리인들의 채색옷은 '케토넷 파심'이라고 하는데, 소매가 길고 발목까지 내려오는 다양하고 아름다운 색깔을 띤 긴 코트 모양의 겉옷을 가리킵니다. 이 옷은 그 당시 사회에서 귀족이나 왕의 자녀들만 입을 수 있었던 특별하고도 귀한 옷이었습니다. 야곱이 요셉에게 이러한 채색옷을 특별히 지어 입힌 사실은 당시 풍속으로 볼 때 단순한 사랑의 표시만은 아니었습니다. 야곱이 살던 당시의 근동 사회의 풍속에는 아버지가 여러 아들 중 자기 상속자를 미리 지정하는 일이 흔히 있었는데, 그 아들에게는 특별한 옷을 지어 입혀서 어려서부터 그를 가족의 상속자로 표시하여 특별하게 키웠다고 합니다.

따라서 야곱이 요셉에게 채색옷을 입힌 것은 열두 명의 아들 중에서 요셉이 아버지 야곱의 대를 이을 장자와 같은 신분으로 이미 지정된 셈이라 볼 수 있습니다. 그리고 구약 성경의 아브라함과 이삭과 야곱의 이야기에서 알 수 있듯이, 당시 족장들은 하나님의 신적인 권위를 위임받아서 가족의 장자 될 자를 하나님을 대리해서 미리 축복하여 주었습니다. 예수님의 삶과 매우 유사한 삶을 살았던 요셉이 아버지 야곱으로부터 장자와 같은 그러한 사랑과 축복을 받았다는 사실은, 앞으로 이 세상에 오실 성자 그리스도께서 성부 하나님의 독생자로서 깊은 사랑과 영광을 받을 사실을 미리 보여 준 것이라고 할 수 있습니다.

예수님께서 공생애를 시작하시려고 세례 요한에게 요단강에서 세례를 받으신 후 하늘로부터 아버지 하나님의 선언이 크게 들립니다. "이는 내 사랑하는 아들이요 내 기뻐하는 자라." 이러한 예수님에 대한 하나님 아버지의 끝없는 사랑을 요셉에 대한 야곱의 사랑과 같은 인간 사이의 사랑과 감히 비교할 수는 없을 것입니다. 그럼에도 불구하고 그 사랑의 방식은 매우 유사하다는 것을 느낄 수 있습니다. 단지 하나님께서는 야곱처럼 사랑하는 아들을 금이야 옥이야 무조건 아끼신 것이 아니라, 자신의 외아들 나사렛 예수를 뼈를 깎는 고난을 겪게 하셔서 우리 인간들의 구원자가 되게 하셨고, 결국은 십자가 상에서 하늘과 땅의 모든 영광을 얻게 하셨습니다. 또한 예수님께서는 아버지 하나님의 사랑에 순종으로 응하셔서 고난의 십자가를 기꺼이 지심으로 구세주의 사명을 온전히 이루셨던 것입니다. 여기서 우리는 하나님 아버지와 진실된 사랑으로 하나가 된 독생자 예수 그리스도의 참된 모습을 보게 됩니다. 그리고 진실된 사랑의 관계가 무엇인지도 느끼게 됩니다.

　요셉을 향한 아버지 야곱의 커다란 사랑이 결국 그가 겪어야 했던 모든 고난의 원인이 되었지만, 그 고난을 이기고 난 후에는 큰 영광을 얻게 하는 밑바탕이 되었습니다. 이처럼 우리 성도들을 향한 그리스도의 한없는 사랑은 십자가 상의 고난과 대속으로 나타났습니다. 죄인인 우리 인간들을 위해 고통스러운 십자가에 자신을 맡김으로 그 사랑을 보이신 것입니다. 그와 같은 그리스도의 사랑은 천국 영광을 우리 성도들에게 주겠다는 주님의 약속에서 더 확실하게 드러납니다. 이처럼 예수 그리스도의 성도들에 대한 사랑은 결국 우리로 하여금 하나님의 영광에 이르게 하는 밑바탕이 되는 것입니다. 그리스도께서는 그를 믿는 모든 성도들이 자신과 동행하는 삶을 살기를 원하시며, 하나님의 영광에 함께 참여하기를 바라십니다. 그리스도께서는 자신이 아버지 하나님의 사랑으로 고난을 이기고 십자가의 승리를 거두셨듯이, 우리 성도들도 주 예수 그리스도의 사랑에 힘입어 이 세상의 힘든 삶 속에서 모든 고난을 이겨내고 승리하기를 하나님 우편에서 늘 기도하고 계시는 것입니다.

우리가 험난한 세상을 살다 보면 얼마든지 고통스러운 상황을 겪을 수 있으며, 어떤 때에는 요셉처럼 억장이 무너지는 분통한 상황도 맞을 수 있습니다. 그러나 우리가 요셉의 삶을 통해서 배울 수 있는 것은, 우리가 그러한 상황에 낙심하지 말고 하나님 앞에서 신실한 신앙을 견지하며, 하나님께서 세상사의 모든 것을 주관하고 계시며 우리 성도들을 자신의 독생자처럼 사랑하고 계신다는 사실을 받아들이는 삶을 살아가야 한다는 것입니다. 우리 성도가 그러한 견실한 믿음의 삶을 살다 보면 주 하나님께서 주님이 정하신 때에 요셉처럼 반드시 우리의 신실한 삶에 대해 보응하여 주실 것입니다.

이제 마지막으로 요셉의 사랑에 대하여 같이 살펴보도록 하겠습니다. 요셉의 형들이 그를 이스마엘 족속의 상인들에게 팔아버린 후 많은 시간이 지나서 팔레스타인 지역에 심한 흉년이 들어 곡식을 구할 수 없게 되었습니다. 어쩔 수 없이 식량을 구하러 요셉의 형들이 애굽으로 내려와서 전혀 생각지 않게 애굽의 총리가 되어 있는 요셉과 마주치게 됩니다. 그 상황에서 총리 요셉이 비천한 위치의 그의 형들을 모른 척한다고 해도 그를 비난할 사람은 아무도 없었을 것입니다.

그러나 의로운 요셉은 과거의 억울함과 비통함에 얽매이지 않고 형들을 따뜻하게 맞아주고 자비와 사랑을 베풀었습니다. 누구나 다른 사람에게 많은 사랑을 받아 본 사람은 자신도 남에게 많은 사랑을 베풀 수 있는 따뜻한 마음을 갖게 됩니다. 마치 성부 하나님의 사랑을 듬뿍 받으신 예수님이 우리 성도들에게 무한한 사랑을 베푸시듯이, 아버지 야곱의 커다란 사랑 속에 성장한 요셉은 그의 형들을 사랑으로 용서할 수 있었던 것입니다.

또한 성경 속 요셉의 이야기는 하나님께서 인류를 위한 구원사(구속사)를 경영함에 있어서 주님이 어떻게 세상의 악을 차례대로 극복하여 가시며 계획을 이루어 가시는지에 대한 놀라운 사실도 보여 줍니다. 어린 요셉도 처음에는 그러한 하나님의 놀라우신 경영과 역사하심을 피부로 느낄 수 없었을 것입니다. 그러나 그의 시련이 끝나고 나서 비로소 하나님께서 그분의 구속사 안에서 다른 많은 사람들을 구원하시고자 요셉 자신을 사용하고 계시다는 것을 깨달을 수 있었습니다. 요셉은 창세기 45장에서 형들에게 자신이 동생 요셉임을 밝히면서 다음과 같이 말합니다. "당신들이 나를 이곳에 팔았다고 해서 근심하지 마소서 한탄하지 마소서 하나님이 (여러 사람의) 생명을 구원하시려고 나를 당신들보다 먼저 보내셨나이다…그런즉 나를 이리로 보낸 이는 당신들이 아니요 하나님이시라." 그리고 나중에 요셉은 아직도 자기 앞에서 두려워 벌벌 떨고 있는 형들을 위안하며 다음과 같은 하나님의 구원사적 사역을 다시 알려 줍니다. "당신들은 나를 해하려 하였으나 하나님은 그것을 선으로 바꾸사 오늘과 같이 많은 백성의 생명을 구원하게 하시려 하셨나니…."

　이러한 구약 성경 속에 기록되어 있는 긴 요셉의 이야기를 읽다 보면, 모든 것을 합하여 결국 선을 이루시는 하나님의 구원사의 경영 안에서 주님의 사랑을 받으며 살아가는 믿음의 백성들에 대한 주님의 계획과 뜻은 결코 세상의 어느 세력도 막아설 수 없다는 사실을 알게 됩니다. 그리고 그리스도인의 한 사람으로서 미래의 소망과 꿈을 안고 살 수 있는 확신과 마음의 여유를 갖게 됩니다.

스토리6

위대한 지도자 모세

모세는 구약 성경에서 가장 뛰어난 이스라엘 민족의 지도자이자 민족 해방의 영도자입니다. 아브라함이 믿음의 첫 조상으로서 하나님께서 그분의 백성들에게 베푸시려는 은혜의 언약을 받은 사람이라고 한다면, 모세는 아브라함에 이어서 하나님께서 그 은혜의 언약을 지키시기 위하여 직접 선택한 사람이라고 할 수 있습니다. 하나님께서는 애굽에 사로잡혀 노예 생활을 하던 이스라엘 백성을 그곳에서 구출하셔서 약속의 땅 가나안으로 인도하기 위해 온유한 사람 모세를 택하셨습니다. 모세는 이스라엘 민족과 여호와 하나님 사이의 훌륭한 중재자였고, 구약 성경의 기둥이 되는 모세오경(창세기, 출애굽기, 레위기, 민수기, 신명기)의 저자이며, 이스라엘 백성을 고난 속에서 이끌었던 뛰어난 지도자이며 선지자였습니다. 오늘은 구약 성경 속의 위대한 영도자 모세를 만나보고 그의 삶을 함께 살펴보도록 하겠습니다.

모세(모쉐)는 3,500년 전 투트모세 1세가 애굽(이집트)의 왕 바로(Pharaoh)가 되어서 다스리던 시절, 애굽 땅 고센 지역의 나일강 하류에서 레위 지파의 혈통인 아버지 아므람과 어머니 요게벳 사이에서 2남 1녀 중 막내로 태어났습니다. 여러분도 잘 아시는 것과 같이, 모세가 이 세상에 태어날 당시에는 애굽 왕이 이스라엘 백성의 수를 줄이려고 그의 부하들을 시켜 히브리 남자아이들이 출생하면 모두 강에 던져 죽여 버리려고 찾아다니던 험악한 시절이었습니다. 그러한 긴급한 상황 속에서 애굽 왕의 부하들의 눈을 피하여 모세의 부모가 모세가 출생한 지 석 달 만에 갈대 상자에 아기 모세를 몰래 넣어 나일 강가에 떠내려 보냈습니다. 히브리인의 자식인 것을 감추어 그의 목숨을 지키기 위함이었습니다. 그러자 생각지도 못한 기적이 일어났습니다. 하나님께서 주관하시는 인류 구원의 역사 속에서 주님께서 애굽 공주의 손을 빌려 모세를 강에서 건져 낸 것입니다. 그리고 친모이자 유모인 요게벳의 품에서 아기 모세가 자랄 수 있도록 상황을 만들어 가셨습니다. 그뿐 아니라 그를 강에서 건져 낸 애굽 공주의 양자로 입양되게 하시고, 애굽 왕 바로의 궁중에서 그 당시 고대 선진 국가였던 애굽의 학문을 폭넓게 배우게 하셨습니다.

사실 모세가 나이 40세가 될 때까지 그의 사적인 생활에 대해서 성경은 별로 기록하고 있지 않습니다. 그러나 모세가 자기 동족인 히브리 사람을 괴롭히는 애굽 사람을 쳐 죽이고 미디안 광야로 피신하여 목동 생활을 시작한 그의 인생의 분기점이 그의 나이 40세이고 그가 삶을 마감한 것이 120세이므로, 모세의 생애는 40년 단위로 크게 세 단계로 나누어서 살펴보는 것이 좋습니다. 즉, 그의 나이 40세 이전의 애굽 왕자 시절과 40세에서 80세 사이의 미디안 광야의 목동 시절, 그리고 80세에서 그가 사망한 120세까지 민족 지도자로서의 광야 유랑 시절로 나누어 살펴볼 수 있습니다.

그의 첫 삶의 단계인 40세 이전의 모세는 바로 왕의 공주의 아들로서 애굽의 궁중에서 고등 교육을 받으며 많은 학문을 습득하여 이스라엘의 지도자로서 지식을 갖추는 시기입니다. 어려서부터 준수한 용모를 가지고 태어난 아기 모세는 유년기 시절에는 유모로 위장한 친어머니 요게벳의 젖을 먹고 그녀의 손에 친히 길러지면서 히브리인으로서의 정체성과 민족의식을 갖게 되었으며, 나이 40세쯤 되어서는 민족의식이 아주 투철하고 의협심이 강한 건장한 히브리인으로 성장하였습니다. 하지만 그때까지도 모세는 아직도 모든 문제를 폭력으로 해결하려는 영적으로는 많이 미숙하고 오만한 사람이었습니다.

모세가 그의 나이 40세쯤에 애굽 사람을 죽이고 자기를 살인죄로 체포하려는 애굽 군대를 피하여 미디안 광야로 잠적한 후부터 그의 삶의 2차 단계인 40세에서 80세까지 40여 년간의 시기는 황량한 광야에서 양치기 목동으로 고된 삶을 사는 기간입니다. 사실 모세는 그의 생애에 두 번의 힘든 광야 생활을 하게 됩니다. 첫 번째 40년간의 미디안에서의 광야 생활은 그 자신의 연단을 위한 힘든 광야 생활이었고, 두 번째 출애굽 후의 40년간의 광야 유랑생활은 그의 민족의 연단을 위한 매우 어려운 광야 생활이었습니다.

그러면 하나님께서는 모세나 이스라엘 민족을 왜 하필이면 광야에서 연단하려 하셨을까요? 그 이유는 광야에는 흙과 모래 그리고 거센 바람 외에는 아무것도 의지할 것이 없기 때문입니다. 아무것도 없는 그곳에서 살아남기 위해서 의지할 것이라고는 오로지 여호와 하나님뿐이고, 그 하나님만을 의지하는 삶 속에서 사람이나 민족은 겸손하게 변화되어 가며 하나님에 대한 신앙에 충실하게 되기 때문입니다. 그의 2차 삶의 단계인 미디안 광야의 목동으로서의 삶 속에서 모세는 그의 성장기였던 첫 40년 동안의 난폭하고 오만하였던 성격이 광야의 힘든 양치기의 삶을 통하여 연단되어 그의 첫 광야 생활이 끝날 즈음인 그의 나이 80세쯤에는 비로소 겸손하고 온유한 사람으로 변화됩니다. 그래서 그 시기에 하나님께서 "이 사람 모세는 온유함이 지면의 모든 사람보다 더하더라"라고 칭찬하신 것입니다. 결국 모세는 첫 광야 생활을 통하여 하나님의 종으로 쓰임 받을 수 있도록 겸손과 온유함의 훈련 과정을 마친 것이라 할 수 있습니다. 이 첫 40년의 광야 생활을 마칠 때쯤 모세는 여호와 하나님으로부터 이스라엘 민족 해방의 지도자라는 커다란 소명을 받게 됩니다.

마지막 3차 단계인 모세의 나이 80세 이후의 삶은 이스라엘 민족을 이끌고 애굽을 나온 후 광야에서 유랑하는 40년간의 가장 힘들고 고달픈 시간이었습니다. 이 시기는 하나님께서 이스라엘 민족 공동체라는 200만 이상의 큰 무리를 하나님의 백성으로 연단시키는 과정이었기 때문에 매우 혹독한 시련의 연속이었습니다. 이 민족 연단의 시간을 거치며 모세는 자신의 미디안 광야 생활 속에서의 변화를 거울삼아 이스라엘 민족도 그와 같이 변화시키려고 끊임없이 노력하였습니다. 우리는 출애굽기를 읽어 가면서 처음에는 야생마처럼 그렇게 사납게 날뛰던 이스라엘 민족의 무리가 서서히 변화되기 시작하여, 어느덧 모세가 하나님의 말씀과 율례를 선포하자 지체 없이 한목소리로 "여호와께서 말씀하신 모든 것을 율례대로 준행하겠나이다"라고 큰 소리로 복창하며 순종의 백성으로 바뀌어 가는 모습을 보며 놀라움을 금할 수 없습니다.

이렇게 모세의 삶은 이 세상의 영화와 고난을 순차적으로 함께 경험하는 드라마틱한 삶이라고 할 수 있습니다. 사치스럽고 높은 왕족의 자리에서 미디안 광야의 양치기라는 최하 말단의 위치로 전락하는 고난을 경험하지 않았습니까? 그러나 사실 모세는 하나님의 구원사 안에서 이러한 연단을 통해 구원의 때를 위하여 주님께서 친히 준비하고 있었던 여호와 하나님의 훌륭한 구원의 도구요 충직한 종이었습니다. 이러한 모세의 삶을 통해 우리가 발견할 수 있는 것은 하나님의 구원사 안에서 주님의 인류 구원에 대한 변하지 않는 확고한 의지와 하해와 같은 사랑입니다.

그러나 모세의 하나님에 대한 순종과 열정은 생사를 뛰어넘는 목숨을 건 것이었습니다. 모세는 80세라는 노령의 나이에 40년이라는 긴 세월 동안 무지몽매한 동족을 이끌고 광야를 유랑하며 갖은 고난을 겪으면서도, 오직 젖과 꿀이 흐르는 약속의 땅 가나안에 들어가 사는 것을 유일한 희망으로 삼고 그 오랜 시간을 충성된 마음으로 묵묵히 참고 견디었습니다.

그러던 어느 날 가나안 땅을 목전에 두고 하나님께서 그 약속의 땅에 모세 자신은 들어가지 못한다고 말씀하셨습니다. 모세는 그 순간 하늘이 무너지는 것 같았을 것입니다. 이스라엘 민족을 약속의 땅으로 인도하기 위해 자신을 선민의 지도자로 삼으시고 언제나 동행하시면서 인도하여 주시고 위로하여 주시던 하나님이셨습니다. 이제 천신만고 끝에 가나안 땅 코앞까지 왔는데, 모세 자신은 그 약속의 땅에 발도 디디지 못한다고 말씀하시니 이것이 웬 마른 하늘의 날벼락입니까? 그는 그 자리에 엎드려 하나님께 간구하며 자기도 요단강을 건너 약속의 땅을 밟게 해달라고 간청하였습니다. 그러나 하나님께서는 이제 족하니 더는 이 문제를 거론하지 말라며 매정하게 끊으십니다. 어쩔 수 없이 모세는 여리고 맞은편 비스가산 꼭대기에 올라가 눈앞에 펼쳐진 가나안 땅을 바라보았습니다. 여러 가지 회한으로 뜨거운 눈물이 그의 눈앞을 가렸을 것입니다.

그 후 얼마 안 되어서 모세는 그렇게 그리던 약속의 땅에 들어가 보지도 못한 채 맞은편 모압 땅에서 일생을 마치고 맙니다. 모세로서는 참 안타까운 인생 종말입니다. 누구나 소망을 갖고 죽을 고생을 하며 뜻을 이루었을 때는 해피 엔딩을 기대합니다. 그러나 그렇게 약속의 땅으로 들어가기를 고대하였던 모세는 약속의 땅 가나안의 건너편에 묻히는 것으로 만족해야 했습니다.

그러면 모세는 영영 약속의 땅에 들어가지 못하였을까요? 그렇지 않습니다. 어차피 흙으로 돌아가야 할 모세의 육신은 여리고 맞은편 모압 땅에 묻혔습니다. 그러나 그의 영혼은 하나님께서 그에게 약속하신 천국으로 들어가서 주 하나님과 함께할 수 있었습니다. 마태복음 17장을 보면, 변화산에서 예수님이 베드로와 야고보와 요한에게 그분의 영광을 보여 주셨을 때 구약 성경에서 율법을 대표하는 인물인 모세와 구약의 선지자를 대표하는 인물인 엘리야가 예수님 앞에 함께 나타났습니다. 죽음 없이 회오리바람으로 승천하여 하나님께 돌아간 엘리야 선지자가 모세와 함께 예수님 앞에 나타났다는 것은 모세의 영혼도 하나님과 함께하고 있음을 여실히 증명하는 것 아닙니까? 결국 모세의 육신은 비록 약속의 땅에 묻히지 못하였지만, 그의 영혼은 오늘 이 시간에도 천국에서 주 하나님과 함께 진정한 안식을 누리고 있다는 사실을 말하여 주는 것입니다. 그리고 언젠가는 모든 우리 그리스도인들이 천국에서 그 모세를 만나 그와 함께 영생 복락을 누리게 될 것입니다.

스토리7
모세의 동역자 아론

한 시대의 영웅은 결코 혼자의 힘으로 태어나지 않습니다. 그 주위의 많은 사람들의 기도와 땀과 노력이 뒷받침되어야 합니다. 우리 그리스도교 신앙의 영웅 모세 역시 그 혼자의 힘으로 출애굽의 역사를 이루고 광야의 이스라엘 민족을 젖과 꿀이 흐르는 약속의 땅으로 인도하여 민족 해방의 영웅이 된 것은 아니었습니다. 그의 가족들의 신실한 신앙과 노력, 동역자들의 협조 그리고 충성된 이스라엘 백성들의 순종이 있었기에 출애굽의 영웅 모세가 탄생할 수 있었던 것입니다. 모세의 현명한 부모였던 아므람과 요게벳, 달변가였던 형 아론과 똑똑한 누나 미리암, 그리고 미디안 광야에서 그를 돌봐주고 가르쳤던 친절한 장인 이드로의 역할을 우리는 이스라엘 민족의 구원사에서 결코 가볍게 평가할 수 없습니다.

아론(Aaron)은 모세보다 세 살이 많은 형이었습니다. 아론이 태어날 때만 해도 애굽의 바로 왕의 히브리인 남아 살해 칙령이 공포되기 전이어서 그의 출생은 모세보다는 순탄하였습니다. 아론의 인품이나 재능을 보면 아우보다 못한 형이 없다고 하듯이 아론 역시 모세의 형으로서 개인적으로는 아우 모세에 뒤지지 않는 성품과 재능을 가지고 있었습니다. 그는 길고 힘든 광야 유랑 시기에 뛰어난 달변가로 모세의 대변자 역할을 충실히 수행하였으며, 모세 부재 시에는 이스라엘 백성들의 모든 민원을 모세를 대신하여 해결하는 훌륭한 행정가이기도 하였습니다. 또한 그는 야곱의 셋째 아들인 레위의 4대손으로서 그 당시 쉽지 않았던 초대 대제사장직을 성공적으로 수행하여 후대 레위 지파 제사장들에게 모범적인 선례를 남긴 인물이기도 합니다. 물론 광야 생활 중에 이스라엘 백성들의 등쌀에 못 이기어 금송아지 우상을 만들어 함께 숭배하는 큰 과실을 범하기도 하였습니다. 그리고 모세가 아내 십보라가 죽은 후에 그들의 충고를 따라 이스라엘 여인 중에서 후처를 삼지 않고 이방 구스(에티오피아) 여인을 그의 후처로 취하자, 모세의 지위를 잠시 시기하여 이방 여인과 결혼한 모세의 약점을 잡아 누이 미리암과 함께 하나님의 종 모세를 이스라엘 민족 앞에서 비방하다가 하나님의 노여움을 사는 실수를 범하기도 하였습니다. 그러나 아론은 단점보다는 장점이 훨씬 많은 사람이었습니다. 오늘은 모세의 형이자 신실한 동역자였던 아론의 훌륭한 성품과 그의 삶을 단계적으로 살펴보도록 하겠습니다.

첫째로 아론은 하나님의 말씀을 잘 듣고 그 말씀에 순종하는 성품을 지닌 신앙의 사람이었습니다. 그 예로 모세가 40년간의 미디안 광야의 목동 생활을 끝내고 자기 가솔을 데리고 애굽으로 돌아오고 있을 때, 하나님은 아론에게 하나님의 산이라 불리는 호렙산 부근에서 애굽으로 오고 있는 그의 아우 모세를 만나라는 지시를 하였는데, 아론은 아무 물음이나 반론도 없이 그 말씀에 바로 순종하여 모세를 만나러 떠나는 것을 볼 수 있습니다. 그뿐 아니라 하나님의 말씀에 순종하여 아우인 모세를 평생 지도자로 섬기며 항상 모세의 아랫사람으로서 복종하는 모범을 이스라엘 민족 앞에서 보여주었습니다. 손아래 동생을 자기의 상급자와 민족의 지도자로 40년이란 긴 세월 동안 섬기는 것은 결코 쉬운 일이 아니었을 것입니다.

두 번째로 아론은 협력할 줄 아는 사람이었습니다. 그는 하나님께 말을 잘하는 달변의 은사를 받았습니다. 하나님께서 그 달변의 은사로 아우 모세를 도와 이스라엘 민족의 해방 사역에 함께할 것을 명하자, 그는 바로 순종하여 죽는 날까지 모세의 입이 되어 그의 대언자로서 자기 역할을 충성되게 수행하였습니다. 이런 아론의 대언자로서의 협력이 없었다면 이스라엘 민족의 출애굽은 결코 성공하지 못하고 중도에 흐지부지되었을 것입니다. 마치 우리 몸에 여러 지체가 있어서 서로 돕고 협력하여 건강한 몸을 유지하듯이, 현대를 사는 우리 교회들의 믿음의 공동체도 모세와 아론처럼 모든 직분자가 서로 협력하여야 하나의 하나님 백성의 공동체로서 바로 설 수 있다는 교훈을 얻을 수 있습니다. 그래서 바울은 고린도전서 12장에서 성도의 은사와 교회의 지체들을 비유하면서 각각의 성도들이 각자의 은사를 교회의 지체로서 잘 사용하고 서로 유기적으로 잘 협력하여 건강한 그리스도의 몸으로서 믿음의 공동체를 이룰 것을 권면하였습니다.

세 번째로 아론은 고귀한 인품의 소유자였습니다. 원래 '아론'(아하론)이라는 히브리 이름은 '고상하다' 혹은 '높다'라는 의미를 가지고 있습니다. 아론은 그의 이름에 걸맞게 고상한 인격의 소유자였습니다. 그러기에 하나님께서는 아론을 이스라엘 민족 중에서 최고로 존경받는 초대 대제사장으로 임명하셨습니다. 그리고 아론의 그러한 훌륭한 인품을 오래 보아 온 이스라엘 민족은 그가 대제사장으로 임명된 뒤 거부하지 않고 그를 존경하며 잘 따랐습니다. 아론은 그의 할 일을 모두 마치고 가나안 바로 남쪽의 호르산에서 123세의 나이로 모세보다 6개월 먼저 주님 곁으로 가게 됩니다. 그러자 온 이스라엘 민족의 남녀노소가 30일간을 통곡하며 애도하였다고 성경은 말합니다. 아론은 그들의 최고 지도자는 아니었지만 최고 지도자와 버금가는 훌륭한 인물로 존경받았음을 알 수 있습니다.

네 번째로 아론은 말을 잘하기도 하였지만 하나님의 말씀을 듣기도 잘하는 경청의 사람이었습니다. 양떼가 자기 목자의 음성을 듣고 알아채듯이 아론은 하나님의 음성을 경청하고 주님의 뜻을 잘 헤아릴 줄 아는 지혜로운 사람이었습니다. 그래서 아론은 하나님께서 말씀하실 때마다 그 말씀을 바로 이해하고 즉시 순종할 수 있었습니다.

아론은 애굽에서 아우 모세가 살인을 저지르고 어딘가로 도망친 지 40년이 지나도록 형인 자기에게 아무 연락 없이 산 것이 무척 섭섭하였을 것입니다. 그리고 어느 날 갑자기 그러한 아우 모세를 애굽으로 데려와 그들 민족의 우두머리로 삼으라는 하나님의 명령이 탐탁지도 않았을 것입니다. 그러나 아론은 하나님 말씀에 일절 토를 달지 않고 전적으로 주님께 순종하는 모습을 보여 주지 않았습니까? 이처럼 하나님 말씀과 명령을 절대 진리로 받아들이는 하나님의 백성들만이 아론처럼 진솔하게 하나님께 순종하며 동행하는 삶을 살 수 있습니다. 특별히 요즈음과 같은 자기 광고 시대에 다른 사람의 말을 잘 들어주는 일은 그리 쉽지 않은 것 같습니다. 그러나 우리는 다른 사람들의 말을 꼭 들어야 할 때가 있습니다. 들어야 할 때 듣지 않고 자기 입을 열어 말하려고 하는 자는 잘난 체하는 자이고 어리석은 자입니다. 성도들도 하나님의 말씀을 잘 들어야 하지만, 각 교회의 지도자들은 더욱 다른 사람을 통해 하시는 하나님의 말씀을 경청해야 합니다. 왜냐하면 그렇게 경청할 때 하나님의 뜻을 더욱 분명하게 알게 되고, 하나님께서 기뻐하시는 일꾼으로 올바로 일할 수 있기 때문입니다.

　다섯 번째로 아론은 이스라엘 민족 중에서 커다란 영향력이 있는 사람이었습니다. 아론이 모세를 만나기 전의 삶에 대하여 구약성경은 별로 기록하고 있지 않습니다. 그러나 성경에 나타나는 그의 이스라엘 민족 중에서의 영향력을 살펴볼 때, 그의 삶이 이스라엘 사회 속에서 모범이 되었고, 그가 바른 삶을 살아왔다는 것을 쉽게 추측할 수 있습니다. 아론이 여호와 하나님의 명령에 순종해서 모세를 호렙산 근처에서 만나 함께 서둘러 애굽으로 돌아왔을 때, 아론은 하나님의 말씀을 전하기 위하여 이스라엘 각 지파의 우두머리인 나이 많은 장로들을 바로 불러 모을 수 있었습니다. 아론은 이렇게 이스라엘 민족 가운데서 커다란 영향력을 가진 사람이었습니다. 나이 많은 이스라엘 각 지파의 장로들이 아론의 소집 요청을 무시하거나 망설이지 않고 바로 한자리에 모였음을 성경은 보여 주고 있습니다. 이처럼 하나님의 일을 하기 위해서는 영적인 지혜와 더불어 이웃들에 대한 선한 영향력도 가지고 있어야 합니다. 그러므로 현대의 교회에서 봉사하고 있는 직분자들도 자신들이 평소에 다른 이웃들과 어떤 관계를 맺고 있으며, 그들에게 어떤 좋은 영향력을 행사할 수 있는지를 한 번쯤 점검해 보아야 합니다.

　아론은 이스라엘 민족의 각 지파의 지도자인 장로들을 모두 모은 후에 그들에게 먼저 아우인 모세를 소개하고 그를 통하여 말씀하신 하나님의 뜻을 전달했습니다. 그리고 다음에 나머지 이스라엘 백성들을 빠짐없이 모두 한자리에 모았습니다. 그리고는 그들에게 하나님의 출애굽 계획과 하나님께서 이스라엘 민족에게 베푸시려는 은혜를 모두 전달하고, 그 앞에서 본보기로 이적을 행하여 그들에게 그 증거를 보였습니다. 그러자 백성들은 환호하며 모세와 아론을 그들의 지도자로 인정하고, 모세를 이스라엘 민족에게 보내 주신 여호와 하나님께 머리 숙여 경배하며 찬양하였습니다.

　아론은 모세에게 잠시라도 없으면 안 되는 모세의 대변자요 오른팔이었습니다. 지금으로 말하면 모세의 비서실장이자 대변인이라고 할 수 있습니다. 아론이 자신에게 맡겨진 직분에 충실하였기 때문에 아우 모세가 이스라엘 백성들을 약속의 땅 가나안으로 성공적으로 인도하는 역사가 일어났던 것입니다. 그런 면에서 아론은 모세의 단순한 대언자를 넘어서 출애굽 사역의 위대한 동역자라고도 할 수 있습니다. 우리 그리스도인 각자에게도 아론과 같이 하나님께서 주시는 은사와 재능이 있습니다. 우리 각자가 아론처럼 자신의 은사와 재능을 잘 살리고 그 은사와 재능으로 각자의 교회의 지도자를 잘 보필하면서 신앙생활을 해 나간다면 이 세상에서 가장 부흥하는 교회 그리고 하나님께서 가장 기뻐하시는 신앙의 공동체를 만들어 갈 수 있을 것입니다.

스토리 8

가나안을 정복한 여호수아

여호수아(Joshua)는 에브라임 지파 사람 눈(Nun)의 아들로 태어났습니다. 모세보다는 한 세대 뒤에 애굽의 고센 땅에서 태어난 인물입니다. 그의 원래 이름은 히브리어에서 '구원'을 뜻하는 호세아였으나, 모세에 의해서 '여호와는 구원이시다'라는 의미의 여호수아(여호슈아)라는 이름으로 개명됩니다. 이 여호수아라는 이름이 나중 신약 시대에 와서는 예수라는 이름으로 변형되어 유대인들 사이에서 사용됩니다. 이름만 얼핏 들어 보아도 여호수아는 구약 성경 속 인물 중에서 예수 그리스도와 많이 연관되어 있는 또 한 사람의 예수님의 예표임을 알 수 있습니다. 여호수아는 이스라엘 민족이 애굽을 출발한 지 2년 후 가데스 바네아 지역에 도착해서 가나안 지역의 지형 지물과 그곳 주민들의 상태를 정탐하려고 이스라엘 각 지파에서 선출한 12명의 지도자 정탐꾼 중 한 명으로 선발됩니다. 그 정탐꾼들이 가나안 지역과 그 주위를 40일간 정탐한 후 이스라엘 진영으로 돌아와서 보고할 때, 장대하고 튼튼한 가나안 원주민들을 보고서 그들과 대적하는 것이 무서워서 벌벌 떠는 다른 동료 정탐꾼들과 달리 여호수아는 유다 지파의 정탐꾼 갈렙과 더불어 긍정적인 신앙을 가지고 담대하게 말합니다. 그들이 장대해 보일지라도 "여호와께서 우리와 함께하시면 저들은 우리 밥이라"고 말한 여호수아는 참 신앙 속에 항상 이스라엘 백성에게 용기를 북돋워준 사나이 중에 사나이였습니다.

그는 늘 진실하고 담대한 신앙을 가지고 그의 임무에 충성을 다하였으므로 하나님과 모세뿐 아니라 온 이스라엘 백성에게도 칭찬을 받았고, 모세를 이어 이스라엘의 차기 지도자로 서서히 준비되어 가고 있었습니다. 여호수아는 그의 온 삶을 하나님만 섬기며 살다가 110세의 나이로 에브라임 산지에 있는 딤낫 헤레스라는 곳에 묻혔습니다. 그는 스스로 평생을 말씀 중심의 삶을 살았을 뿐 아니라, 죽기 전에 후손들에게도 "여호와를 경외하며 온전함과 진실함으로 그분을 섬기라. 너희의 조상들이 강 저쪽과 애굽에서 섬기던 (우상)신들을 치워 버리고 이제는 여호와만 섬기라"는 유언적인 부탁을 남긴 여호와 신앙의 거목이었습니다. 오늘은 올곧고 담대한 가나안 정복의 뛰어난 지도자이자 여호와 신앙의 거목인 눈의 아들 여호수아를 만나보도록 하겠습니다.

여호수아는 출애굽한 이스라엘 민족을 훌륭하게 이끌어 오던 초대 지도자 모세가 가나안 땅을 코앞에 두고 갑자기 세상을 떠난 후 깊은 혼란에 빠졌던 듯싶습니다. 여호수아는 그 많은 기사와 이적으로 이스라엘 민족을 가나안 땅까지 성공적으로 인도하였던 믿음직한 영도자 모세에게 늘 의지하며 그의 명령만을 충실하게 따르던 충직한 그의 부하였습니다. 그러던 어느 날 평생을 기둥처럼 의지하고 살았던 지도자 모세가 가나안 정복 전쟁을 목전에 두고 갑자기 세상을 떠났을 때, 그는 그동안 모든 것을 의지하여 왔던 모세 없이 자신 혼자서 이스라엘 백성 전체를 이끌어야 한다는 것이 몹시 부담스럽고 한편으로는 두려웠을 것입니다. 예수님께서도 승천하시기 전에 주님 없이 이 세상을 살아갈 것을 두려워 걱정하는 제자들을 향해서 "두려워 말라 내가 세상 끝날까지 함께 있으리라"고 약속하지 않으셨습니까? 어느 누구나 믿고 의지하던 지도자를 갑자기 잃게 되면 두려움과 불안함을 느끼게 됩니다. 그러나 하나님께서는 지도자 모세를 잃고 망연자실하며 두려워하는 여호수아를 향해 항상 함께하여 주실 것을 다시 한번 약속해 주십니다. 여호수아에게 하신 이 동행의 약속은 단지 함께한다는 약속을 넘어서 "너를 해할 자가 없고 당할 자가 없으리라"는 하나님의 절대적인 보증이었습니다. 모든 세상만사에 대한 승리의 보증은 바로 하나님이 우리와 함께하시며 우리를 보호하여 주겠다는 그 약속 자체가 아니겠습니까?

하지만 엄청난 책임감을 느끼고 있었던 여호수아는 그러한 주님의 약속에도 불구하고 여전히 중압감에 눌려 있었던 것 같습니다. 그런 여호수아를 향하여 하나님은 거듭해서 '마음을 강하게 하라, 담대히 하라'고 말씀하심으로 용기를 계속해서 북돋우어 주셨습니다. 이러한 하나님의 음성은 위안일 뿐 아니라 여호수아를 향한 주님의 따뜻한 사랑의 표시였습니다. 주님께서는 지쳐 있는 그분의 백성들을 외면하시거나 무조건 앞으로 나아가라고 밀어붙이시는 분이 아니십니다. 그분은 우리와 함께하여 주신다는 약속을 하실 뿐 아니라, 우리 곁에서 보혜사 성령을 통하여 항상 친근하고 따뜻한 음성으로 우리 마음을 위로하시며 앞으로 나아갈 수 있도록 친히 이끌어 주시는 우리 앞길의 빛이요 우리 발의 등불이 되십니다.

그리고 하나님은 여호수아에게 단지 형식적인 말로만 약속을 하시지 않았습니다. 이스라엘 백성들이 겪었던 과거 역사를 그가 돌이켜 보게 하심으로 하나님이 이스라엘 민족과 항상 함께하셨음을 여호수아에게 다시 한번 상기시켜 주시고 확인시켜 주셨습니다. 하나님은 여호수아에게 이스라엘 민족의 조상들에게 하였던 언약, 곧 젖과 꿀이 흐르는 약속의 땅 가나안 정복에 대한 약속을 다시 상기시키셨던 것입니다. 하나님께서 이 약속을 상기시켰던 이유는, 하나님께서 그동안 가나안 정복이라는 목표를 이루기 위해서 이스라엘 민족을 광야에서 인도하시며 나타내신 모든 놀라운 이적들을 여호수아로 하여금 다시 생각나게 하시며, 하나님의 언약에 대해 다시 한번 확신과 신뢰가 쌓이도록 하시기 위함이었습니다. 그렇다고 하나님께서 여호수아에게 과거 이스라엘 조상들에게 하였던 언약만을 상기시키고 만 것은 아닙니다. 여호수아에게도 "강하고 담대하라. 너는 내가 그들의 조상에게 맹세하여 그들에게 주리라 한 땅을 이 백성에게 차지하게 하리라. 오직 너는 마음을 강하게 하고 극히 담대히 하라"라고 여호수아에게 직접 약속하여 주시며 다시 한번 그를 위안하여 주시고 담대하게 하셨습니다.

그 당시 모세의 차기 후계자로서 이스라엘 지도자가 된 여호수아가 이루어야 할 사명은, 출애굽한 후 광야에서 40년이나 방황하였던 이스라엘 백성들을 여호와 하나님께서 약속하신 땅 가나안으로 인도해야 하는 마지막 단계의 커다란 사명이었습니다. 그 마지막 목표를 성취하는 것이 여호수아 자신에게는 그의 인생 최대의 사명이고 가치이며 또한 의미였습니다. 그러나 여호수아는 별안간 맡은 민족 최고 지도자의 위치가 자신도 없고, 앞으로 장대한 가나안 주민과의 전쟁을 이끌어야 하는 막중한 임무 때문에 마음이 매우 혼란스러웠던 것도 사실이었습니다. 이렇게 혼란스러워하는 여호수아에게 하나님께서는 그 약속의 땅을 반드시 얻게 하리라고 말씀하시며 계속하여 보증하여 주신 것입니다. 그러한 어려운 상황 속에서 누구에게 말도 못 하고 홀로 전전긍긍하고 있었던 여호수아가 이러한 하나님의 약속의 말씀을 듣고 얼마나 위안이 되고 힘이 되었겠습니까? 이렇게 여호수아 개인의 안전과 가나안 땅의 정복을 함께 약속하신 하나님께서는 마지막으로 여호수아에게 형통에 대한 약속을 덧붙여 주셨습니다.

사실 이 하나님이 주시는 형통의 축복은 여호수아 개인의 미래뿐 아니라 모든 이스라엘 민족의 미래에 대한 보장이기도 하였습니다. 그러나 이 형통의 축복은 그냥 거저 받는 선물이 아니었습니다. 왜냐하면 그들이 형통의 복을 받기 위해서는 두 가지 하나님의 율례를 선행 조건으로 따라야 하기 때문이었습니다. 첫 번째 따라야 할 율례는 하나님의 말씀을 묵상하라는 것입니다. "이 율법책을 네 입에서 떠나지 말게 하며 주야로 그것을 묵상하여…." 그리고 두 번째 율례는 "그 안에 기록된 대로 다 지켜 행하라 그리하면 네 길이 평탄하게 될 것이며 네가 형통하리라"는 것입니다. 여호수아와 이스라엘 백성은 항상 여호와 하나님의 말씀을 가슴에 품고 깊게 묵상할 뿐 아니라 그 말씀 속에서 발견한 하나님의 뜻대로 살아가야만 했습니다. 그러할 때 하나님은 여호수아와 이스라엘 백성들에게 형통의 길을 허락하겠다고 약속하시는 것이었습니다. 하나님은 새로운 지도자가 된 여호수아에게 가나안 땅을 정복하게 할 뿐 아니라 그 어느 누구도 여호수아가 가는 길을 막을 수 없게 하겠다고 약속하시면서 용기를 북돋아 주셨습니다. 또한 하나님이 주신 율법을 묵상하고 지켜 행하면 모든 것이 형통하게 될 것이라고 그들의 장래까지도 보증하여 주셨습니다.

이러한 형통의 약속은 단지 구약 시대의 여호수아와 이스라엘 백성들에게만 주시는 약속이 아닙니다. 주님께서는 오늘도 우리 그리스도인들에게 동일한 축복을 약속하시고 보증하십니다. 우리가 매일매일 성경 속의 하나님의 말씀을 묵상하고 그 말씀 속에서 하나님의 뜻을 찾아 그 뜻에 합당한 삶을 살아가면 우리의 앞날도 형통하게 될 것이라는 약속의 말씀입니다. 그러기에 우리 그리스도인들은 세상의 일 때문에 너무 불안해하거나 두려워하며 살 필요가 없는 것입니다. 하나님의 뜻을 따라 사는 우리에게는 여호와 하나님의 형통이라는 든든한 축복이 있기 때문입니다.

여호수아는 모세의 뒤를 이어 약속의 땅 가나안 땅을 차지하기 위한 정복 전쟁을 성공적으로 이끈 이스라엘의 훌륭한 지도자요 여호와 하나님의 충직한 종이었습니다. 그는 좌로나 우로나 치우치지 않고 오직 하나님의 말씀대로만 순종하여 가나안 정복 전쟁을 승리로 이끌었습니다. 그는 주변의 상황이나 형편 그리고 상대방의 커다란 위세에 위축되지 않고 오직 하나님께서 주시는 약속의 말씀만을 의지하고 가나안 정복이라는 위대한 하나님의 구속 사역을 이루었던 것입니다. 우리 모든 믿음의 형제자매들이 가나안을 정복한 여호수아처럼 오직 우리와 함께하시는 임마누엘 하나님의 약속의 말씀만을 의지하고 주님의 뜻에 따라 순종하는 삶을 살아가며 주님께서 우리에게 주시는 형통의 축복을 누리시기를 소망합니다.

스토리 9

여분네의 아들 갈렙

    성경에 나오는 그 많은 인물 중에서 저는 개인적으로 여분네의 아들 갈렙(Caleb)을 제일 존경하고, 또 닮고 싶은 믿음의 선진이라고 여깁니다. 항상 구약 성경에서 그의 기록을 읽으며 "저 (험한) 산지를 내게 주소서"라고 외치던 노익장 갈렙을 머릿속에 그리면 가슴이 뭉클해지는 감동을 느끼곤 합니다. 갈렙의 본명은 히브리어로 '칼레브'인데 개라는 뜻을 가지고 있습니다. 어떻게 들으면 이방 혈통을 가진 갈렙을 이방의 개라고 매우 비하하는 이름 같지만, 그 당시 근동 지역에서는 신에게 충성된 자라는 뜻으로 이 이름이 종종 사용되었습니다. 마치 우리가 집에서 키우는 명견 진돗개가 주인에게 순종하고 충성을 다하듯이 신에게 순종하고 충성을 다하는 자라는 좋은 의미입니다. 그 이름 충직한 개가 상징하듯이 갈렙은 하나님 앞에서 충성된 자로서 그 이름에 걸맞게 모세와 여호수아를 그의 지도자로 섬기며 충성을 다하였습니다. 그의 삶 속에서 시종일관 여호와 하나님을 신뢰하고 의지하며 순종하는 믿음으로 주님을 온전히 좇았으며, 동료 장수들을 자기 몸처럼 아끼고 배려하였던 명장 여분네의 아들 갈렙을 만나보고 그의 삶을 살펴보도록 하겠습니다.

갈렙은 모세가 각 지파에서 12명의 정탐꾼을 선발할 때 유다 지파의 대표로 선출되었습니다. 갈렙의 이름 앞에는 자주 '그나스 사람 여분네의 아들'이라는 칭호가 붙습니다. 일부 학자의 반론에도 불구하고 그나스 족속은 원래 가나안 남부 그나스라는 지역에 살고 있었던 에서의 후손인 이방 에돔 족속이었는데, 시간이 흐르면서 가까운 북쪽에 거주하던 유다 지파에 자연스럽게 흡수되었다는 학설이 가장 신빙성이 있습니다. 그러나 갈렙은 그러한 이방 민족인 에돔 족속의 혈통을 가지고 태어났음에도 훗날 이스라엘 12지파 중 가장 크고 강하였던 유다 지파를 이끈 지도자요 출중한 장수로서 가나안 땅 정복에 큰 공을 세웠으며, 난공불락의 헤브론 산지를 차지한 용장이었습니다.

이스라엘 민족이 광야 유랑을 끝내고 가나안 땅을 정복할 때 그의 나이는 벌써 85세의 노익장이었습니다. 갈렙은 이방 민족인 에돔 그나스족 출신이라는 이유로 때로는 이스라엘 순수 혈통의 무리에서 소외될 수도 있었습니다. 그러나 항상 하나님의 뜻을 좇고 이스라엘 민족의 지도자에게 충성하며 옆의 동료들을 배려하는 아름다운 품성을 가진 갈렙을 하나님께서는 그분의 참된 종으로 세우셔서 귀하게 사용하셨습니다. 그뿐 아니라 갈렙은 여호수아와 함께 출애굽 1세대로서는 유일하게 약속의 땅인 가나안 땅을 밟는 영광을 얻게 된 충직한 믿음의 사람이기도 하였습니다. 이러한 사실은 하나님 백성의 자격은 혈통적인 이스라엘이 아니라 혈통과 관계없이 영적으로 합당한 참 이스라엘이 되어야 한다는 것을 깨우치게 합니다. 갈렙은 하나님을 섬기되 여호와 하나님에 대한 믿음의 확신을 가지고 모든 일에 충성하였습니다. 선민으로 자처하는 모든 이스라엘 혈통의 사람들보다 더 온전하게 하나님을 섬기며 좇았습니다. 그래서 성경의 여호수아서 기록자가 "갈렙은 이스라엘의 하나님 여호와를 온전히 좇았다"라고 회고하는 것입니다.

갈렙은 그의 나이 38세에 유다 지파를 이끌고 애굽을 떠나 40세에 여호수아와 함께 가나안 땅을 정탐하였고, 78세의 나이로 마침내 요단강을 건너 가나안 땅을 밟았습니다. 그 후 7년간의 긴 가나안 정복 전쟁을 마치고 이스라엘 각 지파가 모세의 유언에 따라 정복한 가나안 땅을 나눌 때에 갈렙은 벌써 85세의 노인 장수가 되어 있었습니다. 그동안 숱한 위기와 역병과 치열한 전투를 여호와를 신뢰하는 신앙으로 이겨내며 지금 이 자리에 선 노익장 갈렙은 땅을 각 지파에 분배하려는 동년배 지도자 여호수아 앞에 담대하게 나아갑니다. 그리고 "저 고산 지대이며 거인족 아낙 자손이 지키고 있는 난공불락의 헤브론 산지를 나에게 배당하여 주소서"라는 유명한 말을 하게 됩니다.

그 헤브론 산지에는 이스라엘 민족의 믿음의 조상인 3대 족장들과 그의 부인들이 묻혀 있는 막벨라굴이 있었는데 그 굴 안에는 아브라함과 사라, 이삭과 리브가 그리고 야곱과 레아의 무덤이 있었을 뿐 아니라, 그 땅은 아브라함이 살아생전에 여호와를 위하여 단을 쌓았던 신성한 땅이었습니다. 따라서 이스라엘 민족에게는 그 헤브론 산지가 그들의 뿌리인 조상이 묻혀 있는 가장 귀중한 땅이었지만, 그 산지는 남팔레스타인 지역에서 가장 높은 지대에 위치한 산성들로 철갑같이 둘러싸여 있어서 공격하기가 매우 힘든 지역이었습니다. 더군다나 그 산성들은 일반 사람들보다 훨씬 몸집이 큰 거인 아낙 자손들이 지키고 있어서 몸집이 작은 이스라엘 군대가 그 산성을 공격하여 함락하는 것은 불가능하였기 때문에 어쩔 수 없이 모두 포기하였던 땅이었습니다. 그래서 모든 지파들의 젊은 장수들이 서로 그 산지를 분배받지 않으려고 눈치를 보는 지역이었는데, 뜬금없이 나이 85세의 노장 갈렙이 자기가 거인 아낙 자손을 내쫓을 테니 그 산지를 자기에게 배당해 달라고 말하는 것입니다. 그 순간 지도자 여호수아도 매우 난감하여 답을 못 하고 전전긍긍하였던 것 같습니다. 아마 여호수아는 내심 다른 지파의 젊고 전투력 있는 장수를 찾아 헤브론 산지를 분배하고, 노장이며 그동안 혁혁한 공을 세운 고참 장수 갈렙에게는 이미 정복해서 쉽게 차지할 수 있는 땅을 모세의 약속에 따라 분배하려고 하였던 것 같습니다.

그러나 갈렙은 다음과 같은 말들로 여호수아를 설득합니다. "그 (정탐한)날에 모세가 맹세하여 이르되 네가 내 하나님 여호와께 충성하였은 즉 너의 발로 밟는 땅은 영원히 너와 네 자손의 기업이 되리라…." "오늘날 내가 85세로되 모세가 나를 (정탐꾼으로) 보내던 (40세 젊은) 날과 같이 오늘도 내가 여전히 강건하니 내 힘이 그때나 지금이나 같아서 싸움에나 출입(참전)에 감당할 수 있으니 그날에 (모세를 통하여) 여호와께서 말씀하신 이 산지를 지금 내게 주소서 그날에 당신도 들었거니와 그곳에는 (거인) 아낙 사람들이 있고 성읍들은 크고 견고할지라도 여호와께서 나와 함께하시면 내가 여호와께서 말씀하신 대로 그들을 쫓아내리이다." 이런 말을 들은 여호수아는 그동안 산전수전을 함께 겪어 왔고 서로가 서로를 너무나 잘 아는 사이인 믿음의 사람 갈렙이 절대 자기 의지를 포기하지 않으리라는 것을 간파합니다. 그리고 그에게 마음속 깊이 감사하고 또 축복하여 주며 그 난공불락의 헤브론 산지를 갈렙과 그의 지파에게 배분하게 됩니다.

그러면 왜 노장 갈렙은 공격하기도 어렵고 거대한 아낙 자손들이 두려워서 아무도 원하지 않았던 헤브론 산지를 그처럼 원했을까요?

혹시 그 헤브론 산지가 땅이 비옥하고 위치가 높아 경치도 좋고 살기 좋은 소위 말하는 금싸라기 땅이기 때문에 욕심을 냈을까요? 그렇지 않습니다. 만약 그랬다면 갈렙은 물줄기가 풍부하고 비옥한 땅 샤론 평야를 원하였을 겁니다. 사실 헤브론은 높은 고산 지대여서 다른 지역에 비해 살기에 그리 편한 지역은 아니었습니다. 그럼에도 불구하고 갈렙에게는 목숨을 걸고 이 지역을 꼭 수복해야 할 세 가지 이유가 있었습니다.

첫째는 하나님께서 선택하신 하나님의 백성의 3대 족장과 그의 부인들이 묻혀 있는 성스러운 장소인 헤브론 산지를 더는 여호와 하나님을 믿지 않는 이방인의 손에 맡겨 둘 수 없었기 때문이고, 그곳을 수복하는 것이 하나님의 뜻임을 알았기 때문입니다.

둘째는 '너희가 하나님의 말씀에 순종하고 하나님을 사랑하면 너희의 발바닥으로 밟는 곳이 다 너희의 소유가 되리라'는 모세를 통하여 말씀하신 하나님의 언약을 자신이 직접 수행하여 하나님의 영광을 온 세상과 이스라엘 민족 앞에서 이루려 한 것입니다.

셋째는 너무 위험하여 아무도 원하지 않는 땅을 자기 자신이 솔선수범하여 맡아서 다른 지파의 젊은 후배 장수들에게 모범을 보이고, 그 젊은 장수들의 생명을 보호하여 주기 위한 따뜻한 이웃 사랑의 마음 때문입니다. 여호와 하나님께서 모세를 통하여 이미 레위기 19장 18절에서 '네 이웃 사랑하기를 네 자신과 같이 사랑하라'고 말씀하신 것을 몸소 이루려 하였던 것입니다. 갈렙 이후 1,400년이 지나 이 땅에 오신 하나님의 독생자 그리스도께서도 두 가지 중요한 사랑의 계명을 제자들에게 가르치시며 '주 하나님을 너희의 마음을 다하고 목숨을 다하고 뜻을 다하여 사랑하는 것'과 '너희 이웃을 네 몸같이 사랑하는 것'이 모든 율법과 선지자의 가르침을 완성하는 것이라고 말씀하셨습니다. 이 신약 성경 속의 예수 그리스도의 중요한 핵심 가르침인 '이중 사랑의 계명'(Double Love Command)을 갈렙은 이미 1,400년 전에 헤브론 산지에서 이루었던 것입니다.

　갈렙은 85세의 노인이 되어서도 40세 정탐꾼이었을 때와 같이 자기 앞의 장대한 적들을 전혀 두려워하지 않았습니다. 그는 자신의 목숨을 늘 보호하여 주셨고 항상 힘과 기력을 채워 주셨던 하나님께서 자신과 함께하시면 그 어떤 대적일지라도 무찌르고 승리할 수 있다는 굳건한 믿음을 그의 나이 40세일 때나 85세일 때나 변함없이 유지하고 있었던 것입니다. 이방 그나스 사람 갈렙의 순종과 용기, 노력과 인내 그리고 믿음의 결단을 보신 하나님께서는 갈렙의 온 삶을 통하여 그에게 모든 것을 채워 주셨고, 후대의 그리스도인들의 모범이 되는 훌륭한 믿음의 선진의 한 사람으로 우뚝 세워 주셨습니다.

스토리10
마음이 따뜻한 여인 룻

　　가나안 정복 전쟁을 성공적으로 이끌었던 이스라엘 민족의 강력한 지도자 여호수아가 죽자 이스라엘 열두 지파는 각자 배당받은 땅에서 통합된 민족 지도자 없이 서로 독립적인 삶을 살기 시작하였습니다. 그러다 보니 자연스럽게 이웃의 이방 민족들과 교류하고 그들과 상호 불가침 조약과 동맹을 맺으며 이방 민족의 풍습과 신앙을 받아들이게 되었습니다. 그래도 처음에는 광야 유랑기에 태어나서 여호와 하나님의 은혜를 직접 눈으로 보고 귀로 들은 출애굽 2세들에 의해서 이방 민족과의 교류가 어느 정도 제어가 되었습니다. 그러나 그들이 모두 죽고 여호와 하나님을 잘 알지 못하는 새로운 세대가 주류가 되자 이들은 여호와 하나님을 등지고 본격적으로 이방 여인들과 혼인하며 이방의 우상들을 섬기고 하나님 앞에서 패역한 삶을 살기 시작하였습니다.

　　하나님께서는 이러한 이스라엘 민족에게 분노하여 주위의 강대한 이방 민족들을 이용하여 여러 번 이스라엘을 벌하시고 징계하신 후, 결국 그들의 지도자로 사사, 다른 명칭으로는 (재)판관(Judge)을 세우도록 명령하십니다. 그것이 사사(판관) 시대의 시작이 되었으며, 초대 사사 옷니엘부터 마지막 사사 사무엘까지 총 14명의 사사가 350년간 이스라엘 12지파의 판관으로 봉직하며 이스라엘 민족을 다스리게 됩니다. 그러나 사사는 왕과 같은 강력한 통치권이 없었고, 그 이름과 같이 이스라엘 백성 사이의 송사를 재판하는 재판관이었으며, 전쟁 시에만 임시로 이스라엘 12지파의 통합된 군사지휘관으로 일하였습니다. 따라서 사울이 이스라엘의 초대 왕이 되어 통치하기 전까지 약 350년이라는 긴 사사 시대는 이스라엘 백성이 자유분방하게 살면서 하나님을 등지고 그 소견에 옳은 대로 행하였기 때문에 우상 숭배가 범람하였던 신앙적으로는 암흑의 시대였다고 말할 수 있습니다.

이러한 암울한 사사 시대에 룻(Ruth)이라는 여인이 아브라함의 조카 롯(Lot)의 후손들이 살고 있던 이방 땅 모압에서 태어납니다. 모압 땅은 이스라엘 동쪽에 위치하여 있고, 밭농사 짓기가 수월하고 양을 기르기가 좋은 지역이라 전통적으로 곡물과 양떼가 풍부하였던 지역이었습니다. 소녀 룻은 그곳 모압 땅에서 장성하여 말론이라는 이스라엘 청년과 결혼하게 됩니다. 말론은 유다 땅 베들레헴에서 흉년을 피하여 모압 지방으로 이사 온 유다 지파 사람 엘리멜렉과 부인 나오미 사이의 두 아들 중 둘째 아들이었습니다. 말론의 형 기룐도 모압 여인 오르바와 결혼하게 됩니다. 그러나 불행하게도 룻이 결혼한 지 얼마 안 되어서 시아버지 엘리멜렉과 그녀의 남편 말론 그리고 그녀의 아주버니 기룐까지 모두 병으로 죽음을 맞이하게 됩니다. 짧은 기간 동안 한집에 세 과부가 생기게 되었습니다. 이제 남자들을 모두 잃은 나오미의 가정은 이방 땅 모압에서는 살기가 힘들게 되었습니다.

   이러한 힘든 상황 속에서 유대 지역의 가뭄이 해소되었다는 소문이 돌자 시어머니 나오미는 두 며느리를 친정집으로 돌려보내고 자신은 고향 베들레헴으로 홀로 돌아가려고 결심합니다. 그리고 젊은 두 며느리에게 친정으로 돌아가서 새 인생을 살라고 허락합니다. 그러자 룻의 윗 동서 오르바는 늙은 시어머니 나오미가 측은하기도 하고 헤어지는 것이 섭섭하였지만 눈물로 이별을 고하고 모압 자기 친정집으로 돌아가 버립니다. 그녀의 제2의 인생을 찾아 떠난 것이었습니다. 그러나 둘째 며느리 룻은 "어머니께서 가시는 곳에 나도 가고 어머니께서 머무시는 곳에 나도 머물겠나이다"라고 하며 시어머니 나오미를 끝까지 모시겠다고 완강하게 고집하며 베들레헴으로 함께 돌아오게 됩니다.

   신약 성경 마태복음 1장 첫 부분에는 예수님의 직계 조상의 족보가 기록되어 있습니다. 총 42대나 되는 긴 족보에 단지 5명의 여인만이 등장합니다. 그중에 한 명이 이방 여인 룻입니다. 오늘은 어떻게 이방 여인이었던 룻이 예수님의 직계 조상인 다윗 왕의 할아버지 오벳을 낳게 되고 메시아의 직계 족보에 오르는 영광을 얻었으며, 후대의 그리스도인들에게 성경의 인물 중에서 가장 가슴이 따뜻한 여인으로 귀감이 되었는지 그녀의 신앙과 삶을 살펴보도록 하겠습니다.

   이방 땅에서 과부가 된 나오미가 모압 땅에서 고향으로 돌아오려고 마음먹었을 때는 그녀의 인생에 있어서 가장 힘들고 어려운 시기였습니다. 하늘 같은 남편과 믿음직하였던 두 아들이 이방 땅에서 모두 죽어 버렸습니다. 그 당시 그녀의 마음은 온갖 회한과 걱정이 교차하고 있었을 것입니다. 고향 베들레헴에 돌아가서도 늙은 과부로서 앞으로 어떻게 살아야 할지 앞날을 예측할 수 없는 어려운 귀향길이었습니다. 그렇게 어려울 때 그녀의 며느리 룻은 늙은 시어머니를 포기해 버리고 제2의 인생을 찾아서 모압 친정집으로 가지 않았습니다. 오히려 "어머니께서 머무시는 곳에서 나도 머물겠나이다"라고 하며 걱정에 싸인 나오미를 따뜻하게 위로합니다. 그뿐 아니라 어머니께서 죽으시는 곳에 나도 죽어 장사될 것이라고도 합니다. 시어머니와 끝까지 함께하며 돌아가실 때까지 모시겠다는 단호한 의지를 보인 것입니다. 이 얼마나 갸륵한 며느리의 마음입니까? 요즈음 일부 며느리들은 천국이 아무리 좋다 해도 시어머니가 천국에 가면 자기들은 시어머니가 없는 다른 곳으로 가기를 원한다고 농담 반 진담 반 말한다고 합니다. 고금을 막론하고 고부간의 사이가 좋기가 그만큼 어렵다는 말일 것입니다.

특별히 자식들이 친부모나 시부모를 공경하고 모시는 근본은 따뜻한 마음입니다. 성경은 자식 된 자들에게 '네 아버지와 어머니를 공경하라'고 가르칩니다. 공경, 즉 자기 부모를 따뜻한 마음으로 존경심을 갖고 모셔야 한다는 것입니다. 룻은 그녀의 마음속 깊이 시어머니 나오미를 공경했으므로 그녀를 위해 자기 자신을 자발적으로 희생할 수 있었습니다. 사실 룻 역시 별안간 남편 말론을 잃고 홀로 청상과부가 되어 막막하고 처량한 신세가 되었습니다. 그러나 그녀는 낙심하지 않고 시어머니를 항상 배려하며 모든 일을 나오미와 상의하고 시종일관 시어머니의 뜻에 따랐습니다. 이러한 행동이야말로 우리가 부모나 시부모에 대하여 가질 공경의 올바른 자세라고 할 수 있습니다.

룻은 고향으로 돌아가려는 시어머니 나오미 앞에서 "어머니의 백성이 나의 백성이 되고 어머니의 하나님이 나의 하나님이 되시리니…"라는 신앙고백을 합니다. 룻의 이 고백은 여호와 하나님에 대한 신실한 그녀의 신앙으로부터 나온 것입니다. 룻은 비록 어려서는 모압의 그모스 신을 섬긴 이방 여인이었지만 이스라엘인인 나오미의 가정으로 시집온 이후 그녀는 여호와에 대한 올바른 신앙을 갖게 되었습니다. 여호와 하나님이 유일하신 참하나님이시며 우리의 창조주요 구원자가 되심을 깨달은 것입니다. 자기를 떠나도록 강권하는 시어머니 나오미로 하여금 더는 거부하지 못하도록 만든 결정적인 한마디가 룻의 바로 이 "여호와 하나님이 나의 하나님이 되시리니"라는 신앙고백이었던 것입니다. 어떠한 어려움이 닥칠지라도 이스라엘의 여호와를 나의 하나님으로 받아들이겠다는 확고한 룻의 신앙고백을 나오미로서는 더는 만류할 수가 없었습니다.

룻은 하루하루 먹고살기에 바빠서 그녀의 외모를 단장할 시간이 없었던 여인입니다. 그럼에도 불구하고 성경 룻기 속에서 그녀의 어른을 대하는 겸손한 행동과 따뜻한 마음씨가 눈에 보일 듯이 너무 아름답게 드러납니다. 룻은 이처럼 외면의 겉치레보다는 참된 겸손과 따뜻한 성정으로 내면의 속사람을 단장하였습니다. 그러한 속사람의 단장이야말로 하나님 앞에 값진 것이 아니겠습니까? 룻의 이러한 아름다운 성격과 인품을 하나님께서 어여삐 보셨기에 사랑이 넘치고 재물 또한 풍성한 보아스라는 사람을 선택하셔서 그와 재혼하는 행복을 주신 것입니다. 그리고 이방 여인임에도 불구하고 메시아 가문의 직계 조상이 되는 커다란 영광을 얻은 것입니다.

나오미와 함께 베들레헴으로 돌아온 룻은 시아버지의 친척이며 나중에 그녀의 남편이 되는 부자 보아스의 밭에서 그의 허락을 받아 보리 추수와 밀 추수를 마칠 때까지 그 밭에 떨어진 작은 이삭 조각들을 열심히 주워서 시어머니를 봉양하였습니다. 자신의 체면과 자존심을 챙기기보다 먼저 시어머니를 배려하고 섬기며 보살폈습니다. 룻은 나오미가 자기를 낳아 준 친어머니도 아니고 시어머니임에도 불구하고 효성으로 그녀를 섬김으로써 참된 효성이 어떤 것인가를 현대의 그리스도인들에게 보여 주고 있는 것입니다. 오늘날 대부분의 사람들은 외모를 중요시하고 뒷배경으로 다른 사람을 평가합니다. 출신 배경, 사회적 지위, 일류 대학의 학력과 좋은 직장 등이 많은 경우 사람을 평가하는 기준처럼 여겨지기도 합니다. 그러나 그것은 결코 하나님 앞에서 올바른 기준이 될 수 없습니다. 그 당시 이스라엘 사회에서 보잘것없는 배경을 가진 이방 여인 룻이 그리스도의 직계 조상 중 한 명으로 하나님으로부터 선택된 사실은 이러한 우리 사회의 기준과 관행이 옳지 않음을 깨우쳐 주지 않습니까?

이방 여인 룻이 메시아의 직계 조상의 한 사람이 된 것은 하나님께서 룻에게만 주신 특별한 은혜도 아니었고, 그렇다고 그녀가 운이 좋아 그렇게 된 것도 아니었습니다. 그녀가 자신에게 주어진 힘든 처지와 환경을 불평하지 않고 오직 신실한 믿음과 따뜻한 마음으로 하나님과 이웃에 대한 사랑을 실천하였기에 그리스도의 직계 조상의 한 사람으로 주님께 택함을 받는 귀한 영광을 얻게 된 것입니다.

스토리11
배려의 여인 나오미

고부간의 갈등이 일반화된 우리 사회에서 시어머니 나오미(Naomi)와 며느리 룻에 관한 사랑과 배려의 이야기는 우리 모두의 가슴을 뭉클하게 합니다. 이 이야기는 세상에서 가장 약한 여인들의 이야기입니다. 이방 땅 모압에서 남편과 두 아들 모두를 잃고 갈 곳 없는 과부 신세가 된 나오미는 고향 베들레헴 지역에 기근이 해소되었다는 소문을 듣고 고향에 돌아가서 친척의 밭에서 이삭이라도 주워서 생계를 이어가려고 귀향길에 오릅니다. 그러나 젊디젊은 두 며느리까지 그곳에 데려가서 이삭 줍는 일로 일생을 보내게 할 수는 없다는 생각을 하고 두 며느리에게 친정집으로 돌아가서 새로운 삶을 다시 시작할 것을 권유합니다. 자기 자신은 남편의 잘못된 판단으로 고향 베들레헴을 떠나 우상숭배가 성행하는 이방 땅 모압까지 와서 남편과 두 아들을 모두 잃는 불행을 맞았지만 며느리들만은 그 불행에서 구해 주려는 따뜻한 나오미의 배려의 마음이요, 다른 사람을 자기 몸처럼 사랑하는 행동이었습니다. 이렇게 나 자신만을 위해 살기보다 나오미처럼 남을 배려하며 살 줄 아는 사람이 주 하나님의 사랑과 은혜를 올바르게 깨달은 사람이라고 할 수 있습니다.

항상 내 입장에서 사건을 바라보면 이기적인 사람이 될 수밖에 없지만, 나오미처럼 남의 입장이 되어서 사건을 바라보면 남을 배려하는 사람이 될 수 있습니다. 그리스도인으로서 아무리 뛰어난 은사가 있고, 또 성경에 해박한 지식을 갖추었다 하더라도 이러한 이타적인 배려의 마음을 갖지 못한다면, 그 사람의 신앙은 훌륭하다고 할 수 없고, 하나님이 기뻐하시는 사람이라고도 할 수 없습니다. 왜냐하면 다른 사람의 처지와 형편을 깊게 생각하여 배려하며 그들을 사랑으로 대하는 사람이 하나님께서 찾으시고 기뻐하시는 거룩한 성도이기 때문입니다. 나오미에게는 자신의 노후도 매우 중요한 일이었습니다. 그러나 자신의 노후보다는 젊은 며느리들의 미래와 행복이 더 중요하다고 판단하였습니다. 오늘을 사는 현대의 시어머니들이 본받아야 할 훌륭한 롤 모델인 나오미의 삶과 그녀에 대한 하나님의 커다란 축복을 살펴보기로 하겠습니다.

나오미의 며느리 룻에 대한 배려는 그들의 베들레헴 귀향길에서 그치지 않고 고향으로 돌아와서도 계속됩니다. 시어머니인 자신을 봉양하기 위해 매일매일 친척 보아스의 밭에 나가 뙤약볕 아래서 이삭을 줍는 며느리 룻을 보는 나오미의 마음은 편치 않았습니다. 젊은 며느리가 자식 하나 없이 그렇게 고생만 하다가 인생을 마감하게 할 수는 없기 때문이었습니다. 그 당시 이스라엘 사회에서는 하나님의 율법, 즉 계대결혼법 등에 따라 시행되었던 고엘 제도라는 관습이 있었습니다. 이 고엘 제도는 룻과 같이 부양해 줄 자식 하나 없이 혼자된 불쌍한 여인들을 그녀들의 남편의 형제나 가까운 친척이

재혼하여 주어 그녀들의 대를 이어주고 남은 삶을 돌보아 주는, 여성이 직업을 가질 수 없었던 그 당시로서는 훌륭한 사회제도였습니다. 그렇게 재혼을 해주는 남자를 '기업 무를 자'라고 불렀습니다. 룻은 그녀의 남편의 형제가 다 죽고 없으므로 가까운 친척 중에서 기업 무를 자를 찾아 재혼하여야 했는데, 다행히 마음씨 좋고 재산도 꽤 있는 보아스가 그중 한 사람이었습니다. 시어머니 나오미는 젊은 룻을 자기의 봉양 부담에서 해방시켜주고 새로운 삶을 마련하여 주며 룻도 자식을 얻어 그녀의 집안의 대를 이어가게 하려고 룻에게 고엘 제도를 따라 보아스와 재혼할 것을 권유합니다. 룻기 3장을 보면 나오미가 "내 딸아 내가 너를 위하여 안식할 곳을 구하여 너를 복되게 하여야 하지 않겠느냐?"라고 말합니다. '너를 복되게 하여야 하지 않겠느냐'라는 나오미의 말은 그녀가 며느리 룻의 행복을 찾아주는 일을 시어머니인 자신의 의무와 책임으로 이해하고 있음을 느끼게 합니다.

또한 나오미가 돈 많은 아무 부자에게나 며느리 룻을 시집보내지 않고 여호와 하나님의 말씀에 근거한 고엘 제도의 결혼 관습을 통해 주님의 법도를 따라 룻의 행복을 찾아주려는 의로운 행동이 더욱 보기 좋습니다. 왜냐하면 목적이 아무리 좋다고 해도 방법에 문제가 있거나 주님의 법도에 어긋나는 것이라면 우리 하나님의 백성들에게는 옳은 선택이라고 할 수 없기 때문입니다. 나오미는 시어머니로서 주님 앞에서 흠잡을 데 없는 방법으로 룻의 행복을 찾아주려고 최선을 다하였습니다. 나오미가 룻을 위해 취한 행동에서 우리는 하나님의 백성들은 항상 주님의 말씀과 뜻에 따라 순종하며 살아야 한다는 신앙적인 가르침을 배울 수 있습니다. 율법에 따라 홀로 된 가까운 친족의 미망인과 결혼하여 주고 그녀를 돌보아 주는 것이 하나의 규율로 되어 있던 당시 사회에서 만약 나오미가 자기의 평안한 노후의 삶을 위해 룻을 자기 옆에 붙들어 놓고 아무런 조치도 취하지 않은 채 고엘 제도를 외면해 버렸다면, 훗날 나오미는 율법을 무시하고 며느리를 착취했다는 비난을 면치 못하였을 것입니다. 그리고 주님께 커다란 축복도 당연히 받지 못하였을 것입니다.

주님의 말씀을 바로 깨닫는 것은 매우 중요합니다. 그러나 이를 실행하는 것은 더욱더 중요합니다. 하나님의 말씀을 깨닫기는 하는데 주님의 뜻대로 행하지 않는 사람은 마치 영혼이 없는 육신과 같아서 껍데기만 있는 헛껍데기 신앙을 가지고 사는 것입니다. 그러므로 우리는 주님의 말씀을 깨닫는 즉시 실행에 옮기기를 주저하지 말아야 합니다. 왜냐하면 행함으로 실재화되지 않는 진리는 아무 가치가 없기 때문입니다. 아무리 세상에 제일가는 명의의 처방이라도 환자에게 사용치 않는다면 무슨 소용이 있겠습니까? 마치 아무 쓸데 없는 낙서 조각에 불과하지 않겠습니까? 우리의 삶 속에서 주님의 말씀에 대한 깨달음의 분량과 행함의 분량이 서로 잘 조화를 이루어 갈 때 신실하고 성숙한 믿음으로 성장할 수 있습니다.

오래전 나오미의 남편 엘리멜렉은 베들레헴에 흉년이 들자 그 어려움을 피하고자 부정한 우상숭배의 땅 모압으로 이주하였습니다. 단지 먹거리 문제를 해결하고자 주님이 약속한 땅을 버리고 곡식이 풍부한 이방 땅으로 이주하기를 결정한 것입니다. 육신의 일 때문에 그보다 훨씬 중요한 영의 일을 망각한 이러한 처사는 결국 주님 앞에서 죄를 짓고 벌을 받아 마땅한 행위였습니다. 그러나 나오미는 남편과 두 아들 모두를 이방 땅에서 잃고 나서 비로소 남편의 결정이 잘못되었음을 깨닫고, 남편 대신 여호와 하나님께 회개하며 고향 베들레헴으로 다시 돌아왔습니다. 그 후 주님께서는 회개하고 귀향한 나오미와 룻을 행복한 삶으로 초대하기 시작합니다. 불행 끝

행복 시작의 장이 열린 것입니다. 주님께서는 며느리 룻에게는 보아스라는 따뜻하고 다정다감한 남편과 아들 오벳을 선물로 주십니다. 이 아들 오벳이 나중에 태어날 다윗의 친할아버지입니다. 시어머니 나오미 역시 보아스와 룻의 정성 어린 봉양을 받으며 인생 후반에 귀염둥이 손자 오벳을 돌보며 사는 기쁨을 누리게 되었습니다.

하나님께서는 회개하는 죄인의 죄를 기억하지 않으시고 전과 다름없는 은혜를 베풀어 주십니다. 나오미는 남편의 잘못된 선택으로 모압 땅에 가서 주님의 징계를 받아 모든 것을 잃었지만 베들레헴으로 돌아오는 신앙의 회복과 함께 새로운 인생의 장이 열리게 되었습니다. 우리 그리스도인은 자신의 삶 속에서 무슨 일이 꽉 막혀 풀리지 않고 힘들게 되면 자기의 신앙을 한번 잘 점검해 보아야 합니다. 하나님과 우리 자신의 관계를 가로막는 어떠한 장애물이 있는지 찾아보고, 만약 있으면 나오미처럼 바로 돌이켜서 제거해야 합니다. 하나님께서는 우리가 행복하고 평안한 삶을 살아가기 늘 원하시지만 우리가 부지불식간에 저지르는 여러 가지 죄와 잘못된 선택이 이것을 불가능하게 만들곤 합니다.

나오미가 베들레헴으로 돌아와서 하나님의 축복으로 그녀와 며느리 룻의 삶이 바뀌고 그리스도의 직계 조상이 될 손자 오벳을 품에 안게 된 것처럼, 오늘도 자기의 잘못을 뉘우치고 회개하며 하나님 품으로 돌아오는 하나님의 백성들에게는 귀한 일들이 끊임없이 벌어지고 있습니다. 어두운 밤이 다하면 밝은 아침이 다가오고, 추운 겨울이 지나가면 따뜻한 봄이 돌아오듯이, 우리 그리스도인들에게는 불행한 날들이 지나면 반드시 행복한 날들이 찾아오게 되어 있습니다. 우리가 여러 가지 시련 가운데서도 희망을 버리지 않고 절망하지 말아야 할 이유가 바로 이것입니다. 나오미의 전반기 삶은 이유가 어찌 되었든 실패한 인생이고 고통 속의 삶이었습니다. 그녀는 소중한 모든 것들을 우상숭배가 성행하는 이방 땅에서 모두 잃어버렸습니다. 하지만 그것으로 그녀의 인생이 끝나지 않았습니다. 나오미에게 닥쳐왔던 모든 불행이 지나간 후 하나님의 축복이 시작되자 풍성한 행복을 누리는 삶이 그녀에게 찾아왔음을 성경 속의 룻기의 말씀들이 증언하고 있습니다. 이와 같이 나오미와 룻의 이야기는 세상에서 가장 약한 사람들의 이야기입니다. 그럼에도 불구하고 그 이야기는 고난 중에 있는 현대의 많은 그리스도인들에게 꿈과 희망과 용기를 줍니다.

요즈음 사는 것이 너무 힘에 부쳐서 주저앉으셨습니까? 지금 일어서십시오. 그리스도인에게 닥친 현재의 시련은 더 큰 미래의 행복을 위한 준비 과정일 뿐입니다. 이 시간 하나님께서 고난 속의 나오미에게 주신 커다란 행복을 바라보며 함께 기운을 얻었으면 좋겠습니다. 우리에게 기쁨을 물어다 주는 행복의 파랑새는 아주 멀고 깊은 숲 속에 숨어 있지 않습니다. 바로 우리 창문 가까이에서 우리를 기다리며 노래하고 있는 것입니다. 이제 모든 성도님들이 마음의 창문을 활짝 열고 그 행복을 받을 준비를 하며 하루하루 소망과 기쁨이 넘치는 삶을 사시기를 축원합니다.

스토리 12

선택받은 사람 다윗

　다윗(David)이라는 이름은 하나님을 믿지 않는 사람들도 모두 알 정도로 우리 구약 성경에서 출애굽의 영도자 모세와 더불어 가장 유명한 인물입니다. 다윗은 약 3,000년 전 이스라엘의 마지막 사사였던 사무엘이 이스라엘의 판관으로 활동하던 시기에 예루살렘 남쪽의 작은 마을 베들레헴에서 유다 지파 사람 이새의 8남 2녀 중 막내아들로 태어났습니다. 여러분도 잘 아시는 것과 같이 그 베들레헴이라는 작은 마을은 그로부터 1,000년 후 예수님이 태어날 곳입니다. 그리고 다윗의 아버지 이새(Jesse)는 이미 우리가 만나 보았던 모압 여인 룻과 보아스의 손자가 되는 사람입니다.

　이새의 막내아들 다윗은 그의 아름다운 성품과 여호와 하나님에 대한 신실한 믿음으로 그의 히브리어 이름 다윗(다위드)이 뜻하는 '사랑스러운 자'와 같이 하나님께 가장 많은 사랑을 받은 사람입니다. 그는 하나님 앞에서 여러 위대한 업적도 이루었지만 그 못지 않게 많은 실수도 범한, 하나님께서는 아픈 손가락이기도 하였습니다. 다윗에 관한 이야기는 너무나 많지만 오늘은 성경의 역사 속 위대한 인물 중 한 사람인 다윗이 어떻게 하나님의 마음에 합한 자로서 주님의 사랑하는 종으로 택함을 받았는지를 살펴보도록 하겠습니다.

구약 성경 사무엘서 17장에 다윗 형제의 족보를 기록한 것을 보면, 다윗의 형제들 중 주로 장자 엘리압, 둘째 아들 아비나답 그리고 셋째 아들 삼마(시므아)의 이름이 대표적으로 등장합니다. 이러한 사실은 이 세 아들의 나이가 다른 형제들보다 많았을 뿐 아니라 외모 면에서도 형제들을 대표할 만큼 출중하였음을 말해 줍니다. 사무엘이 하나님의 명을 받아 베들레헴 이새의 집을 방문하였을 때 장자 엘리압을 처음 보는 순간 바로 여호와의 기름 부을 자로 착각할 만큼 이 세 형제의 용모나 키가 다른 어린 동생들에 비해 뛰어났음을 알 수 있습니다. 이에 반해서 막내아들 다윗은 씩씩하고 남성적이라기보다는 상당히 여성적이고 예술적인 면모를 가진 작은 미소년이었습니다. 사무엘서의 기록자는 그의 용모를 "그의 빛이 붉고 눈이 빼어나고 얼굴이 아름답더라"라고 기록하고 있습니다. 그 문장을 다시 풀어보면, 다윗은 피부가 불그스레하고 윤이 나며 고왔고 눈이 서글서글 예쁘며 얼굴 또한 여성처럼 아름다웠다는 것입니다. 이러한 사실은 그의 세 형들은 그 당시 이스라엘의 초대 왕이었던 사울처럼 키가 크고 준수한 남성적인 외모와 지도자의 기질을 지녔으나, 다윗의 외모에서는 그런 지도자의 기질을 전혀 발견할 수 없었다는 뜻도 됩니다.

그러나 하나님께서는 훌륭한 지도자의 외모를 가진 형들을 다 뒤로하시고, 외모도 연약해 보이고 그 집안의 막내이어서 자질구레하게 양이나 치고 있는 양치기 소년 다윗을 이스라엘 민족의 지도자로 선택하셨습니다. 사사 사무엘이 이새의 집에 도착하여 장자 엘리압의 준수한 용모를 처음 보고 그를 기름 부을 자로 착각하고 있을 때, 하나님께서는 인간에 대한 하나님의 판단 기준이 우리 인간의 기준과 어떻게 다른가를 분명하게 알려주십니다. 하나님께서는 "그(엘리압)의 용모와 신장을 보지 말라. 내가 이미 그를 거부하였노라. 내가 보는 것은 사람과 같지 아니하니 사람은 외모를 보거니와 나 여호와는 중심을 보느니라"라고 말씀하십니다. 여기서 중심이란 말은 인간의 속마음을 가리키는 말로, 이스라엘 사람들은 인간의 가슴 중심에 자리하고 있는 속마음을 지성과 감정과 의지가 담겨 있는 커다란 그릇과 같은 것이라고 생각하였습니다. 따라서 하나님의 이 말씀은 다윗의 마음 중심, 즉 그의 지성과 감성과 의지를 담고 있는 속마음의 그릇이 하나님 보시기에 심히 아름다웠음을 알게 합니다. 외모적인 겉사람보다 내면적인 속사람이 훨씬 더 아름다운 사람, 그러한 사람이 주님의 마음에 맞는(합한) 사람이며, 주님께서 선택하시는 사람이라는 것을 우리는 깨우칠 수 있습니다.

여러분이 잘 아시는 구약 성경 속 기도의 여인 한나의 아들인 사무엘은 이스라엘의 마지막 사사이며 선지자요 민족의 영적 지도자로 그 당시 모든 백성의 존경을 한 몸에 받고 있었던 유명 인사였습니다. 그러한 사무엘이 유대 땅에서 작고도 작은 마을 베들레헴에 온다는 것, 그리고 보잘것없고 노쇠한 농부 이새의 집을 방문한다는 소식은 그 당시 유대 사회를 떠들썩하게 하였으며, 이새 가족으로서는 매우 놀랍고도 영광스러운 일이었습니다. 그들에게는 가문의 큰 영광이라고 할 수 있었지요. 아마도 이새의 온 가족은 사무엘에게 그들의 집을 방문하겠다는 기별을 받자마자 만사를 제쳐두고 집안을 청소하고 풍성하게 잔치 준비를 하며 사사 사무엘을 맞을 준비를 하였을 것입니다. 그러나 그 영광스러운 만남의 시간에도 정작 이야기의 주인공인 막내 다윗은 밖에 나가 홀로 양을 치고 있었습니다. 다윗도 내심 그 유명한 사무엘을 만나는 자리에 참석하고 싶은 마음이 굴뚝 같았을 것입니다. 그렇지만 자신이 항상 돌봐야 할 양 떼들이 있었기에 그 양 떼들을 지키고자 사무엘의 방문 잔치에 아쉽게도 참석하지 못한 것입니다. 이렇게 다윗은 어려서부터 그 일이 아무리 작고 남보기에 하찮은 일이라 할지라도 자기 일에 최선을 다하는 성품을 가지고 있는 사람이었습니다. 하나님께서는 바로 이렇게 자기 일에 최선을 다하는 인물을 찾아서 그분의 종으로 귀하게 사용하시는 것을 볼 수 있습니다.

다윗은 어려서부터 목동으로 살았습니다. 다윗이 양 떼를 기르는 목자였다는 사실을 그가 그냥 하찮은 직업을 가지고 살았다고 가볍게 넘길 것이 아니라, 그것이 신앙적으로 또 다른 중요한 의미를 가지고 있음을 살펴보아야 합니다. 성경은 많은 부분에서 지도자를 목자로, 그리고 그 지도자가 이끄는 백성들을 양 떼로 비유하곤 합니다. 우리도 주 예수님을 우리의 선한 목자라고 부르고 있지 않습니까? 이러한 비유는 눈앞의 먹을 것만 생각하고 그 먹이만을 쫓아다니는 무지한 양 떼와 같은 무지몽매한 백성들은 반드시 그들을 인도할 선한 목자가 필요하다는 의미를 포함하고 있습니다. 하나님께서는 이 목동이라는 다윗의 직업을 통해 그로 하여금 어릴 때부터 양 떼들을 잘 보호하고 보살피는 방법을 터득하게 하셨습니다. 그리고 그 목양의 경험은 나중에 다윗이 양 떼와 같이 무지한 이스라엘 백성을 인도하고 지켜주는 데 큰 힘이 되었을 것입니다. 이러한 맥락에서 시편 78편 70-71절을 보면 "또 (주님께서) 그의 종 다윗을 택하시되 양의 우리에서 취하시며 젖양을 지키는 중에서 그들을 이끌어 내사 그의 백성인 야곱, 그의 소유인 이스라엘을 기르게 하셨더니"라고 이 시의 저자 아삽이 증언하고 있는 것을 알 수 있습니다. 그 마음 중심이 아름답고 그의 속사람이 신실하며 작은 일에 충성하였던 목자 다윗은 하나님의 마음에 합한(맞는) 자로서 사무엘의 기름 부음을 통해 하나님의 충성된 종이며 이스라엘의 두 번째 왕으로 선택되어 이스라엘 온 무리의 훌륭한 목자로 준비되었던 것입니다.

다윗을 이야기하면서 빼놓을 수 없는 사건은 여러분도 잘 아시는 조그마한 소년 다윗이 거인 골리앗을 무찌른 엘라 골짜기에서의 싸움입니다. 우리는 이 이야기를 통해서 다윗이 어려서부터 약한 것으로 강한 것을 이기는 위대한 신앙의 힘을 지니고 있었다는 것을 알 수 있습니다. 다윗은 우리에게 비록 우리의 처지와 형편이 크게 미약한 상황이더라도 하나님의 능력을 덧입었을 때 그 누구도 대적할 수 없는 강한 자가 된다는 것을 직접 보여 준 믿음의 선진입니다. 마치 룻이 사랑으로 나오미를 악착같이 붙좇듯이 우리가 주 하나님을 사랑하는 마음을 가지고 악착같이 붙좇을 때, 우리는 거인 골리앗같이 커 보이는 이 세상의 악의 권세도 능히 싸워 이길 수 있다는 것을 친히 보여 준 사례가 다윗과 골리앗의 이야기입니다. 비록 지금 우리의 처지가 그렇게 넉넉지 못하더라도 만물의 주권자가 되시는 하나님과 그분의 아들 예수 그리스도를 붙좇으며 주님의 그 전지전능한 능력을 덧입을 때, 우리 역시 하나님 나라의 일꾼으로 크고 귀하게 쓰임 받을 수 있으며 영원한 하늘 상급을 받을 수 있다는 사실을 다윗의 이야기는 우리에게 전하고 있는 것입니다.

여호와 하나님께서 그 당시 준수한 용모를 가진 많은 젊은이들을 뒤로하시고 비천하고 보잘것없는 이새의 막내아들 양치기 다윗을 하나님의 백성 이스라엘을 다스릴 지도자로 선택하신 이유는 그 외모의 아름다움보다는 그 마음 중심이 아름다웠기 때문입니다. 그리고 자기 일이 비록 남 보기에 미천한 일일지라도 최선을 다하는 그의 성품 때문이었습니다. 다윗이 성경 역사상 위대한 신앙의 위인이 될 수 있었던 토대가 바로 그것이었습니다. 그 마음 중심이 항상 하나님을 바라보았던 자, 그래서 하나님의 능력을 충만하게 덧입을 수 있었던 자 다윗은 그러한 자신의 모습을 오늘도 우리 현대의 그리스도인들에게 비추어 주고 있는 것입니다.

스토리13

신실한 친구 요나단

성경을 통해서 우리는 여러 가지 사랑의 이야기를 듣곤 합니다. 그중에서 가장 대표적인 친구 사이의 사랑 이야기는 다윗과 요나단(Jonathan)의 끈끈한 우정의 이야기일 것입니다. 우리 하나님의 백성들을 지혜로운 삶으로 인도하는 잠언서의 말씀은 "참다운 벗들의 사랑은 결코 끊어지지 않으며 참된 친구는 서로의 얼굴을 빛나게 하여 준다"고 가르칩니다. 예수님께서도 친구를 위하여 자기 목숨을 버리는 것이 사랑 중에 가장 큰 사랑이라고 말씀하셨습니다. 요나단은 다윗과 적대관계에 있었던 사울 왕의 큰아들이었음에도 불구하고 다윗에게 참 사랑과 조건 없는 우정을 베풀었습니다. 서로 상반된 위치에서 살아야만 했던 비운의 두 친구의 사랑 이야기를 읽다 보면 그들의 우정이 아름다울 뿐 아니라 애틋하기까지 하여 가슴 뭉클함을 느끼곤 합니다. 자기 자신의 이해득실을 떠나 목숨을 바쳐 친구를 사랑하였던 다윗의 신실한 친구 요나단을 만나 보는 시간을 갖겠습니다.

요나단(여호나탄)은 이스라엘의 초대 왕 사울과 그의 부인 아히노암 사이에서 출생한 사울 왕의 장자로서 사실상 이스라엘의 두 번째 왕의 자리를 세습할 세자의 위치에 있었던 청년이었습니다. 그는 나이로 보아도 다윗보다는 몇 살 위이고, 나중에 그의 동생 미갈이 다윗과 결혼한 후에는 다윗의 손위 처남이 됩니다. 그 두 사람의 극적인 만남은 이렇게 시작됩니다. 다윗이 블레셋과의 싸움에서 골리앗을 물리친 후 거인 골리앗의 머리를 베어 한 손에 들고 사울 왕 앞에 서서 "저는 주의 종 베들레헴 사람 이새의 아들입니다"라고 늠름하게 소리쳤습니다. 이렇게 용맹스러운 다윗의 모습을 보고 요나단의 마음이 다윗의 마음과 하나(히: 니크쉬)가 되었다고 성경은 기록하였습니다. 히브리어 '니크쉬'라는 단어는 서로 단단히 묶여서 떼려야 뗄 수 없이 완전히 하나로 결합된 것을 의미합니다. 두 사람의 마음이 서로 끊어지지 않도록 단단히 묶여서 하나가 되었음을 가리키고 있습니다. 친구 간의 우정이나 연인 간의 사랑은 오랜 기간을 교제하면서 점점 더 깊어지는 경우도 있지만, 이 같이 순간적으로 한눈에 반해 버리는 경우도 많이 있습니다. 요나단과 다윗의 운명적인 만남과 우정도 그렇게 시작된 것 같습니다.

사울 왕은 골리앗 사건 이후에 다윗을 집으로 돌려보내지 않고 자신을 측근에서 경호하는 경호병의 한 사람으로 임명하여 궁궐에 계속 머물게 하였습니다. 그때부터 다윗은 사울의 궁궐에서 새로운 삶을 시작하게 되었고, 왕궁에서의 그의 삶은 요나단과 더 자주 만나 가까이하며 그들의 우정을 점점 더 쌓아가게 하는 계기가 되었습니다. 요나단은 날이 갈수록 다윗을 더 좋아하여 자기 생명처럼 귀하게 여기게 되었고, 다윗도 요나단을 친형처럼 그리고 좋은 친구처럼 여기며 서로 친형제와 같은 관계를 쌓아가게 되었습니다. 다윗은 훗날에 고백하기를 친구 요나단의 자기에 대한 사랑이 아주 특별하여 여인의 사랑보다도 더 순하였다고 말합니다. 남녀 사이의 뜨겁고 진한 사랑보다도 더 깊은 진실한 친구 사이의 우정을 뜻하는 말입니다. 사람과 사람 사이의 정이나 사랑은 그 자리에 머물러 있는 것이 아니라 계속해서 쌓여가고 깊어지는 것 아니겠습니까? 그토록 좋아하는 서로가 왕궁 안에서 매일 만나 식사도 함께하고 대화를 나누며 시간을 함께 보내는 것이 두 사람의 친분과 우정을 더욱더 쌓아가게 하였을 것입니다. 그러므로 우리 그리스도인들도 성도 간의 우정과 사랑을 더욱 아름답게 승화시키고 돈독하게 하기 위해서는 자주 함께하는 시간을 가지며, 함께 즐거워하고 함께 슬퍼하며 서로의 삶을 공유하는 친교의 시간이 많이 필요하다고 할 수 있습니다.

요나단은 다윗과 친구의 언약을 맺었는데, 그것은 상호 간의 우정과 신뢰 그리고 사랑을 계속 유지하자는 것과 서로의 후손들에게 이르기까지 그 우정의 관계를 지속하자는 내용이었습니다. 이러한 절친 간의 우정의 언약은 요나단과 다윗 사이를 피를 나눈 친형제간보다도 더 깊은 의형제 관계가 되도록 만들었습니다. 그리고 이러한 진실된 언약의 뒷배경에는 다윗과 요나단 두 사람의 여호와 하나님에 대한 신실한 신앙이 밑받침이 되었다고 볼 수 있습니다. 다윗은 우리가 모두 알다시피 하나님의 마음에 합할 정도로 신실한 신앙의 소유자였고, 요나단 역시 사무엘상 14장에 기록된 것을 보면 블레셋 군대와의 전투에 임할 때에 적은 이스라엘 군대의 숫자에 괘념치 않고 오직 여호와 하나님의 능력만을 의지하며 과감하게 앞으로 돌진하는 신실한 신앙의 사람이었습니다.

그리고 이들이 그 당시 맺은 언약은 요나단이 살아생전에는 물론이고 훗날 요나단이 블레셋과의 전투에서 사망한 이후에도 요나단의 아들을 정성으로 살펴주는 다윗에 의해 신실하게 지켜지는 것을 봅니다. 두 사람 사이의 이러한 아름다운 인연이 이스라엘의 열두 지파 중에서 다윗이 속한 유다 지파와 요나단이 속한 베냐민 지파의 특별한 혈맹관계를 후대에도 오랫동안 지속하게 하는 기반이 되었습니다. 그리고 솔로몬 사후에 북쪽의 열 개 지파들이 유다 지파가 다스리던 통합된 솔로몬 왕국에 불만을 품고 북이스라엘 지역에 따로 분리하여 그들의 왕국인 북이스라엘 나라를 세울 때, 베냐민 지파 사람들은 유다 지파와의 의리를 끝까지 지키며 유다 지파가 다스리는 남유다 왕국에 함께 남게 되는 계기가 되었던 것입니다. 그뿐 아니라 신약 시대에 들어와서는 유다 지파의 후손으로 오신 예수님과 베냐민 지파의 후손인 바울이 그리스도와 충직한 사도로서의 돈독한 주종 관계를 다시 이루어 가게 됩니다. 이렇게 사랑과 믿음 속에서 이루어진 우리 하나님의 백성의 우정은 신실하고 아름다우며 오랫동안 지속됩니다. 그러나 우리 사회의 여러 가지 사교 모임에서 만난 친구들과의 우정은 작은 이해관계에도 서로 다툼이 일어나고 허탈하게 끝이 나는 것이 다반사입니다. 그 이유는 하나님을 믿는 신실한 신앙 안에서 맺는 관계만이 참된 사랑의 관계로 오랫동안 지속될 수 있기 때문입니다.

요나단과 다윗이 참된 친구로서 언약을 맺을 때의 현장을 살펴보면, 요나단이 자신의 겉옷을 벗어 다윗에게 주고 자신의 생명과도 같은 갑옷과 칼까지도 모두 주는 모습을 볼 수 있습니다. 자신의 겉옷을 벗어 주거나 자기의 생명을 지켜야 하는 무기를 상대방에게 주는 행위는 그 당시 고대 팔레스타인 지역에서 용사들이 서로 생명을 담보로 하는 혈맹관계를 맺을 때 행하였던 관습이었습니다. 이것은 요나단이 얼마나 진심으로 다윗을 사랑하였는지, 그리고 두 사람의 우정이 얼마나 진실성이 있었는지를 단적으로 보여 주는 장면이라고 할 수 있습니다. 그리고 계시적인 측면에서 보면, 다윗이 그 당시 왕세자와 다름없었던 요나단이 입고 있었던 세자의 옷과 칼을 모두 넘겨받음으로 이스라엘의 실질적인 왕세자로서 차기 왕이 될 것을 미리 보여 주는 예시라고도 할 수 있습니다. 우리는 요나단과 다윗의 우정을 보면서 진실된 사랑이나 우정이란 상대방에게 모든 것을 내어주는 행위로 표현된다는 사실을 다시 한번 느끼게 됩니다. 사랑은 자기의 유익이 아닌 상대방의 유익을 구하는 것입니다. 우리 그리스도 안의 형제자매들의 사랑도 말로만 그치는 것이 아니라 그러한 실제적인 행동으로 표현되어야 합니다. 어려운 형편에 있는 형제자매들을 모른 체하지 말고 그들에게 다가가서 내게 있는 것들로 그들에게 필요한 것들을 채워 주며 서로서로 나누며 사는 것으로 성도들의 사랑이 현실적으로 나타나야 할 것입니다.

  요나단의 다윗을 향한 사랑은 그가 다윗을 여러 가지로 배려하여 줄 뿐 아니라 그의 목숨을 걸고 끝까지 보호하여 주는 것으로 나타났습니다. 사울 왕이 다윗을 시기하여 요나단과 부하 장수들을 모아 놓고 다윗을 죽이고자 비밀리에 계획하였을 때, 요나단은 이러한 비밀을 누설하면 왕명을 어긴 죄로 자기의 목숨이 위험해질 것을 뻔히 알면서도 즉시 다윗에게 그것을 귀띔하여 주어 그의 생명을 보호하여 주었습니다. 사울 왕은 점점 더 이스라엘 백성들의 인기를 얻어가는 다윗이 자신의 왕위는 물론 후계자인 아들 요나단의 왕위에 대해서도 위협적인 존재라고 생각하였고, 이에 비밀리에 다윗을 없애 버리고자 하는 계획을 논의하게 되었던 것입니다. 그러나 요나단의 마음은 자신이 왕위를 세습하는 것보다도 다윗과의 우정을 지키고 그의 목숨을 보호하여 주는 것이 훨씬 더 중요하였던 것입니다. 이처럼 사랑은 자신을 희생하면서라도 사랑하는 상대를 돌보아주고 보호하여 주는 것으로 나타납니다. 다윗을 안전한 곳으로 피신시킨 요나단은 사울 앞에 나아가서 다윗을 위하여 변호하기 시작하였습니다. 요나단은 사울 왕이 비록 자기 아버지이고 자신의 미래의 왕좌를 잃어버릴 수도 있는 중차대한 일이지만, 아버지 사울 왕 앞에서 친구 다윗을 위하여 직언을 아끼지 않았습니다. 그는 한 나라의 왕이 큰 공을 세운 자기 신하를 죽이는 것은 범죄 행위라는 것을 그의 아버지께 직설적으로 간언하며 다윗을 보호하려고 최선의 노력을 다하였습니다.

이렇게 요나단의 다윗에 대한 사랑은 자신에게 해가 될 것이 자명함에도 친구를 위하여 변호하고 그의 유익을 도모하는 것으로 나타납니다. 이러한 다윗과 요나단의 진실된 우정은 어떤 남녀 간의 사랑보다도 뜨겁고 아름다웠습니다. 요나단은 다윗을 자신의 생명처럼 사랑하여 언약을 맺었고, 자신의 모든 것들을 내주었으며, 친구의 생명을 보호하기 위하여 자기 목숨을 걸고 희생적으로 행동하였습니다. 이러한 요나단과 다윗의 친구 간의 사랑 이야기는 오늘날 우리 그리스도인들이 친구와의 우정을 쌓아가는 데 본받아야 할 좋은 롤 모델이 될 것입니다.

스토리 14

지혜를 얻은 솔로몬

　지혜라는 단어를 생각하면 여러분의 머릿속을 스쳐 지나가는 이름이 있을 것입니다. 바로 다윗 왕과 밧세바 사이에서 태어난 이스라엘의 솔로몬(Solomon) 왕일 것입니다. 다윗 왕이 죽고 솔로몬이 왕이 되어 여호와 하나님을 위하여 첫 번째 한 일은 한 번에 천 마리의 짐승을 번제로 드리는 아주 성대한 일천번제 제사였으며, 그는 이를 기브온이라는 지역의 높은 산당의 제단에서 시행하였습니다. 일천 마리라는 거대한 숫자의 짐승을 한 번에 드리는 이 어마어마한 제사를 통하여 솔로몬은 자신이 하나님의 백성인 이스라엘의 왕이 되어서 앞으로 자기가 소유한 모든 것을 하나님께 바치겠다는 각오와 의지를 보이고자 하였습니다. 이러한 솔로몬의 진실된 정성과 각오에 대하여 하나님께서는 매우 기뻐하셨고, 일천번제 제사 후에 솔로몬의 꿈에 나타나셔서 무엇이든지 원하는 것이 있으면 주님께 구하라고 말씀하십니다. 이러한 경우에 여러분은 무엇을 구하시겠습니까? 건강이나 장수입니까? 아니면 많은 재물이나 권력입니까? 그것도 아니면 세상의 커다란 명예나 영화를 구하시겠습니까? 그러나 솔로몬은 우리가 생각하는 그런 모든 것을 뒤로하고 하나님께서 맡겨 주신 그의 백성들의 말을 잘 경청하고 백성들의 문제를 잘 해결할 수 있는 뛰어난 지혜를 달라고 하나님께 간구합니다.

어떻게 보면 솔로몬 개인에게 있어서 일생에 한 번 올까 말까 하는 일생일대의 좋은 기회에 참 뜬금없는 간구라고 생각할 수도 있습니다. 그러나 하나님께서는 이러한 솔로몬의 간구와 마음가짐이 너무 사랑스러워 그가 원하는 지혜와 지식에 더불어 그가 간구하지도 않은 부귀와 영화까지 보너스로 주시겠다고 약속하십니다. 이러한 주님의 축복으로 솔로몬은 그의 아버지 다윗이 파란만장한 삶을 산 것과는 달리 그의 온 삶을 평강 속에서 부귀와 영화를 누리며 살았습니다. 그러나 그의 삶 역시 아버지 다윗 왕처럼 하나님 앞에서 많은 공적도 쌓았지만 또한 많은 과오도 남기고 말았습니다. 오늘은 하나님께서 다윗처럼 사랑하셨던 그의 아들 솔로몬이 어떻게 하나님께 지혜와 부귀를 얻게 되었고, 그가 얻은 지혜가 우리가 생각하는 지혜와 어떠한 커다란 차이가 있는지를 살펴보는 시간을 갖도록 하겠습니다.

구약 성경에 우리말로 솔로몬이라고 표기된 그의 이름은 히브리어로 '쉘로모흐'인데, 여러분이 잘 아시는 히브리어 인사말 '샬롬'(평안 혹은 평화)이라는 단어와 어원이 같습니다. 그리고 솔로몬이 태어날 때 하나님께서는 나단 선지자를 통하여 아기 솔로몬에게 '여디디야'(여호와가 가장 사랑하는 자)라는 별칭을 따로 지어 주십니다. 그 두 이름들이 뜻하듯이 솔로몬은 그의 삶 속에서 여호와 하나님의 사랑을 듬뿍 받으며 평안과 평화 속에서 살 수 있었습니다. 다만 그의 출생 환경이 다윗과 밧세바의 불의한 통정사건으로 인하여 잉태된 첫

아들이 하나님의 징계에 의해서 죽게 되고 그 후에 죄를 지은 그 두 사람 사이에서 솔로몬이 태어나는 바람에 조금 시원치 않은 면도 있습니다. 그러나 하나님께서는 자기가 지은 잘못을 깊게 뉘우치는 다윗에게 선물로 주신 아들이 솔로몬이기에 '여호와께서 그 아이를 가장 사랑하신다'는 뜻으로 여디디야라는 별칭을 따로 지어 주신 것입니다. 솔로몬이 장성해서 이스라엘의 세 번째 왕으로 등극하였을 때 전술하였듯이 일천번제 제사를 드림으로 하나님께서 매우 기뻐하시게 됩니다. 그런 다음에 하나님께서는 솔로몬이 가장 원하였던 지혜를 주심은 물론 부귀영화까지 덧붙여 주셨는데, 하나님께서는 왜 그러한 커다란 축복들을 솔로몬에게 주었을까요? 단지 번제단 위에서 어마어마한 숫자의 많은 짐승을 태웠기 때문에 하나님이 기뻐하셨을까요? 그렇지 않습니다. 마음 중심을 보시는 하나님이 번제로 태운 짐승의 숫자가 아니라 그 많은 수의 짐승을 하나님께 드리려는 솔로몬의 마음 중심을 보셨기 때문입니다.

사실 솔로몬이 드린 일천번제의 제사 자체만 보면 그것은 율법상 심각한 문제가 있다고 볼 수 있습니다. 왜냐하면 솔로몬의 일천번제는 기브온 산당보다는 그 당시 하나님의 법궤가 안치되어 있었던 거룩한 장소인 예루살렘 장막에서 드려져야 했기 때문입니다. 그가 번제를 올린 기브온 산당은 규모는 아주 컸지만 과거 아세라 우상을 모시던 우상숭배의 본거지였기 때문에 하나님께 제사를 드릴 수 있는 정결하고 거룩한 장소라고 할 수는 없습니다. 그러나 솔로몬은 그러한 사실을 깨우치지 못하고 일천번제를 지내기 편한, 규모가 제일 컸던 기브온 산당을 선택하여 번제를 드렸습니다. 그러한 실수에도 불구하고 하나님께서는 그 번제의 장소를 전혀 탓하지 않으십니다. 왜냐하면 주님께서는 어떠한 형식보다는 항상 우리의 마음 중심을 보시기 때문입니다. 솔로몬이 일천번제와 더불어 그의 마음까지도 모두 하나님께 드린 것을 보셨기 때문입니다. 우리가 하나님 앞에 헌물을 드리고자 할 때에 그것이 무엇이든 항상 우리의 마음과 정성도 함께 드려야 한다는 것을 알려 주는 귀한 교훈이라고 할 수 있습니다.

일천번제 후에 하나님께서 솔로몬의 꿈속에 나타나셔서 원하는 것을 말하라고 하셨을 때 솔로몬은 오래 고민하지 않고 바로 '듣는 마음과 지혜'를 달라고 하였습니다. 그가 일생에 한 번 있을까 말까 한 이 중요한 기회에 오래 생각지 않고 바로 말하였다는 것은, 그가 왕이 된 후부터 줄곧 그의 백성의 고충을 잘 듣는 마음과 선악을 바로 분별할 수 있는 지혜로 그의 백성들을 잘 다스리기를 간절하게 원하고 있었기 때문입니다.

그리고 또 하나 중요한 것은 그가 지혜를 달라고 하나님께 바로 요구하지 않고 '듣는 마음'을 먼저 달라고 한 것은 주목할 만하며, 그가 올바른 간청을 드렸다고 할 수 있습니다. 왜냐하면 지도자가 자기가 다스리는 사람들을 바로 인도하기 위해서 가장 먼저 필요한 것이 바로 잘 듣는 마음이고, 이 잘 듣는 마음이 없이는 지혜로운 판단도 할 수 없기 때문입니다. 따라서 잘 듣는 마음이 지혜로운 판단에 항상 선행하는 것입니다.

한 예를 들면 솔로몬의 아버지인 다윗은 항상 겸손하며 하나님의 말씀을 경청하는 자였습니다. 그러나 그의 나라가 번성하고 권력과 재물이 풍성해지자 어느 때부터인가 다윗은 하나님의 음성 듣기를 멀리하고 오직 그의 신하들에게 명령하고 지시하며 높은 자리에서 교만하게 행동하게 되었습니다. 바로 그때 그는 여호와 하나님을 외면한 채 오만한 마음으로 밧세바를 범하게 되었고, 그녀의 남편이며 충신인 우리아를 죽이기까지 하며 전혀 지혜롭지 못한 판단을 하게 되었습니다. 다윗에게서 하나님의 말씀을 듣는 마음이 떠나자 하나님을 경외하는 마음도 함께 떠나게 되었고, 그의 마음도 우둔하게 되어 버렸기 때문입니다. 나라를 잘 다스리는 성군이 되려면 우선 하나님의 말씀을 경청하고 그의 백성들의 아픔과 고충을 잘 들으려는 마음이 있어야 하며, 그러한 잘 듣는 마음이 그 지도자를 지혜롭고 총명한 판단으로 인도하는 것입니다.

이렇게 솔로몬은 일천번제 후에 하나님의 뜻을 잘 헤아려서 하나님의 마음에 딱 맞는 간청을 드렸습니다. 그가 하나님께 아뢴 간청은 사실 솔로몬 자신을 위한 간청이라기보다, 이스라엘의 왕으로서 하나님의 백성을 잘 다스리겠다는 각오와 의지의 표현이었습니다. 자기 자신을 위한 건강과 장수와 재물보다는 하나님의 백성을 위한 지혜를 구하며 그 지혜로 하나님의 백성을 잘 다스리겠다는 왕으로서의 각오와 사명을 구한 것은 더욱 하나님을 기쁘게 해드리고 주님께서 부귀영화와 같은 더 많은 축복을 보너스로 주시기에 충분한 마음가짐이었습니다.

일천번제 후에 기브온 산당에서 잠에서 깬 솔로몬은 하나님이 꿈속에서 하신 그 축복의 약속이 너무나 감사하여서 예루살렘으로 돌아오자마자 언약궤 앞에서 번제와 수은제를 다시 드리고 모든 신하들을 위하여 잔치를 베풀었습니다. 번제가 자기 몸을 바치는 헌신을 상징하는 헌신제라면, 수은제는 하나님의 축복과 은혜를 감사하는 감사제입니다. 이렇게 젊은 솔로몬은 하나님의 은혜에 감사할 줄 아는 현명한 사람이었습니다. 요즈음은 많은 그리스도인들이 하나님의 은혜를 매일 누리며 살면서도 전혀 감사할 줄 모르고 당연시하며 사는 것 같습니다. 그러나 성경은 감사할 줄 모르는 풍조를 이 세상의 종말의 큰 징조 중의 하나라며 매우 심각하게 경고합니다.

하나님께서 주신 지혜를 소유한 솔로몬은 그의 삶의 후반기에 수많은 이방의 처첩을 거느리며 그녀들의 우상을 함께 숭배하고 하나님 앞에서 범죄하며 살기 전까지는 진실로 여호와를 경외하는 참된 지혜를 갖고 살았던 것 같습니다. 그가 소유한 참된 지혜는 우리가 알고 있는 현명한 처세술이나 깊은 통찰력 혹은 빠르고 옳은 판단력만이 아니었습니다. 그가 지은 잠언과 전도서에서 엿볼 수 있듯이 솔로몬의 지혜는 그런 것들을 훌쩍 뛰어넘어서 근본적으로 하나님은 누구이시며, 인간의 참된 본질은 무엇이고, 우리가 어떠한 인생을 살아가야 하는지, 그리고 하나님께서는 어떻게 우주만물을 다스리며 우리 인간의 역사를 이끌어 가시는지를 깨달을 수 있는 깊고도 오묘한 지혜였습니다. 지혜의 왕 솔로몬이 하나님께서 주신 그러한 지혜와 공의를 밑받침으로 이스라엘을 통치한 결과 그의 왕국은 놀라운 번영을 이루었고, 그 안에서 백성들은 풍요와 평안을 누리며 살 수 있었습니다.

스토리15

신앙을 개혁한 요시야

이스라엘 통일왕국의 세 번째 왕 솔로몬이 약 60세의 이른 나이에 죽고 그의 아들 르호보암이 왕권을 계승하기로 지명되었지만, 그는 솔로몬 왕과는 달리 지혜롭지 못하고 어리석었으며 교만한 사람이었습니다. 솔로몬 왕조 후기에 시작된 우상숭배로 인하여 이스라엘 백성은 영적으로 매우 타락하게 되었고, 베냐민 지파의 사울 왕에 이어 유다 지파의 다윗과 솔로몬이 계속하여 왕권을 잡으며 정략적으로 정권을 쥐고 있던 유다 지파와 베냐민 지파 사람들은 우대하고, 다른 나머지 열 개 지파 사람들에게는 불공평하게 훨씬 더 많은 노역을 부과하는 편파적인 정책을 시행하게 되었습니다. 이러한 불공정한 정책으로 인해서 자연스레 북쪽의 10개 지파 백성의 원성이 나날이 높아지게 되었습니다. 그러한 상황 속에서 유다 지파의 솔로몬 왕의 아들 르호보암이 통일 이스라엘의 네 번째 왕으로 곧 등극한다는 소문이 돌자, 북쪽 10개 지파의 백성들이 새 왕으로 등극하려는 르호보암의 왕궁에 몰려와서 솔로몬의 성전 건축 이후에도 계속되어 왔던 그들의 고통스러운 노역을 이제는 조금 줄여줄 것을 요구하게 됩니다. 그러나 르호보암은 어리석게도 그 백성들의 요구에 대하여 경험이 많은 장로들의 타협의 권면을 듣지 않은 채 오히려 그 백성들을 협박합니다. 잠언서의 교훈에도 "지혜 있는 자는 권면을 듣거니와 교만한 자는 분란만 만든다"고 합니다.

결국 유다 지파 르호보암의 이러한 교만한 행동에 실망한 북쪽의 10개 지파 백성들은 통일왕국에서 분리하여 자기들끼리 따로 북이스라엘 왕국을 만들어 BC 930년에 에브라임 지파 사람 여로보암을 초대 왕으로 세우고 독립하게 됩니다. 결국 사울이 시작한 통일이스라엘 왕국은 3대 왕 솔로몬을 끝으로 역사에서 사라져 버리고, 새로운 남북조 분단 왕국의 시대가 시작되었습니다. 그 이후 북쪽의 열 지파가 세운 북이스라엘 왕국과 남쪽의 유다 지파와 베냐민 지파가 세운 남유다 왕국은 서로 갈등하고 다투며, 결국 총체적인 이스라엘 민족의 국력은 급속히 약화되어 버립니다. 북이스라엘은 BC 722년 앗수르 제국에 망할 때까지 218년간 19명의 사악한 왕들이 정권을 서로 탈취하고 다시 빼앗기며 혼란 속에서 통치를 이어나갔고, 남유다는 BC 586년 바벨론으로 포로가 되어 끌려갈 때까지 344년간 다행히 8명의 선한 왕과 12명의 악한 왕이 바뀌어 가며 통치하였습니다. 남유다 왕국의 8명의 선한 왕 중에서도 가장 여호와 하나님을 경외하며 선한 통치를 했던 여호사밧, 히스기야 그리고 요시야 왕을 남유다의 3대 선왕(좋은 왕)이라고 부릅니다.

이 3대 선왕 중에서도 하나님 보시기에 가장 진실되게 선을 행하였던 왕은 남유다의 16대 왕이었던 요시야 왕이었습니다. 두 개로 나누어진 분단 왕국의 역사를 기록하며 그 두 왕국의 왕들에게 실망하여 그 왕들을 아주 혹평했던 열왕기서의 저자도 "모세의 모든 율법을 따라 여호와께로 돌이킨 왕은 요시야 전에도 없었고 후에도 그와 같은 자가 없었다"라고 하며 요시야 왕만은 극찬하였습니다. 오늘은 남유다의 16대 왕이며 이스라엘 민족의 마지막 성군인 요시야 왕을 만나보고, 그의 영적 부활 운동인 신앙 개혁을 살펴보도록 하겠습니다.

요시야의 아버지인 아몬 왕이 24세의 나이로 요절하는 바람에 요시야가 왕이 되었을 때 그의 나이는 겨우 8세에 불과했습니다. 그럼에도 불구하고 요시야는 분단 왕국의 마지막 선한 왕으로 남유다 백성들의 삶을 하나님 말씀 중심의 삶으로 회복시키려 온 힘을 다 기울이면서 31년간 나라를 잘 보살폈습니다.

요시야의 어머니의 이름은 '사랑하는 자'라는 의미를 가진 '여디다'였습니다. 여디다에 관한 기록은 성경에 많이 남아 있지 않지만 어린 나이에 왕이 된 요시야의 선행에 비춰볼 때, 그녀는 요시야를 올바로 교육하며 아들인 요시야에게 영적으로 커다란 영향력을 끼쳤던 신앙의 어머니임에 틀림이 없습니다. 그 근거로는 열왕기서나 역대기서가 이스라엘의 여러 왕들에 대하여 기록하면서 그들의 어머니 이름을 이렇게 왕의 이름과 함께 기록한 경우는 매우 특이한 경우이기 때문입니다. 그리고 특별하게 이렇게 함께 기록하는 경우는 그 어머니가 선한 왕에게 아주 좋은 영향을 끼쳤을 때입니다. 요시야가 8세의 어린 나이에 왕으로 등극하였지만 그의 온 삶을 통하여 항상 하나님 앞에서 정직한 삶을 살았다면, 요시야를 어려서부터 가르치고 선도하였던 그의 어머니의 신앙과 인품이 얼마나 훌륭하였는지는 미루어 짐작할 수 있는 것입니다. 열왕기서는 "요시야가 여호와 보시기에 정직히 행하여 그 조상 다윗의 모든 길로 행하고 좌우로 치우치지 아니하였다"라고 기록합니다. 그가 다윗의 길로 행했다고 하는 것은 하나님의 마음에 합한(맞는) 통치를 하였다는 칭찬이고, 그가 좌로나 우로나 치우치지 않았다는 것은 그의 삶이 하나님 말씀 중심의 삶이었으며 견실하여 흔들리지 않고 하나님께 순종하는 일관된 삶을 살았다는 뜻입니다.

요시야는 즉위 12년, 즉 그의 나이 20세가 되던 해부터 우상을 파괴하는 신앙 개혁을 시작하였습니다. 즉위 18년에는 이스라엘 백성들의 삶을 신앙적으로 재건하고 우상숭배를 없애려고 함께 노력하여 왔던 서기관 사반과 솔로몬 왕 시절에 대제사장을 지내었던 사독의 직계 후손인 대제사장 힐기야에게 명하여 부서져 방치되었던 여호와의 집인 성전을 수리하게 하였습니다. 이러한 요시야의 신앙 개혁의 통치는 여호와 하나님과 우상을 함께 섬기며 성전을 방치하였던 과거의 왕들의 통치와 비교하여 볼 때 하나님께서 매우 기뻐하실 만한 일이었습니다. 이러한 요시야의 성전 수리는 자신의 하나님에 대한 신실한 믿음에 근거한 것으로, 특별히 하나님께 속한 거룩한 것들을 소중히 여기는 충직한 마음에서 나온 행동이었습니다.

요시야 왕이 이렇게 적극적으로 하나님 앞에서 선한 행동을 하고자 할 때에 하나님께서는 그에게 하나님의 말씀을 선물로 주셨습니다. 대제사장 힐기야가 성전을 수리하던 중 하나님의 율법서를 우연하게 발견한 것입니다. 그 율법서는 신학자인 서기관 사반의 손에 들어갔고, 사반은 그 율법서를 모두 읽은 후 요시야 왕에게 그 율법서의 내용을 자세히 보고하였습니다. 이 율법서의 발견은 하나님을 경외하며 그분의 말씀에 순종하며 살고자 하는 요시야에게 하나님께서 그 율법서를 통하여 그분이 원하시는 길을 밝히 보여 주시고자 하셨던 의도였습니다. 그 율법서 속의 하나님의 말씀으로 인하여 성전 수리와 신앙 개혁은 더욱 가속도가 붙게 되었습니다. 요시야는 구약 신학 전문가인 서기관 사반이 읽어주는 율법서의 내용을 듣다가 너무나 기가 막히고 낙심하여 갑자기 옷을 찢고 땅에 엎드려 통회하기 시작하였습니다. 아마도 사반이 율법서에서 읽은 부분은 이스라엘 민족의 계속되어 온 불순종에 대하여 앞으로 닥칠 하나님의 무서운 징계가 예고되어 있는 부분으로 보입니다. 요시야 왕은 그 징계의 말씀에 충격을 받아 자신의 옷을 찢으며 그 백성들의 죄를 대신 뉘우치고 회개하였던 것입니다. 요시야는 남유다의 왕으로서 자신이 제일 먼저 하나님 앞에 무릎을 꿇고 통회하였습니다. 요시야는 율법서의 말씀을 듣고 자신이 먼저 회개하였을 뿐 아니라 회개에 뒤따라야 할 행동인 우상의 제거와 성전 정화에 더욱 박차를 가하였습니다. 그는 하나님의 뜻을 더욱 자세히 알아서 그분의 뜻을 올바로 따르기 위하여 제사장과 서기관에게 명하여 여호와 하나님의 뜻을 더 자세히 묻게 하였습니다. 여호와 하나님의 뜻을 올바로 알고 신앙 개혁을 주님의 뜻에 따라 올곧게 시행하려고 마음먹었던 것입니다. 그 후 요시야는 율법의 말씀과 주님의 뜻을 잘 헤아려서 신앙 개혁의 방향을 바로 설정하여 올바로 시행할 수 있었습니다.

현대 우리 그리스도인의 신앙 공동체에 있어서도 동일한 회개와 영적 개혁이 적용되어야 한다고 생각합니다. 우리의 회개는 그동안 지녀 왔던 우리의 죄성을 완전히 버림과 동시에 그동안 우리가 잘못 살아왔던 길을 돌이켜 새로운 영적 개혁의 길로 들어서는 것입니다. 물론 그 길의 기준은 항상 하나님의 뜻과 말씀이 되어야 합니다. 남 유다의 마지막 선한 왕인 요시야는 하나님의 선한 뜻을 헤아려서 그동안 그들의 조상들이 숭배하였던 우상을 모두 제거하며 신앙 개혁을 단행하였습니다. 그가 하나님께 영광을 돌리기 위하여 신앙 개혁을 시도하였을 때 하나님께서는 그에게 율법서를 주심으로 주님의 뜻을 밝히 보여 주셨습니다. 그 후 요시야는 하나님의 말씀인 율법서를 통하여 자신의 개혁을 더욱 올바른 방향으로 이끌어 나갈 수 있었습니다.

요시야는 38세라는 젊은 나이에 남유다 땅으로 침입하려는 이집트군과 므깃도 광야에서 전투를 벌이다가 전사하였습니다. 그가 죽었을 때 온 유다와 예루살렘 사람들이 옷을 찢으며 슬퍼하였고, 예레미야 선지자는 그를 위하여 애가를 지었으며, 모든 노래하는 이스라엘 남자들과 여자들이 성군 요시야를 위하여 슬피 노래하였다고 성경은 기록하고 있습니다. 이스라엘 분단 왕국의 총 39명의 왕들의 죽음 중에 요시야 외에는 아무도 이스라엘 백성들에게 이러한 아쉬움과 애달픔을 남긴 죽음은 없었다고 합니다. 그는 어린 나이에 남유다의 왕으로 책봉되어 일생을 시종일관 하나님 보시기에 정직하게 행하였으며, 그 당시 타락의 극치에 이르렀던 여호와 신앙을 다시 바로 세우고 우상 타파와 신앙 개혁을 위해 온 삶을 바친 우리 그리스도교 역사상 성군 중의 성군으로 아직도 우리의 가슴 속에 남아 있습니다.

스토리16
눈물의 선지자 예레미야

남유다 요시야 왕의 종교 개혁이 시작되고 1년이 지난 후인 요시야 왕 13년에 예레미야(Jeremiah)는 여호와 하나님께 부름을 받아 선지자로서 사역을 남유다 땅에서 시작합니다. 성군 요시야가 남유다를 다스리는 동안은 온 유다 백성이 영적 각성하여 우상을 버리고 여호와 하나님께 돌아오는 영적 전성기를 이루었습니다. 그러나 요시야 왕이 애굽과의 므깃도 전투에서 사망하게 되자 남유다 왕국은 실제적으로 애굽 왕의 통치를 받는 식민지가 되어 버립니다.

성군 요시야를 애굽의 군대에게 잃은 후 유다 백성들 사이에 반애굽 감정이 급속도로 고조되었고, 그러한 유다 백성들의 지지를 얻어 반애굽 정치를 강하게 주장하여 왔던 요시야의 넷째 아들 여호아하스가 다른 세 형들을 제치고 남유다의 17대 왕이 됩니다. 그러나 그는 왕이 된 지 4개월도 못 되어서 애굽 군대에 의해 강제로 폐위되어 애굽으로 끌려갑니다. 그 이후 애굽의 눈치를 살피며 친애굽 정책을 주장하여 왔던 요시야의 둘째 아들 여호야김이 남유다의 18대 꼭두각시 왕으로 애굽에 의해 지명되면서 유다 땅은 다시 혼돈 속으로 빠지게 되었습니다. 남유다의 마지막 왕인 요시야의 셋째 아들 시드기야를 포함해서 세 명의 요시야 왕의 아들들이 계속해서 왕이 되었으나, 그들은 하나같이 우상숭배를 장려하였고, 유대 땅에는 다시 사방에 우상들이 세워지고 거짓 선지자들이 곳곳에서 나와 그들의 돈벌이를 위해 백성들을 미혹하기 시작하였습니다.

이러한 영적 혼란의 시대에 남유다의 선지자로서 사역한 예레미야는 성군 요시야 왕이 이루었던 신앙 각성 운동을 재건하기 위해 최선을 다하며 배역한 유다 백성들이 우상으로부터 여호와 하나님께 돌아올 것을 눈물로 호소하였습니다. 오늘은 이스라엘의 모든 선지자 중에서 이스라엘 백성의 신앙 회복을 위하여 가장 많은 눈물을 흘렸으며 가장 힘든 시대를 살다 간 눈물의 선지자 예레미야를 만나 보고 그의 삶에 대하여 살펴보도록 하겠습니다.

예레미야(일메야후)는 예루살렘에서 북동쪽으로 6킬로미터 떨어진 아나돗이라는 지역에서 제사장으로 일하던 레위 지파 사람 힐기야의 아들로 태어납니다. 약간의 이견이 있지만 예레미야는 신앙 개혁의 동역자였던 요시야 왕보다 네 살 정도 어렸을 것으로 보이며, 예레미야가 태어나기도 전에 하나님께서는 복중에서 그를 구별하여 선지자로 택하셨다고 성경은 전하고 있습니다. 모태 신앙을 넘어서 모태 선지자라고 할 수 있겠지요. 어린 예레미야는 온순하고 부드러운 성격을 가졌지만 다른 사람 앞에서는 말을 잘 못하는 소심한 소년이었습니다. 그러한 혼돈의 시대의 선지자나 예언자는 때에 따라서는 혹독한 미래의 심판을 많은 무리 앞에서 담대하게 전해야 하였기 때문에 예레미야는 선지자의 소명을 받았을 때 자신이 없었고 많이 두려웠습니다. 그러나 하나님께서는 두려워 망설이는 그에게 "보라 내가 내 말을 네 입에 두었노라" 하시며 용기를 주시고 격려하여 주셨습니다.

그가 이렇게 제사장의 아들로 태어난 환경은 나중에 그가 선지자로서 활동을 할 때에 크게 도움을 주게 됩니다. 남유다 왕국의 제사장직은 세습직으로 아버지에게서 아들로 자동적으로 승계되기 때문에 예레미야도 어릴 때부터 제사장 아버지로부터 그의 제사장직을 인계받을 수 있도록 특수한 교육과 훈련을 받아야 했고, 그것은 제사장으로서 성결한 삶을 목표로 한 오랜 시간의 힘든 훈련이었습니다. 예레미야는 약관 17세에 선지자로서 소명을 받아 하나님으로부터 결혼도 금지당한 채 평생을 독신으로 외롭게 살면서 남유다 왕국에 가까운 미래에 다가올 참혹한 예언을 선포해야 하였으며, 그로 인하여 주위 사람들로부터 많은 비난과 핍박을 받아야 했습니다.

그러나 그가 그토록 힘들고 고통스러운 핍박을 끝까지 감내하며 사역할 수 있었던 원동력은 그가 젊어서부터 성결한 마음과 성숙한 신앙을 가지고 있었기 때문입니다. 그의 성결한 품성과 성숙한 믿음은 그가 제사장 가문에서 자라면서 훈련되었기 때문에 갖출 수 있었고, 이는 주 하나님의 인류 구원사 안에서 미래를 내다보시는 하나님의 철저한 준비 과정이었다고 할 수 있습니다. 예레미야는 선지자로서의 소명을 수행하는 과정에서 유다의 백성들은 물론 심지어는 그의 가족과 절친들에게까지 배척과 조롱을 받았고, 쇠사슬에 매여 투옥되었으며, 때로는 깊고 어두운 진흙 구덩이 속에 던져 지기까지 하였습니다. 그럼에도 불구하고 그는 굴복하지 않고 하나님이 그에게 주신 말씀을 변함없이 선포했던 것입니다. 그렇게 소심하고 수줍었던 청년에게서 이러한 용기와 헌신의 힘은 도대체 어디서 나온 것일까요? 그것은 전술하였듯이 바로 하나님 앞에서의 성결한 품성과 성숙한 신앙에서 나온 것입니다. 영혼이 성결하지 못하고 성숙한 신앙을 소유하지 못한 사람은 주님께 받은 소명을 제대로 수행할 수 없으며, 쉽게 유혹에 넘어가거나 작은 위협에도 금방 굴복하게 됩니다.

　남유다의 16대 왕 성군 요시야 이후에 왕이 된 그의 세 명의 아들들과 그의 손자인 19대 왕 여호야긴은 모두 패역한 왕들이었습니다. 따라서 마지막 네 명의 패역한 왕들의 통치를 받던 유다 민족은 종교적으로 그리고 윤리적으로 타락의 극치를 맞게 되었습니다. 그러한 어려운 시대에 부패한 남유다 왕국을 향한 하나님의 징계와 멸망을 경고하기 위하여 예레미야가 선지자의 소명을 받았던 것입니다. 그러한 예레미야의 시대는 자비로우신 하나님까지도 통탄하실 만큼 공의가 땅에 떨어지고 불의가 판을 치는 시대였습니다. 그 당시 대부분의 선지자들은 그들의 재산을 축적하기 위하여 감언이설로 백성들을 미혹하며 입에 발린 거짓 예언을 하고, 제사장들까지도 그들과 함께 어울려 악행을 일삼으며 백성들을 불의의 길로 빠지게 하였습니다. 거짓 선지자들과 패역한 제사장들은 우상숭배에 가증한 일을 줄곧 행하면서도 뻔뻔스럽게 얼굴 한 번 붉히지 않았으며, 백성들은 서로 거짓말을 하며 겉으로는 그 이웃에게 친근한 척하면서도 그 마음속으로는 서로 속이려고 음해하는 어두운 시대였습니다. 그래서 그 당시 하나님께서는 그러한 유다 백성들에게 "너희는 각기 이웃을 조심하며 어떤 형제든지 믿지 말라"고까지 경고하셨던 것입니다.

　악한 자들이 성공하고 패역한 자들이 떵떵거리며 사는 시대를 보면서 예레미야는 이미 멸망의 구렁텅이 직전까지 다다른 자기의 조국을 보고 많은 눈물을 흘리지 않을 수 없었습니다. 그러나 그 무엇보다도 예레미야 가슴을 아프게 하고 눈물을 흘리게 한 것은, 유다의 지도자들과 백성들이 거룩한 하나님의 말씀을 멸시하고 조롱하면서 도저히 회개하려 하지 않는 데 있었습니다. 그것이 예레미야에게는 가장 큰 걱정이고 기도제목이었습니다. 이렇게 자기 민족의 회개를 위하여 긴 시간 동안 쉬지 않고 눈물로 기도한 예레미야의 사역은 각 민족의 영적 구원을 위하여 소명받은 우리 모든 그리스도인들이 본받아야 할 훌륭한 모범이 됩니다. 나의 민족의 죄악을 내 자신의 죄악으로 받아들이고, 나의 민족을 위하여 하나님 앞에서 대신 눈물로 사죄하는 대속적인 중보기도를 해야 할 의무가 우리 모든 그리스도인에게 있다는 것을 다시 한번 느끼게 합니다. 한나의 눈물의 기도로 태어난 마지막 사사이며 이스라엘 왕국의 선지자였던 사무엘은 자기 민족을 위하여 기도하지 않는 것은 커다란 죄악이라고 했으며, 예수님께서도 범죄한 유대 백성들의 임박한 멸망을 생각하시며 예루살렘성을 보시고 애처로워 눈물을 흘리셨던 것을 기억해야 합니다. 죄악 속에 빠져 살고 있는 자기 민족을 멸망에서 구원하기 위하여 드리는 중보기도는 현대의 모든 우리 그리스도인들에게 반드시 필요한 사명이라고 할 수 있습니다.

이미 말하였듯이 구약 성경 속에서 많은 훌륭한 인물들이 예수 그리스도의 예표나 모형으로 나타남을 봅니다. 그중에서도 예레미야 선지자의 사역은 나사렛 예수 그리스도의 공생애 사역과 매우 유사한 모형으로 나타납니다. 우선 예레미야 선지자와 예수 그리스도는 그 사역하던 시대적 배경이 매우 흡사합니다. 예레미야 시대에 여호와 신앙은 형식에 치우쳐서 바리새인들처럼 외식화되어 있었고, 예루살렘은 곧 멸망할 위기에 처해 있었으며, 하나님의 성전은 파괴가 눈앞에 다가와 있었고, 백성들은 포로로 잡혀갈 운명에 처해 있었습니다. 그리고 하나님의 성전은 이미 도적의 굴혈이 되어 있었고, 하나님을 경외하는 백성은 찾아보기 어려운 지경에 이르렀습니다. 종교나 사회의 지도층에서는 어느 누구도 선지자들의 경고의 메시지를 믿으려 하지 않았고, 그들의 위선과 완악함을 비난한 참된 선지자들은 배척과 핍박을 받았으며 옥에 투옥되고 살해되었습니다. 그 선지자들은 가족과 친구들로부터 소외당하고 결혼도 하지 못한 채 평생을 고독한 삶을 살아야 했습니다. 이와 같은 그 당시 사회 상황이 예수님의 공생애 시절 유대 사회의 상황과 너무나 유사하게 닮지 않았습니까? 예레미야와 예수님이 사시던 사회의 상황과 그분들의 사역이 거의 판박이처럼 닮았다는 사실은 우리 그리스도인들에게 시사하는 점이 아주 크다고 할 수 있습니다.

눈물의 선지자 예레미야가 주 하나님에게 받은 선지자적 소명을 위하여 그의 목숨을 걸고 동족에게 회개를 촉구하였던 것처럼, 우리도 주 예수 그리스도로부터 받은 소명을 가지고 어떤 어려움에도 굴복하지 않고 하나님의 말씀을 이웃에게 전해야 합니다. 조국 유다의 멸망을 눈앞에 둔 난세에 태어나서 선지자의 소명을 받아 자기 민족의 멸망을 경고하며 회개를 촉구하다가 결국 이방 땅 애굽에서 동족들이 던진 돌에 맞아 순교로 삶을 마감한 예레미야 선지자에게서, 우리는 현대의 모든 그리스도인들이 감당해야 할 각자의 민족에 대한 영적 각성과 전도의 소명감을 절실하게 느끼게 됩니다.

… **스토리17**

소망의 선지자 에스겔

예레미야 선지자의 눈물의 호소에도 아랑곳없이 하나님 앞에서 패역하였던 남유다 백성들을 하나님께서는 결국 바벨론이라는 악의 손을 빌려 징계하십니다. 한 나라의 왕이었던 시드기야는 바벨론 군대에 의해 형벌로 두 눈이 뽑힌 채 자기가 다스리던 남유다 백성들과 함께 쇠사슬로 묶여 머나먼 북쪽 땅 바벨론으로 끌려가게 되고, 344년이란 세월 동안 존속하였던 남유다 왕국은 슬픔 속에서 막을 내리게 됩니다. 시드기야 왕이 마지막으로 바벨론으로 끌려가기 전에도 바벨론 제국의 느부갓네살 왕은 두 차례나 남유다를 침공하여 이미 많은 유다 지식인들을 포로로 잡아 바벨론으로 끌고 갔었습니다. 에스겔(Ezekiel)도 바벨론의 두 번째 침입이 있었던 BC 597년에 요시야 왕의 손자이며 남유다의 19대 왕으로 유다를 단지 100일간 통치하였던 18세의 어린 왕 여호와긴과 함께 바벨론으로 끌려가게 됩니다. 그때 에스겔도 불과 25세의 풋풋한 청년이었습니다. 젊은 나이에 이방 땅 바벨론으로 끌려가 아무 희망도 없이 암울하게 살아가던 에스겔이 포로가 된 지 5년 후, 그의 나이 30세에 하나님은 에스겔이 살고 있었던 갈대아 우르 북쪽의 그발 강가에서 그에게 선지자의 소명을 주십니다. 오늘은 사악하고 우둔한 군주들을 만나는 바람에 이방 땅 바벨론에서 포로의 신세로 절망 속에 살아가야만 했던 유다 백성들에게 하나님의 도성 예루살렘의 회복에 관한 희망의 메시지를 전하고, 많은 계시와 환상을 통해서 소망과 용기를 주었던 소망의 선지자 에스겔의 삶과 그가 전한 하나님의 희망찬 메시지를 살펴보겠습니다.

에스겔(여헤즈켈)은 다윗 왕 때 제사장으로 봉직하였던 사독 제사장의 후손인 부시 제사장의 아들로 요시야 왕의 신앙 개혁이 시작되던 해인 BC 622년에 예루살렘에서 태어났습니다. 에스겔 역시 제사장의 아들로 예레미야처럼 제사장으로 일생을 성전에서 봉사할 숙명을 가지고 태어난 사람이었습니다. 소망의 선지자 에스겔은 예레미야 선지자보다 약 20년 후에 태어난 한 세대 후의 선지자이지만 예레미야가 40년이라는 긴 시간을 사역하였기에 에스겔 사역의 초반기 몇 년간은 비록 지역은 다르지만 예레미야와 함께 유다 백성의 선지자로서 동역을 하게 됩니다. 이스라엘 민족의 비운의 역사 속에서 눈물의 선지자 예레미야로부터 소망의 선지자 에스겔로 연결되는 자연스러운 세대 교체로 인하여, 예레미야에 의해 전해진 하나님의 이스라엘에 대한 경고와 징계 그리고 에스겔에 의해 전해진 회복과 소망의 메시지가 자연스럽게 연결됨을 봅니다. 이렇게 하나님의 백성들의 믿음의 역사는 인간의 완악한 본성과 하나님의 자비로우신 성품으로 인하여, 인간의 반역과 하나님의 징계 그리고 인간의 회개와 하나님의 회복하여 주심이라는 네 가지 사건이 교차해서 일어나는 사이클을 반복하게 됩니다.

에스겔이 하나님께 선지자로서 소명을 받았을 때는 유다 백성들의 반역에 대한 하나님의 징계가 거의 끝나가고, 하나님의 사랑과 자비에 의한 회복의 단계가 눈앞에 놓인 상황이었습니다. 유다 백성들의 회복에 관한 기쁜 소식을 여호와께 받은 소망의 선지자 에스겔은 마른 뼈들이 다시 살아나는 골짜기의 환상과 웅대한 새 성전이 예루살렘에 다시 세워지고 생명수가 강같이 흐르는 환상들을 그의 백성들에게 생생하게 소개하며 그들에게 이스라엘 민족의 회복에 대한 소망과 용기를 주었습니다.

이렇게 에스겔은 바벨론의 포로로 절망 속에 살고 있는 이스라엘(유다) 백성들에게 하나님의 기쁜 말씀을 전하기 위해 하나님으로부터 파송된 소망의 선지자였습니다. 그가 하나님의 말씀을 받아 전한 내용들은 크게 세 가지 단계로 나눌 수 있습니다. 첫째 단계는 여호와를 반역한 유다 백성에 대한 징계의 설명이고, 둘째 단계는 이스라엘 민족을 압제하여 왔던 이방 열국들에 대한 하나님의 심판의 선언이며, 마지막 단계는 온 이스라엘의 회복과 하나님의 구원의 완성에 대한 비전의 제시입니다. 에스겔을 통한 이스라엘에 대한 징계의 설명은 패역한 유다 백성이 우상숭배로 하나님을 배신한 일 때문에 그동안 징계를 받았음을 깨우치게 하기 위한 것이었습니다. 그리고 이방 열국에 대한 심판의 선언은 하나님이 그분의 인류 구원의 계획에 따라 악과 선을 이용하여 순차적으로 구원사를 경영하시고 있음을 알리기 위함이었습니다. 또한 이스라엘의 회복에 대한 비전의 제시는 징계로 인하여 실의와 비탄에 빠져 있는 이스라엘 백성들에게 회개를 촉구하고 이스라엘의 회복을 미리 보여 줌으로써 그들을 위로하고 소망을 갖게 하기 위한 것이었습니다. 에스겔 선지자에게 임한 이 모든 하나님의 메시지는 포로 생활 속에서 절망의 삶을 살았던 이스라엘 백성에게 큰 희망이 되었습니다.

그러면 절망의 포로 생활 속에서 에스겔을 통하여 이스라엘 민족에게 계시된 희망찬 소망의 메시지는 오늘을 살아가는 우리 그리스도인들에게는 무엇을 알려 주고 있을까요? 그것은 우리 그리스도인들이 현재 어떠한 어려운 환경과 상황에 처해 있다 할지라도 낙심하지 말고 모든 것을 합하여 선을 이루시는 하나님의 구원사 안에서 인내를 갖고 기다리며 소망의 삶을 살아야 한다는 것을 깨우쳐 주는 것입니다. 왜냐하면 하늘에도 계시고, 이 세상에도 우리와 함께 성령으로 계시며, 음부에도 계시는 하나님은 우리를 항상 살펴보고 계시는 우리의 영적인 아버지이시며, 또한 사랑과 자비의 구원자이시기 때문입니다. 따라서 우리 그리스도인들이 평안 중에 있든지, 환난 중에 있든지 여호와 하나님은 항상 우리의 삶의 소망이 되시는 분인 것입니다.

제사장인 예레미야나 에스겔을 선지자로 택하신 하나님의 구속사의 경영 속에서 우리가 또 하나 발견할 수 있는 중요한 포인트는, 주님께서는 완전하신 지혜와 주권적인 의지를 가지고 주님의 인류 구원의 계획에 따라 적절한 시기에 적절한 인물들을 사용하고 계신다는 사실입니다. 즉, 하나님이 경영하시는 구속사의 진행을 위해 모든 인간들은 각기 하나님의 섭리에 따른 주님의 도구로 사용되고 있다는 것입니다. 어떤 사람은 선한 역할로 그리고 어떤 사람은 악한 역할로 각기 갖고 있는 성품과 재능과 믿음에 따라서, 그리고 그가 처한 상황에 따라서 하나님은 그분이 계획한 구원사의 완성을 위해 우리 인간들을 사용하고 계시는 것입니다. 우리가 잘 아는 예수님의 수제자 베드로를 그렇게 사용하셨고, 예수님을 배반한 악한 제자 가룟 유다도 그렇게 사용하셨으며, 예수님을 따르던 많은 제자들을 혹독하게 살해하였던 사도 바울도 그렇게 사용하셨습니다. 따라서 주님께 선택된 우리 그리스도인들은 하나님의 구원사를 이루어

감에 있어서 우리가 주님께 선한 역할로 사용되고 있다는 자부심과 감사함 속에 살아야 합니다. 그리고 주님께서 어떤 직무를 맡기시든지, 세상 사람들이 그 직무를 귀하게 여기든지 아니면 천하게 여기든지 상관하지 말고 '아멘'으로 응답해야 한다는 것을 깨우쳐야 합니다. 어떠한 상황에서도 하나님의 이름이 높여지고 주님의 영광이 이 세상에 선포되어야 하지 않겠습니까?

소망의 선지자 에스겔도 그의 삶 속에서 예레미야와 같이 많은 배척과 고난을 받아야 했습니다. 거기에는 이유가 있습니다. 그와 함께 포로로 끌려간 바벨론 2차 침략의 유다 포로들은 여호야긴 왕을 포함하여 대부분 유다 사회의 상류층 사람들이었습니다. 그 당시 그들은 바벨론의 포로 생활이 곧 끝나고 예루살렘으로 귀환해서 본래의 위치를 되찾고 상류층으로서의 특권을 다시 누리며 살게 될 것이라고 낙관하고 있었습니다. 그러나 에스겔은 그 부유층의 동료 포로들에게 바벨론의 포로 생활이 아주 오래 지속될 것이며, 대부분의 상류층 포로들이 그곳 바벨론에서 죽을 것을 예언하여야 했습니다. 그러니 그 상류층 출신의 동료들에게 재수 없는 예언을 한다며 얼마나 욕을 얻어먹으며 배척당하였겠습니까? 그뿐 아니라 에스겔은 그의 사역 초반에 선지자의 사역을 위하여 하나님에 의해 강제로 벙어리가 되어야 하는 고초도 겪었고, 사랑하는 아내를 잃어버리는 뼈를 깎는 아픔도 홀로 감수해야만 하였습니다. 그러나 에스겔은 그의 히브리 이름 '여헤츠겔'(여호와께서 강하게 하심)과 같이 그러한 개인적인 고난과 슬픔에 굴복하지 않고 선지자로서 자기의 심령을 더욱 강하게 하였으며, 주님의 말씀에 순종하여 그의 소명을 꿋꿋하게 수행하였던 선지자 중 선지자였습니다.

지금 이 시간에도 주님은 그분의 선한 목적을 이루시기 위하여 인간의 생사고락과 인류의 역사를 경영하고 계십니다. 따라서 주님께 선택된 우리 믿음의 백성들은 하나님의 구원사의 완성을 위하여 어떠한 어렵고 힘든 사명이라도 소망 속에서 꿋꿋하게 이루어 나가야 할 것입니다. 에스겔 선지자의 경고와 회복의 메시지로 인하여 이스라엘 민족은 바벨론의 혹독한 포로 시기 동안에 철저히 회개함으로써 하나님께로 돌아왔고, 그 후 우상숭배의 죄와 악행에서 벗어날 수 있었습니다. 또한 솔로몬 이후에 남유다와 북이스라엘로 분단되어 두 동강이 나 있었던 이스라엘 민족이 하나로 통일되어 고국으로 함께 돌아오는 은혜를 입었습니다. 이러한 통일 이스라엘을 다시 이루게 한 소망의 선지자 에스겔은 우리 하나님의 백성에게 늘 희망을 주는 소망의 선지자로 우리 그리스도인들의 가슴속에 영원히 남아 있을 것입니다.

스토리18

마지막 왕세손 스룹바벨

바벨론의 2차 침공 시에 에스겔 선지자와 함께 끌려간 남유다의 19번째 왕 여호야긴은 바벨론에서 패국의 어린 군주로 오랜 시간 감옥 생활을 하였으나, 37년 후 결국 풀려나 자유로운 생활을 하게 되었습니다. 그는 이방 땅 바벨론에서 첫아들 스알디엘을 비롯해서 7명의 자녀를 두었습니다. 스룹바벨은 여호야긴 왕의 첫아들 스알디엘의 족보상 장자이며 여호야긴 왕의 장손으로서, 남유다 왕국의 마지막 왕세손이라고 할 수 있습니다. 스룹바벨의 족보와 혈통을 살펴보면 먼 조상으로는 다윗 왕과 다윗의 후손인 성군 요시야 왕의 직계 혈통이 됩니다. 그리고 스룹바벨의 먼 후손으로는 예수님의 아버지 요셉이 있습니다. 그런 이유로 스룹바벨은 마태복음 1장의 예수님의 족보에서 직계 조상으로 그 이름이 등장하게 됩니다. 만약에 남유다가 바벨론에게 패하지 않아서 19대 여호와긴 왕이 포로로 잡혀 오지만 않았다면 스룹바벨은 그의 아버지 스알디엘의 뒤를 이어 남유다의 21대 왕으로 등극하였을 것입니다.

그는 남유다의 왕이 될 수 있는 왕세자의 혈통을 타고 태어났지만 난세에 이방 땅에서 태어나는 바람에 총명한 인품에도 불구하고 허리 한 번 제대로 못 펴고 바벨론 정부의 지방 관원으로 근근이 살아가고 있었습니다. 그러나 바사(페르시아)에 의하여 바벨론이 망하자 그의 총명함으로 인하여 바사 왕 고레스(키루스 2세)에게 발탁되어 유다 총독으로 임명됩니다. 그리고 드디어 BC 537년 유다 백성들을 인솔하여 그렇게 그리워하던 그들의 조국 이스라엘 땅으로 귀향하게 됩니다. 오늘은 포로 생활을 마치고 유다 백성들을 이끌고 예루살렘으로 돌아와 피와 땀으로 스룹바벨 성전을 예루살렘에 재건한 비운의 마지막 황태자 스룹바벨을 만나 보겠습니다.

현재 이라크의 유프라테스강 하부 지역, 즉 메소포타미아의 남부 지역에 살던 갈대아 사람들이 BC 625년경 세운 (신)바벨론 왕국은 점점 자라나 남유다 왕국 말기에는 그 위용이 하늘을 찌를 듯이 강한 나라로 성장하였습니다. 그 바벨론 왕국의 두 번째 왕 느부갓네살 2세는 BC 586년 유다를 침공하여 성전을 모두 불살라 버리고, 아주 늙었거나 가난한 사람들 일부를 제외하고는 모든 유다 사람들을 포로로 잡아 바벨론으로 끌고 갔습니다.

그러나 세월이 흘러 기세등등하던 바벨론도 그 운이 다하여 BC 538년 신흥 국가인 바사에 의해서 속절없이 무너지고 맙니다. 바벨론을 무너뜨린 바사의 초대 왕 고레스는 즉시 칙령을 내려 모든 유다인은 예루살렘으로 귀환해도 좋다는 유다 백성 귀환 조서를 내리고 스룹바벨을 총 인솔자로 임명하여 대제사장 예수아(여호수아)를 필두로 약 오만 명의 이스라엘인 포로들을 본국 이스라엘로 출발시킵니다. 그것이 BC 537년에 이루어졌던 1차 포로 귀환입니다. 이 1차 포로 귀환에 동참한 사람들은 주로 남유다 왕국 출신의 유다 지파와 베냐민 지파 사람들로서 포로 생활 중에도 여호와 신앙을 잃지 않고 계승한 신실한 믿음의 백성들이 주축이었으며, 지도자 스룹바벨 역시 신실한 하나님의 종이었습니다. 스룹바벨이란 이름은 '바벨론에서의 씨'(자손) 혹은 '바벨론의 슬픔'이라는 의미입니다. 이방 땅 바벨론에서 태어난 유다 왕손의 아픔을 담고 있는 듯한 이름입니다. 예루살렘에 도착하자마자 스룹바벨 총독은 여호와 신앙의 회복과 성전 재건이라는 목표를 세웁니다. 그러자 모든 귀환자들은 그 목표에 합류해서 그들의 소유와 더불어 그들의 몸을 하나님 앞에 자발적으로 봉헌합니다.

유다와 베냐민 지파를 중심으로 한 1차 귀환 백성들은 여타 이스라엘 포로들과는 달리 포로 생활을 하던 70년 동안도 선민으로서의 자긍심과 여호와 신앙의 공동체로서의 전통을 잃어버리지 않았던 사람들이었습니다. 그들은 비록 자신들이 포로의 입장임에도 불구하고 그들이 하나님의 언약을 이어받을 백성임을 자각하고 포기하지 않고 이스라엘의 회복을 끝까지 소망하였기에 여호와 하나님께서 그들의 귀향을 허락하신 것입니다. 그들은 유다 백성들이 하나님 앞에서 우상을 섬기며 범죄하였기 때문에 바벨론의 포로가 된 것을 통회하며 하나님 앞에서 신실한 믿음을 회복하려고 혼신의 노력을 다하였기에 하나님의 도성 예루살렘으로 귀환할 수 있었습니다.

이 같은 사실은 오늘날 영적 이스라엘으로서 영원한 하나님의 나라를 소망하는 우리 그리스도인들의 모습을 되새겨 보게 합니다. 돈이 최고라는 배금주의 우상이 판을 치는 바벨론과 같은 현대의 사회 속에서 힘들어하고 지친 우리가 가슴에 꼭 새겨야 할 것이 있습니다. 그것은 바로 그 귀환한 유다 백성처럼 우리 그리스도인들도 똑같이 하나님의 새 언약의 백성이라는 사실입니다. 그리고 천국에 대한 예수 그리스도의 신실하신 약속이 있기에 우리도 이 힘들고 험난한 세상에서 우리의 달려갈 길을 온전히 마친 후에는 하나님의 도성인 천국에 입성을 할 수 있다는 소망을 가질 수 있는 것입니다.

여기서 성경의 기록에 의하면, 스룹바벨과 함께 1차로 귀환한 모든 백성들의 수가 49,897명인데 그중 무려 10퍼센트에 가까운 4,289명이 제사장이라는 것이 대단히 놀랍습니다. 그 당시 제사장은 현시대의 목회자와 같지 않습니까? 이러한 사실은 구원사의 관점에서 볼 때 매우 중요한 의미를 시사하여 줍니다. 그것은 이스라엘 백성의 귀환 목적이 단순히 고향으로 돌아가 편안하게 사는 것이 아니라, 황폐한 솔로몬 성전을 재건하고 여호와 신앙을 회복시키시려는 하나님의 커다란 계획이 그 속에 감추어져 있었다는 사실입니다. 하나님께서는 이스라엘의 회복을 위하여 그 무엇보다도 먼저 성전을 재건하고 성전 제사의 직무를 바로 수행할 제사장들을 제일 먼저 돌아가도록 하셨고, 그들과 함께 사역할 신실한 성도들을 함께 딸려 보내셨던 것입니다. 이러한 사실은 "이스라엘의 하나님 여호와를 신실하게 의지하는 남은 자들을 통해서 이스라엘의 회복이 이루어지리라"라고 150여 년 전에 미리 예언한 이사야 선지자의 '남은 자 사상'의 성취이기도 합니다. 오늘날 우리 그리스도인들의 삶은 바로 여호와 신앙을 회복할 이 남은 자들의 삶과 같아야 합니다. 배역하고 죄에 찌들어 가는 어려운 이 땅의 삶 속에서 마지막 남은 자로서 우리가 해결하여야 할 가장 우선적인 과제는 바로 참된 여호와 신앙의 회복이라고 할 수 있습니다.

그 당시 사실 혈통적으로만 본다면 귀향한 백성들이 모두 신앙회복의 도구로 사용되기에 합당한 사람들은 아니었습니다. 포로 시기 동안 선지자 예레미야를 그토록 괴롭혔던 바스훌의 자손들이나 이방인으로서 이스라엘의 노예가 되어 강제로 성전에서 일하다가 바벨론으로 함께 끌려갔던 사람들, 그리고 품삯을 주고 솔로몬의 사역에 동원시켰던 가나안의 원주민들까지도 1차 귀환 백성의 구성원에 일부 포함되어 있었습니다. 이러한 사람들이 거룩한 하나님의 전인 성전의 재건과 여호와 신앙의 회복이란 목적을 가진 1차 귀한 자들 명단 속에 함께 포함되어 있다는 사실에서 우리는 사도 바울처럼 하나님의 놀라운 비밀을 발견할 수 있습니다. 그것은 참이스라엘의 회복이 혈통이나 하나님의 선민 여하에 있는 것이 아니라는 사실입니다. 유대인이나 이방인이나, 종이나 자주자나, 남자나 여자나 오직 하나님만을 의지하고 신뢰하는 신실한 믿음을 가진 하나님의 백성들을 통해서 참이스라엘의 회복이 이루어진다는 것입니다. 이 같은 사실은 선민 이스라엘 민족의 혈통도 아니고 흠도 많고 죄도 많은 현대의 우리 그리스도인들이 하나님 나라의 사역에 동참할 수 있는 확고한 근거와 커다란 희망을 마련하여 줍니다.

귀환한 백성들은 예루살렘에 도착하자 성전 재건을 위하여 "그들의 소유를 역량대로 즐거이 하나님께 드렸다"라고 기록되어 있습니다. 여기서 히브리어 '역량대로'는 '자신들이 할 수 있는 최대한'이란 뜻이며, '즐거이'는 '조금도 아까워 망설이지 않고'라는 뜻으로, 그들이 자발적으로 성전 재건을 위하여 앞다투어 봉헌하고 헌신했음을 말해 줍니다. 사실 1차 귀환 백성들은 머나먼 길을 걸어서 예루살렘으로 돌아와야 했기 때문에, 그들이 그동안 힘들여 모아 놓았던 대부분의 재산을 바벨론에 그냥 놔두고 돌아와야 했습니다. 그렇게 가진 것이 별로 없이 새로운 삶을 시작하려면 각자가 살기도 힘들 텐데 그들의 재산을 역량대로 즐거이 바쳤다는 사실은, 성전 재건의 책임자 스룹바벨을 비롯해서 모든 귀환한 백성들이 혈통을 떠나서 하나님 앞에 신실한 신앙의 사람들이었으며, 귀환한 목적이 무엇인가를 분명하게 알고 있었던 하나님의 백성들이었음을 깨닫게 합니다. 그들은 오직 성전 재건을 통한 여호와 신앙의 회복으로 이스라엘을 재건하려는 소망에 모든 것을 다 바쳤던 사람들이었고, 그 중심에 마지막 왕세손 스룹바벨이 있었습니다.

많은 우여곡절 끝에 결국 그들의 땀과 희생과 인내에 의해서 스룹바벨 성전이라는 제2의 성전이 BC 516년에 예루살렘에 다시 세워지게 됩니다. 여호와 하나님의 도성 예루살렘에 거룩한 하나님의 전이 다시 세워지고 여호와 신앙이 다시 회복된 것입니다. 하나님 나라를 위한 모든 일은 이렇듯 우리 하나님의 백성이 구원의 소망과 기쁨을 가지고 진실로 헌신할 때 이루어지며, 그러한 헌신으로 인하여 우리는 하나님께서 기뻐하시는 귀한 종들로 바로 설 수 있는 것입니다. 오늘 이 시간에도 주님께서는 스룹바벨과 같은 신실한 신앙의 지도자와 또 그와 함께하였던 백성들과 같은 귀한 성도님들을 부르고 계십니다. 오늘의 주인공 비운의 왕세손 스룹바벨, 그는 비록 유다의 왕은 되지 못하였지만 우리의 기억 속에 하나님의 성전을 재건한 신실한 믿음의 왕으로 영원히 남아 있게 될 것입니다.

스토리19
예수님의 수제자 베드로

신약 성경에서 바울 사도 다음으로 많이 언급되는 사도는 예수님의 수제자 베드로(Peter)입니다. 그 이름이 신약 성경에서 무려 160회나 등장하는 것을 보면 과연 그가 예수님의 수제자로서 손색이 없음을 알 수 있습니다. 베드로는 많은 결점에 못지않게 많은 장점을 가지고 있는 사람이었습니다. 그는 충동적이었고 직설적이었으며 단순 무식하였고 남들 앞에 나서기를 좋아하였습니다. 그는 어려서부터 어부로서 일을 하여서 그 당시 대부분의 어부들처럼 말보다는 주먹이 먼저 나가는 과격한 성격을 가졌으며, 다른 사람들을 전혀 두려워하지 않는 야생적인 삶이 몸에 배어 있던 그야말로 무식한 뱃사람이었습니다. 그러나 그러한 많은 단점에도 불구하고 그는 매우 열정적이었고, 의지가 강하였으며, 죄에 대하여 굉장히 솔직하여 자기 죄를 깨달으면 바로 회개하는 순수한 성격의 소유자였으며, 지도자로서 리더십을 가진 사람이었습니다. 갈릴리 촌구석의 뱃사람으로 살다가 하나님의 아들이신 예수 그리스도를 만나 그분의 수제자가 되고 주님 승천 후 많은 이적과 표적을 행하였으며 초대교회의 든든한 반석이 된 시몬 베드로를 만나 보고 그의 드라마틱한 삶을 살펴보는 시간을 갖겠습니다.

베드로는 갈릴리 호수 북쪽 연안의 작은 마을 벳새다에서 태어났습니다. 그는 일찍 결혼하여 벳새다 서쪽에 자리 잡고 있는 어촌 가버나움에 신혼집을 꾸리고 살고 있었습니다. 그의 아버지 요나는 어부였고 꽤 큰 규모의 배도 가지고 있었던 그 지역에서는 그런 대로 중산층 집안이었습니다. 그리고 베드로의 밑에는 안드레라는 차분하고 과묵한 동생이 있었습니다. 베드로의 원래 이름은 시몬(시므온)이고, 보통 아버지 이름을 우리의 성처럼 앞에 붙이는 유대인의 관습에 따라 '바(아들) 요나 시몬'(요나의 아들 시몬)이라고 불렸습니다. 나중에 예수님께서는 그 시몬에게 그 당시 유대인들의 언어인 아람어로 '게바'(케파)라는 별명을 지어 주시는데 커다란 반석이라는 뜻입니다. 우리말 성경에서는 반석이라는 뜻을 가지고 있는 헬라어(고대 그리스어) '페트로스'라는 단어를 읽기 쉽게 베드로라고 음역하여 그의 이름이 우리말로 베드로가 되었습니다. 그는 세베대의 두 아들 야고보, 요한과 더불어 예수님의 여러 제자 중에서 핵심적인 역할을 한, 속칭 갈릴리 삼총사의 한 사람으로 항상 수석제자의 위치에서 예수님을 따랐습니다. 그러면 유대인들이 북쪽 이방 땅이라고까지 하며 무시하고 천대하였던 북방 지역 갈릴리의 촌구석 어부였던 시몬 베드로가 어떻게 학식이 많고 똑똑한 다른 여러 제자들을 제치고 예수님의 수제자의 위치에까지 오를 수 있었을까요? 성경 말씀을 살펴보도록 하겠습니다.

마태복음 16장을 보면 다음과 같은 장면이 소개됩니다. 예수님이 제자들에게 "사람들이 인자를 누구라고 하느냐?"라고 질문합니다. 제자들은 사람들이 주님을 세례 요한이나 엘리야 혹은 예레미야나 다른 선지자 중 한 명이라고 한다고 대답합니다. 예수님은 또다시 "그러면 너희는 나를 누구라고 생각하느냐?"라고 다시 물어보십니다. 그러자 시몬 베드로가 벌떡 일어나서 아무도 생각지 못한 기발한 대답을 합니다. "주는 그리스도(메시아)시요 살아 계신 하나님의 아들입니다." 그때 예수님은 그의 믿음을 칭찬하시며 "바요나 시몬아 네가 복이 있도다"라고 시몬을 축복하십니다. 그리고 시몬에게 베드로(반석)라는 새로운 이름을 주시며 다음과 같이 말씀하십니다. "너는 베드로(페트로스)다. 내가 이 반석 위에 내 교회를 세우리니 음부의 권세도 능히 그것을 이기지 못할 것이다." 사실 예수님께서 그날 '너희는 나를 누구라 생각하느냐'라고 질문하셨던 이유는, 자신이 대부분의 유대인들이 생각하는 것같이 그냥 뛰어난 선지자가 아니라, 이 세상의 모든 죄를 대속하기 위하여 하나님께서 보내신 그분의 아들이며, 자신의 죽음으로 인류를 구할 메시아임을 제자들에게 알리려 하셨던 것입니다. 시몬 베드로가 제일 먼저 그것을 알아채고 담대하고도 솔직하게 예수님을 하나님의 아들이요 그리스도(메시아)라고 고백한 것입니다. 그 많은 제자들 중에 오직 베드로만 주님을 올바로 알았고 가장 먼저 고백을 했던 것입니다.

어떻게 다른 똑똑한 제자들도 모르는 것을 배움이 그리 많지 않았던 베드로는 알 수 있었을까요? 주님은 그 이유를 바로 알려 주십니다. "이를 네게 알게 한 이는 혈육이 아니요 하늘에 계신 내 아버지시니라." 그 말씀은 하나님께서 베드로를 선택하셔서 주님의 귀한 종으로 사용하시려고 그 내용을 베드로가 알게 하셨다는 뜻입니다. 그런 후 주님은 제일 먼저 시몬 베드로의 이름을 개명해 주셨습니다. 시몬이라는 유대인의 평범하고 흔한 이름을 바꿔서 베드로(아람어 게바)라는 권위 있는 이름을 지어 주셨는데, 이는 전술하었듯이 반석이라는 의미입니다. 그 베드로(반석)라는 단어는 우리가 생각하는 조금 크고 단단한 바위가 아니라 아주 거대하고 큰 바위를 뜻하는 단어이고, 광야가 많은 이스라엘에서 이 큰 반석은 아무 것도 의지할 곳 없는 광야에서 사람들이 그 안에 거주할 수 있는 거대하고 견고한 요새를 이루는 큰 바위를 의미하는 것입니다. 그래서 그 당시 유대인들은 그들이 의지할 수 있는 위대한 인물들을 반석 같은 사람이라고 부르기도 하였으며, 시편 기자도 하나님을 반석으로 비유하는 것을 볼 수 있습니다.

주님은 또 이 반석 위에 주님의 교회를 세우리라고 약속하셨습니다. 이 말씀의 의미는 주님이 교회의 통치권을 베드로에게 모두 주겠다는 뜻이 아니라, 베드로와 같이 신실한 믿음을 지닌 성도들로 교회를 세우겠다는 의미입니다. 베드로처럼 예수 그리스도를 올바로 알고 고백하고 섬기는 성도들이 모인 것이 곧 교회이며, 주님은 그 교회의 몸이 되시고 교회의 머리가 되시어 그분의 교회를 성령을 통하여 다스리고 계시는 것입니다.

주님은 베드로에게 천국 열쇠를 주심으로 매고 푸는 권한도 약속해 주셨습니다. 반석과 같은 베드로를 주님의 수제자로서 인정하신 것입니다. 이와 같은 약속 역시 베드로에게 수제자로서 어떠한 막대한 권한만을 수여하였다기보다는 오히려 수제자 베드로에게 청지기의 열쇠를 주어 막중한 의무와 책임을 함께 맡겼다는 의미로 해석할 수 있습니다. 그 당시 유대인들에게는 성경에도 자주 등장하는 청지기 제도라는 것이 있었는데, 청지기로 임명된 사람은 주인의 재산과 종들을 관리하는 책임을 맡았으며, 주인에게 창고의 열쇠를 받아 관리를 하였습니다. 또 매고 푸는 권한은 어떤 것을 금하고 어떤 것을 허락하는 권한을 의미하는데, 그것 역시 청지기가 주인의 뜻에 따라서 주인의 이익을 위하여 모든 일을 결정하고 시행하는 관리 책임자의 의무를 행하는 것에 비유한 말씀입니다. 그러므로 베드로는 장차 세워질 초대교회의 수석사도이자 관리자로서 청지기의 권한과 의무를 주님께 함께 부여받은 것입니다. 주님 승천 후 수제자 베드로는 수석사도로서 예수님의 청지기 역할을 훌륭하고 책임 있게 수행하는 것을 볼 수 있습니다.

주님은 베드로에게 이제부터 반석(게바)이라고 부르시겠다고 하셨습니다. 그러나 그 후 오랫동안 베드로는 반석 같은 수제자로서 그의 의무를 온전하게 수행하기에는 많이 부족한 사람이었습니다. 그러한 주님의 칭찬 후에도 베드로는 반석이 아니라 오히려 연약한 갈대처럼 행동하는 것을 여러 번 볼 수 있습니다. 그는 포박된 주님을 앞에 두고 세 번씩이나 제자가 아니라고 부인하였으며, 주님의 부활 사실을 듣고도 바로 믿지 않았고, 오히려 동료 제자들을 선동하며 수제자로서의 사명을 포기하고 갈릴리로 다시 돌아가 어부 생활을 하려고 낙향하기도 하였습니다. 그래도 주님께서는 그를 위하여 끊임없이 기도하여 주셨고, 부활하신 후에 베드로를 찾아가 낙심하고 있는 그를 부드럽게 책망하시며 그의 수석사도로서의 사명을 다시 일깨워 주셨습니다. 주님은 회개한 베드로에게 '내 어린 양을 먹이라', '내 양을 치라'고 세 번씩이나 명하셨습니다. 이는 그 전의 '너는 베드로라, 이 반석 위에 내 교회를 세우리라'는 주님의 약속의 발전된 형태의 말씀이라고 할 수 있습니다. 그리고 주님이 체포되시기 전 베드로에게 "너는 돌이킨 후에 네 형제를 굳게 하라"고 하셨던 주님의 명령의 재확인이기도 하였습니다. 그뿐 아니라 베드로가 앞으로 할 전도 사역 중에 체포와 투옥 같은 고난을 겪게 되고, 결국 죽음의 장소까지 끌려가게 될 것이라고 예고하여 주셨습니다.

그 이후 베드로는 주님의 명령대로 초대교회의 수석사도로서, 그리고 예루살렘 교회의 기둥과 반석과 같은 존재로서 그 본분과 사명을 다하였습니다. 하루에 3천 명씩, 그리고 5천 명씩 회개케 하며 초대교회를 세우는 데 중심적인 역할을 하였을 뿐 아니라, 초대교회의 규례들을 만들어 사도들이 세운 교회의 성도들이 순조롭게 믿음의 생활을 이어 가게 하였으며, 또 모든 교회를 순회하며 목회자로서 매우 바쁜 삶을 살았습니다.

전승에 의하면 수제자 베드로 사도는 훗날 로마에서 네로 황제의 박해를 받아 십자가 사형 틀에 거꾸로 매달려 순교하였다고 합니다. 거꾸로 매달려 순교한 이유는, 예수님을 세 번씩이나 부인한 죄인이 주님처럼 바로 서서 십자가에 달려 죽는 것은 불충한 것이라 생각하고 로마 사형 집행관에게 부탁하여 스스로 거꾸로 달려 순교하였다고 합니다. 연약한 마음 때문에 죄는 지었지만 죽는 순간까지 자기의 죄에 대한 회개를 멈추지 않는 진정한 수제자다운 모습 아닙니까? 베드로는 그가 기록한 베드로서신에서 양 떼 같은 성도들의 모범이 되는 목자들이 되라고 그의 후배 목회자들에게 유언적인 메시지를 남기기도 한, 우리 그리스도인들의 진정한 수석사도였습니다.

스토리 20
우레의 아들 야고보

구약이나 신약 성경에는 야곱(Jacob) 혹은 야고보(James)라는 이름이 여러 명 나타나는 것을 봅니다. 헬라어로 기록된 신약 성경의 야고보(야코보스)라는 이름은 구약 성경의 히브리어 야곱(야아코브)의 헬라어식 표현이며, 그 야곱이라는 이름이 이스라엘의 조상인 '야곱-이스라엘'의 본명이고 또 아브라함, 이삭과 함께 야곱이 이스라엘 민족을 떠받치는 세 기둥이다 보니 그 유명세를 타고 구약 시대에는 많은 사람들이 그들의 이름을 야곱으로, 그리고 신약 시대에는 헬라어인 야고보로 그들의 이름을 사용하였던 것 같습니다. 우리의 신약 성경에는 주로 세 명의 야고보가 등장합니다. 첫째 야고보는 예수님의 제자 중 하나인 세베대의 아들 (큰) 야고보이고, 둘째는 얼굴이나 외적인 모습이 예수님을 가장 많이 닮았다고 전해지는 예수님의 또 다른 제자인 알패오의 아들 (작은) 야고보이며, 셋째는 예수님의 동생이며 야고보서의 저자인 주의 형제 야고보입니다. 세베대의 아들 큰 야고보는 요한 사도의 형이며, 그의 아버지 세베대는 갈릴리 호수에 여러 척의 배를 갖고 여러 명의 인부들을 고용하여 사업을 하였던 커다란 수산물 회사의 소유자였으며 꽤 부자였습니다. 따라서 부유한 집안의 장남으로 태어난 야고보는 아버지의 수산물 회사를 물려받기 위해 어려서부터 아버지와 함께 배에서 일하며 후계자 수업을 받았습니다.

그러던 어느 날 아버지와 동생 요한 그리고 인부들과 함께 갈릴리 호수의 배 위에서 일하던 중 그곳에서 조금 떨어진 나사렛이라는 마을 출신의 예수라는 젊은 사람으로부터 "나를 따르라"는 부름을 받습니다. 여기서 주님의 "나를 따르라"는 명령은 현재의 모든 일에서 손을 떼고 주님과 함께 전도 여행을 가자는 권유입니다. 그는 그 요셉의 아들 예수라는 젊은이를 보는 순간, 비록 그의 옷차림은 허술하고 빈티가 났지만 그가 하나님께서 보내신, 그들이 기다리던 이스라엘의 메시아임을 한눈에 알아볼 수 있었습니다. 그는 즉시 예수님의 부름에 응하여 아버지와 인부들을 작업 현장에 남겨두고 동생 요한과 함께 예수님을 따라 주님의 전도 여행에 합류합니다.

야고보가 아버지를 배에 남겨두고 나사렛 예수를 따라 떠난다는 것은 사실 그에게는 커다란 도전이었습니다. 왜냐하면 그의 아버지로부터 상속받을 많은 재산과 명예를 모두 잃어버릴 수도 있었고, 편안한 삶을 포기하고 주님과 함께 전도 여행이라는 고난의 삶을 선택한다는 의미였기 때문입니다. 그럼에도 불구하고 야고보는 주님을 따르기로 결정하였고, 그는 결국 주님의 고난의 길에 합류하였습니다. 야고보는 주님께서 골고다 언덕의 십자가 위에서 인류 구원의 사명을 완성하시고 부활 승천한 후 약 14년 뒤에 헤롯 아그립바에 의해서 목이 잘리는 순교를 하여 주님께로 돌아가게 됩니다. 스데반 집사의 첫 순교 이후 예수님의 열두 제자 중 야고보 사도가 처음으로 순교하는 제자가 되었습니다. 그러나 그의 사도로서의 순교의 피는 초대교회가 복음 위에 굳건히 서는 기초가 되었고, 모든 사도들이 야고보 사도를 본받아 순교를 두려워하지 않고 그들의 선교를 펼쳐 나가는 원동력이 되었다고 합니다. 고금을 막론하고 거의 모든 사람들이 편안하고 안락한 삶을 추구하는 이 세상에서 편안하고 부유한 삶 대신 고난과 순교의 길을 선택하였던 우레(우뢰)의 아들 야고보의 삶을 좀더 살펴보겠습니다.

야고보는 예수님의 12제자들 가운데서 초기에 부르심을 받은 제자 중 한 사람이었습니다. 야고보의 아버지는 전술하였듯이 갈릴리 부자 세베대였고, 어머니는 살로메였습니다. 예수님께서는 먼저 베드로와 안드레 형제를 부르신 후에 조금 더 걸어가시다가 야고보와 요한 형제를 부르셨습니다. 예수님께서 그 네 제자를 부르실 때 야고보와 요한은 갈릴리 호수에 정박되어 있는 배 위에서 그물을 깁고 있었고, 베드로와 안드레는 배 위에서 그물을 던지던 중이었습니다. 그러한 상황은 베드로와 안드레 형제는 열심히 일을 하는 중에 부름을 받았고, 야고보와 요한 형제는 그들의 일을 열심히 준비하는 중에 부름을 받았다는 말이 아니겠습니까? 이러한 사실은 야고보를 포함한 네 제자 모두가 부름을 받기 전에 자신의 일에 땀 흘리며 최선을 다하는 삶을 살고 있었음을 보여 줍니다. 구약 성경에서도 선지자 엘리사가 대선지자 엘리야의 후계자로 부름을 받은 곳은 그가 땀 흘려 밭갈이를 하던 밭 한가운데였습니다. 이렇게 하나님께서는 자신에게 맡겨진 일에 최선을 다하는 이들에게 충성된 일을 맡기십니다. 그러므로 우리가 주님의 사역에 동참하고자 원한다면 항상 우리의 삶 속에서 현재 우리에게 맡겨진 일에 성실하게 최선을 다하는 것부터 훈련해 나가야 합니다.

사실 야고보는 매우 큰 꿈과 야망을 가지고 있었던 젊은이였습니다. 그는 예수님이 평범하지 않은 특별하신 분임을 한눈에 알아보고 예수님의 제자가 되었으며, 다른 제자들과 마찬가지로 예수님을 곧 이스라엘의 왕좌에 오르실 정치적이고 강력한 무력을 지닌 메시아로 생각하고 있었습니다. 야고보는 다윗의 자손으로 오신 예수님이 그 분의 이적의 능력으로 그 옛날 다윗 왕과 같이 이방 민족들을 모두 무력으로 물리치고 이스라엘의 왕좌에 앉을 것을 의심하지 않았습니다. 그래서 그 후 예수님의 제자로 사역하던 중 어느 날 동생 요한과 어머니를 대동하고 예수님 앞으로 나아가 어머니 살로메를 통하여 미리 청탁을 하게 되었습니다. 그들의 청탁 내용은 예수님이 무력으로 모든 이방을 평정한 후 왕좌에 오르시면 왕좌의 우편과 좌편에 그들 형제를 각각 앉게 해달라는 것이었습니다. 다시 말해서 예수님이 이스라엘의 왕으로 등극하시면 우의정과 좌의정의 관직을 자기들에게 달라는 청탁이었습니다. 이들은 이전에 예수님께서 열두 제자들을 향해 "세상이 새롭게 되어 인자가 자기 영광의 보좌에 앉을 때 나를 좇는 너희도 열두 보좌에 앉아 이스라엘 열두 지파를 심판하리라"라고 하신 말씀을 기억하고 청탁을 한 것입니다. 그러나 이들 형제의 청탁은 결국 이들이 예수님이 고난받는 종으로서 십자가 상에서 죽으심으로 메시아 사역을 이루어 영광받을 것을 그때까지도 전혀 이해하지 못하고 있었음을 보여 주는 것이었습니다.

예수님께서는 야고보와 요한 형제가 요구하는 것이 무엇인지를 알지 못하겠다고 말씀하시며 "내가 마시려는 잔을 너희가 마실 수 있겠느냐?"라고 되물으십니다. 그러자 그 잔의 의미를 승전의 축배잔으로 오해한 야고보 형제는 당연히 마실 수 있다고 확신에 찬 대답을 합니다. 예수님께서는 메시아 사역을 위한 고난의 잔을 의미하셨지만, 야고보 형제는 그 잔이 주님이 곧 이루실 무력적인 승리의 축하의 잔으로 잘못 생각하였던 것입니다. 그러자 예수님께서는 그들이 과연 그 잔을 마시게 될 것이라고 예언하십니다. 그리고 훗날 주님의 이 예언은 두 형제에게 실제로 일어나게 되었습니다. 예수님 승천 후에 야고보는 열두 제자 중 최초의 순교 제자로 목이 잘리는 고난의 잔을 마시게 되었고, 그의 동생인 요한도 열두 제자들 중에 유일하게 백 세 이상 살아남아 끓는 물에 던져지고 독사 굴에 던져 지는 등 수많은 박해의 잔을 오래도록 마셔야만 했기 때문입니다.

예수님께서 부활 승천하신 후에 오순절 날 마가의 다락방에 모인 제자들과 모든 무리들에게 주님께서 불 같은 성령을 내려 주셔서 그 여파로 초대교회가 설립되었습니다. 그 이후 복음은 뜨거운 성령의 불을 타고 맹위를 떨치며 유대와 사마리아와 이방 땅으로 퍼져 나가기 시작하였습니다. 그러나 사탄은 그것을 가만히 보고만 있지 않았습니다. 사탄은 당시 분봉 왕이었던 헤롯을 이용하여 교회를 심하게 탄압하기 시작하였습니다. 여기서 말하는 분봉 왕 헤롯은 예수님이 탄생한 직후 베들레헴과 그 주위의 어린아이들을 무참하게 학살하였던 헤롯 대왕의 손자가 되는 헤롯 아그립바 1세를 가리킵니다. 그 분봉 왕 헤롯 아그립바는 유대인들의 환심을 사기 위하여 친 유대교적인 정책을 펴기로 마음먹었습니다. 그는 정치적인 목적으로 그 당시 유대교인들이 가장 싫어하였던 그리스도교 성도들을 박해하여 많은 열성 유대인들의 정치적 지지를 얻어내려는 심산이었습니다.

헤롯 왕이 특별히 열두 사도 중 야고보를 제일 먼저 죽이려 선택한 이유는 성경에 기록되어 있지 않습니다. 다만 야고보가 동생 요한과 더불어 보아너게, 즉 우레(천둥)의 아들이라는 별명을 가지고 있는 것으로 보아서 그의 성품이 직설적이고 거칠 것이 없었으며, 그런 성격 때문에 다른 사도들보다도 더 심하게 헤롯 아그립바와 유대인들의 잘못을 직설적으로 비판한 것 같습니다. 그러므로 헤롯은 초대교회의 핵심 지도자였던 세 제자, 즉 베드로와 요한과 야고보 중에서 미운 털이 가장 많이 박힌 야고보를 시범적으로 제일 먼저 죽인 다음 유대인들의 반응을 살펴보고자 하였던 것 같습니다. 그 이후에 헤롯은 유대인들이 야고보의 죽음을 기뻐하며 환영하자 수석 사도로 알려진 베드로마저 없애려고 시도하였던 것을 사도행전은 기록하고 있습니다.

앞에서 살펴본 바와 같이 우레의 아들 야고보가 주님의 열두 제자 중 첫 순교자가 된 것은 이전에 야고보가 예수님께서 마시는 잔을 함께 마시겠다고 약속했던 그의 약속의 성취라고 볼 수 있습니다. 부지불식간에 주님이 마시는 고난의 잔을 함께 나누어 마시겠다고 약속한 야고보의 말이 성취되어 영광 받을 수 있도록 하나님께서는 야고보의 순교의 피가 초대교회의 거름이 되어 예수님께서 뿌리신 초대교회가 무럭무럭 자라도록 한 것입니다.

첫 순교 제자 야고보 사도는 갈릴리의 부잣집 장남으로서의 편안한 삶을 포기하고 주님과 함께 가는 고난의 삶을 선택하였습니다. 그는 주님과 함께 영광의 자리에 앉는 커다란 야망을 가졌었고, 결국은 자신의 약속대로 예수님의 고난의 잔을 첫 번째로 마시는 첫 순교 사도의 영광의 자리를 얻게 되었습니다. 그의 죽음은 결코 헛되지 않아 초대교회를 성장시키는 밑거름이 되었고 오늘날 수많은 교회가 탄생함으로 영광의 열매를 맺게 되었습니다.

스토리21

사랑의 사도 요한

우리 그리스도인들에게 사랑의 사도라고 잘 알려진 요한(John)은 첫 순교 제자 야고보의 동생이며 갈릴리 부자 세베대의 작은아들이었습니다. 예수님의 공생애 사역 당시에 요한은 열두 제자 중에 핵심 역할을 하였던 갈릴리 삼총사 즉 수제자 베드로, 큰 야고보 중에서 나이가 가장 어린 막내였고, 예수님보다는 나이가 열 살 이상 어린 풋내기 젊은이였습니다. 요한이 기록한 요한복음 13장 23절을 보면 "예수의 제자 중 하나 곧 그가 사랑하시는 자가 예수의 품에 의지하고 누웠는지라…"라고 기록되어 있는 것으로 보아서 요한 사도는 제자들 중에서 예수님의 사랑과 귀여움을 가장 많이 받았던 어린 제자였음을 알 수 있습니다. 원래 요한이라는 이름의 히브리어 원명은 '요하난'인데, '여호와 하나님의 사랑을 듬뿍 받는 자'라는 뜻입니다.

우리 성경의 복음서 앞쪽을 보면 또 다른 요한이 한 명 등장하는

데, 요단강에서 예수님께 세례를 베풀었던 세례(침례) 요한입니다. 세례 요한은 예수님의 어머니 마리아의 친척인 엘리사벳의 아들이었고, 족보로는 예수님의 사촌 형 정도로 가까운 사람이었습니다. 사도 요한도 원래 그 세례 요한의 제자로 지내다가 예수님의 부름을 받아 주님의 사역에 동참하게 되었습니다.

요한 사도는 예수님의 제자로 교육받을 때에는 형 야고보와 같이 성격이 불 같아서 '우레의 아들'이라는 별명으로 불릴 정도로 거친 성품의 사람이었으나, 예수님으로부터 끊임없는 사랑을 받으며 제자로 훈련을 받은 후 주님의 사도로 거듭나서 복음을 전하면서 성품이 변화되어 사도들 중에서 가장 많이 사랑을 선포한 '사랑의 사도'로 바뀐 사람입니다. 요한 사도는 그의 제자들에게 항상 서로 사랑하라고 가르치며 하나님이 바로 사랑이시라고 강조하였고, "말과 혀로만 사랑하지 말고 오직 행함과 진실함으로 하라"고 하며 사랑의 실천을 우리에게 가르쳐 주신 진정한 사랑의 사도였습니다. 주님께 가장 많은 사랑을 받았고, 또 다른 사람들에게 가장 많은 사랑을 베풀었던 사랑의 사도 요한을 만나 보고, 그의 인격의 변화 과정과 품성을 살펴보도록 하겠습니다.

요한 사도의 타고난 성품은 형 야고보를 닮아서 성격이 급하고 야망이 컸으며 직설적이고 단순한 면을 가지고 있었습니다. 그러나 그는 또한 사랑이 깊은 사람이었고 신의가 굳건했으며 사교성이 풍부하였고 감성과 영성이 뛰어났던 사람이었습니다. 예수님께서 시몬에게는 베드로(반석)라는 이름을, 그리고 요한과 야고보 형제에게는 아람어로 '보아너게' 즉 '우레의 아들들'이라는 별명을 주셨습니다. 예수님께서 이들 형제에게 우레의 아들들이라고 별명까지 지어 주신 것은 그들의 급하고 과격한 성격을 잘 드러낸다고 할 수 있습니다. 요한 사도는 한때 어떤 사람이 예수님의 이름으로 귀신을 쫓아내면서도 자신은 정작 예수님을 잘 믿으려 하지 않자 그를 부드럽게 잘 설득하여 주님께 인도하기보다는 당장 귀신 쫓아내는 일을 그만두라고 야단을 치며 내쫓아 버리는 사람이었고, 사마리아 사람들이 예수님을 배척하자 하늘에서 천둥 불을 내려 그들을 모조리 다 태워 죽이도록 주님께 요청까지 하였던 과격하고 직설적인 청년이었습니다. 이러한 요한 사도의 언동을 볼 때 젊은 시절의 요한은 참을성이 없고 성격이 매우 급하며 흥분을 잘하는 성품의 소유자였음을 확인할 수 있습니다.

그럼에도 불구하고 요한 사도의 마음 바탕에는 사랑과 정이 깔려 있었던 사람이었습니다. 그는 오랜 시간 사역하면서 신약 성경 중에서 요한복음과 요한1·2·3서 그리고 요한계시록이라는 무려 다섯 권의 성경을 기록하였습니다. 그가 기록한 다섯 권의 성경 중 요한계시록만 제외하고는 네 권의 성경 말씀 모두가 사랑에 대하여 끊임없이 이야기하며 그 사랑의 실천을 우리 성도들에게 계속하여 가르치고 있습니다. 그는 예수님의 가장 사랑받는 제자로서 많은 사랑을 주님께 받았으므로 그 자신이 그러한 사랑의 사도가 된 것 같습니다. 요한 사도는 비록 제자 시절에는 성품이 급하고 과격한 단점이 있었지만, 시간이 흐름에 따라 주님께 받은 사랑으로 이렇게 사랑과 정이 풍부한 사람으로 변화되었습니다. 이는 현대를 사는 우리 그리스도인들에게 매우 귀중한 본보기를 보여 주고 있습니다. 우리 인간은 누구나 요한 사도처럼 성격적으로 몇 가지 단점을 가지고 태어납니다. 그러나 요한 사도와 같이 하나님의 사랑을 풍성히 받으면 우리 모두가 사랑의 그리스도인으로 변화될 수 있다는 사실입니다. 사랑은 모든 율법을 완성해 주는 행위이며 우리의 무수한 죄를 모두 덮어 준다고 성경은 말씀하십니다. 또 사랑은 모든 것을 온전하게 완성하여 함께 묶는 띠라고도 합니다. 주님의 사랑을 듬뿍 받고 그 사랑을 흠뻑 느끼며 사는 그리스도인들만이 그의 이웃들을 온전하고 진실되게 사랑할 수 있다는 말씀입니다.

전술하였듯이 원래 요한과 그의 형 야고보는 권력을 탐하고 명예 지향적인 야심가들이었습니다. 그들이 갈릴리 부자였던 아버지 세베대를 떠나 주님을 따랐던 이유는, 적어도 처음에는 그들의 재물과 부유함을 완전히 포기하고 주님을 따랐기보다는 메시아인 주님의 제자로서 더 큰 권력과 명예를 얻기 위함이었습니다. 한때 요한과 야고보 형제가 예수님께서 영광의 자리에 앉으실 때 그들 형제 중 하나는 주님의 우편에 그리고 또 다른 하나는 주님의 좌편에 앉게 해달라고 요청한 것이 그들의 속마음을 잘 드러내고 있지 않습니까? 그러나 비록 제자 훈련 중에는 과격하고 권력 지향적인 성품을 소유하고 있었다고 해도 원래 요한은 가슴 바탕에 따뜻한 사랑이 깔려 있었던 감수성이 풍부한 사람이었습니다.

또한 그는 나이는 어리지만 담대하고 신의가 누구보다도 굳은 사람이었습니다. 예수님께서 십자가를 짊어지고 골고다 언덕으로 올라가실 때 다른 제자들은 유대교인들의 보복이 두려워 모두 도망쳤습니다. 그러나 요한 사도만은 자기 목숨을 걸고 주님께서 십자가 위에서 운명하실 때까지 곁에서 끝까지 지켜보는 용기와 신의를 보였습니다. 그는 평소에 예수님께서 그에게 베푸신 그 크신 사랑을 결코 배반하지 않았던 의리의 제자였습니다. 예수님께서 십자가 위에서 주님의 육신의 어머니가 되시는 마리아의 노후를 요한에게 부탁하신 것도 요한의 이런 신의를 귀하게 보신 것이라 생각합니다. '이웃을 네 몸같이 사랑하라'는 주님의 가르침을 실천하려면 우선 신의가 우리 가슴 밑바탕에 깔려 있어야 한다는 것을 우리는 요한 사도의 이야기를 통하여 알 수 있습니다.

요한 사도는 또한 생각이 매우 직설적이고 단순했던 사람이었습니다. 예수님의 소명에 응답할 때 '나를 따라오라'는 말씀에 두 번 생각해 보지도 않고 배도 그물도 그리고 아버지까지 배 위에 버려두고 바로 주님을 따라간 것, 많은 제자들 목전에서 주님께서 영광의 보좌에 앉으실 때 자기 형제들을 그 좌우에 앉게 해달라고 노골적으로 간청한 것 등이 그가 얼마나 자기 행동이나 마음을 피력함에 있어서 직설적이고 단순한 사람이었는가를 잘 보여주고 있습니다. 그러나 요한 사도의 이러한 단순한 성격은 오히려 그가 하나님의 아들이신 예수 그리스도를 영적으로 이해하고 받아들이는 데 크게 도움을 줬을 것이라고 생각합니다. 어린아이와 같이 이것저것 따져보지 않는 그의 단순한 성품은 주님의 말씀을 의심 없이 그대로 진리로 받아들일 수 있는 순결함을 가질 수 있었고, 그 신앙과 진리를 자신의 것으로 만드는 풍부한 감수성을 가질 수 있었기 때문입니다. 그래서 예수님께서도 어린아이와 같이 아니하면 결단코 천국에 들어가지 못한다고 가르치신 것입니다. 요한 사도의 이러한 단순한 성품은 나중에 그가 탁월한 영성을 소유한 인물이 되게 하는 데 중요한 요소로 작용한 것으로 보입니다.

 그는 요한복음을 통하여 예수 그리스도의 신성에 대한 심오한 진리를 기록함으로써 후대의 성도들이 그리스도를 하나님의 아들로서 쉽게 이해할 수 있는 길을 마련하여 주었습니다. 그리고 공관복음서(마태, 마가, 누가복음의 세 복음서)들에는 나타나지 않은 여러 사실들을 그의 요한복음서에 독특하게 소개하여 일반 성도들이 예수님을 바로 이해하게 하는 데 커다란 공헌을 하였습니다. 또한 헬라 철학에 익숙한 성도들을 위하여 헬라 철학과 그의 심오한 영적 해설을 함께 접목시킴으로서 그들에게 그리스도를 쉽게 이해할 수 있는 길을 열어 주었습니다. 더 나아가서 그리스도가 바로 하나님의 사랑의 계시이고, 그리스도를 통해서만 인간은 참사랑을 실천할 수 있음을 요한1·2·3서를 통해 선포하였습니다. 특히 그의 영성과 묵시적인 능력이 탁월함을 나타낸 성경 말씀은 요한계시록인데, 그는 이 요한계시록을 통하여 하나님의 구속 사역의 종말과 계시의 완성을 비유적으로 잘 설명하였습니다. 이러한 사도 요한이 우리에게 남겨 준 귀중한 계시록 말씀들을 통하여 우리 성도님들은 각자의 영적 성장에 더욱 힘을 기울여야 합니다. 그리고 요한 사도와 같이 영성이 탁월한 그리스도인들이 앞으로 우리 현대 교회에서도 많이 배출되어 그리스도의 진리가 더욱 깊이 있게 그리고 폭넓게 세상으로 퍼져 나가야 합니다.

성격이 급하고 세상적인 야심가였으며 단순하고 직설적이었던 요한 사도가 어린 나이에 하나님의 아들 예수 그리스도의 제자가 되어 3년간의 제자 훈련을 통하여 훌륭한 사랑의 사도로 거듭나고 영성이 탁월한 인물로 변화되어 주옥같은 귀한 성경 말씀들을 후대 그리스도인들에게 남겨 주었습니다. 그중에서도 가장 우리의 가슴속에 뿌리내려 남아 있는 두 성경 구절은 요한복음 3장 16절에 기록된 "하나님이 세상을 이처럼 사랑하사 독생자를 주셨으니 이는 그를 믿는 자마다 멸망하지 않고 영생을 얻게 하려 하심이라"라는 구원의 말씀과 요한1서 4장 11절에 기록된 "사랑하는 자들아 하나님이 이같이 우리를 사랑하셨은즉 우리도 서로 사랑하는 것이 마땅하도다"라는 이웃 사랑의 교훈입니다.

스토리22
전도의 사도 안드레

안드레(Andrew) 사도는 우리 모두가 잘 알듯이 수제자 베드로의 동생이고, 베드로를 전도하여 예수님께로 인도한 장본인입니다. 안드레는 복음서와 초대교회의 기록에 의하면 요한과 더불어 예수님을 따른 첫 번째 제자라고 알려지고 있습니다. 그는 나서기를 좋아하는 형 베드로와는 반대로 다른 사람들 앞에 나서는 것을 즐겨하지 않았고, 조용하고 과묵하게 자기의 일에만 최선을 다하는 차분한 성격의 소유자였습니다. 그는 성격이 유순하여 요한과 야고보 그리고 빌립 등 많은 친구들이 주위에 있었으며, 오병이어를 가진 소년을 잘 설득하여 주님 앞에 인도한 자상한 성품을 가진 제자였습니다.

그의 이름 안드레의 헬라어 표기는 '안드레아스'인데 남자답고 대장부 같다는 의미입니다. 그의 남성다운 용기는 형 베드로가 로마에서 순교 당하고 몇 년 후인 AD 69년경 그리스 남부의 아카야에서 선교하던 중 에게오 총독에게 잡혀 'X' 자 십자가를 지고 순교하는 장면에서 잘 드러납니다. 그는 사형장에서 평범한 십자가를 사양하고 훨씬 더 고통스러운 'X' 자형 십자가를 원하였는데, 'X' 자가 헬라어로 '그리스도'(크리스토스)라는 단어의 첫 글자였기 때문이었다고 전해집니다. 그리고 안드레는 그 'X' 자형 십자가를 앞에 두고 전혀 두려움 없이 "오, 영광의 십자가여, 너를 통하여 주님께서는 지금 나를 부르시고 있도다. 속히 나를 이 땅에서 끌어 올려 주님의 곁으로 가게 해다오"라고 하며 십자가 앞에서 기쁨이 넘치는 기도를 올렸다고 전해지고 있습니다. 그래서 후대의 그리스도인들은 안드레 사도를 그림이나 조각으로 묘사할 때 항상 'X' 자 십자가를 쥔 모습으로 나타내곤 합니다. 조용하고 과묵한 성격이지만 주님의 말씀 전도 사역에서는 담대한 사내 대장부였던 안드레 사도를 만나 보는 시간을 갖겠습니다.

안드레는 태어난 고향이 그의 형 베드로와 같이 벳새다인데, 이곳은 예수님의 고향인 나사렛에서 북동쪽으로 약 40킬로미터 떨어진 조그만 마을입니다. 성장 후 안드레는 고향인 벳새다에서 조금 떨어진 가버나움에서 형인 베드로와 함께 어부로 일하고 있었습니다. 안드레는 어려서부터 어부로 일하면서도 항상 이스라엘을 구원하여 줄 메시아를 기다리던 청년이었습니다. 그러던 중 어느 날 그의 삶에 커다란 일이 벌어졌습니다. 하나님께서 정하신 때가 차매 드디어 세례 요한이 유대 땅에 등장한 것이었습니다. 안드레는 그 당시 세례 요한이 그가 그토록 기다리던 메시아인 줄 알고 그를 따르는 충성스러운 제자가 되었습니다. 그러던 어느 날 스승 세례 요한이 예수님을 가리키며 "보라, 세상 죄를 지고 가는 하나님의 어린 양이로다"라고 하는 말을 듣고 바로 예수님을 뒤쫓아가서 주님과 깊은 대화를 나누게 되었습니다. 이처럼 안드레는 하나님 나라의 진리와 메시아의 구원에 대하여 늘 커다란 기대와 소망을 가지고 살았던 사람이었습니다. 그렇기에 예수님을 처음 보았을 때 그냥 지나치지 않고 바로 쫓아가서 주님을 만나 심도 깊게 대화할 수 있는 기회를 얻었으며, 그분이 그토록 기다리던 메시아임을 확인할 수 있었습니다.

주님과의 극적인 만남 후에 안드레는 형 베드로에게 나사렛 예수와의 만남과 그분이 이스라엘을 구하여 줄 메시아라는 사실을 전하였고, 베드로를 이해시켜 그가 예수님의 제자가 되는 데 큰 역할을 하게 됩니다. 그 후 어느 날 안드레는 평상시와 같이 형 베드로와 함께 갈릴리 바다에서 그물질을 하며 고기를 잡고 있었습니다. 그때 예수님께서 그들에게 다가와서 "나를 따라오너라 내가 너희로 사람 낚는 어부가 되게 하리라"라고 하시며 부르셨습니다. 그러자 그 두 형제는 곧 그물을 버려두고 주님을 따라갔다고 성경은 증언합니다.

안드레는 이미 예수님과의 첫 번째 만남에서 나누었던 대화를 통해 그분이 메시아임을 확신하고 있었습니다. 그러나 첫 번째 만났을 당시에는 아직 주님께서 전도 여행의 준비를 마치지 못한 상태여서 제자로 부름을 받지 못했습니다. 고금을 막론하고 예수님을 "주여, 주여" 하며 따르는 사람은 많아도, 예수님께 모든 것을 헌신하며 예수님을 나의 구주로 삼는 것을 귀하게 여기는 참제자 된 사람들은 많지 않습니다. 그러나 안드레는 예수님의 첫 부름에 즉시 자기의 모든 재산과 직업을 포기하고 주님의 충실한 종이 되기로 결단한 것입니다. 그의 이러한 결단은 훗날 베드로를 비롯한 많은 그의 친구 제자들의 결단에 큰 영향을 끼쳤을 것입니다. 주님의 첫 제자 안드레의 용감한 결단으로 인해서 수많은 제자들이 주님을 따르기로 결정했으니, 안드레는 그야말로 처음 부름받을 때부터 전도에 재주가 탁월함을 보여 준 전도의 사도라고 할 수 있습니다.

안드레가 전도를 잘하는 사도라는 것은, 전도를 떠들썩하게 양적으로 많이 하였다기보다는 한 영혼 한 영혼을 귀하게 여기며 올바른 전도를 하였다는 의미입니다. 그리고 예수님을 만난 직후 안드레가 제일 먼저 자기 형인 시몬 베드로를 전도했다는 점은, 전도는 항상 가까운 곳에서부터 시작해야 한다는 것을 깨우치게 합니다. 주님께서는 먼 나라에 나가서 선교하는 선교사들보다 우선 자기 가족과 이웃부터 전도하는 성도님들을 더 원하고 계십니다. 그리고 전도 행위 자체도 중요하지만 전도의 내용이 올바른 것이 되어야 합니다. 안드레는 형 베드로에게 우리가 참 메시아를 만났다고 확신에 찬 어조로 전하였습니다. 요즈음은 소위 말하는 기복신앙이나 번영신앙에 너무 젖어서 예수님을 우리 인간의 욕심이나 채워주고 성공이나 시켜주는 주술가 비슷하게 말하며 전도하는 목사나 성도들이 종종 있는가 하면, 우리 몸의 질병이나 고쳐주는 뛰어난 무속인처럼 소개하는 이들도 있습니다. 그러나 예수님을 하나님의 아들이시며 우리를 죄와 사망에서 구속하여 주실 유일하신 구세주와 그리스도(메시아)로 소개하고 전도해야 옳은 전도 방법이라 할 수 있습니다.

예수님을 만난 후 안드레는 베드로를 데리고 직접 예수님 앞으로 왔습니다. 이것이 참된 전도의 모습입니다. 이웃을 찾아가서 예수님을 잘 소개하고 그 이웃을 교회로 직접 인도해 오는 것이 올바른 전도라고 할 수 있습니다. 이웃에게 말로만 전도하고 그들을 주님 앞으로 직접 인도하지 못한다면 완성된 좋은 전도라고 할 수 없기 때문입니다.

예수님은 가나라는 작은 마을의 혼인잔치에서 물로 포도주를 만드시는 이적을 필두로 천국에 관한 교훈과 자신이 이스라엘 백성들이 기다리던 메시아임을 공개적으로는 아니어도 인자라는 호칭을 통하여 암묵적으로 가르치시며 병을 고치시고 귀신을 쫓아내는 치유의 사역을 행하셨습니다. 그럼에도 많은 유대 백성들은 예수님을 하나님의 아들이나 그들의 구세주로 믿기보다는 단지 자신들의 질병을 고쳐보려고 예수님을 따라다녔던 것입니다. 그러던 어느 날 오천여 명의 군중이 모인 갈릴리 호수 해변가에서 날이 저물자, 예수님이 빌립을 포함한 제자들에게 그곳에 모인 수천 명의 군중들에게 음식을 먹여야겠다고 말씀하십니다. 이에 빌립과 다른 제자들은 그 많은 음식을 사려면 이백 데나리온의 돈이 필요하다고 하며 난색을 표하였습니다. 이백 데나리온이라는 돈은 그 당시 장정 한 사람이 꼬박 7개월을 일해야 벌 수 있는 커다란 금액이었습니다. 그때 안드레가 다섯 조각의 떡(납작한 빵)과 두 마리의 생선을 갖고 있는 소년을 발견하고 그를 잘 설득하여 주님에게 인도하였습니다. 그리고 주님은 그 오병이어를 가지고 이적을 일으키셔서 오천 명이 훨씬 넘는 군중들이 실컷 먹고도 남을 양식을 제자들에게 만들어 주신 것입니다. 이 일로 인해 백성들은 드디어 예수님을 하나님의 아들로서 인정하며 그분의 신적 권위를 인정하게 되었고, 주님을 메시아로 믿고 따르는 사람들이 급격히 늘어나게 되었습니다. 이와 같은 결실은 결국 안드레가 오병이어를 가지고 온 소년을 잘 설득하여 주님께 인도한 것으로부터 나타난 결과였습니다.

안드레는 또한 예수님께 최초로 이방인을 인도한 사람이기도 합니다. 예수님이 예루살렘에서 체포되시기 며칠 전 안드레는 헬라인 몇 명을 예수님께로 인도하였습니다. 그것이 우리 선교 역사상 최초의 이방 선교라고 합니다. 그 후 예수님께서 부활 승천한 후에 안드레는 예루살렘 초대교회의 중추적인 사도로 오랫동안 활동하다가 이방 세계로 나아가 이방 선교를 하기로 마음먹었습니다. 먼저 소아시아의 에베소에 가서 선교를 시작했고, 그 후 먼 러시아까지 올라가서 수많은 박해를 받으며 선교하였으며, 마지막에는 우상숭배의 본거지인 그리스에 가서 선교하여 그곳의 고위 권력자들 다수를 그리스도인으로 개종시켰습니다. 그러다가 그러한 안드레의 사역을 못마땅하게 여겼던 그리스의 에게오 총독의 미움을 받아 그의 음모로 십자가형을 당해 순교하였는데, 곧 'X' 자형 십자가에 못 박혀 죽은 것입니다.

전술했듯이 안드레의 이름은 '남자답다' 혹은 '대장부처럼 용기 있다'라는 의미입니다. 그가 전도했던 형 베드로는 주님의 수제자로서 권위를 받아 하루에 3천 명, 5천 명씩 전도하여 초대교회를 설립하는 반석이 되었습니다. 그러나 안드레는 이름도 없고 빛도 없이 모든 영광과 영화를 남에게 미루어 주고 오직 복음 전도의 소명을 위하여 끝까지 헌신하다가, 그의 생명을 초대교회의 밑거름으로 아낌없이 바쳤습니다. 안드레 사도는 그의 이름에 걸맞게 성실과 겸손과 용기를 겸비한 진정한 대장부의 삶을 살다 간 참된 전도의 사도였습니다.

스토리23

지식의 사도 빌립

솔로몬의 잠언 24장 5절을 보면 "지혜 있는 자는 강하고 지식 있는 자는 힘을 더하나니"라고 기록되어 있습니다. 지혜와 지식이 풍부한 사람은 다른 사람들보다 인생의 문제를 쉽게 풀어갈 수 있습니다. 그리고 다른 사람들을 인도하는 리더도 될 수 있습니다. 그런데 예수님의 제자들은 대부분 갈릴리 어촌 출신의 어부들이어서 학식과 지식이 별로 많지 않았습니다. 그러나 그 제자들 중에 남달리 지식이 뛰어난 제자가 몇 명 있었는데 그중 하나가 빌립(Philip) 사도였습니다. 그는 전통적인 보수 유대인 가정이 아닌 헬라(그리스) 문화에 많이 동화된 개방된 유대 가정에서 태어나 헬라식 교육과 구약 성경을 함께 공부한 사람이었습니다. 신약 성경 복음서에 나타나는 빌립 사도의 언행을 보면 그는 구약 신학에 대한 해박한 지식을 가지고 있었던 것을 확인할 수 있습니다. 그러나 그 깊은 지식 때문에 오히려 그가 예수님의 좋은 제자가 되는 데 많은 장애물을 넘어야 했음을 성경은 보여 줍니다. 오늘은 많이 배우고 지식이 많았던 사도 빌립이 그의 지식이 가로막았던 많은 장애물을 뛰어넘어서 주님의 충성된 사도로서 거듭나고 이방 선교에 모든 것을 쏟아부으며 살았던 그의 열정적인 삶을 함께 살펴보며 은혜를 나누고자 합니다.

빌립(필립포스)은 순전한 헬라식 이름으로 '말타기를 사랑하는 자'라는 의미입니다. 예수님 당시에 헬라 문화권에 속하였던 사람들에게는 빌립이라는 이름을 자식들에게 지어주는 것이 거의 유행이다시피 하여 많은 헬라 문화권의 젊은이들이 빌립이라는 이름을 가지고 있었습니다. 신약 성경에 나오는 헤롯대왕의 아들 중 두 명의 아들도 빌립이라는 이름을 가졌고, 사도행전을 보면 초대교회의 일곱 집사 중 한 사람도 빌립이라는 이름을 가지고 있었는데, 그는 전도자 빌립으로 성경에 자주 등장함을 볼 수 있습니다. 그 빌립이라는 이름은 원래 헬라의 위대한 정복자 알렉산더 대왕의 아버지의 이름이었기 때문에 헬라 사회에서 오랫동안 그렇게 인기가 있었던 것 같습니다. 그리고 대부분의 예수님의 제자들이 태어나고 살았던 갈릴리 지역도 그들이 태어나기 몇 세기 전만 해도 알렉산더 대왕의 헬라 통치구역이었고, 그 헬라 문화의 잔재가 그때까지 많이 남아 있어서 갈릴리 지역 공식 언어가 아직도 헬라어였던 시기였습니다.

이러한 사회 상황 속에서 아람어를 그들 사이의 대중언어로 사용하던 히브리파 유대인들은 두 종류의 그룹으로 나누어졌는데, 곧 아람어만 할 줄 아는 유대문화권과 아람어와 그 당시 공용어인 헬라어를 함께 구사하는 이중 언어권입니다. 이중 언어권에 속하는 유대인들은 특별히 따로 헬라어 교육을 받았기 때문에 대부분이 지식층의 유대인들이었다고 할 수 있습니다.

이러한 사회 속에서 빌립은 어부 출신의 다른 사도들과 달리 그리스 본토의 헬라인들처럼 헬라 문학을 공부했으며 유대 지식인으로서 꼭 습득해야 하는 구약 성경에 대한 지식도 함께 익히며 성장하였습니다. 빌립이 구약 성경에 관하여도 많은 지식을 가지고 있었다는 근거로는, 빌립이 예수님을 만난 후 그의 친구인 나다나엘(바돌로매)을 찾아가 예수님을 전하며 "모세가 율법에 기록하였고 여러 선지자가 기록한 그 이를 우리가 만났으니 나사렛 예수니라"라고 소개하는 내용을 들 수 있습니다. 이 빌립의 전도 내용을 살펴보면, 빌립이 이미 여러 구약 성경의 기록들 속에 나타나는 메시아를 통해 성취될 하나님의 언약과 여러 선지자들의 예언을 자세히 알고 있었음을 발견할 수 있습니다. 더 나아가 빌립이 말한 내용은 놀랍게도 후에 예수님이 자신이 인류 구원의 메시아임을 제자들에게 은유적으로 가르치실 때 사용하였던 말씀의 내용과 정확하게 일치합니다. 그렇게 빌립은 구약 성경의 메시아 예언에 대한 충분한 지식이 있었기에 예수님이 '나를 따르라'고 하셨을 때 주님이 그들의 메시아임을 확신하고 망설이지 않고 따를 수 있었습니다.

19세기 러시아의 문호 레프 톨스토이는 지식을 소유하고도 실행치 않는 자는 마치 씨를 갖고도 뿌리지 않는 게으른 농부와 같다고 말하였습니다. 젊은 빌립은 성경 지식은 풍부했으나 행동은 매우 소극적이었습니다. 빌립은 자기보다 먼저 예수님을 만난 안드레와 그의 형 베드로와는 벳새다에서 함께 태어나서 성장한 죽마고우로 매우 친한 사이였고, 안드레의 절친인 요한과도 잘 알고 지내는 사이였습니다. 빌립은 이미 자기 친구들이 예수님을 만난 사실을 알고 있었으며, 그분이 메시아이심도 알고 있었을 것입니다. 그러나 그는 적극적으로 예수님을 찾아가서 뵙지는 않았습니다. 오히려 예수님이 찾아오셔서 "나를 따르라"고 권유하자 그때서야 비로소 예수님을 따른 것입니다. 이러한 것이 지식인들의 커다란 단점이라 할 수 있습니다. 지식인들은 아는 것이 별로 없는 베드로처럼 바로 행동에 옮기지 못합니다. 머리에 많은 지식을 소유하고 있지만 이것저것 따져 보며 망설이고 행동이 매우 소극적이기 때문입니다.

18세기 독일의 극작가 고트홀트 레싱은 아는 것이 많으면 걱정도 많다고 하였고, 솔로몬도 그의 잠언서에서 지식을 더하는 자는 근심을 더한다고 하였습니다. 빌립이 바로 그러한 걱정 많은 지식인이었습니다. 한 예로 오병이어의 기적이 일어난 벳새다 근처의 빈 들에서 예수님이 수천 명의 군중을 먹일 양식을 우리가 준비해야겠다고 빌립에게 말씀하시자, 다른 제자들과 달리 그는 재빨리 머릿속으로 군중의 숫자와 필요한 돈을 계산하여 "각 사람이 조금씩 먹게 할지라도 이백 데나리온의 떡이 부족합니다"라고 걱정하며 주님께 아룁니다. 주님께서는 빌립의 마음을 한번 시험해 보고자 이 말씀을 하셨다고 성경은 기록하고 있습니다. 아마 주님은 빌립이 지식은 많으나 걱정 또한 너무 많은 것을 알고 그의 성품을 고쳐주려 하셨던 것 같습니다. 빌립은 주님이 예상한 대로 주님의 권능은 전혀 생각지 않은 채 자기의 머리만을 의존하여 음식의 양을 급히 계산하고 그 커다란 숫자에 걱정하며 대답하였던 것입니다.

지식인 사도 빌립은 몇 년씩이나 예수님께 제자 훈련을 받으며 많은 주님의 능력을 실제로 체험한 제자 아닙니까? 그런데도 그는 아직도 예수님이 능력의 하나님의 아들 되심을 확실하게 믿지 못했습니다. 예수님이 체포당하실 때가 가까이 다가왔을 때 주님께서 제자들을 가르치시며 "너희가 나를 알았더라면 내 아버지도 알았으리로다, 이제부터는 너희가 그를 알았고 또 보았느니라"라고 말씀하시자, 빌립은 그 자리에서 즉시 "주여 아버지를 우리에게 보여 주옵소서 그리하면 족하겠나이다"라고 요청합니다. 영이신 하나님을 이적을 행하여 현실적으로 제자들 모두의 눈에 직접 보이게 해달라는 요청이었습니다. 이렇게 지식이 많고 현실적인 빌립은 영이신 하나님을 예수님의 가르치심에 따라 믿음의 영안으로 보려고 노력하지 않고 육신적으로 하나님 아버지를 직접 보게 해줘야 믿겠다고 주님께 떼를 쓰고 있는 것입니다.

백 번 듣는 것보다 한 번 보는 것이 낫다는 "백문이 불여일견"이라는 말이 있긴 하지만, 설사 의심 많은 사람이 어떠한 진리를 눈으로 직접 한 번 본다고 해도 그 마음에 굳건한 믿음이 자리 잡고 있지 않다면 그 진리를 진실되게 믿을 수는 없습니다. 그냥 스쳐 지나가는 영상에 불과하겠지요. 히브리서 저자는 "믿음은 바라는 것들의 실상이요 보이지 않는 것의 증거…"라고 가르칩니다. 하나님의 성품과 진리를 사랑하고 하나님의 언약과 신실하심을 굳게 믿고 의지하는 것이 참믿음이고, 바로 그 참믿음을 통하여 영이신 하나님을 볼 수 있고, 그 참믿음이 바로 보이지 않는 것들의 증거가 되는 것 아니겠습니까? 그와 같은 하나님의 거룩한 성품과 진리를 예수님은 제자들에게 예수님의 삶으로 오랫동안 보여 주셨는데도 불구하고, 지식 많은 빌립은 아직도 하나님을 어설프게 믿으며 육신의 두 눈으로 영이신 하나님을 확실하게 보아야 진실로 믿을 수 있겠다고 요청한 것입니다.

빌립은 성경적 지식은 많았지만 이처럼 소심하며 계산적이었고 현실주의자였습니다. 그러한 빌립이 주님의 부활 승천 후 오순절 날에 불같은 성령을 그의 가슴에 뜨겁게 받고 난 후에는 주님의 참된 사도로 거듭나게 됩니다. 오순절 성령 강림 이후 빌립은 다른 사도들과 함께 목숨을 걸고 주님의 말씀을 전하며 초대교회를 세우고 육성하는 일에 자기의 온몸을 바치는 진정한 사도로 탈바꿈하게 되었습니다.

특히 헬라 문화권에 익숙하였던 빌립 사도는 많은 헬라 사람들을 일찍부터 사귀고 있었는데, 스데반의 순교 이후 예루살렘 그리스도인들에 대한 커다란 박해가 일어나자 지금의 튀르키예 영토인 소아시아 지역의 해외 선교사로 파송되어 떠나게 됩니다. 그는 소아시아의 라오디게아 교회와 골로새 교회를 거쳐, 북쪽에 위치한 히에라폴리스라는 우상이 난무하는 상업도시에 도착해서 그의 해외 선교 본부를 그 우상의 도시 한가운데에 세우게 됩니다. 그곳에서 자리를 잡고 그 도시에 세워져 있는 수많은 우상들을 제거하고 하나님의 말씀을 전하다가, 노년에는 더욱 북상해서 갈라디아 지방은 물론 악명 높았던 프랑스의 고울 지방까지 선교했다고 합니다. 빌립 사도는 노구를 이끌고 아무도 가기 원하지 않았던 험악한 야만인의 지역인 고울로 담대하게 이동하여 목숨을 걸고 선교 활동을 한 것입니다. 그리고 말년에 다시 부와 죄악의 도시 히에라폴리스로 돌아왔는데, 그곳 사람들 대부분이 그때까지도 큰 뱀을 우상으로 섬기고 있는 것을 보고 실망하여 그것을 강력하게 저지하고 타파하려 하다가, 결국 87년경 그곳 지도자들과 이방 종교 제사장들에게 잡혀서 채찍에 심하게 맞고 십자가에 못 박혀 순교하게 됩니다. 빌립 사도는 유언으로 자기의 시신을 예수님처럼 고운 세마포로 싸지 말고 그냥 값싼 파피루스 종이로 싸달라고 부탁하였는데, 이는 주님과 동일한 취급을 받을 수 없다는 겸손함의 표시였다고 합니다.

스토리 24

결단의 사도 마태

마태(Matthew)라는 이름은 우리 그리스도인들에게는 매우 친숙한 이름 중에 하나입니다. 왜냐하면 신약 성경에서 첫 번째로 등장하는 성경이 마태복음이기 때문입니다. 그리고 마태는 또한 그 당시 유대 사회에서 가장 멸시받았던 세리 출신 제자라는 충격적인 사실 때문에 그의 이름이 우리 머릿속에 항상 남아 있기도 합니다. 세리 마태는 세리들 중에서도 가장 악랄하였다고 전해지는 통행세와 통관세를 거둬들이던 '목케스 세리' 출신입니다. 목케스 세리는 일반 소득세를 거둬들이던 '갑바이 세리'에 비해 훨씬 더 악랄하고 비인간적인 세금 징수 행위로 인하여 유대 사회에서 더 많은 욕과 비난을 받았지만 상대적으로 많은 돈을 벌 수 있었던 로마 정부의 세금 징수 청부업자였습니다.

어느 날 가버나움 세무소에서 앉아 통행세를 걷고 있던 세리 마태에게 나사렛 예수라는 갈릴리 지역에서는 꽤 이름이 알려져 있었던 젊은 랍비(선생님)가 찾아와서 뜬금없이 자기를 따르라고 부르십니다. 예수님의 전도 여행에 함께하자는 말씀이지요. 그것은 마태에게는 전혀 생각지 못한 뜻밖의 부름이었습니다. 왜냐하면 그 당시 보통 유대인들은 세리였던 자신과는 눈도 마주치지 않고 자기에게 가까이 다가오는 것조차도 부정하게 생각하고 피했기 때문입니다. 그러한 삶을 살아온 마태에게 갈릴리 지역 유대인들의 존경을 한 몸에 받고 있는 젊은 선생님이 갑자기 찾아오셔서 자기를 따르라고 하시는 순간, 그의 머릿속은 여러 가지 생각으로 헝클어지기 시작하였습니다. 그가 모든 것을 버려두고 주님을 따른다는 것은, 앞으로 그에게 커다란 부를 쌓아 줄 수 있는 세리라는 직업을 영원히 포기하고 가난하고 비루한 과거의 삶으로 다시 돌아가는 행위이기 때문입니다. 그러나 세리 마태는 이 순간이 진주보다 더 귀한 천국을 얻을 수 있는 처음이자 마지막 기회라고 생각하고 모든 세금 장부와 필기구들을 모두 그곳에 내버려둔 채 바로 주님을 따라 나섰습니다.

레위 지파의 자손으로 태어나서 제사장으로 성전에서 봉사하며 거룩하고 성결한 삶을 살아야 마땅했던 레위 마태였습니다. 그러나 그는 돈과 권력에 눈이 어두워 세리라는 직업을 택하여 동족 유대인들의 등을 쳐서 자기 배를 불리며 떵떵거리며 살아왔습니다. 그러나 이제 그 더러운 과거를 용기 있게 청산하고 주님의 제자로 다시 태어나는 이변이 일어난 것입니다. 추악하고 부정한 가버나움 세무소의 목케스 세리 마태가 하나님의 아들이신 예수님의 영광된 제자로 변모하는 드라마틱한 현장을 함께 들여다보며 마태의 신앙을 살펴보는 시간을 갖겠습니다.

마태(마따이오스)의 다른 이름은 레위입니다. 레위 마태는 갈릴리 가버나움 근처에서 태어났고, 그의 아버지는 레위 지파의 알패오로 알려져 있습니다. 마태는 매우 조용하고 과묵한 성격을 가졌지만 굉장한 결단력과 함께 명석한 두뇌를 가지고 있었던 사람이었습니다. 그는 세리가 되어 많은 돈을 벌어 보고자 주변 국가에서 사용하는 여러 언어와 세무학을 공부하여 로마 정부에서 공식으로 인정하여 주는 청부 세무공무원이 되었습니다. 그리고 드디어 통행세와 통관세를 징수하는 목케스 세리가 된 마태는 결국 많은 돈을 모을 수 있었지만, 주위에서 자신을 향하여 더럽고 추악한 로마 정부의 개 같은 세리라고 욕하고 침을 뱉는 행위에 항상 갈등과 모멸감을 느끼며 살고 있었습니다. 이러한 마태가 예수님의 부르심에 결단을 내린 것은 어부로 일했던 베드로나 안드레 그리고 야고보나 요한의 결단보다 훨씬 더 충격적인 일입니다. 왜냐하면 그 당시 어부라는 직업은 마음만 먹으면 언제라도 다시 그 직업으로 돌아가는 것이 가능했지만, 높은 수입을 얻을 수 있는 세리라는 직업은 한 번 그만두면 다시 그 자리로 돌아가는 것이 거의 불가능했기 때문입니다.

그러나 예수님은 시몬 베드로에게서 지도력을 발견하신 것처럼 레위 마태에게서도 복음의 기록자로서의 재능을 발견하고 그를 제자로 택하신 것입니다. 그 당시에 세리가 되기 위해서는 상당한 교육을 받아야 했는데, 회계적인 계산과 장부 관리의 교육은 기본이고 아람어, 헬라어 그리고 라틴어와 같은 3~4개의 통용 언어를 모두 배워야 했습니다. 따라서 그러한 고등 교육을 이미 이수한 마태는 복음서의 기록자로서는 딱 알맞은 재목이었던 것입니다. 더 나아가서 마태와 같은 사악한 세리가 예수님의 제자로 부름받았다는 사실은 이 세상의 어떠한 사악한 죄인도 용서받고 하나님께 쓰임 받을 수 있다는 것을 보여 주는 중요한 선례가 되는 것이었습니다.

마태가 자신의 직업과 로마 정부를 등에 업고 누렸던 모든 권세와 재물을 모두 배설물처럼 버리고 바로 예수님을 따른다는 것은 마태 자신에게는 매우 중대한 결단이며 일생일대의 커다란 반전이었습니다. 그런데 마태는 그것을 자신의 개인적인 결단으로 끝내지 않았습니다. 그는 예수님께 부름을 받은 후 곧 주님과 자신의 동료들인 세리 그리고 죄인이라고 손가락질받으며 소외되어 살고 있었던 많은 사람들까지도 가리지 않고 자신의 집으로 초청하여 큰 잔치를 벌였던 것입니다. 예수님께서는 부정한 죄인이라고 손가락질받던 마태의 초청에 흔쾌히 응하셔서 그의 집에 앉아 잡수셨으며, 제자들은 물론 많은 세리와 죄인들이 함께 어울려 그 잔치에 참여했습니다.

마태가 이러한 잔치를 베푼 데는 두 가지 목적이 있었습니다. 첫 번째 목적은 마태 자신의 결단과 신앙을 공식적으로 세상에 널리 공표하여 이제까지 함께 일했던 세리 동료들은 물론 모든 유대인들에게 자신의 결정을 알리고 죄인 세리로서의 삶과 작별하기 위해서라고 볼 수 있습니다. 이러한 마태의 용기 있는 행위는, 그 당시 예수님을 따르면서도 유대 사회에서 이단 나사렛 예수당이라고 낙인찍혀서 유대교에서 출교당하는 것이 무서워 그것을 감추며 신앙생활했던 많은 유대 그리스도인들과 극적으로 대조가 됩니다. 마태가 이렇게 먼저 제자 된 많은 유대인들보다 더 담대하게 주님의 가르침을 따라 자기의 회심과 개종을 널리 알렸다는 사실은, 먼저 된 자가 나중 되고 나중 된 자가 먼저 된다는 주님의 교훈과도 일치합니다.

잔치의 두 번째 목적은 회개와 복음 전도를 위한 일종의 부흥회를 열고자 하였기 때문입니다. 그 잔치 모임은 바로 동료 세리들과 많은 죄인들에게 진리이신 예수님을 소개하고 증거하는 자리였습니다. 성경은 마태의 잔치에 모인 세리와 죄인들 가운데 많은 사람들이 회개하고 예수님을 따랐다고 증거합니다. 이러한 많은 죄인들의 회개와 회심의 사건은 주님께서 따뜻한 마음으로 세리들과 죄인들의 친구로 행동해 주셨기 때문이기도 하지만, 마태가 그러한 회심의 기회를 동료 세리들과 죄인들에게 마련하여 주었기 때문이었다고도 할 수 있습니다. 같은 세리 직업을 가지고, 같은 고민을 안고 살았던 여리고의 세리장 삭개오가 훗날 뽕나무에까지 올라가며 그처럼 예수님을 보고 싶어 했던 것에는 마태의 이 회심 사건의 소문이 커다란 영향을 미쳤다고 볼 수 있습니다.

성경은 마태 사도의 전도 사역에 대해서는 특별한 내용을 기록하고 있지 않습니다. 그러나 우리는 그가 신약 성경의 첫 번째 책인 마태복음을 헬라어로 기록한 사실을 잘 알고 있습니다. 마태 사도는 지적으로 총명하고 잘 훈련된 사람이었습니다. 그는 여러 나라의 언어에 능통하였으므로 헬라 사람들이나 로마 사람들과 쉽게 의사소통을 할 수 있었습니다. 그러한 능력에도 불구하고 마태 사도는 이방인보다 동족 유대인을 특별히 사랑하여 유대인들을 위한 복음서를 기록하기 원했습니다. 마태는 동족 유대인들을 위하여 아브라함과 다윗의 자손인 나사렛 예수가 유대인들이 그 오랜 시간 기다리던 메시아이며 유대인들의 왕이라는 사실을 커다란 기쁨 속에서 마태복음서를 통하여 증거하였던 것입니다. 마태 사도는 그의 복음서를 기록하는 과정에서도 온전히 성령님께 의존하며 도움을 받았습니다. 그리고 그의 오랜 세리로서의 회계 경험을 이용하여, 그 당시 3년간의 예수님의 모든 가르침을 이 사람 저 사람이 조각조각 기록하였던 예수훈언록의 여러 조각들을 모았고, 그 자료들을 체계화하여 조리 있게 정리하였습니다. 마태 사도는 그가 받은 고등교육과 하나님께서 자신에게 주신 은사와 달란트를 잘 활용하여 그 위대한 마태복음을 완성한 후 후대 그리스도인들에게 남겨 준 것입니다.

마태 사도가 세리 출신이라는 사실은 그가 회심 전까지 얼마나 많은 고민과 갈등의 삶을 살았을지를 짐작하게 하여 줍니다. 그는 예수님의 부르심이 있기 전까지는 동족 유대인에게 로마 정부의 앞잡이라는 비난과 멸시를 받고 살았습니다. 유대인들의 피를 빨아 챙긴 재물로 여유 있는 삶을 살았는지는 모르지만, 그 누구도 자기를 사랑하지 않는다는 사실 때문에 항상 소외되고 우울한 나날을 보내야 했을 것입니다. 그러나 그가 예수님의 부르심을 받아 제자가 되고 주님의 부활 승천 후에 성령 충만을 받아 그리스도의 사도로 사역하게 되었을 때, 그는 자기 동족과 주님의 말씀에 대한 사랑으로 마지막 순간까지 기쁘게 충성하는 종의 삶을 살 수 있었습니다. 구전에 의하면 마태 사도는 유대 땅에서 유대인들에게 15년간 말씀을 가르쳤으며, 그 이후에는 마케도니아, 시리아, 페르시아 그리고 노년에는 아프리카의 에티오피아까지 나가서 남방 선교를 하였다고 합니다. 그러던 어느 날 그곳의 지도자들의 음모로 에티오피아의 왕 히르카누스에게 잡혀서 창으로 찔려 순교하여 주님 곁으로 갔고, 그의 시신은 그 당시에 에티오피아 땅에 묻혔다가 나중에 이탈리아의 나폴리 남쪽에 위치한 아름다운 항구 도시 실레르노로 옮겨졌다고 합니다.

스토리 25

의심 많은 사도 도마

　도마(Thomas)는 의심으로 유명한 사도입니다. 서양 사람들은 아직도 쓸데없이 의심이 많은 사람을 '의심쟁이 토마스'(Doubting Thomas)라고 놀릴 정도로 도마라는 이름은 의심의 대명사와 같이 불립니다. 우리 그리스도 교회를 이루고 있는 성도님들은 성격이 아주 다양한 것 같습니다. 어떤 성도는 긍정적이고 적극적이며 늘 낙천적입니다. 그러나 어떤 성도는 부정적이고 소극적이며 매사에 늘 회의적입니다. 예수님의 열두 제자도 일부는 베드로와 같이 긍정적이고 적극적이었던 반면, 또 다른 제자들은 부정적이고 소극적이며 모든 일에 의심이 많고 회의적이었습니다. 후자에 속하는 의심 많고 회의적인 성격은 대부분 남을 믿지 못하고, 또 다른 사람을 잘 사귀지 못하여 주로 홀로 행동하는 경우가 많습니다. 바로 예수님의 제자 중 한 사람인 도마가 후자에 속하는 사람이었습니다. 도마는 다른 제자들과 잘 어울리지 못하고, 예수님의 말씀에 부정적이며, 홀로 행동하기를 즐거워하는 단점을 가지고 있었음을 복음서를 통하여 알 수 있습니다.

그러나 이 세상을 살아가는 사람들은 누구나 단점이 있으면 또한 장점도 있습니다. 아무짝에도 쓸모없는 사람은 이 세상에 하나도 없습니다. 주님께서는 의심 많고 부정적인 성격의 도마이지만 그의 그러한 성격 속에 깊이 감추어져 있는 남성다운 용기와 한 번 확신하면 흔들리지 않고 밀고 나가는 추진력을 보셨습니다. 예수님에게 3년간 제자 훈련을 받던 기간에는 그리 의심이 많고 항상 부정적인 말을 입에 달고 살았던 도마가, 주님의 부활을 직접 눈과 귀로 확인하며 주님의 따뜻한 사랑을 느끼고 나서는 마음이 열리고 회개하기 시작하였습니다. 그리고 주님 승천 후 오순절 날 성령 강림을 체험하고 나서는 더욱 변화되어 아주 적극적이고 긍정적이며 자기의 몸과 마음을 다 바쳐 주님의 말씀을 선포하는 주님의 충성된 종으로 다시 태어납니다. 그는 제자들 중에서 가장 동쪽 먼 곳까지 선교하여 중국에까지 다다랐으며, 그러한 추진력으로 동방 선교의 시조가 되었습니다. 이러한 의심 많았던 사도 도마의 엄청난 변화 과정과 그의 열정적인 선교 사역을 살펴보도록 하겠습니다.

도마는 대부분의 주님의 제자들처럼 갈릴리 어부 출신입니다. 도마 사도도 많은 다른 유대인들처럼 두 개의 이름이 있었는데, 유다라는 히브리식 이름과 도마(테오마)라는 아람어식 이름이었습니다. 도마라는 아람어식 이름의 뜻은 쌍둥이인데, 그 당시 사회의 공식 언어인 헬라어로 쌍둥이를 번역하면 '디두모'(디뒤모스)가 되기 때문에 헬라어 별칭을 앞에 붙여서 '디두모-도마'라는 이름으로 주로 불렸습니다. 우리말로 하면 '쌍둥이-도마'라고 불린 것이지요. 전승에 의하면 그에게는 루디아라는 쌍둥이 여자 누이가 있었다고 합니다. 복음서에 그의 쌍둥이에 대한 언급이 전혀 없는 이유가 다른 쌍둥이가 여자였기 때문인 것 같습니다.

  신약 성경의 사복음서를 살펴보면 마태복음, 마가복음 그리고 누가복음에는 도마의 이름만 소개될 뿐 그의 언행에 대한 기록이 별로 없습니다. 그러나 요한이 기록한 요한복음에는 다른 복음서에는 없는 도마의 언행들이 기록되어 있습니다. 요한 사도는 그의 복음서에 의심 많은 도마에 대해서 세 가지 사건을 기록하였습니다. 물론 이 사건들 외에도 도마의 의심에 관한 다른 사건들이 더 있었겠지만, 유대인들은 '3'이라는 수를 완전한 확인수로 생각하였기 때문에 요한이 의심 많은 도마를 소개하면서 세 가지 사건만 기록하였다고 볼 수 있습니다. 그러면 도마가 주님을 세 번씩이나 믿지 못하고 의심하였던 사건을 요한복음의 순서대로 살펴보겠습니다.

  첫 번째 의심 사건은 요한복음 11장에 나타납니다. 유대 전도 여행으로부터 갈릴리 숙소로 막 돌아온 주님과 제자들에게 주님과 가깝게 지내던 베다니 마을의 마리아와 마르다 자매로부터 그녀들의 오빠 나사로가 심하게 병이 들어 죽을 것 같다는 기별이 왔습니다. 그러나 그 시기에는 주님의 성공적인 유대 전도 여행으로 인하여 화가 머리끝까지 치솟은 열성 유대교인들이 베다니 근처에서 서슬이 시퍼렇게 주님을 해치려고 찾아다니는 중이었습니다. 따라서 주님께서 그 위험한 베다니 마을로 다시 가는 것은 목숨을 내놓는 행위나 마찬가지였습니다. 그럼에도 불구하고 주님께서는 사랑하는 마리아와 마르다 자매의 슬픔을 무시할 수가 없었습니다. 그리고 죽은 나사로를 통하여 부활의 기적을 이 기회에 제자들에게 보여 주시고, 죽은 자의 부활이 현실적으로 일어날 수 있음을 가르치시고자 하는 마음도 있었을 것입니다. 그러한 이유로 주님께서는 매우 위험한 길임을 알면서도 서둘러 길을 나설 채비를 하셨습니다. 그러한 상황 속에서 다른 제자들이 겁에 질려 우왕좌왕하며 서로 눈치만 보고 있을 때 도마가 갑자기 툭 튀어나와서 "우리도 주와 함께 죽으러 가자"라고 용기 있게 말하며 주님을 따라나섭니다. 이 장면을 보면 도마가 목숨을 두려워하지 않는 용기와 추진력을 갖고 있음을 알 수 있습니다. 반면에 "죽으러 가자"라는 그의 말에서 그동안 많은 이적을 그들에게 보여 주신 예수님이 사망 권세를 이기시는 능력이 있음을 의심 많은 도마는 전혀 믿지 않고 있음도 역시 알 수 있습니다.

두 번째 의심 사건은 요한복음 14장에서 발견됩니다. 예수님께서 제자들에게 약속한 영생 천국을 예비하시기 위하여 승천하셔야만 한다는 것을 가르치시며 "내가 어디로 가는지 그 길을 너희가 아느니라"라고 말씀하시자, 도마가 대뜸 "주여 주께서 어디로 가시는지 우리가 알지 못하거늘 그 길을 어찌 알겠사옵니까"라고 엉뚱한 대답을 합니다. 주님께서는 제자들에게 늘 약속하였던 천국과 주님이 바로 천국으로 가는 생명의 길이 될 것임을 가르치고 있는데, 도마는 아직도 천국의 존재와 주님을 통한 생명의 길을 전혀 믿지 못하고 이 세상에 존재하는 어떤 장소와 길을 생각하고 있음을 알 수 있습니다.

마지막 커다란 의심 사건은 요한복음 20장에 나타나는데, 예수님께서 죽음의 권세를 물리치시고 부활하신 후 몇몇 제자들에게 나타나셨을 때의 일입니다. 다른 제자들이 부활하신 주님을 보았다고 하자 도마는 대뜸 "내가 그분의 손의 못자국을 보며 내 손가락을 그 못자국에 넣으며 내 손을 그 옆구리에 넣어 보지 않고는 믿지 아니하겠노라"고 반박하며 주님의 부활에 관한 다른 제자들의 말을 무시해 버립니다. 주님께서 우리의 죄 사함을 위해서 골고다 언덕의 십자가 위에서 고통스럽게 돌아가셨으면 온 제자들이 모여서 근신하며 말씀대로 곧 부활하실 주님을 위하여 기도하여야 마땅하지 않겠습니까? 그러나 도마는 외톨이처럼 제자들의 무리에서 떨어져 나와 혼자 돌아다니다가 부활하신 주님을 보지도 못하고, 다른 제자들이 주님의 부활을 증언하는데도 자신이 직접 주님을 보고 그 못 박혔던 손과 창에 찔렸던 옆구리를 직접 확인해야만 믿겠다고 뻗대고 있는 것입니다. 이처럼 도마는 주님의 능력도, 천국의 가르침도 그리고 동료 제자들의 말까지도 믿지 못하던 대책 없는 의심쟁이였습니다. 또 무엇이든지 자신이 직접 눈으로 확인하고 자신의 손으로 만져 보아야만 믿는 철저한 현실주의자이기도 하였습니다.

이와 같이 부정적이고 의심투성이던 도마가 신실한 믿음과 목숨까지 바치는 충성심을 지닌 사도로 변화된 계기는, 부활하신 예수님께서 그를 찾아오신 후 자신의 손과 옆구리를 만져 보게 하시고 확인시켜 주시며 불신을 버리고 믿는 자가 되라고 사려 깊게 말씀하신 사건이었습니다. 그때 도마는 크게 회개하고 "나의 주님이시요 나의 하나님이시니이다"라고 하며 주님 앞에서 감격적인 고백을 하였다고 요한은 기록하였습니다. 다른 제자들은 예수님을 그리스도나 메시아 혹은 하나님의 아들이라고 고백하였지만, 도마는 앞으로 예수님을 자기의 하나님으로 믿고 섬기겠다는 최고의 신앙고백을 한 것입니다.

우리는 여기서 도마의 불신앙을 깨뜨리고 이렇게 진실된 제자로 변화시킨 주된 원인이 무엇인지 살펴보아야 합니다. 도마를 회개케 하고 주님을 진실로 믿게 만든 것은 그가 주님의 부활을 직접 눈으로 보고 손으로 만져 본 까닭만은 아닐 것입니다. 본성적으로 의심이 많아서 부활을 믿지 않으려는 도마를 주님께서 직접 찾아와 주시고 확인시켜 주시며 그로 하여금 하나님을 믿게 하여 주시려는 주님의 따뜻하고 사려 깊은 사랑에 굳게 닫혀 있었던 도마의 마음이 활짝 열린 것입니다. 그렇습니다. 세상적인 어떤 체험과 논리적 지식은 믿음의 본질이 아닙니다. 그런 것들은 그냥 믿음을 위한 도구일 뿐입니다. 주님의 거룩하신 인격, 즉 공의와 진리와 신실한 약속으로 이루어진 그분의 아름다운 인격과 우리에게 베풀어 주신 배려와 따뜻한 사랑을 마음속 깊이 느끼며 그 주님의 은혜를 깨닫고 주님을 믿고 따르는 것이 바로 참신앙의 본질이라고 할 수 있습니다.

그러한 도마의 위대한 신앙고백 후 그는 숨겨진 그의 용기와 추진력을 발휘해서 초대교회에서 가장 열정적인 사도로 변화되었고, 그 어느 제자도 생각하지 못한 동양 선교의 첫 주역이 되었습니다. 도마 사도는 동아시아 쪽으로 머나먼 이방 선교를 떠나 파르티아인, 메데아인, 페르시아인, 박트리인 그리고 인도인들에게 복음을 선포하였으며, 마지막에는 중국 남서부까지 다다라서 하나님 말씀을 전하였습니다. 그 후 도마 사도는 인도의 말라바르 지역으로 다시 돌아와 그곳에 정착하여 선교하다가, 서기 72년경 인도의 토착 종교인 바라본 교도들의 창에 찔려 순교하게 됩니다. 의심이 너무 많아 항상 손가락질받으며 외톨이로 살았던 외골수 쌍둥이 도마가 주님의 따뜻한 사랑으로 변화되어, 주 하나님의 가장 열정적이고 충성된 사도의 한 사람으로 목숨을 바쳐 주님의 말씀을 동방에 전하다가 주님 곁으로 간 것입니다.

스토리26
첫 순교자 스데반 집사

우리 머릿속에 순교 하면 제일 먼저 떠오르는 사람이 있습니다. 바로 초대교회의 집사였던 스데반(Stephen) 집사입니다. 스데반 집사는 초대교회가 처음으로 안수한 일곱 명의 집사 중 한 사람으로 성령이 충만하고 믿음이 신실한 성도였습니다. 누가복음의 저자인 누가가 기록한 사도행전에는 이 일곱 명의 집사가 여러 번 언급되는데, 일곱 집사의 이름을 언급할 때에는 반드시 스데반의 이름이 맨 먼저 위치합니다. 그 이유는 순교자 스데반 집사가 일곱 집사 중에서도 가장 믿음이 신실하였고 초대교회에 충직하게 헌신하였기 때문일 것입니다. 그는 초대교회에서 칭찬받았던 충직한 일꾼이었을 뿐 아니라 한 사람의 위대한 설교자였고, 목숨이 다할 때까지 그리스도의 복음을 증거한 훌륭한 전도자이기도 하였습니다. 그러면 우리 그리스도교 역사에서 가장 영광스러운 첫 순교자는 누구일까요? 그는 예수님의 열두 제자도 아니고, 사도도 아닌 여러분이 잘 아시는 바로 스데반 집사입니다. 야고보 사도가 열두 제자 중에서 제일 먼저 순교하였지만, 스데반 집사는 야고보 사도보다 10년이나 먼저 바울과 그 수하 유대인들에게 돌로 맞아 순교하게 됩니다.

스데반 집사처럼 그리스도의 복음을 위해 일하다가 순교하는 일은 매우 고통스러운 일이지만, 다른 한편으로는 위대하고 영광스러운 일이라고 할 수 있습니다. 왜냐하면 순교는 자기 자신이나 자기 교회를 위하여 자기 목숨을 내놓는 것이 아니라, 이 세상의 모든 사람들을 위하여 자신의 생명을 바치는 범인류적인 숭고한 행위이기 때문입니다. 그래서 초대교회의 사역자들은 순교자들이 천국에서 가장 큰 상급을 받는다고 생각하였습니다. 그리고 주님을 위해 순교 당하는 일을 두려워하지 않고 오히려 기뻐하며 영광스럽게 생각하였습니다. 그것이 초대교회의 많은 사도들과 성도들이 순교한 이유였고, 그 순교의 피로 말미암아 현재의 수많은 그리스도 교회가 이 세상에 태어나게 된 것입니다. 오늘은 그리스도교의 첫 순교자이자 충실한 하나님의 종이었던 스데반 집사를 만나 보고 그의 삶이 우리에게 주는 귀한 메시지에 대하여 함께 살펴보도록 하겠습니다.

스데반(스테파노스)이라는 이름은 헬라식 이름으로 '면류관'이란 뜻입니다. 스데반은 초대교회가 구제사업 등의 교회행정을 맡기기 위해 선출한 첫 일곱 집사 중 한 명으로 믿음과 영성이 뛰어난 인물이었습니다. 그는 또한 사도들 못지않게 큰 기적과 표적을 행하였던 성령의 은사를 듬뿍 받은 성도이기도 하였습니다. 스데반은 열두 제자처럼 유대 땅에서 나고 자란 히브리파 유대인이 아니었고, 이방 땅에서 디아스포라 유대인으로 살다가 어느 시점에 유대 땅으로 돌아온 헬라파 귀환 유대인이었습니다. 따라서 스데반의 전도 대상은 주로 헬라 언어권으로 현재 리비아 땅에 속하는 구레네 지역과 이집트의 알렉산드리아 지역 그리고 현재 튀르키예의 소아시아 지역 등 그 당시 학문과 문화가 발달되었던 큰 이방 도시 출신으로서 나름 지식층의 유대인들이었습니다. 그들은 그 당시 유대인들 사이에서 통용되던 아람어보다는 헬라어를 모국어로 사용하였던 사람들이었습니다.

시간이 흐르면서 그 귀환 유대인들 중에서 율법과 성전 중심의 유대교 체제를 따르려는 유대인들과 하나님의 아들 나사렛 예수를 주님으로 믿고 따라야 한다고 주장하는 스데반 집사 간에 율법 준수 문제로 인하여 자주 논쟁이 벌어지게 되었습니다. 사실 율법 준수 논쟁은 예수님 생전에도 서기관과 바리새인들이 예수님을 공격하였던 빌미이기도 하였습니다. 그러나 그 유대인들의 율법에 관한 비난을 지혜롭게 그리스도의 복음의 진리로 제압하는 스데반을 헬라파 귀환 유대인들은 도저히 당할 수가 없었습니다. 그들은 스데반 집사의 그리스도의 복음의 진리에 대한 놀라운 변증에 어쩔 수 없이 수긍을 하면서도 목을 곧게 세우며 그 복음의 진리는 받아들이려고 하지 않았습니다. 오히려 스데반 집사에게 신성 모독죄를 덮어 씌워 산헤드린 공회에 고발하고 장로들과 서기관들을 충동하여 체포토록 하였습니다. 그런 다음 유대인들이 그전에 예수님을 해하려고 거짓 증인들을 세운 것과 똑같이 스데반 집사를 죽이려고 거짓 증인들을 세우고 그 증인들이 스데반이 모세의 율법과 하나님을 모독하는 것을 직접 들었다고 거짓말을 하게 하였습니다.

결국 스데반은 모세의 율법을 무시하고 율법의 규례를 마음대로 고치며 하나님을 모독하였다는 허위 신성 모독죄의 죄목으로 유대인들에게 잡히게 되었습니다. 스데반이 많은 유대인들에게 전도하며, 예수 그리스도가 오신 후 모세의 율법은 옛 언약이 되었으며 모세 율법의 마침이 되시고 완성이 되신 예수 그리스도를 믿는 믿음으로만 구원을 얻을 수 있다고 가르쳤기 때문입니다. 이와 같은 스데반의 복음의 가르침은 훗날 바울 신앙의 핵심인 이신칭의 교리, 즉 '율법의 행위로서가 아니라 오직 그리스도를 믿는 믿음으로만 구원을 받을 수 있다'는 바울 신앙의 뿌리가 되었다고 볼 수 있습니다. 왜냐하면 바울도 그날 스데반의 재판 자리에 참석하였고, 스데반 집사가 죽음을 앞두고 성령이 충만한 얼굴로 연설한 마지막 강화 설교를 모두 듣고 마음 한구석에 새겨 두었기 때문입니다. 그 당시 공회에 참석한 사람들의 증언에 따르면, 공회에 끌려온 스데반의 얼굴은 마치 천사의 얼굴과 같이 빛났다고 합니다. 그 천사같이 빛나는 얼굴은 성령 충만함의 표시이며, 하나님의 성령이 스데반 집사와 그 시간 함께하였음을 나타내는 증거인 것입니다.

이렇게 스데반 집사가 순교하게 된 주된 이유는, 그가 유대교인들의 율법을 빙자한 외식적인 빈 껍데기 신앙을 책망하고 그리스도교의 참진리를 유대인들 앞에서 변증하였기 때문입니다. 스데반 집사는 공회 앞에서의 마지막 강화 설교에서, 유대인들은 조상 때부터 하나님의 은혜로 선택된 하나님의 백성으로서 하나님의 풍성한 은총 속에 살아온 민족임에도 그 은혜를 배역하고 계속적으로 세대를 이어 가면서 우상을 섬겼고, 하나님이 보내신 많은 선지자들을 핍박하고 죽였으며, 결국에는 하나님의 아들이신 예수 그리스도까지 죽인 범죄자들이라고 밝혔습니다. 스데반 집사는 유대인들이 율법을 지킨다고 하면서도 선지자들을 죽이고 또 메시아이신 예수 그리스도까지 죽인 행위는 율법을 지키는 것이 아니라 오히려 살인하는 것이라고 담대하게 그들을 꾸짖었습니다.

그러자 화가 머리 끝까지 치솟은 유대인들은 이를 부득부득 갈며 정당한 신문이나 재판 과정도 무시한 채 스데반 집사를 무조건 예루살렘성 밖으로 끌고 나가서 돌로 쳐서 그의 생명을 끊어 놓았습니다. 이와 같이 돌로 쳐 죽이는 형벌은, 신성 모독을 한 자는 반드시 돌로 치라는 레위기 24장의 율법에 따른 것입니다. 결국 스데반 집사는 유대인들이 꾸며낸 허위 신성 모독죄라는 죄명으로 형체도 제대로 알아볼 수 없을 만큼 비참하게 돌에 맞아 순교하게 됩니다. 그러나 역설적으로 이러한 스데반 집사의 순교는 처참한 패배가 아니라 하나님 앞에서의 영광스러운 승리의 면류관이었습니다. 왜냐하면 스데반 집사가 순교하기 전에 하늘이 열리고 예수님께서 하나님의 영광의 보좌 우편에 서서 스데반을 기다리고 있는 모습을 생생하게 보여 주셨기 때문입니다.

스데반 집사를 죽인 후 유대교인들은 더욱 흥분해서 광적으로 다른 그리스도인들을 박해하기 시작하였습니다. 스데반 집사의 순교 전까지만 해도 유대교의 지도자들은 그리스도교를 나사렛 예수라는 촌동네 젊은이를 따르는 보잘것없는 갈릴리의 작은 이단 종교 정도로 여기고 있었습니다. 그러나 그들은 스데반 집사가 순교하기 전에 한 긴 강해 설교의 내용을 듣고 그리스도교가 유대교의 율법에 정면으로 도전하는 더는 방치해서는 안 될 심각한 이단 집단이라고 판단하기에 이르렀습니다. 그래서 스데반 집사의 순교 후 유대교 지도자들은 예루살렘의 그리스도 교회를 공적으로 패악한 이단으로 선포하고, 그 교회에 속한 그리스도교 교인들을 무자비하게 살해하거나 투옥하기 시작하였습니다. 그 처참한 박해를 피해 예루살렘 교회 성도들이 어쩔 수 없이 산지 사방으로 도피하고 흩어지게 되었습니다.

그런데 그 흩어진 성도들이 오히려 사마리아에서 교회를 세우고 멀리 이방 세계까지 가서 안디옥에 교회를 세우는 등 이방 선교 사역을 하게 되었습니다. 스데반 집사의 순교는 예루살렘 교회에 커다란 박해를 불러일으켰지만, 결국 그 박해로 인하여 그리스도의 복음은 마치 커다란 불이 마른 산림을 태우며 퍼져 나가듯이 걷잡을 수 없이 사방으로 퍼져 나가게 되었던 것입니다. 그뿐 아니라 스데반 집사는 돌에 맞아 숨이 끊어지면서도 "주여 이 죄를 그들에게 돌리지 마옵소서"라고 하며 자기를 해친 유대인들을 위하여 용서의 기도를 올렸습니다. 스데반 집사가 주님께 올린 이 용서의 기도는 그 장면을 보았던 여러 사람들의 마음을 감동시켰을 것입니다. 교회의 역사를 연구하는 학자들에 의하면, 그 후 많은 초대교회의 성도들이 스데반 집사의 본을 따라 순교하면서도 주님께 감사하고 자기들을 해하는 사람들을 위하여 마지막 용서의 기도를 주님께 올렸다고 합니다. 그리고 그러한 그리스도교 교인들의 순교 장면을 본 수많은 유대인들과 이방인들이 결국 그리스도인으로 회심하였다고 합니다.

결국 스데반 집사의 순교는 자기 자신의 면류관을 위한 죽음이 아니라, 온 세상 죄인들을 주님께 인도하고자 하는 주님을 위한 충성스러운 죽음이었으며, 초대교회의 부흥과 영광을 가져오는 계기가 되었다고 할 수 있습니다. 스데반 집사는 주님의 충성스러운 종으로서 그의 달음박질을 마치고 이제 천국에 입성하여 그의 이름 스데반처럼 영광스러운 면류관을 머리에 쓰고 예수님 곁에서 영생복락을 누리고 있습니다. 우리는 스데반 집사의 순교를 보면서 우리 그리스도인의 죽음이란 끝이 아니라 더 나은 삶의 또 다른 시작이라는 것을 다시 한번 느끼며 미래의 소망을 갖게 됩니다.

스토리 27

이방인의 사도 바울

서기 33년경 예수님이 승천하시고 나서 오순절 날에 하나님께서 이루어 주신 성령 강림의 은혜를 통하여 초대교회가 이 땅에 세워졌습니다. 이렇게 태어난 초대교회의 사역에서 쌍벽을 이루는 두 기둥은 유대인을 위한 사도 베드로(Peter)와 이방인을 위한 사도 바울(Paul)입니다. 이 두 위대한 초대교회의 지도자들은 그들의 사명인 그리스도의 증인 됨과 주님의 복음 전도에 있어서, 베드로는 예루살렘과 유대와 사마리아 지역을 담당하고, 바울은 그 이외의 이방 지역을 담당하여 전도 사역을 펼쳐 나갔습니다. 이는 "오직 성령이 너희에게 임하시면 너희가 권능을 받고 예루살렘과 온 유대와 사마리아와 땅끝까지 이르러 내 증인이 되리라"고 하신 예수님의 선교 위임 명령을 지역적으로 잘 분담한 것이라고 말할 수 있습니다. 오늘은 유대교의 철저한 율법주의 바리새인이었으며, 그리스도인들을 무자비하게 핍박하였고, 하나님의 충직한 종 스데반 집사까지도 돌로 쳐서 순교하게 만든 장본인인 사악한 바리새인 사울(바울)을 주님께서 선택하셔서 복음이 땅끝까지 전달되도록 이방 선교의 선봉장으로 귀하게 사용하신 이야기를 살펴보겠습니다.

바울(파울로스)도 두 개의 이름을 갖고 있었는데, 곧 라틴어를 사용하는 로마제국의 시민권자로서 라틴어식 이름인 '바울'과 정통 유대인으로서 히브리식 이름인 '사울'(샤울)입니다. 바울은 현재 튀르키예 지역인 길리기아주의 수도인 다소시에서 태어났고, 예수님보다 약 다섯 살 정도 어렸으며, 이스라엘의 초대 왕 사울과 같은 베냐민 지파 출신이었습니다. 바울은 그의 나이 13세의 어린 나이에 예루살렘으로 조기 유학을 떠나서 가말리엘 문하에서 구약 신학을 배우기 시작하였으며, 그의 나이 18세에는 율법과 유대 전통을 고수하는 바리새인으로서 엘리트 훈련까지 받게 됩니다. 바울의 스승 가말리엘의 할아버지는 장로 힐렐인데, 그는 주님이 탄생하기 전에 랍비로 활약하였으며 구약의 율법의 해석과 적용에 있어서 탁월한 능력을 보였던 훌륭한 율법학자였습니다. 할아버지 힐렐의 뒤를 이어 율법을 심오하게 연구한 바울의 스승 가말리엘도 그 당시 유대 사회에서는 학문과 덕망으로 최고의 존경을 받았는데, 그의 가르침이 유대 랍비(교수)들의 율법 해설서인 미쉬나에 자주 인용될 만큼 뛰어난 율법학자였습니다. 바울이 그렇게 당대 최고의 율법학자 가말리엘의 문하생으로 철저하게 수학하며 바리새인의 엘리트 교육까지 이수했다는 것은 그가 율법에 정통했을 뿐 아니라, 율법 정신에 철저한 골수 바리새인이 되었다는 것을 의미하기도 합니다.

그러나 그러한 철저한 바리새인 율법주의자 바울이 다메섹 도상에서 살아 계신 예수 그리스도를 만나 회심한 후 그 철저했던 율법주의와 바리새 정신을 배설물처럼 버렸습니다. 그 이유는 바울이 그리스도 신앙이라는 훨씬 더 진실되고 고귀한 가치를 발견하고 새 생명의 주이신 그리스도 안에서 새사람으로 다시 태어났기 때문입니다.

철저한 율법주의자였던 바리새인 바울은 회심 전 자신의 판단으로는, 유대교의 율법을 지키지 않고 나사렛 출신의 가짜 메시아인 예수를 따르며 소요를 일으키는 이단교 나사렛 예수당의 무리들을 잡아 죽이거나 옥에 가두고 신성한 유대 땅에서 그들을 깨끗이 제거하는 일이 하나님께 충성하는 것이라고 생각하였습니다. 그러기에 그는 신실한 믿음의 사람 스데반 집사가 유대인들에게 돌에 맞아 순교할 때도 그 증인들의 옷을 맡음으로써 그 살인에 가장 책임 있는 통솔자로 자랑스럽게 동참하였습니다. 그뿐 아니라 많은 성도들을 옥에 가두고 죽일 때에도 동조하여 찬성투표를 하였고, 많은 그리스도인들을 잡아 고문과 형벌을 가하고 강제로 예수 그리스도를 모독하는 말을 하게 하는 등 온갖 방법으로 그리스도교를 박해하였습니다.

그러던 서기 34년경 어느 날 바울은 다메섹에 숨어 있는 그리스도인들을 체포하여 예루살렘으로 압송하려고 체포 영장을 갖고 시리아 쪽으로 급히 가다가 십자가 위에서 저주를 받고 죽은 줄로만 알았던 예수 그리스도와 정면으로 마주치게 됩니다. 그 즉시 그는 삼 일간 눈이 멀고 아무 음식도 먹거나 마시지 못하여 다 죽게 되었습니다. 그때 결국 주님이 보내 주신 제자 아나니아의 안수기도를 받은 후 눈이 다시 열려 보게 되었고, 그 자리에서 바울은 눈물로 회개하고 세례를 받기에 이르게 됩니다. 이렇게 다메섹 도상에서 주님을 만난 골수 바리새인 바울은 회심할 뿐 아니라 주님께 이방인의 사도로 소명까지 받게 됩니다. 이 놀라운 다메섹 회심 사건은 그로 하여금 열정적인 이방인을 위한 사도로서 그의 모든 삶을 이방 선교에 바치는 충성된 종으로서의 삶을 살아가도록 인도하였습니다.

그가 바리새인으로 갖고 있었던 유대교에 대한 열정은 이제 그리스도를 위한 충성심으로 바뀌게 되었고, 그리스도를 핍박하던 자가 오히려 그리스도의 증인이 되어 그리스도를 자랑하고 그리스도로 인하여 핍박당하는 자가 되어 버렸습니다.

바울 사도는 세 차례 걸쳐 전도 여행을 하였는데, 서기 46년경에 바나바와 함께 떠난 여행이 첫 번째 전도 여행이었습니다. 5년 후 서기 51년경에는 제자 실라와 함께 2차 전도 여행을 하였고, 서기 54년경에는 마지막 전도 여행을 떠나 많은 시간을 외과의사 누가와 함께 전도하였습니다. 바울은 유대 지역보다는 이방 지역에서 선교하는 데 훨씬 많은 시간과 공을 들인 명실상부한 이방인의 사도였습니다. 바울은 또한 신약 성경에 기록되어 있는 많은 책을 저술했습니다. 많은 신학자들은 바울이 로마서, 고린도전·후서, 갈라디아서 등 신약 성경 27권 중 적어도 13권의 신약 성경을 썼다는 데 동의합니다. 우리가 가지고 있는 신약 성경의 거의 반을 바울이 기록한 것입니다. 이 13편의 바울 서신들은 바울의 이신칭의 신앙을 그 핵심으로 하는 로마서를 중심으로 커다란 바울의 십자가 신앙의 금자탑을 이루고 있습니다.

그러면 바울 사도의 삶 속에서 우리가 배울 수 있는 교훈은 무엇일까요? 첫째는 하나님께서는 과거에 지은 우리의 죄나 우리가 속한 신분이나 혈통에 관계없이 그분의 뜻에 따라 누구든지 구원하여 그분의 종으로 사용하신다는 것입니다. 이 놀라운 바울의 이야기는 죄악에 오염된 이 세상에서 부지불식간에 많은 죄를 짓고 살며 상처 입은 영혼들에게 그들도 하나님의 은혜에 의하여 구원받을 수 있고 주님의 귀한 종으로 일할 수 있다는 희망을 줍니다. 바울 사도의 이야기를 읽으면서 우리는 하나님께서 무고한 그리스도인들을 무자비하게 살해한 바울 같은 종교적 극단주의자조차도 천국에 들어오도록 허락하셨다는 사실에 놀라게 됩니다. 오늘날 우리는 어떤 테러리스트나 흉악한 살인자가 저지른 반인륜적인 범죄가 너무 잔인하기 때문에 그들을 전혀 구원받을 가치가 없는 인간 이하의 존재로 여기기 쉽습니다. 그러나 바울 사도의 이야기는 오늘날에도 적용되는 이야기입니다. 우리의 시선으로 바라보았을 때는 그러한 범죄자들은 재고의 가치가 없는 인간 쓰레기 같지만, 하나님께서는 바울과 같은 무고한 살인자에게도 은혜를 베풀었습니다. 착하고 의로운 사람부터 평범한 사람 그리고 못나고 사악한 범죄자에 이르기까지 모든 사람이 하나님께는 사랑의 대상입니다. 주님 앞에 엎드려 진실로 회개하면 주님께서는 그들의 진홍같이 붉은 죄를 예수 그리스도의 보혈로 정결하게 씻어 주시고 그 영혼들을 지옥으로부터 구원하여 주시는 것입니다.

둘째로 바울의 삶이 우리에게 주는 또 다른 교훈은 우리 인간은 과거나 현재의 처지에 관계없이 누구나 그리스도의 충직한 증인이 될 수 있다는 사실입니다. 신약 성경 전체에 걸쳐 바울 사도와 같이 자신이 땀 흘려 번 돈으로 자비량 선교를 하며 그리스도의 복음을 인내와 겸손으로 전하였던 인물은 찾아보기 힘듭니다. 사도행전 20장을 보면 바울 사도는 오직 겸손함과 눈물로 유대인의 간계로 당한 시험을 참고 주 예수를 섬겼다고 기록되어 있습니다. 또 사도행전 28장에는 바울 사도가 "예수 그리스도의 복음을 담대하게 거침없이 가르치더라"라고 기록되어 있습니다. 바울 사도는 그의 사악하였던 과거와 주님께서 그에게 베푸신 용서와 은혜에 대하여 다른 사람들에게 밝히는 것을 두려워하거나 감추려 하지 않았습니다. 오히려 과거에 자신이 저지른 커다란 죄와 하나님의 자비로우신 용서를 다른 사람들에게 알림으로써 과거의 자신과 같이 주님 앞에서 죄짓고 사는 사람들이 자복하고 회개하여 주님의 품 안으로 돌아오기를 기도하는 갱생의 삶을 살았습니다.

우리 인간이 가지고 있는 열정은 이 세상의 확고한 신념과 투철한 사명감에서 솟아나는 생명의 활력소이자 추진력입니다. 이 열정이 세상적인 목표로부터 그리스도를 위한 목표로 바뀌었을 때 주님께서는 성령의 탁월한 능력을 그 사람의 열정 위에 더 부어 주심으로써 그 성도로 하여금 초인적인 사역을 할 수 있게 합니다. 그리스도의 사도가 된 바울의 열정이 율법주의 바리새인으로 있을 때보다 훨씬 더 뜨겁고 강인하였던 것이 바로 그러한 이유였다는 것을 우리는 깨우치게 됩니다. 그리스도교 역사상 가장 위대하였던 이방인의 사도 바울은 소아시아와 그리스 그리고 로마에 이르는 그 당시 로마 제국에 속하는 전 지역에서 부활하신 예수 그리스도에 관한 복음을 편만하게 전하면서 수많은 고난과 박해를 받았지만 결코 굽히지 않고 그의 달음박질을 마쳤습니다. 그는 서기 67년경 베드로 사도의 순교와 비슷한 시기에 로마 황제 네로의 박해로 인하여 로마에서 참수당하여 순교하였고, 이제는 주님 안에서 평안한 안식을 누리고 있습니다.

스토리 28

바울의 수제자 디모데

바울 사도는 오랜 기간 이방 지역에서 선교하면서 많은 제자들을 양육하였습니다. 그는 한 영혼을 주님 앞으로 인도하여 회개하게 하고 새사람으로 태어나게 하는 과정을 마치 여인이 잉태하여 아이를 해산하는 과정처럼 생각하였습니다. 그러기에 바울 사도는 회심하여 새사람이 된 영적으로 어린아이와 같은 성도들을 대할 때 마치 유모나 그들의 영적 아버지처럼 그들을 자상하게 대하며 양육하였습니다. 디모데(Timothy)는 바울 사도가 1차 전도 여행 때 현재 튀르키예 중남부에 위치한 루스드라에서 만난 이방 헬라인 청년이었습니다. 첫 만남 이후 바울은 젊은 디모데를 마치 친자식처럼 사랑하며 영적인 아들로 양육하였습니다. 바울과 디모데의 관계는 스승과 제자의 관계를 넘어서 친아버지와 친아들과 같은 아주 친밀한 관계였습니다. 바울 사도는 그의 서신서에서 디모데를 "사랑하는 신실한 아들" 혹은 "믿음 안에서 참아들"이라고 부르며 그들의 관계가 스승과 제자의 사이를 넘어 영적인 부자지간임을 공표합니다. 바울이 로마에서 순교하기 직전 감옥에서 꼭 한 번 더 보고 싶은 얼굴이 있었다면 아마 바울의 영적 아들인 디모데였을 것입니다. 스승 바울을 빼어 닮아 그의 삶이 다하기까지 주님께 헌신하며 충성하였던 바울의 수제자이자 영적 아들이었던 디모데 목사를 만나 보겠습니다.

디모데(티모-떼오스)라는 이름은 존귀함을 의미하는 헬라어 '티메'와 신을 의미하는 '떼오스'가 결합된 순 헬라식 이름으로 '신을 존귀하게 하는 자'라는 의미입니다. 디모데는 서기 17년경 소아시아의 갈라디아주에 속한 루스드라시에서 헬라인 아버지와 유대인 어머니 사이에서 태어났습니다. 그의 어머니가 이방인인 헬라인과 결혼한 것이나 그가 바울 사도를 만나기 전까지도 할례를 받지 않고 있었던 것 등을 고려하여 볼 때, 그의 가정은 유대교에 속한 가정이라기보다 가부장적인 그 당시 시대에 맞게 헬라인 아버지를 따른 이방 헬라인 집안이었다고 볼 수 있습니다. 그러나 그의 아버지가 그의 이름을 헬라어로 '신(떼오스)을 존귀하게 하는 자'라는 뜻의 디모데로 지어준 것은, 그의 가정이 순수 유대교 집안은 아니더라도 어느 정도는 종교적인 배경을 가지고 있었음을 보여 주기도 합니다.

디모데는 이방 땅 루스드라에서 헬라인의 가정에서 태어났지만 신실한 여호와 신앙을 가졌던 유대인 외할머니 로이스와 어머니 유니게에게 어려서부터 구약 성경에 대해서 배웠고, 성품적으로도 다른 사람들에게 칭찬을 받는 겸손한 인품으로 양육되었습니다. 헬라인이었던 디모데 아버지의 비유대적이고 비그리스도적인 배경이 아들인 그에게 여호와 신앙을 갖는 데 부정적인 영향을 미칠 수도 있었습니다. 그러나 디모데는 어려서부터 여호와 하나님에 대한 신실한 믿음을 가진 외할머니와 어머니로부터 하나님 말씀을 들으며 여호와 하나님을 향한 믿음을 쌓아갈 수 있었습니다. 어머니 유니게가 모세의 율법에서 엄하게 금하는 이방인과 결혼하였고 외할머니 로이스가 그 결혼을 허락하였다는 사실을 고려해 볼 때, 디모데의 할머니나 어머니는 모세 율법을 철저하게 따르는 보수 유대인이 아닌 어느 정도 관용적인 디아스포라 진보 유대인이었다고 할 수 있습니다. 그럼에도 불구하고 할머니와 어머니로부터 배운 디모데의 구약 성경에 대한 지식과 그가 가진 신앙심은 과거 철저한 바리새인이었던 바울로부터 인정과 신뢰를 받고 칭찬을 받을 만큼 훌륭하였습니다. 아들 디모데에 대한 어머니 유니게의 훌륭한 신앙 교육은 부모 중 한 사람만 그리스도를 섬기고 있는 현 시대의 여러 가정들의 자녀 교육에 좋은 본보기가 된다고 할 수 있습니다.

디모데의 하나님에 대한 신실한 믿음은 그가 스승 바울을 만나 그리스도인이 되기 전에 이미 인근 지역에 널리 소문이 나 있었습니다. 바울 사도는 그의 서신에서 교회의 지도자는 다른 사람들에게 인정과 칭찬을 받는 사람이 되어야 한다고 가르치고 있습니다. 그러므로 디모데가 인근 지역 사람들에게 그의 좋은 품성과 하나님에 대한 신실한 믿음으로 이미 널리 알려져 있고 또 칭찬까지 받고 있었다는 사실은, 그가 그리스도 교회의 훌륭한 지도자가 되기 위한 좋은 자질을 이미 갖추고 있었다고 할 수 있습니다. 디모데를 1차 전도 여행 중에 만난 바울은 디모데에게 받은 좋은 첫인상 때문에 2차 전도 여행 중에 루스드라에 다시 들러 디모데를 만나게 됩니다. 그때에 바울은 디모데의 믿음이 그동안 더욱 크게 성장된 것을 보고 기뻐하며 그의 2차 전도 여행에 동행하여 주기를 부탁합니다. 그리고 1차 여행 중 마가가 중도에 포기한 것과 달리 디모데는 2차 전도 여행 내내 한 번도 바울을 실망시키지 않고 마지막까지 동반 부교역자로서 사역을 성실하게 마쳤습니다.

바울은 2차 전도 여행 중 루스드라에서 디모데를 다시 만났을 때 제일 먼저 그에게 할례를 행하였습니다. 그 이유는 혹시 선교 도중 헬라인 출신인 디모데의 이방인 신분에 대하여 유대인들이 할례받지 못한 이방인이라고 디모데를 비난하는 것을 미리 막기 위함이었습니다. 바울은 디모데와 함께 선교하며 이방 지역 성도들의 지도자로서 필요한 많은 지식을 디모데에게 전수하면서 그에게 자신에게 배우고 확신한 사실들을 잊지 말고 꼭 간직하라고 충고합니다. 그리고 자신에게 배운 것들을 간직하는 데 그치지 말고 다른 성도들에게 담대하게 가르치라고 지시합니다. 바울은 이렇게 자신을 아버지처럼 따르며 마치 아버지 앞에서 배우듯이 바울의 가르침을 성실하게 배우는 디모데를 어여삐 여기고 그의 영적인 아들이라고 늘 자랑스럽게 말하곤 하였습니다.

디모데가 바울 사도를 본받아 바울의 영적인 아들이 되어 어떻게 교육을 받았는가 하는 것은 고린도전서 말씀을 보면 잘 알 수 있는데, 바울은 디모데를 가르치며 자기는 단순한 스승이 아니라 디모데를 복음으로 낳은 아비이므로 자신을 아버지처럼 생각하고 자신의 행위를 본받으라고 말하는 것을 볼 수 있습니다. 바울은 또 고린도 교인들에게도 항상 자신을 본받으며 살라고 교훈합니다. 그리고 디모데를 자기 대신 고린도 교회에 선교사로 보내면서 고린도 교회 성도들에게 디모데를 자기한테 하듯이 잘 따라 달라고 부탁합니다. 그러한 사실은 디모데가 바울이 여러 제자 중에서 가장 신뢰하는 수제자였음을 나타냅니다. 디모데는 바울의 영적 아들로서 그리고 수제자로서 바울에게 가장 잘 양육을 받았고, 또 바울을 가장 많이 닮은 목회자였기에 바울 사도를 대신하여 여러 곳으로 파송을 받아 선교 사역을 하였습니다. 현대의 우리 그리스도 교회에서도 이렇게 성도들이 본받고 따를 수 있는 바울과 같은 훌륭한 목사님들과 그 목사님들을 대신하여 사역을 잘 감당할 수 있는 디모데와 같은 부목사님들이 많이 나와서 우리 그리스도 신앙이 세상 끝까지 편만하게 퍼져 나가야 합니다.

디모데가 이처럼 바울의 영적인 아들과 신실한 목회자로 성장할 수 있었던 이유는 디모데 자신의 노력뿐 아니라, 영적인 아버지였던 바울 사도의 따뜻한 사랑과 양육이 큰 몫을 하였다고 생각합니다. 바울은 디모데전서 1장에서 "믿음 안에서 참아들 된 디모데에게 편지하노니…"라고 말하면서 디모데에게 교회 지도자로서 필요한 교훈과 격려를 적어 보내는 것을 볼 수 있습니다. 디모데에게 보낸 바울 사도의 서신을 읽다 보면 디모데가 매우 내성적이며 수줍은 성격을 가지고 있었고, 고질적인 위장병도 가지고 있었으며, 육체적으로 매우 허약했다는 사실을 알 수 있습니다. 그리고 디모데의 허약한 몸에 대하여 잘 알고 있었던 바울은 디모데의 병 치료와 건강 관리에 대하여 마치 친부모가 자식에게 하듯이 따뜻하게 챙기면서 계속적인 관심과 염려 그리고 체질 개선을 위한 충고를 아끼지 않았던 것입니다. 바울 사도의 이러한 세심한 배려와 염려 덕분에 디모데는 체력을 유지하며 흔들림 없이 바울의 선교 동역자로 또 복음 전도자로 사역을 감당할 수 있었던 것입니다.

전승에 의하면 디모데는 서기 97년경 도미티안 황제의 박해 때 에베소에서 모범적인 목양의 삶을 마치고 순교 후 주님께로 돌아갔다고 합니다. 헬라인 아버지를 두었던 이방인 디모데는 다른 사도들에 비해 여호와 하나님의 신앙을 받아들이기에 매우 불리한 환경에서 성장했다고 할 수도 있습니다. 그러나 디모데는 오히려 어려서부터 그러한 어려운 장애물들을 딛고 이겨내며 자신의 인내심을 기르고 돈독한 여호와 신앙을 쌓아가는 모범을 보여 주었습니다. 스승인 바울 사도가 자신의 생명을 조금도 아끼지 아니하며 주님께 충성하는 것을 줄곧 보아 온 수제자 디모데 역시 병약한 육신을 가졌음에도 영적 아버지 바울 사도를 따라 끝까지 충성하는 하나님의 귀한 종이 되었습니다. 바울 사도는 여러 번 그의 제자들에게 "맡은 자들에게 구할 것은 충성이니라"라고 가르칩니다. 하나님을 향한 충성은 모든 신앙인이 갖추어야 할 필수적인 성품이며 신앙 인격이고 또 숙명이라고 할 수 있습니다.

우리 모든 그리스도인들은 머지않아 재림하시는 주님을 맞이하게 됩니다. 그날에 주님으로부터 착하고 충성된 종이라는 칭찬을 받는 자가 되어야 하지 않겠습니까? 주님은 복음서에서 "지극히 작은 것에 충성하는 자는 큰 것에서도 충성하고 지극히 작은 것에 불의한 자는 큰 것에도 불의하니라"라고 가르치셨습니다. 그러므로 우리 그리스도인들은 주님을 위해 작은 일부터 하나씩 찾아서 충성하며 살아가는 습관을 길러야 합니다. 우리 그리스도 교회 안에서 작은 일을 찾아 최선을 다하며 충성하는 삶을 살다 보면 언젠가는 주님께서 우리에게 더 큰 사역을 맡겨 주실 것입니다.

스토리 29

온유한 사도 바나바

우리는 초대교회의 복음 전도를 이끌었던 두 명의 사도를 베드로와 바울로 기억합니다. 그러나 사실 바울이 이방 선교사로 이름이 널리 알려지기 전에는 바울보다도 바나바(Barnabas)의 이름이 성경에서 항상 먼저 언급될 만큼 바나바는 사도로서 바울의 선배였습니다. 바나바와 바울의 1차 선교 여행 때 루스드라에서 군중들이 바나바는 그리스 신화의 최고의 신인 제우스라 부르고, 바울은 제우스 신의 아들이며 제우스의 말을 전하는 부하 역할을 하였다는 헤르메스라고 불렀던 것을 보아서, 1차 선교 여행 때까지도 이방 선교 여행의 책임자는 바나바 사도이고 그가 선교 여행의 지휘권을 가지고 있었으며, 바울 사도는 그의 부교역자 역할을 하였음을 알 수 있습니다. 바나바 사도는 충직한 마음을 지닌 최초의 공식적인 이방 선교사일 뿐 아니라 마음이 부드럽고 온유한 목회자로서 우리 그리스도 교회사에서 보이지 않게 커다란 업적을 남긴 인물입니다. 또 그 당시 예루살렘 교회에서 예수님의 열두 제자가 아님에도 사도로 불렸던 믿음이 신실한 세 명의 교회 지도자가 있었는데, 곧 바울 사도와 주님의 형제 야고보 그리고 바로 바나바 사도입니다. 바울 사도가 위대한 이방 선교의 거장임에는 틀림없습니다. 그러나 바울 사도가 그렇게 훌륭한 이방 선교사가 된 뒷배경에는 아무도 가까이하지 않으려 했던 핍박자 바울을 추천하여 안디옥 교회의 동역 목회자로 세워주고 계속하여 그를 아우처럼 돌보아 주었던 위안의 사도 바나바가 있었습니다. 이방 선교의 거장 바울 사도와 같은 위대한 선교사들이 이 세상에 나와서 주님의 귀한 종들로 쓰임을 받을 수 있도록 기초를 놓아준 온유한 사도 바나바를 만나 보는 시간을 갖겠습니다.

바나바(바르나바스)는 갈릴리의 북서쪽에 위치한 커다란 섬 구브로 태생으로 구브로섬은 현재의 키프로스(Cyprus)섬입니다. 그의 원래 이름은 그 당시 매우 흔한 히브리식 이름인 요셉입니다. 그는 레위 지파 출신으로 구리광산으로 유명한 구브로섬에 많은 재산을 갖고 있었던 부유한 유대인이었고, 그의 누이 역시 예루살렘에서 풍족하게 살았던 마가의 어머니 마리아였습니다. 원래 요셉이라고 불렸던 그에게 그 당시 교회의 사도들과 성도들이 '위로의 아들'이라는 좋은 뜻을 지닌 '바(아들)-나바(위로)'라는 아람어식 이름을 지어 주었습니다. 따라서 바나바라는 호칭은 그의 정식 이름이라기보다 교회의 사도들과 성도들이 그를 존경하는 의미로 불러 준 별칭이었습니다. 바나바라는 별칭 속에 그의 따뜻하고 온유한 위로자로서의 성격이 잘 드러나 있다고 볼 수 있습니다. 그가 예수님의 열두 제자도 아닌데 사도로 불린 이유는 그가 그의 모든 재산을 팔아 교회에 모두 헌금을 했을 뿐 아니라 그의 따뜻하고 온유한 인품과 훌륭한 권면의 은사가 사도로 추대받을 수 있을 만큼 뛰어났기 때문입니다.

사도행전 11장에는 "바나바는 착한 사람이요 성령과 믿음이 충만한 자"라고 기록되어 있습니다. 바나바는 믿음이 신실할 뿐 아니라 그 별칭이 의미하는 것처럼 위로와 권면에 뛰어난 사람이었습니다. 소외되고 무시당하여 슬픔에 싸인 성도들에게 다가가서 위안해 주고 이끌어 주는 은사가 탁월한 사도였습니다. 사실 핍박자였던 바울이 다메섹 도상에서 부활하신 주님을 만나 회심하고 그리스도교인으로 개종하였을 때 예루살렘 교회에서는 아무도 그를 반기지 않았습니다. 예수님의 수제자 베드로나 예루살렘 교회의 최고 지도자였던 주의 형제 야고보조차 바울을 그리스도인으로 받아들이지 않았던 것입니다. 바울은 과거에 무자비하게 그리스도교를 박해하고 충직한 성령의 사람 스데반을 돌로 쳐서 죽이는 등 무도한 살인자로 널리 알려진 인물이었기에 그의 개인적인 회심과 관계없이 모든 그리스도 교회에서 철저하게 배척되었습니다. 그러나 바나바는 그렇게 소외된 바울을 직접 찾아가서 위로하여 주고 그의 회심을 진심으로 믿어주며 그를 예루살렘 교회의 지도자들에게 잘 소개하여 주었습니다. 그뿐 아니라 지도자들을 잘 이해시켜서 바울 사도가 예루살렘 교회의 지도자들과 함께 어울려 사역을 시작할 수 있게 다리를 놓아준 당사자가 바로 온유한 사도 바나바였습니다.

바울 사도가 회심 직후 혼자 선교를 해보겠다고 그 당시 아라비아로 불렸던 현재의 요르단 지역으로 가서 삼 년씩이나 사역을 했으나 이렇다 할 열매도 없이 끝이 나고 말았습니다. 그 첫 선교의 실패로 낙심한 바울이 고향인 다소로 돌아와서 오랫동안 풀이 죽어 칩거 생활을 하고 있을 때, 그를 멀리 다소까지 찾아와서 위로해주고 안디옥 교회의 협동 목회자로 함께 일하자고 권유한 사람도 바나바였습니다. 이렇게 바나바는 소외되어 아무 일도 할 수 없었던 바울을 몇 번씩이나 사랑하는 후배 목사로 그리고 친동생처럼 돌보아서 이방 선교의 훌륭한 일꾼이 될 수 있도록 길을 열어주고 살펴 주었던 위로와 권면의 사도였습니다. 이렇게 교회의 사역자나 성도들의 능력과 성품을 잘 꿰뚫어 볼 수 있는 섬세함과 실의에 빠져 있는 사람들을 따뜻하게 위안하고 이끌어 주었던 바나바 사도의 훌륭한 목양적 품성은 현대 교회의 지도자들이 반드시 본받아야 할 좋은 덕목이라고 생각합니다.

바나바의 조카 중에는 마가복음을 기록한 요한 마가가 있습니다. 마가는 예수님 승천 후 오순절 날에 120명의 제자가 모여 기도했던 다락방의 주인인 마리아의 아들이었고, 전술했듯이 마리아는 바나바의 누이였습니다. 또한 마가는 주님이 겟세마네 동산에서 체포될 때 겉옷까지 버리고 도망친 그 비겁한 청년일 것이라고 의심받기도 합니다. 부유한 가정에 태어나 심약했던 사람이 청년 마가였습니다. 그 부족한 조카 마가를 1차 이방 선교 사역에 도우미로 데리고 간 사람이 바로 바나바 사도입니다. 바나바 사도는 마가의 외삼촌으로서 심약한 조카 마가를 좀더 담대하고 견문이 넓은 하나님의 종으로 변화시키려고 1차 선교여행에 동참시켰을 것입니다. 그러나 부잣집 아들 마가는 선교여행 초기에 어려움을 이기지 못하고 도중 하차하였고, 그 일로 인해 2차 선교여행 시작 때 바울과 바나바는 마가를 대동하는 일을 두고 의견이 엇갈리게 됩니다.

성격이 올곧은 바울 사도는 그리스도께 사명을 직접 받은 이방 선교사로서 그의 사역을 꼭 성공으로 이끌어야 하였기 때문에 개인적 감정에 휩쓸려 심약한 마가를 다시 데리고 가는 것은 선교 사역을 실패로 마칠 수 있는 위험 부담이 너무 크다고 생각하였습니다. 그러나 마음이 따뜻하고 온유한 바나바는 단 한 번의 실수를 하였다고 해서 그 성도가 주님께 충성할 기회를 모두 빼앗고 다시는 기회를 주지 않는다는 것은 옳지 않다고 생각하게 됩니다. 마음이 따뜻한 성격의 바나바는 마가에게 재도전의 기회를 주고 그를 데리고 다니며 주님의 담대한 종으로 다시 키워 보고 싶었던 것입니다.

결국 엄격하고 열성적인 성격의 바울은 마가를 거부하고 신뢰할 만한 동역자인 실라를 데리고 2차 선교여행을 따로 떠나게 되고, 바나바는 할 수 없이 조카 마가를 데리고 고향인 구브로섬 쪽으로 선교를 떠나게 됩니다. 많은 시간이 흐른 후 바나바의 지도와 훈련을 받은 마가는 바나바 사도의 예상대로 초대교회의 중요한 사역자로 성장하게 됩니다. 마가는 예수님의 공생애 기간의 사역을 기록한 여러 훈언록 자료들을 땀 흘려 수집하고 수제자 베드로의 조언을 받아 제일 먼저 예수님의 공생애 전도 사역을 기록으로 남기게 됩니다. 그것이 바로 공관복음서의 주춧돌이 되는 마가복음입니다. 바나바는 이처럼 위로와 권면 그리고 양육의 은사로 교회의 큰 기둥들을 여러 명 육성한 공로자입니다. 그는 위로와 권면과 양육의 가치가 얼마나 중요한지를 우리에게 보여 준 모범적인 목회자요, 우리가 닮아야 할 위안과 권면의 사도라고 할 수 있습니다.

우리는 이방 선교에 관한 한 바울 사도가 첫 이방 선교사라고 흔히 생각하기 쉽습니다. 그러나 엄밀하게 따지면 전술하였듯이 최초의 공식적인 예루살렘 교회 파송 이방 선교사는 바나바 사도입니다. 그는 처음으로 예루살렘 교회에서 수리아 안디옥으로 파송한 이방 선교사이기 때문입니다. 그리고 안디옥 교회에서 이방 선교를 세계적으로 넓혀 갈 때 그 주역을 맡은 사람도 역시 바나바 사도입니다. 사도행전은 1차 선교여행 중에 선교 사역의 경로를 결정하는 권한을 바울이 아닌 바나바가 쥐고 있었음을 보여 줍니다. 바나바와 바울이 첫 선교지로 택한 곳이 바나바의 고향인 구브로섬인 것을 감안하면, 바나바가 선교팀장으로서 1차 선교여행의 모든 경로를 정하고 바울과 마가를 이끌었던 것 같습니다. 전술한 것과 같이 바나바는 선교 초기에 이처럼 바울을 후배 선교사로 돌보며 이끌어 준 선배 사도였습니다. 바나바 사도는 그리스도 교회사에서 바울처럼 눈에 띄게 나타나는 기록은 남겨놓지 못하였으나, 항상 후배 목사들과 성도들을 위로와 권면으로 교회의 큰 인물들이 되도록 이끌어 준 하나님의 귀한 종이었습니다.

바나바 사도는 일찍이 서기 57년경 고향인 구브로의 수도 살라미에서 목회하다가 유대교 폭도들에게 잡혀서 돌에 맞아 순교하여 주님 곁으로 가게 됩니다. 그의 시신은 조카인 마가가 구브로섬의 살라미 시내 유칼립투스 나무 숲에 몰래 장사하여 주었는데, 후에 그리스도인들이 그의 이름을 기리기 위해서 그의 무덤 위에 '살라미 바나바 무덤 교회'라는 교회를 지어서 현재까지 잘 보존되어 내려오고 있습니다. 앞으로도 우리 그리스도 교회에서 이러한 바나바 사도와 같은 훌륭한 위로와 권면의 사도들이 많이 배출되기를 소망합니다.

스토리 30

사랑받은 의사 누가

우리가 갖고 있는 개신교의 성경은 모두 66권입니다. 그중 39권이 구약 성경이고 27권이 신약 성경으로 이루어져 있습니다. 이 27권의 신약 성경은 모두 코이네 헬라어라는 그 당시 공용어였던 고대 그리스어로 기록되어 후대에 전해졌습니다. 그 27권의 헬라어 신약 성경 중에 가장 아름답고 수려한 헬라어 문체로 기록되어 있는 것이 바로 이방인 의사 누가(Luke)가 기록한 누가복음입니다. 물론 누가는 다른 신약 성경의 저자들처럼 유대인이 아니었고 헬라인이었기 때문에 헬라어가 모국어인지라 헬라어로 그의 복음을 기록할 때 감정 표현에 있어 편리한 점도 있었겠지만, 그 문체의 수려함을 보면 훌륭한 헬라 문학가의 문체를 연상할 만큼 아름답습니다.

하나님은 모든 사람에게 한 가지 이상의 은사를 주셨습니다. 대부분의 사람들은 어느 특정한 분야에서만 재능을 보이지만, 어떤 사람들은 여러 분야에서 뛰어난 재능들을 보이기도 합니다. 누가는 본래 직업이 외과의사였습니다. 그러나 그는 의사였을 뿐 아니라 누가복음과 사도행전을 수려한 문체로 기록할 만큼 훌륭한 저술가였고, 역사적 자료들을 수집하여 그 사실들을 정확히 기술한 역사가였습니다. 그리고 그는 바울의 선교여행에 동행하면서 병약한 바울의 주치의로서 바울의 몸을 돌보아 주며 생사고락을 함께한 신실한 사역자이기도 하였습니다. 많은 달란트를 주님께 받아서 주님의 사역을 위해 그 달란트로 아낌없이 헌신한 누가의 삶을 살펴보고 함께 은혜를 나누고자 합니다.

누가(루카스)라는 이름은 '빛나다' 또는 '총명하다'라는 뜻을 가진 헬라식 이름입니다. 그는 수리아 안디옥 출신인 이방 헬라인이었습니다. 그가 언제 그리스도인으로 회심하였는지는 정확한 기록이 없지만, 서기 51년경 바울의 2차 전도 여행 때 소아시아의 드로아에서 바울과 실라를 만나 동행하게 되었다는 기록이 남아 있습니다. 드로아에서 바울과 만난 이후로 누가는 바울의 주치의로서 줄곧 바울의 건강을 돌보아 주면서 계속적으로 함께 사역하게 되었습니다. 그는 빌립보 선교에도 동참했으며 바울의 선교 사역이 진행됨에 따라 거의 모든 시간을 바울과 동행하였고 로마의 감옥에서까지 함께 하였습니다. 전승에 의하면 바울이 참수당하여 순교할 때도 누가가 그의 곁에 머물러 있었다고 합니다. 누가의 이러한 헌신적인 돌봄에 대하여 바울 사도는 "사랑을 받는 의사 누가"라는 표현으로 그에 대한 고마움을 늘 표현하곤 하였습니다.

누가는 특별히 바울이 어려움과 고난 가운데 있을 때 곁에서 돌보았던 사람입니다. 바울은 자기의 영적 아들인 디모데에게 보내는 편지에서 투옥된 자신의 곁에 누가만이 함께 있다고 말합니다. 누가는 바울이 가이사랴 감옥에 있었을 때에도, 또 로마의 감옥에 있었을 때에도 늘 곁에서 옥바라지하며 바울의 건강을 돌보았습니다. 그뿐 아니라 때로는 눈이 좋지 않았던 바울을 대신하여 각 교회에 보내는 편지를 헬라어로 대필하여 주기도 하였습니다. 누가는 감옥에 수감된 바울을 돌보면서 여러 사람들에게서 듣고 수집한 자료들을 기초로 하여 신약 성경의 누가복음과 사도행전을 저술하게 되었습니다. 별일이 없는 평상시에도 어떤 친구가 내 옆에서 함께하여 주면 그 친구에게 고마운 법입니다. 특별히 옥중에서 힘들고 어려울 때 변함없이 곁에 있어준 누가가 바울에게는 무척이나 고맙고 사랑스러운 동역자였을 것입니다.

누가는 사람들의 육신을 치료하는 의사였지만 육신의 치료에 그치지 않고 주님의 사랑과 말씀으로 사람들의 영혼까지도 치료하려고 노력한 진정한 의사이자 훌륭한 하나님의 종이었습니다. 그는 항상 다른 사람을 배려하는 따뜻한 마음을 가지고 있어서 어느 누구에게나 사랑을 받았습니다. 누가는 뛰어난 저술가로서 복음서 중에서 가장 긴 누가복음을 기록했으며, 누가복음과 연결된 후속편이라고 할 수 있는 사도행전도 기록하였습니다. 이 두 권의 성경은 세례(침례) 요한의 잉태와 출생으로 시작하여 예수님의 생애 그리고 사도들의 선교 사역과 바울의 로마 감옥 수감까지 약 70년간의 초대 그리스도교의 역사를 순차적으로 담고 있는 파노라마와 같은 귀중한 자료입니다.

누가는 데오빌로 각하라고 하는 사람에게 누가복음과 사도행전을 드린다고 서두에 밝히고 있는데, 이 데오빌로라는 사람이 누구인지는 분명치 않습니다. 대부분의 신학자들의 견해에 따르면, 데오빌로는 실제로 그 당시 로마 정부의 어느 고위 공직자인데 누가가 그의 신변을 보호하기 위하여 실제 이름을 밝히는 대신 '하나님의 사랑을 받은 자'라는 뜻의 '데오-빌로'라는 가명을 사용했다고 합니다. 누가복음과 사도행전의 기록 목적은 저자인 누가가 밝히고 있는 것과 같이 그리스도교의 내력과 예수님의 부활 승천 이후의 복음 전파 상황을 소개함으로써 성도들의 신앙을 확고히 하고 불신자들에게 그리스도교를 소개하려는 것입니다. 누가는 이 두 권의 성경을 서술하기 위해서 모든 일을 근원부터 자세히 미루어 살폈다고 말하는데, 특별히 그가 예수님 사역의 직접적인 목격자가 아니었기 때문에 누가복음을 기록하기 위하여 다른 사도들이나 여러 제자들의 기록이나 증언을 많이 참조해야 했을 것입니다. 그러나 사도행전의 경우에는 누가 자신이 직접 눈으로 보고 경험한 내용들이 많이 소개되어 있습니다. 종교사학자들은 누가의 기록들이 다른 비종교적인 역사적 자료들과도 정확하게 일치하고 있다는 점을 들어 누가가 역사가로서도 훌륭한 재능이 있었다고 증언합니다.

누가복음은 신약 성경의 네 개의 복음서들 중에 가장 많은 내용을 담고 있는 성경으로서 그 특유의 내용이 많이 있습니다. 고금을 막론하고 의술은 인술이라고 합니다. 사람의 병을 치료하는 의사로서 다정한 감성을 가졌던 누가가 기록한 누가복음에는 예수님이 인정이 많고 따뜻한 인자로 소개됩니다. 누가가 기록한 예수님의 비유들은 정감과 사랑이 넘쳐나는 비유들로 가득 차 있습니다. 선한 사마리아인의 비유, 잃어버린 양의 비유, 은화의 비유 그리고 탕자 이야기 등이 좋은 예라고 할 수 있습니다. 특별히 누가복음에는 소외된 자들, 가난한 자들, 아이들 그리고 여성들에 대한 이야기가 많이 소개됩니다. 신약 성경의 네 개의 복음서에는 총 열두 명의 여성에 관한 이야기가 기록되어 있는데, 그중 아홉 명의 여인의 이야기가 누가복음에 집중적으로 기록되어 있는 것으로 보아서, 그 당시 사회제도 속에서 차별당하고 힘이 없었던 여성들에 대한 누가의 깊은 배려와 애정을 느낄 수 있습니다.

누가는 그가 저술한 누가복음에서 예수님의 탄생으로부터 부활까지의 내용을 다루었고, 누가복음의 후편 격인 사도행전에서는 예수님의 부활과 승천, 성령 강림 및 초대교회의 설립 그리고 사도들의 전도 사역을 순차적으로 잘 소개하고 있습니다. 그리고 누가가 이 성경들을 기록한 목적은 주님께서 말씀하신 지상 명령대로 예루살렘과 온 유대와 사마리아와 땅끝까지 복음이 편만하게 전파되어 나가는 과정을 소개하기 위함이며, 이를 위해 사도들 중에서 특별히 선교 사역의 두 기둥이었던 베드로와 바울의 사역을 중심으로 기록하였습니다. 만약 누가가 기록한 사도행전이 없었다면 우리는 초대교회의 역사와 사도들의 사역에 대하여 지금처럼 잘 알지 못하였을 것입니다. 누가는 그의 복음서에서도 성령의 역사를 강조하고 있지만 특별히 성령님의 살아 역사하심은 사도행전에서 생생하게 드러납니다. 그래서 여러 신학자들과 목회자들은 사도행전의 이름을 사도행전보다는 오히려 성령행전이라고 부르는 것이 더 잘 어울린다고 주장하기도 합니다. 누가복음이 성자이신 예수님의 행적을 기록했다면, 사도행전은 오순절에 강림하신 성령님의 역사를 기록한 것이기 때문입니다. 누가가 기록한 사도행전은 28장으로 끝났지만 그 성령의 사역은 이천 년 전에 끝난 것이 아닙니다. 사도행전은 성령님의 역사가 계속되고 있는 오늘날까지도 성령행전 29장이라는 이름으로 계속되고 있다고 할 수 있습니다.

    누가는 훌륭한 교육을 받은 엘리트 의사로서 바울의 주치의로 오랜 시간 헌신하였습니다. 그는 바울 사도와 함께 무수한 고난을 이겨내며 그 긴 시간을 바울과 동행하였던 신실한 사역자였습니다. 그뿐 아니라 그는 뛰어난 저술가로서 예수님의 행적과 사도들의 사역을 담고 있는 두 권의 성경, 즉 누가복음과 누가복음의 후속편이라고 할 수 있는 사도행전을 기록한 여러 방면에서 뛰어난 재능을 지녔던 성도였습니다. 그는 우리 그리스도 교회사에 커다란 공적을 남겼음에도 불구하고 결코 자신을 드러내지 않았습니다. 항상 겸손하게 자신의 맡은 바 임무에 충실한 삶을 살다가 그의 나이 84세에 주님께로 돌아간 하나님께서 기뻐하시는 충직한 종이었습니다. 이와 같은 누가의 주님을 향한 겸손한 헌신은 오늘날 조그마한 자신의 선교 업적을 가지고 최대로 과장하여 다른 사람들 앞에서 자랑하며 칭찬받으려 노력하는 우리 현대 그리스도인들에게 커다란 도전을 줍니다. 그리스도 안에서 형제자매 된 모든 성도님들이 신앙의 선배인 누가의 본을 받아 주님께서 주신 은사와 달란트를 잘 사용하여 각자에게 맡겨진 임무를 겸손하게 수행하며 모든 영광을 주 하나님께 올려 드리기를 예수 그리스도 이름으로 축원합니다. 아멘.

새 아침을 여는 기도와 묵상

1판 1쇄 인쇄 _ 2025년 8월 1일
1판 1쇄 발행 _ 2025년 8월 5일

지은이 _ 박앤드류(박명열)
펴낸이 _ 이형규
펴낸곳 _ 쿰란출판사

주소 _ 서울특별시 종로구 이화장길 6
편집부 _ 745-1007, 745-1301~2, 743-1300
영업부 _ 747-1004, FAX 745-8490
본사평생전화번호 _ 0502-756-1004
홈페이지 _ http://www.qumran.co.kr
E-mail _ qrbooks@daum.net / qrbooks@gmail.com
한글인터넷주소 _ 쿰란, 쿰란출판사
페이스북 _ www.facebook.com/qumranpeople
인스타그램 _ www.instagram.com/qrbooks
등록 _ 제1-670호(1988.2.27)
책임교열 _ 김준표·최찬미

ⓒ 박앤드류 2025 ISBN 979-11-94464-67-9 03230

책값은 뒤표지에 있습니다.
이 출판물은 저작권법에 의해 보호를 받는 저작물이므로 무단 복제할 수 없습니다.
파본(破本)은 구입처에서 교환해 드립니다.